W0077707

Cayo Arena

Monte Cristí
③ Puerto Plata
Cabarete
④
Sta. B. de Samaná

Haiti

Santiago de
los Caballeros
② Constanza
N. P. Los Haitises
Sabana de la Mar

San Juan de la Maguana
N. P. Valle Nuevo
San Pedro de Macorís
Punta Cana

N. P. Lago Enriquillo
Baní
Santo Domingo
La Romana
① Barahona
Isla Saona

Oviedo

N. P. Jara-gua

Seit 1998 bereise ich die Dominikanische Republik, eine Insel, die schon Christoph Kolumbus durch ihre Schönheit beeindruckte. Auch mich haben die tropisch-grüne Üppigkeit, das gewaltige Hochgebirge und die traumhaften endlosen Strände

sowie die koloniale Architektur in ihren Bann gezogen – zudem die netten, lebensfrohen und hilfsbereiten Dominikaner, ihr Lachen und ihre Freude an der Musik, die mich schon lange fasziniert und tanzen lässt. Viele Kilometer fuhr ich durch das Land, durch unglaubliches Verkehrsgewühl in Städten, über mit Schlaglöchern durchsetzte Straßen und einsame Makadamwege in der Gebirgswelt oder zu Stränden. Oft mussten die Reifen gewechselt werden und oft stand ich ratlos in Städten oder an Kreuzungen und wusste nicht weiter, da Schilder fehlten. Heute führen breit ausgebaute Straßen und Autobahnen durch das Land und auch Straßenschilder prangen überall. Grund genug also, dieses Land und seine herzlichen Menschen zu entdecken – und dabei wünsche ich Ihnen viel Spaß!

Ihre Lore Marr-Bieger

Text und Recherche: Lore Marr-Bieger Lektorat: Carmen Wurm Redaktion und Layout: Heike Dörr Karten: Hans-Joachim Bode, Susanne Handtmann, Judit Ladik, Stephan Moskophidis, Michaela Nitzsche Fotos: Lore Marr-Bieger Grafik S. 10/11: Johannes Blendinger Covergestaltung: Karl Serwotka Covermotive: oben: Wandgemälde in Santiago (Sub-Secretaría de Estado de Cultura), unten: Las Terrenas, Playa Ballena, gegenüberliegende Seite: Las Galeras (alle Lore Marr-Bieger)

5. KOMPLETT ÜBERARBEITETE UND AKTUALISIERTE AUFLAGE 2013

DOMINIKANISCHE REPUBLIK

LORE MARR-BIEGER

Mit dem grünen Blatt haben unsere Autoren Betriebe hervorgehoben, die sich bemühen, regionalen und nachhaltig erzeugten Produkten den Vorzug zu geben.

Alles im Kasten

Was haben Sie entdeckt? Haben Sie eine ein behagliches Hotel, ein gutes Restaurant oder ein nettes Tanzlokal gefunden? Wenn Sie Ergänzungen, Verbesserungen oder neue Tipps zum Buch haben, lassen Sie es uns bitte wissen!

Schreiben Sie an: Lore Marr-Bieger, Stichwort „Dominikanische Republik" | c/o Michael Müller Verlag GmbH | Gerberei 19, D – 91054 Erlangen | lore.marr-bieger@michael-mueller-verlag.de

Playa Las Ballenas – geschicktes Klettern ist erforderlich …

Kartenverzeichnis

Wanderkarten

Zeichenerklärung für die Karten und Pläne

Landkarten

- Autobahn
- Hauptverkehrsstraße
- Nebenstraße
- Schotterpiste/Makadam
- Fußweg

Wanderkarten

- Wanderweg

Stadtpläne

- Hauptstraße
- Nebenstraße

Bebaute Fläche	
Grünanlage/Golfplatz	
Gewässerfläche	
Flughafen/-platz	
Kirche	
Festung	
Berggipfel	
allgemeine Sehenswürdigkeit	
Aussicht	
Höhle	
Ruine/Wasserfall	
Hafen/Schiffsanlegestelle	

Bushaltestelle	
Taxistandplatz	
Information	
Post/Supermarkt	
Museum	
Krankenhaus	
Apotheke	
Bank/Botschaft	
Telefon	
Tankstelle	
Schiffswrack	
Parkplatz	

Vielen Dank! – ¡Muchas Gracias! An die Tourismusbüros der Dominikanischen Republik in Frankfurt und in Santo Domingo, sowie den vielen Helfern, Ratgebern und Informaten, die mir in all den Jahren zum Gelingen dieses Reisebuches beigetragen haben. Ein Dankeschön auch an Oliver!

Hutverkäufer an der Playa Dominicus

Wohin in der Dominikanischen

① Der Süden → S. 114

Santo Domingo, die „Wiege Amerikas", steht mit ihrer prachtvollen Altstadt, der „Ciudad Colonial", unter UNESCO-Schutz - Kathedralen, Festungen und Paläste, die zum Speisen und Nächtigen einladen, locken Reisende. Hauptstadtnah liegt Boca Chica mit seiner Meeresbadewanne. Um La Romana beeindrucken das Künstlerdorf „Altos de Chavón", Golfplätze sowie der Nationalpark Este. Beliebte Urlaubsorte sind Bayahibe, Dominicus und vor allem Punta Cana mit preisgekrönten Golfplätzen und Luxusresorts an weißsandigen Palmenstränden. Ruhe findet man nördlich davon, rund um Miches. Beschaulich ist auch der Südwesten, u. a. der Fischerort Palenque. Ökotourismus bietet die Region Barahona, idyllisch badet man in Flüssen und macht Ausflüge zur Larimar-Mine oder in die Nationalparks Lago Enriquillo und Jaragua.

② Das Landesinnere → S. 210

Attraktives Ziel im fruchtbaren Ciabao-Tal ist Santiago de los Caballeros – nicht nur wegen der Zigarrenmanufakturen: Die Einkaufsstadt ist quirlig, interessant das Kulturzentrum León. La Vega ist Karnevalshochburg, nahe liegen das Pilgerzentrum Santo Cerro sowie der Archäologische Nationalpark. Um San Francisco de Macoris gibt es Kakao- und Naturlehrpfade. Im gebirgigen Landesinneren bietet Jarabacoa Wasserfälle, Rafting- und Reittouren und Wanderungen zum Pico Duarte im Nationalpark Bermúdez. Noch höher liegt Constanza, der Garten Eden, wo ringsum das Hochgebirge mit beeindruckenden Wasserfällen auf Entdeckungstouren wartet.

Republik?

4 Halbinsel Samaná → S. 286

Die sattgrüne üppig bewachsene Halbinsel bietet nette Touristenorte mit vielen Boutiquehotels, einladende Restaurants und Tauchgründe. Zentrum ist Las Terrenas, das von kilometerlangen weißen und goldgelben Stränden umgeben ist. Geruhsamer ist Las Galeras, das hübsche Wanderausflüge oder Bootstouren zu paradiesischen Bade- und Schnorchelbuchten bietet. Vom Hauptort Santa Bárbara de Samaná, das mit einigen Luxusresorts auch auf der Bacardi-Insel Cayo Levantado wirbt, werden Ausflüge in die Samaná-Bucht zur Walbeobachtung oder in den Nationalpark Haitises angeboten. Daneben locken Reitausflüge zu den Saltos von Limón.

3 Der Norden → S. 246

Puerto Plata, die Metropole des Nordens, präsentiert sich mit hübschen Kolonialbauten, Ambermuseum und der goldsandigen Hotelbucht Playa Dorada. Westlich liegt das geruhsame Luperón an einer großen geschützten Bucht, zudem locken der Archäologische Nationalpark La Isabela, bei Punta Rusia das Schnorchelparadies Cayo Arena und Monte Cristi mit gleichnamigem Nationalpark. Touristisch geprägt ist der Nordosten: Sosúa lockt mit goldsandigem Strand, Tauchriff und Nachtleben; die internationale Surf- und Kiteszene trifft sich in Cabarete; das beschauliche Río San Juan bietet die Lagune Gri Gri und schöne Strände rundum.

Kunst & Kultur – Kolonialbauten, Festungen, Paläste

Die Stämme der hoch entwickelten Taínos, die im 1. Jh. n. Chr. die Insel besiedelten, prägen bis heute die dominikanische Kultur. In Museen kann man ihr Vermächtnis bewundern. Die spanischen Eroberer kamen im 15. Jh. und hinterließen in den Städten wertvolle Baudenkmäler. Ende des 19. Jh. wurden die hübschen bunten Kolonialhäuser im Gingerbread-Stil errichtet, meist um den Parque Central mit Musikpavillon in der Mitte – noch heute sind die renovierten Bauten ein Augenschmaus. Farbenprächtig sind auch die Kunstwerke einheimischer Künstler (u. a. von Cándido Bidó, Guillo Pérez oder Adolfo Faringthon) und natürlich die zahlreichen preiswerteren Bilder im Stil der haitianischen Volkskunst, die zum Kauf angeboten werden.

Architektonisches Highlight ist die schmucke Hauptstadt Santo Domingo mit ihrer Altstadt, der Ciudad Colonial. Sie präsentiert sich als ein großes Freilichtmuseum mit Kathedrale, der Plaza España und dem Palast von Diego Colón, zudem warten zahlreiche Museen, ebenso der gigantisch hohe Faro a Colón mit dem Grabmal von Kolumbus. Ein Bummel durch die Metropole des Nordens Puerto Plata mit hübschen Kolonialbauten, dem Fortaleza San Felipe, dem Museo del Ambar oder der Rumfabrik lohnt. Vom Hausberg Isabel de Torres genießt man einen Weitblick auf den Silberhafen. Im fruchtbaren Cibao-Tal liegt die quirlige Universitäts- und Einkaufsstadt Santiago de los Caballeros, bekannt durch ihre zahlreichen guten Zigarrenmanufakturen. Neben der Altstadt ist auch das Kunstzentrum Centro León lohnenswert. Nicht zu vergessen auch die für uns hübschen bunten Holzhäuser, die vor allem

auf dem Land noch zu sehen sind – viele Dominikaner sind allerdings in ihren neuen Steinbauten glücklicher.

Landschaft & Natur – Hochgebirge, Flusstäler, Höhlen und malerische Küsten

Eine bis auf über 3000 m ansteigende, üppig bewachsene Gebirgslandschaft, kakteenbestückte Trockenzonen, fruchtbare Ebenen, rauschende Flüsse, tosende Wasserfälle, malerische Küsten mit riffgesäumten Stränden und zahlreiche Nationalparks sorgen für reichlich Abwechslung. Bergfans werden vor allem im Parque Nacional Armando Bermúdez glücklich, Highlight dort ist die Besteigung des Pico Duarte, mit 3087 m der höchste Berg der Antillen. Beeindruckend ist auch die Fahrt durch das Reserva Científica Valle Nuevo mit dem höchst gelegenen Ort Constanza auf 1500 m, wo ebenfalls Bergtouren ins Hochgebirge locken. Ausflugstouren sind in den Parque Nacional Los Haitises um die Bucht von Samaná buchbar – hier finden sich Korallenhügellandschaften, Höhlen und in den Fels geritzte Zeichnungen der Taínos, zudem tummeln sich zahlreiche Vögel wie Reiher oder Fregattvögel. Im Parque Nacional Lago Enriquillo warten eine Bootsfahrt durch den mit Krokodilen gefüllten See sowie eine Besichtigung der Isla Cabritos, wo Flamingos und Nashornleguane leben. Der Parque Nacional del Este präsentiert Tropfsteinhöhlen, es locken Ausflugstouren zu den Inseln Saona und Catalinita mit weißsandigen Stränden. Touristisch wenig erschlossen ist der Parque Nacional Jaragua – eine herrliche Kakteenlandschaft und türkis leuchtendes Meer. An der Küste tummeln sich Wasservögel, Meeresschildkröten und Krabben, es gibt Höhlen mit Taíno-Zeichnungen und den grüngelb schimmernden Oviedo-See. Wer Wasserfälle liebt, fährt nach

Dominikanische Republik: Vorschau

Limón, Jarabacoa oder Constanza. Und wer die Unterwelt liebt: Es gibt unzählige märchenhafte Höhlen mit fantastischen Stalagmiten und Stalagtiten.

Badevergnügen pur – malerische Strände, idyllische Flüsse und bunte Fische

Auf den Besucher wartet eine 1500 km lange Küste, palmengesäumt, meist weiß- und goldsandig, riffgeschützt oder auch mit eindrucksvollen hohen Wellen, die donnernd am Strand landen. Auch wunderschöne Flussläufe dienen der Erfrischung.

Nicht umsonst zieht es viele Gäste in den Osten nach Punta Cana: Viele Kilometer lang erstrecken sich vor den Luxusresorts die palmengesäumten Puderzuckerstrände mit türkis leuchtendem Meer. Boca Chica lockt mit seiner türkisen Meeresbadewanne vor allem Familien mit Kleinkindern, es liegt zudem hauptstadtnah. Cabarete und seine um-

gebenden Strände sind aufgrund der hohen Wellen und des Windes vor allem bei Surfern und Kitern beliebt. Die flach abfallende Playa Cabarete ist aber auch für Familienurlaube bestens geeignet. Um die Halbinsel Samaná, bei den Touristenorten Las Terrenas und Las Galeras, gibt es ebenfalls viele palmengesäumte, kilometerlange herrliche Strände.

Wer es ruhiger mag, fährt in den Südwesten, in die Region südlich von Barahona – wunderschöne, meist einsame Strände warten, teils mit hohen Wellen, im Hintergrund die üppig grünen Berghänge der Sierra de Bahoruco, ebenso aber einladende Flussmündungen. Auch um Río San Juan findet man unzählige teils einsam, teils hinter Dörfern gelegene Strände. Malerische Flussbadestellen gibt es bei Paraíso oder im Innern bei Jarabacoa, um den Lago Enriquillo Schwefelbäder, zudem herrliche Mündungsgebiete u. a. an der Playa Limón oder an der Playa Rincón bei Los Patos.

Sport zu Land wie zu Wasser – ein unbegrenztes Aktionsfeld

Die Palette an Sportmöglichkeiten ist riesig: Tauchen, Surfen, Kiteboarden, Rafting, Canyoning, Paragliding, Tubing, Kajakfahren, Mountainbiken, Reiten, Bergsteigen, Golfspielen, Joggen … Taucher finden herrlich Reviere: den Unterwasserpark La Caleta, die Steilwände von Isla Catalina und Isla Saona oder zahlreiche Schiffswracks und Galeonen. Auch beim Schnorcheln beeindrucken die teils riffgeschützte Küste und die Miniinseln wie Cayo Arena oder Cayo Levantado: unzählige schillernde Fische und Korallen gibt es zu bewundern. Ganz auf Surfer, Windsurfer und Kiter eingestellt ist Cabarete. Im Landesinneren, u. a. bei Jarabacoa, finden sich eingebettet in herrliche Landschaft die Flüsse Yaque del Norte und Jimenoa, wo gute Agenturen Rafting, Canyoning und Kajakfahren anbieten. Reiter können herrliche Strandausritte u. a. bei Bayahibe, Las Terrenas, Las Galeras und Cabarete genießen. Polospieler finden beste Pferde im Stall von Casa de Campo. Lange Küstenabschnitte z. B. bei Punta Cana, entlang der Playa Dorada, um Bayahibe oder um Las Terrenas beglücken Jogger; auch Makadamstraßen eignen sich bestens für Lauffreunde und für das Marathontraining. Eine immer beliebtere Sportart auch in diesem Land ist Mountainbiken – 800 km Makadamwege stehen allein in der Bergwelt zur Verfügung. In den Nationalparks der Kordilleren können Bergsteiger herrliche Trekkingtouren in einsamer Gebirgslandschaft unternehmen. Nicht zuletzt ist die Dominikanische Republik weltweit eine der bekanntesten Golfdestinationen – zahlreiche bestausgestattete Plätze, entworfen von Stararchitekten wie Pete Dye oder Robert Trent Jones, warten vor allem um Punta Cana und La Romana auf ihre Gäste.

Kreolische Spezialitäten, leckere Cocktails, vitaminreiche Säfte

Natürlich darf in einem Urlaub der Gaumengenuss nicht fehlen: Die Restaurants bieten vorzügliche spanische und französische Küchenkunst, Liebhaber von Krusten- und Schalentieren kommen voll auf ihre Kosten und dies meist preiswert. Spezialitäten sind Hummer, Langusten, Shrimps, Königskrabben und Riesenmeeresschnecken. Wer lieber Fleisch isst, findet lecker zubereitetes Rind, Spanferkel, Hühnchen oder Ziege. Als Grundlage der Soßen dienen Kokosnuss (salsa de coco), Zitrone (al limón) oder Tomaten (á la criolla). Die Gemüsebeilagen sind vielfältig und gut, Spezialitäten sind Kochbananen, Yuccaplätzchen oder tropische Früchte wie Ananas, Mango, Papaya, Maracuja, die auch in Hauptspeisen und nicht nur als Dessert zu finden sind. Auch die einfachen Comedores bieten gute preiswerte Gerichte wie den Fleisch- und Gemüseeintopf Sancocho oder noch deftiger mit Kutteln Mofongo. Die guten Restaurants servieren süffige chilenische Rot- und Weißweine, verfügen aber meist auch über eine gut sortierte europäische Auswahl. Ansonsten trinkt man das gute Cerveza, einen leckeren rumgetränkten Cocktail oder die vitaminreiche, erfrischende Pipa, Kokosnussmilch.

Merengue und Bachata, die Seele der Dominikaner

Die musikbegeisterten, lebensfrohen Dominikaner lieben Feste und Unterhaltung. Die beliebtesten Live-Konzerte sind natürlich die der einheimischen Merengue- oder Salsabands. Ein Jahr im Voraus sind die Karten für den Star Juan Luis Guerra ausverkauft. Aber auch kleinere Events in Carwashs oder in Lokalen bieten besten Musikeindruck. Höhepunkt ist u. a. das zweitä-

gige Merenguefestival Ende Juli in Santo Domingo – der Malecón wird dann zur Tanzbühne. Auch Puerto Plata wartet mit einer kleineren Version auf. Anfang November findet in Cabarete, teils auch in Puerto Plata und Santiago, ein Jazzfestival statt. Auch das Festival Presidente de Música Latina im Olympiastadion in Santo Domingo mit besten nationalen und internationalen Gruppen gehört zu den Highlights. Der Karneval wird auch in der Dominikanischen Republik sehr ausgiebig und ausgelassen gefeiert. Beliebt sind die Umzüge mit Teufelsmasken u. a. in La Vega, Cabral oder der große Umzug am Faschingssonntag in Santo Domingo. Jugendliche zieht es in Diskotheken und auf Tanzterrassen, attraktiv sind hier die Höhlendiskotheken La Guacara Taína in Santo Domingo oder Imagine bei Punta Cana. Interessant ist sicherlich auch der internationale Wettbewerb der Sandkünstler in Cabarete – im Februar verwandelt sich der gesamte Strand in eine skurrile und märchenhafte Landschaft mit Sandburgen und -figuren.

Souvenirs – flüssig, fest und bunt

Was wäre ein Urlaub ohne Mitbringsel – das Angebot ist vielfältig. In flüssiger Form warten beste Rumsorten oder das heilsame Gebräu Mamajuana. Zigarrenliebhaber werden vor allem rund um Santiago de Los Caballeros in großen und vielen kleinen Manufakturen fündig. Schmuckliebhaber haben die Wahl zwischen Ambar, dem Bernstein, der in warmem Goldton schimmert, oder dem einzigartigen Larimar, einem hellblau bis hellgrün schimmernden Halbedelstein. Die Kunstwerke der Haitianer sind in allen Farben und Größen allgegenwärtig. Auch die dominikanische Musik, Merengue und Bachata, gibt es überall auf CDs in Musikläden oder auf dem Markt zu kaufen.

Playa Dominicus – Souvenirshops säumen den Strand

Hintergründe & Infos

Steckbrief Dominikanische Republik

Offizieller Name: República Dominicana (R. D.); Dominikanische Republik (deutsche Abk. D. R.).

Staatsform: Präsidiale Republik.

Staatspräsident: Danilo Medina Sánchez (PLD), 2012 wieder für 4 Jahre gewählt.

Fläche: 48 730 km².

Hauptstadt: Santo Domingo, bei den Einheimischen auch oft nur „Capital" genannt; rund 3 Millionen Einwohner.

Bevölkerung: knapp 10,5 Millionen Einwohner; davon 76 % Mulatten, 16 % Weiße und 8 % Schwarze. Jährliches Wachstum 1,6 %. Ca. 25 000 Deutsche leben in der D.R.

Sprache: Spanisch; im Geschäfts- und touristischen Bereich Englisch, in großen Hotels auch Deutsch. Analphabetenquote knapp 12 %.

Religion: 75 % Römisch-Katholische, 4 % Protestanten und Juden, 1,5 % Adventisten und Zeugen Jehovas, 2 % Sonstige, 16 % ohne Religion.

Dominikanische Flagge

Größte Städte: Santo Domingo (3 Mio. Einwohner), Santiago (720 000), La Vega (190 000), San Francisco de Macorís (170 000), La Romana (155 000), San Pedro de Macorís (140 000), Puerto Plata (85 000).

Währung: 1 Dominikanischer Peso (RD-$) = 100 Centavos (cts). Im März 2012 galten die folgenden Wechselkursspannen: 1 US-$ = 38,85 RD-$; 1 € = 50,30 RD-$; 1 SFr. = 40,50 RD-$.

Zeitzone: MEZ – 6 Std. (im Sommer), – 5 Std. (im Winter).

Nationalefeiertag: 27. Februar (Tag der Unabhängigkeitserklärung 1844).

Internationale Flughäfen: Santo Domingo (Süden), Punta Cana (Osten), Puerto Plata (Norden), Samaná (Nordosten); zudem La Romana (Südosten) und Santiago (Landesinnere) für Flüge über USA. Barahona (Südwesten) nur für Haiti.

Küstenlinie: rund 1500 km.

Höchster Berg: Pico Duarte (Cordillera Central), 3087 m.

Größter See: Lago Enriquillo.

Reisezeit: ganzjährig; von Juni bis Okt. Regenzeit, von Juni bis Nov. Zeit der Hurrikans.

Temperaturen: im Jahresverlauf für die gesamte Insel zwischen 18 und 27 °C; Wassertemperaturen zwischen 24 und 28 °C.

Tourismus: ca. 3,3 Millionen Hotelgäste jährlich, davon rund 16 % Deutsche (im Jahr 2011).

Touristische Zentren: Region von Puerto Plata (Sosúa, Cabarete); um Punta Cana; Santo Domingo (Boca Chica, Juan Dolio, La Romana); Halbinsel Samaná (Las Terrenas, Las Galeras).

Ökotourismus: steigende Tendenz v. a. in der Region Barahona, um Miches und um Las Terrenas und Las Galeras.

Straßenverkehr: Rechtsverkehr; gut ausgebautes Straßennetz, allerdings ein Drittel davon im Bergland unbefestigt.

Strom: 110 Volt Spannung, amerikanisches Steckdosensystem.

Telefonvorwahl: 001 (Karibik), 809 (Städtevorwahl). Mobiltelefone (mobil) haben die Vorwahl 809, 829 und 849 (neu).

Zum Einstieg

Das Land hält, was die Werbung verspricht: Palmen, Sonne und Meer, und das zu manchmal unglaublich niedrigen Pauschalpreisen, zumindest in der Nebensaison. So fliegen Hunderttausende Europäer rund ums Jahr auf diese Karibikinsel und lassen sich in den All-inclusive-Hotels verwöhnen oder nehmen teil an den zahlreichen Sport- und Wassersportmöglichkeiten sowie den Animationsprogrammen. Individualtouristen sind selten, aber gerne gesehen, wissen doch die Dominikaner um die Schönheiten ihres Landes, die sie Fremden bereitwillig zeigen.

Christoph Kolumbus entdeckte die Insel auf seiner Suche nach der Westpassage nach Indien und war von ihrer Schönheit und Üppigkeit beeindruckt. Er ging an Land, errichtete hier die erste europäische Siedlung in der Neuen Welt und gab der Insel den Namen *Isla Española,* aus dem sich im Laufe der Zeit *Hispaniola* entwickelte. Schon bald aber wurde das idyllische Inselparadies zum Zankapfel zweier europäischer Kolonialmächte – Franzosen und Spanier rangen hier zäh um ihre Vormachtstellung, bis schließlich die Grenze gezogen wurde, die bis heute die Staaten trennt: Im Osten liegt die Dominikanische Republik, westlich daran grenzt das touristisch nicht ausgebaute und verarmte Haiti.

Als Urlaubsziel, zwischen 9,5 und 13 Flugstunden entfernt, lockt die Dominikanische Republik ganzjährig mit palmengesäumten, weißen Puderzuckerstränden und angenehmen, warmen bis heißen Temperaturen. Einfach herrlich ist es, im türkis-blau leuchtenden Meer zu schwimmen, und das bei Badewannentemperatur. Oder zu schnorcheln und zu tauchen, umgeben von zahllosen bunten Fischen und Korallen wie im allerschönsten Aquarium.

Lukullische Genüsse verspricht die Küche und die gastfreundlichen Dominikaner garantieren mit ihrer Unbeschwertheit, ihrer Lebensfreude und der Musik im Blut und in den Beinen

Willkommen in Constanza

schon fast gelungene Ferienwochen. Wer möchte, verzichtet auf einen Hotelurlaub und macht sich selbst auf den Weg, die immer noch zahlreichen menschenleeren Strände kennen zu lernen sowie das gebirgige Landesinnere, das mit Wasserfällen und üppiger Vegetation zu Touren geradezu auffordert. Wer sich auf eigene Faust im Land bewegen möchte, sollte über Spanischkenntnisse verfügen. Wer die Sprache gut beherrscht, dazu eine Portion Abenteuerlust besitzt, es verkraftet, wenn ab und zu nicht alles wie am Schnürchen läuft, vielmehr Zeit und Wort zu relativen Begriffen werden – der erlebt wahrscheinlich einen unvergesslichen Urlaub.

Was braucht man mehr, um die schönsten Wochen im Jahr optimal zu gestalten? Sonne – Meer – angenehmes Ambiente. Das und vieles mehr bietet die Dominikanische Republik, oft nur noch lieblos „Dom. Rep." genannt. Seit Anfang der 1980er Jahre, als sich der hiesige Tourismus zu entwickeln begann, entstanden innerhalb kürzester Zeit zum Teil sehr luxuriöse und schicke, aber auch preisgünstige, für jedermann/-frau erschwingliche Hotels. Gebaut wurde an den schönsten, durch vorgelagerte Riffs vor hohen Wellen geschützten Strandabschnitten mit Schatten spendenden Palmen. Zugleich warb man mit All-inclusive-Pauschalen, die dankbar angenommen wurden und werden: „Welcome to the biggest Resort of the World, in the heart of the Caribbean".

Landschaft und Geografie

Hispaniola ist mit einer Gesamtfläche von 76 192 km^2 nach Kuba die zweitgrößte karibische Insel im Bereich der Großen Antillen. Sie liegt im Herzen der *Karibik* bzw. im von Kolumbus so benannten *Westindien* (deshalb auch Westindische Inseln) zwischen dem 18. und 20. Breitengrad sowie dem 68. und 72. Längengrad. Etwa zwei Drittel der Insel nimmt die *Dominikanische Republik* ein, in ihrem Westteil liegt *Haiti*. Die Nordküste wird vom *Atlantischen Ozean* (Océano Atlántico) und die Südküste vom *Karibischen Meer* (Mar Caribe) gesäumt.

Die Landschaft der Insel ist sehr vielfältig: alpine Bergregionen, tropischer Regenwald und wüstenartige Trockenzonen. Die Dominikanische Republik wird von fünf Gebirgen vulkanischen Ursprungs durchzogen, die einen Arm des Kordillerensystems

Bahía de Las Aguilas – mit uralten Versteinerungen spielen

Strandsouvenirs kommen leider nicht durch den Zoll

Korallen

Die Korallen, die wir hier auf Schritt und Tritt erleben, sind Millionen Jahre alt. Die Korallenriffe und -bänke – ganz bedeutsam für Inseln, die damit vor Gesteinsabtragungen (durch die Brandung) geschützt bleiben – sind ebenfalls Steine, die aber durch Lebewesen gebildet werden.

Die Korallen sind sehr empfindliche Meereslebewesen, kleine Polypen, die über ihre Fußscheiben Kalksedimente ausscheiden, fest mit dem Boden verwachsen und große Verzweigungen, sogenannte Korallenstöcke, bilden und skelettieren. Ihr Lebensraum ist mindestens 20 °C warmes Wasser mit ausreichendem Salzgehalt, das sauerstoff- und nährstoffreich sowie klar sein muss, d. h. Licht sollte bis zu 40 m tief eindringen können. Dadurch erklärt sich auch die Bedrohung der Korallen durch die zunehmende Wasserverschmutzung. Eine Lagune oder ein Atoll entsteht ebenfalls aus Korallen, die sich um einen Vulkan bilden, wobei das weiche, vulkanische Tuffgestein vom Meerwasser weggespült wird und der harte, aber seichte Korallenring erhalten bleibt.

Korallen sind sehr beliebt als Schmuck, vor allem die *rote Koralle* (es gibt auch weiße; schwarze und blaue Korallen bestehen aus organischer Hornsubstanz). Sie sollten keinesfalls gekauft werden, da ihr Abtransport durch Netze wertvolle Korallenbestände zerstört.

zwischen Nord- und Südamerika bilden. Dieses Faltengebirge mit seinen schroffen Zerklüftungen erreicht hier seine größten Höhenunterschiede. So ist der *Pico Duarte* in der Cordillera Central mit seinen 3087 m der höchste Berg der Karibik, während der *Lago Enriquillo* bis zu 40 m unter dem Meeresspiegel liegt. Die Insel ist durch einen tiefen Bruchgraben, die *Mona-Passage,* von Puerto Rico getrennt. Die fünf Gebirgszüge durchlaufen Hispaniola parallel von West nach Ost: Die größte Ausdehnung mit dem höchsten Gipfel besitzt die *Cordillera Central* (Zentralkordillere).

Sie durchquert die Insel von Haiti bis San Cristóbal. Nördlich davon erstreckt sich die nur bis auf 1200 m ansteigende *Cordillera Septentrional* (Nordkordillere) mit ihren Ausläufern auf der Halbinsel Samaná. Diese beiden Gebirgszüge schützen das *Valle del Cibao* (Cibao-Tal), das sich von Monte Cristi bis zur Bucht von Samaná bei Sánchez erstreckt. Den östlichen Gebirgszug bildet die *Cordillera Oriental* (Ostkordillere) mit Bergen von höchstens 700 m. Sie zieht sich südlich der Mündung des Río Yuna entlang der Bucht von Samaná bis nördlich von Higüey. Südlich der Cordillera Central umschließt die *Sierra de Neiba* (knapp 1400 m) das

Tal von San Juan und im weiteren Verlauf die Ebene von Azua. Der südlichste Gebirgszug heißt *Sierra de Bahoruco* (bis über 1600 m). Er schließt nach Norden die Enriquillo-Senke ein, einen ehemaligen Meeresarm (durch Ablagerungen aufgefüllt), von dem heute nur noch der Salzsee Lago Enriquillo zeugt, der sich ebenso wie das Gebirge in Haiti fortsetzt.

Die Trockenzonen findet man an den Süd-Südwest-Hängen der Gebirge, wohingegen sich der tropische Regenwald an den Nord-Nordost-Hängen erstreckt.

Die Dominikanische Republik wird im Norden von dem fruchtbaren *Valle del Cibao* mit dem *Río Yaque del Norte,* dem Becken zwischen La Vega und San Francisco de Macorís und dem *Río Yuna* durchzogen. Nach Nordwesten, in Richtung Monte Cristi, wird das Tal allerdings sehr trocken, während der östliche Teil ab La Vega (auch La Vega real, das königliche Flusstal) überaus fruchtbar und landwirtschaftliches Hauptanbaugebiet ist. Weitere fruchtbare Gebiete sind das *Llano del Este* (östliches Flachland), das Tal *San Juan del la Maguna* und die *Enriquillo-Senke.*

Cayo Levantado –
sturmgepeitschte Palmen

Es gibt nur wenige und kleine Süßwasserseen, der größte von ihnen ist die *Laguna del Rincón.* Sie sind sehr gefährdet, da das Wasser oft zur Bewässerung verwendet wird. Das Land durchziehen jedoch unzählige Flüsse, die nord- und südwärts die Gebirgsketten hinabsausen und in der Regenzeit oft zu unpassierbaren Hindernissen anschwellen. Die größten Flüsse sind *Yaque del Norte, Yaque del Sur, Ozama* (er ist im Unterlauf bei Santo Domingo schiffbar), *Chavón, Yuna* sowie die haitianischen Grenzflüsse *Artibonito* und *Pedernales.* Meist dienen die Flüsse den Menschen als Trink- und Waschwasser sowie zur Bewässerung der Felder.

Die rund 1500 km lange Küste ist reich an Buchten; es finden sich steil abfallende Felsküsten, ungeschützte Steinstrände mit einer starken, meterhohen Brandung, Mangrovensümpfe und die flachen, riffgeschützten Sandstrände, die sich wunderbar zum Schwimmen eignen. Es gibt vorgelagerte Inselchen, von denen *Saona, Catalina, Beata* und *Cayo Levantado* die größten und bekanntesten sind, sehr vermarktet wird auch das Minieiland *Cayo Arena.*

Nach Regengüssen werden Straßen oft unpassierbar

Klima

Generell zeichnet sich das karibische Klima durch geringe jahreszeitliche Temperaturschwankungen und eine gleich bleibenden Tageslänge von zehn bis zwölf Stunden aus. Man spricht in diesem Zusammenhang von einem Tageszeitenklima; so hat es z. B. in Puerto Plata tagsüber im Januar 27 und im August 31 °C, nachts 19 bzw. 23 °C. An der Küste bewegen sich die *Lufttemperaturen* im Allgemeinen tagsüber zwischen 24 und 32 °C, nachts zwischen 18 und 24 °C, im höheren Bergland sind es rund fünf bis zehn Grad weniger, und das Thermometer kann sogar unter null fallen. Am heißesten wird es um den Lago Enriquillo, wo die Quecksilbersäule leicht auf über 40 °C steigt, und in Santo Domingo mit einem Jahresdurchschnitt von 27 °C und einer gleichzeitigen Luftfeuchtigkeit von 80 %. Die allgemeine *Luftfeuchtigkeit* des Landes liegt zwischen 70 und 90 %, die *Wassertemperaturen* betragen das ganze Jahr hindurch angenehme 23 bis 28 °C, in Lagunen sogar über 30 °C.

In den Tropen spricht man eigentlich nur von der *Winterzeit*, einer Trockenperiode mit den geringsten Niederschlägen laut Statistik in den Monaten Januar bis März, und

Klimaangaben			
Durchschnittliche Höchst- und Mindesttemperaturen in °C und Niederschlagsmengen in mm pro Jahr			
Ort	Höchst-/Tiefsttemperatur Januar	Höchst-/Tiefsttemperatur August	Niederschlag/ Jahr
Puerto Plata	27/19	31/23	1760
Samaná	29/19	33/23	2291
Monte Cristi	28/19	33/24	677
Constanza (1164 m)	23/09	26/13	1026
Santo Domingo	29/19	31/23	1382
Punta Cana	27/22	31/25	1030
Barahona	29/20	32/24	1047

Wirbelstürme (Hurrikans; span. huracán)

In den letzten Jahrzehnten traten Wirbelstürme häufiger und mit größerer Intensität auf; sie werden jedes Jahr von neuem in alphabetischer Reihenfolge, angefangen mit A, benannt. Die letzten starken Wirbelstürme, die die Dominikanische Republik heimsuchten, waren: *Gilbert* (Sept. 1988), *Andrew* (1992), *George* (Sept. 1998), *Alpha* (Okt. 2005), *Dean* (Okt. 2007) und *Gustav* (Aug. 2008, gefolgt von *Hanna*, der vor allem Haiti stark verwüstete). Sie alle hinterließen immense Verwüstungen: tausende von Toten, zehntausende von Obdachlosen, komplett zerstörte Ortschaften, Kleinholz in den Häfen, eingestürzte Brücken, kaputte Stromversorgungsanlagen, vernichtete Zuckerrohrernten usw. – und das in einem Land, das mit Wirtschaftskraft und Kapital nicht gesegnet ist.

Jedes Jahr zittern in der ganzen Karibik die Menschen und keiner weiß, kommt der Hurrikan oder kommt er nicht, fällt er stark oder schwach aus. Vielleicht resultiert gerade aus dieser Ungewissheit bei manchem die Skepsis gegenüber materiellen Werten – wozu viel Aufhebens um etwas machen, was man allzu leicht wieder verlieren kann: Lebe in der Gegenwart und versuche sie zu genießen!

Am Äquatorgürtel, meist an der Westküste von Afrika, entsteht der Wind dann, wenn es am häufigsten regnet und das Meer die für die Hurrikanbildung nötige Temperatur besitzt. Beim Zusammenstoß einer Tiefdruck- und einer Warmluftfront verdunstet das Wasser stärker, der aufsteigende Wasserdampf verdichtet sich zu Wolken, die immer größer werden und durch die Erdrotation beginnen, sich gegen den Uhrzeigersinn zu bewegen. Dadurch verringert sich der Luftdruck über dem Meer, feuchtwarme Luft wird nach oben gesogen, man spricht von einer Luftsäule, sie kondensiert und bildet immer größer werdende Dunstwolken um das „Auge" des entstehenden Hurrikans. Im Auge selbst ist es windstill und sonnig. Die Wolken kreisen immer schneller um das Herzstück, bis sie anfangen, sich westwärts in Bewegung zu setzen, an Geschwindigkeit zunehmen, um sich später über dem kühleren Atlantik wieder aufzulösen.

Zu diesem Ablauf gehören die meterhohen Wellen, die durch die Luftsäule ausgelöst werden. In früheren Zeiten war dies das einzige Signal, woran man das Herannahen eines Wirbelsturmes erkannte – hohe Wellen ohne Wind! Die aufgetürmten Wellen rollen auf das Land zu, erst darauf folgen der alles hinwegreißende Orkan und später die herabströmenden Wassermassen, die das Werk der Zerstörung vollenden.

Die Dunstwolken nehmen Ausmaße von bis zu 800, vereinzelt auch bis zu 2000 km an, sie haben Windgeschwindigkeiten von durchschnittlich 170 bis 240 km/Std. bei einer Niederschlagsmenge von 150 bis 400 l/m^2, die Wellenberge können Höhen von bis zu 20 m erreichen. In der Zeit zwischen Juni und November wüten durchschnittlich sieben Wirbelstürme, in den letzten Jahren waren es bis zu 17! Anschließend können sich bei günstigen Bedingungen auch noch Tornados bilden, die in einer senkrechten Schneise mit einer Geschwindigkeit von ca. 300 km/Std. auf Land treffen. Dank moderner Satellitentechnik lassen sich Wirbelstürme sehr gut vorhersagen und berechnen. Um diese Messungen durchführen zu können, muss direkt ins windstille Auge hineingeflogen werden. Jede größere Insel in der Karibik verfügt inzwischen über ein eigenes Vorwarnsystem, das unbedingt ernst genommen werden sollte. Dieses System ist zweistufig: Eine *Hurrikanwarnung* (alerta de huracán) besagt, dass der Wirbelsturm das Land innerhalb von 24 bis 36 Stunden streifen könnte. Wenn von einer *Hurrikanbedrohung* (amenuza de huracán) die Rede ist, besteht die Gewissheit, dass ein Hurrikan das Land oder ein bestimmtes Gebiet innerhalb von 24 Stunden oder weniger durchziehen wird (Exakte Informationen: *www.nhc.noaa.gov*).

Hurrikangeschädigte Hütte bei Hato Mayor

von der *Sommerzeit* mit Regen vor allem in den Monaten Mai und August. Die „Jahreszeit", über die keiner spricht, aber die jeder fürchtet, ist die Zeit der Hurrikans, der tropischen Wirbelstürme, die bereits im Juni beginnt und spätestens im November endet (→ Kasten).

Trockenperiode heißt nicht, dass es nicht regnen kann, es gibt nur einfach weniger Niederschläge. Diese Periode wird durch eine kleine Zwischensaison im April/Mai unterbrochen, die man den *Westindischen Frühling* nennt und die Regen mit sich bringt. Danach wird es sehr heiß und Ende August beginnt es dann zu regnen. *Regenzeit* heißt, dass es alle paar Tage oder auch täglich ein paar Stunden – oft auch nachts, aber selten den ganzen Tag (nur in der Hauptzeit) – richtig schüttet. Danach scheint die Sonne wieder mit gewohnter Intensität und es herrscht eine sehr hohe Luftfeuchtigkeit.

Die Passatwinde bringen Regen, der hauptsächlich an den Gebirgshängen der Nord- und Zentralkordillere und der Sierra de Bahoruco fällt. Die regenreichsten Gebiete sind somit die Halbinsel Samaná, die Gegend zwischen Puerto Plata und Sosúa, nordöstlich von Santo Domingo an den Ausläufern der Cordillera Central und im Südwesten das Gebiet um Barahona.

Reisezeit

Die Dominikanische Republik lockt mit Temperaturen zwischen 25 und 30 °C an der Küste und mit normalerweise frühlingshaften Werten um 15 °C im gebirgigen Landesinneren ganzjährig als Reiseziel.

Die beste Reisezeit, zugleich Hochsaison, umfasst die niederschlagsarmen Wintermonate mit geringerer Luftfeuchtigkeit von November/Dezember bis März/April. Während der sogenannten Sommermonate steigern sich die Niederschläge langsam, und im August und September kann es täglich stundenweise, aber auch länger anhaltend, wie aus Eimern schütten. Dazu gesellen sich die Wirbelstürme, die je nach Stärke ein paar geknickte Palmen hinterlassen oder auch ganze Ortschaften und Landstriche dem Boden gleich machen können (s. o.). In den Wintermonaten ist es heiß und trocken und die Sonne scheint fast täglich. Ab April zaubert gelegentlicher Regen eine üppige und blütenreiche Flora hervor. Auch wenn es im August täglich ein paar Stunden oder auch den ganzen Tag regnen kann, ist es doch warm, und wenn die Sonne wieder scheint, wird es sehr heiß. An der Süd- und Südostküste ist es trockener als an der Nordostküste oder im Landesinneren.

Wer sich während eines Wirbelsturms im Land aufhält, muss normalerweise nicht um sein Leben bangen, außer er ist unterwegs und nicht informiert. Die großen Hotels verfügen alle über ausreichend Schutzräume und Generatoren springen ein, wenn die normale Stromversorgung zusammenbricht. Zu Weihnachten und Ostern steigen die Preise und man muss rechtzeitig buchen. Fast genauso hoch ist das Preisniveau in den Zeiten der Schulferien, viele Flüge sind dann ausgebucht. In der sogenannten Nebensaison, der Sommerzeit, ist vor Ort weniger los, wer allerdings meint, die Preise müssten in den Keller fallen, täuscht sich. Wer die Möglichkeit hat, außerhalb der Ferienzeiten zu fliegen, kann sehr gute Schnäppchen mit Preisnachlässen bis über 50 % machen.

Flora

Die Flora ist aufgrund der extremen Höhenunterschiede sehr vielfältig. Rund 5600 Pflanzenarten soll es geben, davon sind 36 % endemische Pflanzen. Zur Flora fallen den meisten zuerst Palmen und Zuckerrohrfelder ein sowie die üppig wuchernden und blühenden Sträucher von Bougainvillea und Hibiskus, aber es gibt eine ganze Menge an tropischer Vegetation zu bewundern.

Die vielfältigen Landschaftsformen bedingen unterschiedliche Vegetationszonen: den regenreicheren und etwas kühleren Norden und vor allem Nordosten, das Zentralmassiv und den trockeneren Nordwesten, Süden und Südosten. Viele der Pflanzen stammen aus fernen Ländern, wie z. B. die Kokospalme aus Afrika, andere hingegen, wie Königs- und Zwergpalme oder die von den Ureinwohnern (s. u.) genutzten Bäume, kamen schon immer hier vor.

In den regenreicheren Gebieten haben sich etliche Pflanzen des tropischen **Regenwaldes** erhalten. Dessen hohe Bäume, wie Mahagoni (Nationalbaum des Landes), Kapokbaum, Palisander und Teak, findet man in der Dominikanischen Republik jedoch nur noch in den Nationalparks. Aus dem ursprünglichen Regenwald mit sei-

Kokospalmen und ihre Verwendung

Die weißliche Flüssigkeit der Kokosnüsse, die sogenannte *Kokosnussmilch*, wird frisch getrunken, das festere, ältere Innere (*Kopra*) wird gegessen oder verarbeitet, z. B. zu Kokosflocken. Das Kokosfett gewinnt man durch Auspressen der Kopra. Es schmilzt bereits bei 20 bis 23 °C und dient der Herstellung von Speisefett, Kosmetika und Seifen. Aus den *Fruchtfasern* (Coir), die die Kokosnuss einhüllen, werden Seile und Matten gemacht. Aus den *Palmwedeln* flicht man Körbe, Hüte etc., aber hauptsächlich nimmt man sie zum Abdecken von Häusern, Unterstellplätzen usw. Das Holz der Stämme findet als Baumaterial und beim Möbelbau Verwendung.

nen höhenmäßigen Abstufungen wurde durch Rodung schon lange ein *Sekundärwald* mit Silbereichen, Eukalyptus, den verschiedensten Arten von tropischen Feigenbäumen und Guttibaumgewächsen, in deren Schatten landwirtschaftliche Nutzflächen entstanden – hier wachsen meist Avocados, Bananen, Kakao. Typisch für die unteren Regionen des Regenwaldes ist aber immer noch das undurchdringliche Dickicht von Lianen und *Epiphyten*, die sogenannten Aufsitzer. Zu diesen Gewächsen, die auf anderen Pflanzen wachsen, sich aber eigenständig ernähren, gehören die *Orchideen*, von denen es noch über 300 Arten geben soll. Neben *Bromelien* und *Tillandsien* wachsen am Boden *Heliconien*, *Strelizien* und zahlreiche *Liliengewächse*.

Roter Ingwer, Kakaofrucht und geschnäbelte Helicone

Ins Auge fallen die großen rot blühenden *Flammenbäume* (Flamboyant) und *Korallenbäume*, die zartlila blühenden *Palisanderbäume* (Jakaranda) und der meist gelb blühende *Ipé-Baum*, eine Vielzahl von *Cassia-Arten*, *Trompetenbäume* gelb und rosa blühend, *Tulpenbäume* – und wenn es ganz stark duftet, sind es oft die weiß-gelben oder roten Blüten des *Frangipanibaumes*. An Sträuchern oder Hecken werden vor allem *Hibiskus* in allen Farben und *Bougainvillea* gepflanzt.

Ein begehrter Strandbaum ist die wind- und salzwasserresistente *Meertraube* mit ihrem bis zu 15 m hohen, ausladenden Wuchs und ihren großen Blättern. Verbreitet sind auch die artenreichen, immergrünen *Guttibaumgewächse* (Guttiferea oder Copey).

Aber was wären die Strände ohne **Palmen**, zumindest fürs Auge. In vorderster Linie stehen meist die salzverträglichen *Kokospalmen* – zum Leidwesen jedes Schatten Suchenden, denn über ihm, meist in einer Höhe von 15 bis 20 m (Palmen können auch 30 m hoch werden), schwebt das Damoklesschwert, die Kokosnuss, und selten nur eine einzige. Sehr häufig vertreten ist auch die endemische *Königspalme* mit ihrem hellgrauen, in

Macadamia-Nuss

Der neueste dominikanische Exportschlager, die „Königin der Nüsse", gedeiht am liebsten zwischen 500 und 1000 m Höhe. Rund 30 Jahre ist es her, dass dieser Nussbaum aus Australien importiert wurde und als Flachwurzler zunächst zur Erosionsbekämpfung eingesetzt wurde. Das Holz fand wenig Beachtung, ebenso die viel zu harte Nussschale. Erst durch die Geschäftsidee des Firmeninhabers von „Helados bon", der bekannten Eiscremefirma, wurde das Macadamia-Eis publik. Inzwischen konnten etliche Kaffeebauern für das geförderte Macadamia-Projekt, das sog. „La Loma-Projekt", begeistert werden. Die Nüsse sind in allen Delikatessenläden auch in Europa zu finden und werden inzwischen aufgrund ihres hohen Fett- und Eiweißgehaltes auch für Öle und in der Kosmetikproduktion verwendet. Einer der wenigen großen Macadamia-Kindergärten ist die Rancho Baiguate (wer mehr über diese Nuss erfahren möchte, erhält hier auch gerne Auskunft). Die Nüsse benötigen je nach Standort 3 bis 5 Monate zur Reifung, rund 20 Jahre können die Bäume ununterbrochen Früchte tragen.

der Mitte verdickten Stamm. Eine Verwandte der Königspalme, die *Westindische Kohlpalme,* liefert den schmackhaften *Palmkohl* aus den Endknospen und Blättern. Aus dem vergorenen Saft ihrer Blütenstängel wird der *Palmwein* erzeugt. In Palmplantagen wächst die kleine, gedrungene *Ölpalme;* das gewonnene Öl dient zur Herstellung von Seifen, Kerzen, kosmetischen und pharmazeutischen Produkten sowie Speisefett. Palmen liefern der Bevölkerung also reichlich Nahrung und Rohstoffe.

An den Lagunen sieht man **Mangrovenwälder** (z. B. bei Río San Juan, im Nationalpark Los Haitíses in der Bucht von Samaná, im Nationalpark Monte Cristi), die Nistplätze vieler Wasservögel und Krebse und im etwas trockeneren Unterholz Lilien. An den Wasserläufen schwimmen schöne Wasserhyazinthen, am Flussufer stehen Zyperngras, Bambus und die weiß blühende Sumpfcalla. Die Feuchtgebiete werden landwirtschaftlich für den Reisanbau genutzt.

Das **zentrale Hochland** (ab 1500 m Höhe) erinnert mit seinen grünen Hügeln an die Alpen: Im Unterholz der Mischwälder wachsen Moose und Farne. Noch weiter oben (ab 2000 m) breiten sich Nebelwälder aus, hier wachsen Baumfarn sowie die westindische Pinie, und die knorrigen Bäume hängen üppig voll mit Flechten, Moosen und Bromelien. Das Mikroklima lässt etwas tiefer auf rund 1300 m in geschützten Hochtälern, die anmuten wie der Garten Eden (z. B. bei Constanza), so gut wie alles gedeihen: sämtliche Obstsorten von Apfel, Banane, Birne, über Erdbeeren, Guaven, Kakis, Kakao, Kirschen, Kiwis, Pflaumen, Wein bis hin zu Zitrusfrüchten und natürlich den Kaffeesträuchern, deren Plantagen die Hügel überziehen.

Schon die Ureinwohner, die Taínos, nutzten *Annonabäume* (aus deren Früchten Saft gewonnen wurde), *Papayas* und *Baumkalebassen,* die Samenschalen des *Annattostrauches* (Bixa orellana) dienten als Färbemittel für Speisen oder zum Einreiben der Haut. Seltener sieht man noch den *Guanábanabaum,* aus dessen Früchten ebenfalls Saft gewonnen wird. Ein sehr schöner, großer, Schatten spendender Baum ist der herrlich blühende *Anacahuita-Baum.*

In den Trockengebieten wachsen *Kakteen* in allen Formen und Größen, z. B. Säulen-, Kugel- oder Blattkakteen. Unter den Kugelkakteen ist der Melonenkaktus berühmt, den bereits Kolumbus als Mitbringsel mit nach Spanien nahm. Dazwischen stehen Zwergpalmen, Agaven, Dornenbäume sowie Scheinakazien.

An **Nutzpflanzen** werden neben den schon erwähnten Palmen in den fruchtbaren Ebenen unter anderem Bananen, Zuckerrohr, Ananas, Avocados und viele weitere Tropenfrüchte wie Sternfrucht, Papayas, Zitrusfrüchte sowie Cashew-, Para-, Erdnüsse und die Macadamia-Nuss (s. u., zudem Jarabacoa, Rancho Baiguate), zudem Kakao, Kaffee, Reis, Brotfrucht, Yucca, Mais, Maniok, Kartoffeln und Chayote angebaut – eigentlich fast alles, was es bei uns in der Obst- und Gemüseecke eines Feinkostladens zu kaufen gibt. Die Dominikanische Republik hat sich auf organischen Kakaoanbau (→ Sendero del Cacao, S. 244) spezialisiert und ist einer der weltweiten Haupterzeuger, zudem Hauptlieferant für Kakao aus konventionellem Anbau. Die Kakao-Frucht, sehr kräftig im Geschmack, findet einen guten Absatz u. a. für Fairtrade-Produkte.

Wer sich für Botanik interessiert, sollte dem *Orchidearium* und dem *Botanischen Garten* in Santo Domingo einen Besuch abstatten (mehr über die spezifische Flora im Kapitel „Nationalparks").

Fauna

Durch die über Jahrmillionen abgeschiedene Insellage gibt es so gut wie keine großen Raubtiere und Landsäugetiere. Lediglich einige Fledermausarten, das dem Stachelschwein verwandte Zaguti, Dominikanische Schlitzrüssler und Seekühe lebten hier schon vor dem Menschen, sind aber inzwischen fast ausgestorben. Vielfältiger sind die heimischen Vogelarten.

Als Nationalvogel gilt der *Palmenschmätzer (Dulus dominicus)*, ein Verwandter der Seidenschwänze. Der Liebling der Dominikaner ist allerdings der kleine grüne Papagei, bei den Dominikanern *La cotica* genannt, bei uns Blaukronenamazone *(Amazona ventralis)*, der oft als Hausvogel in einem Käfig gehalten wird. Nicht zu verwechseln ist er mit dem etwas größeren, langschwänzigen plappernden Hauspapagei *Perico* (mask.) oder *Cuca* (fem.), bei uns bekannt als Haitisittich *(Aratinga chloroptera)*. Zusätzlich gibt es an die 260 Vogelarten, darunter die karibischen Ausgaben uns so vertrauter Vögel wie *Spechte, Tauben* oder *Schwalben*. Exotisch sind für uns neben den Papageien die *Kolibris* mit ihrem beeindruckend schnellen Flügelschlag, die man oft an Hibiskusblüten finden kann (sie nehmen den Nektar im Flug auf). 30 Vogelarten lassen sich nur auf der Insel Hispaniola beobachten, sie sind endemisch. Während diese zumeist in den geschützten Wäldern zu finden sind (14 % des Landes sind bewaldet, von ehemals 80 %), sieht man an den Küsten neben *Möwen* und *Reihern Fregattvögel, Braunpelikane,*

El perico – ein freches Kerlchen

Das liebe Federvieh

Tölpel und die scheuen *Flamingos.* Letztere sieht man am Lago Oviedo und vor allem am Lago Enriquillo, wo außerdem zahlreiche *Spitzkrokodile (Crocodylus acutus)* und verschiedene *Leguane* wie der *Nashornleguan* vorkommen.

Man findet *Skorpione,* ungiftige *Boa-Arten* und *Nattern.* Wenn etwas um die Ecke flitzt, ist es meist eine der kleinen grünen *Echsen* oder ein *Gecko.* Ein mittlerweile sehr seltenes Tier ist der endemische *Schlitzrüssler (Solenodon paradoxus),* ein Insektenfresser von etwa 30 cm Länge, der einen giftigen Speichel besitzt. Vor der Einführung exotischer Tiere durch die Europäer war er der dominierende Fleischfresser der Insel. Ebenfalls endemisch und vom Aussterben bedroht ist das *Zaguti* (Hutia; *Plagiodontia aedium*).

Im August und September, zu Beginn der Regenzeit, treten bunte *Schmetterlinge* zu tausenden auf. Es gibt 18 Fledermausarten und jede Menge Frösche, vor allem Baumfrösche.

Auf der Insel Saona kann man die selten gewordenen *Seekühe* (Manati; *Trichechus manatus*) antreffen, ebenso *Delfine.* Ein besonderes Naturschauspiel bieten die riesigen *Buckelwale.* Rund 3000 dieser beeindruckenden Meeressäugetiere kommen

Nashornleguan (Cyclura cornuta)

Die einem kleinen Dinosaurier nicht unähnlichen, teils sehr kampflustigen und bis zu 1 m langen grau-grünen Tiere sind eigentlich scheu – durch das schmackhafte Essen von Ausflüglern werden sie aber angelockt. Sie können 30 bis 50 Jahre alt werden, sind relativ treu, d. h. sie leben in Kolonien zusammen, mehrere Weibchen werden im Harem geduldet. Nach 2 bis 3 Jahren sind die Weibchen geschlechtsreif, dann finden unter den Männchen Revierkämpfe statt, wobei die Schuppenkämme und Nashörner zum Einsatz kommen. Die Männer erkennt man an der dunkleren Farbe und dem höheren Höcker – daher der Name Nashornleguan. Bei der Paarung erhält die Allerliebste dann keinen Kuss, sondern wird in den Nacken gebissen. Zwei Monate ist die Dame trächtig, ehe sie mit ihren großen Krallen ein 1 bis 2 m tiefes Erdloch oder einen Tunnel gräbt, wo sie ihre 20 bis 30 Eier ablegt. Nach 80 bis 100 Tagen schlüpft der Nachwuchs, Brutpflege gibt es nicht. Nashornleguane ernähren sich normalerweise von Früchten und wirbellosen Tieren wie Insekten – außer es gibt leckere Mahlzeiten von Touristen. Gut zu beobachten ist diese vom Aussterben bedrohte Spezies v. a. am Lago Enriquillo oder auf der kleinen Ausflugsinsel Cayo Iguana (beim Lago Oviedo).

zwischen Dezember und März in die *Bucht von Samaná* oder zur *Silberbank* (rund 140 km nördlich der Küste im Atlantischen Ozean), um sich zu paaren und ihre Jungen zur Welt zu bringen (→ „Nationalparks/Santuario del Banco de la Plata"). In die Bucht von Samaná gehen zahlreiche Ausflugsfahrten zur Beobachtung der Tiere, die aber inzwischen von den Naturschützern aufs Heftigste kritisiert werden.

Im Meerwasser leuchten bunte *Fische* und die verschiedensten *Korallenarten,* es gibt *Venusfächer* und *Seeigel* sowie unterschiedlichste *Muscheln.* Man kann vom Boot aus *Karettschildkröten* sehen, *Barrakudas* und zahlreiche *Haiarten* wie auch die gern gegessenen *Langusten, Austern, Königkrabben* und *Riesenschnecken.* Eine Besonderheit stellt außerdem die Silberbank dar, eine Unterwasserplattform aus jahrmillionenalten

Nashornleguan

Korallen. Den Namen erhielt sie, nachdem hier etliche Galeonen, angefüllt mit Silberschätzen, Schiffbruch erlitten hatten (Ausflugsfahrten zur Silberbank von Las Terrenas aus). Mehr über die spezifische Fauna finden Sie im folgenden Kapitel.

Nationalparks

In der Dominikanischen Republik wurden zum Schutz der Tiere und Pflanzen Nationalparks ausgewiesen. Wie überall auf der Welt machen Unvernunft und Egozentrik der Menschen Reglements zur Erhaltung von Arten erforderlich.

In der Dominikanischen Republik gibt es offiziell 19 Nationalparks, 15 Naturreservate, 6 naturwissenschaftliche Schutzzonen, 32 Naturdenkmäler, 2 Meeresschutzgebiete, zudem 9 Gebiete mit geschützten Inseln. In diesem Reisebuch stellen wir Ihnen die größten und wichtigsten Nationalparks (Parque Nacional, N. P.) vor, daneben auch Archäologische Nationalparks wie den Parque Nacional Histórico La Isabela (→ S. 260) und den Parque Nacional Arqueológico La Vega Vieja (→ S. 215), außerdem das Santuario de Mamíferos Marinos (Reservat für Meeressäugetiere), wie auch Santuario Mamífero Marino Manati Estero Hondo (→ S. 262), den Parque Submarino La Caleta, → „Sport/Tauchen"), ein Meeresschutzgebiet (Santuario del Banco de la Plata) und naturwissenschaftliche Schutzzonen (Reservas Científicas).

Damit stehen 10,5 % des Landes, Meeresgebiete eingerechnet, unter Naturschutz. Die Nationalparks können besichtigt werden, allerdings braucht man meist eine

Ministerio de Medio Ambiente y Recursos Naturales
Santo Domingo, ☎ 809/567-4300, www.ambiente.gob.do

Genehmigung und es muss in der Regel Eintritt (50 oder 100 RD-$) bezahlt werden. Die Nationalparkverwaltung vermittelt auch Führer. Bei organisierten Gruppen erledigen die Veranstalter alle Formalitäten.

Kurze Übersicht (in Anlehnung an Jürgen Hoppe, *Die Nationalparks der Dominikanischen Republik;* → „Literatur"):

1. Parque Nacional Monte Cristi: Der Nationalpark ist ca. 530 km² groß und liegt im Nordwesten der Dominikanischen Republik. Die sieben vorgelagerten Inseln, *Los Cayos Siete Hermanos,* gehören dazu. Das Land ist flach, nur auf der Landzunge erhebt sich 300 m hoch der *Morro.* Es ist sehr trocken und regenarm, die Jahresdurchschnittstemperatur liegt bei 28,5 °C. Im Norden befindet sich das Mündungsgebiet des Yaque del Norte, im Süden liegen die Lagune Saladillo und die Grenze zu Haiti. Die Vegetation besteht aus Kakteen, Akazien und Frangipani, an der Lagune wachsen verschiedene Mangrovenarten. Man kann unter anderem Silberreiher *(Egretta alba)* sehen, Fregattvögel, Spitzkrokodile, Pelikane, Gelbstirn-Blatthühnchen *(Jacana spinosa),* Rotfußtölpel *(Sula sula)* und Kaninchenkäuze *(Athene cunicularia).*

Parque Nacional Cabo Frances Viejo

Anfahrt: per Auto bis Monte Cristi. Am Wochenende oder auf Nachfrage werden Bootstouren (inkl. Essen/Baden) zu den Inseln (meist Insel Cabra) angeboten. Eintritt 100 RD-$.

2. Reserva Científica Isabel de Torres: Das Reservat erstreckt sich südlich von Puerto Plata bis auf den 800 m hohen gleichnamigen Berg. Hier entspringen 15 Flüsse. Im Tal liegt die durchschnittliche Jahrestemperatur bei 25 °C, am Berg erreicht das Thermometer nur noch 17 °C, und es ist ziemlich feucht. Die Bergspitze wurde in einen Ausflugs- und Kunstpark umgewandelt und ist auch mit der Kabinenbahn (Terriferrica) zu erreichen – herrlicher Blick auf Puerto Plata und die Umgebung. Im unteren Bereich wachsen hispaniolischer Mahagonibaum, Trompetenbaum, Guttibaumgewächse und Zyperngras, in höheren Lagen findet man Bergpalmen, wilde Tamarindenbäume, Aquacatillo, Sternapfel. Es gibt eine Vielzahl von Vögeln, darunter den grünen Blaukronenamazone, Palmenschmätzer, Haitispecht *(Melanerpes striatus),* Sperlingstauben *(Columbina passerina)* und die selten gewordenen Rosenschultertauben *(Columba inornata),* verschiedene Greifvogelarten wie den Rotschwanzbussard *(Buteo jamaicensis)* oder den Buntfalke *(Falco sparverinus)* und den rätselhaften Rallenkranich *(Aramus guarauna).*

Anfahrt Ausfallstraße Puerto Plata nach Luperón nehmen und dem Hinweisschild zur Kabinenbahn folgen (Teleférico Isabel de Torres; Preis 350 RD-$, tägl. außer bei schlechtem Wetter von 9–17 Uhr). Es führt auch ein Makadam (Schotterweg) auf den Berg: nächsten Straßenabzweig (stadtauswärts nach Kabinenbahn) nehmen und bergauf über die Dörfer fahren (nicht bei Regen!). Alternativ: in Richtung Sosúa; ca. 1,5 km vor der Straßenkreuzung (Haltestelle Gran Paráda) in Richtung Santiago rechts auf den Makadam, ca. 12 km fahren. Dann bei El Copey am Kreisverkehr nach rechts und weiter auf dem Makadam bis zum Nationalpark-Häuschen. Eintritt 100 RD-$.

3. Parque Nacional Cabo Frances Viejo: Der nur 1,25 km² große Park oberhalb der steil abfallenden Felsenküste (herrlich gruseliges Panorama) ist ein kleines Paradies für Vogelliebhaber.

Anfahrt: problemlos von der Straße nach Cabrera bei Catalina. Eintritt 100 RD-$.

4. Santuario del Banco de la Plata: Die sogenannte Silberbank liegt rund 140 km von der Nordküste (bei Río San Juan) entfernt und umfasst das riesige Gebiet von 3748 km². Das Wasser ist durchschnittlich 20 m tief, erreicht aber an einigen Stellen 1800 m Tiefe. An der Nordostseite erstreckt sich ein schützendes Riff, das für Boote sehr gefährlich ist, weshalb hier früher zahlreiche mit Schätzen beladene Galeonen der Eroberer kenterten. So kam die Bank zu ihrem Namen. Im ruhigen Meerwasser des vorgelagerten Riffs sammeln sich die Buckelwale, die von Nordamerika kommen, um ihre Jungen zur Welt zu bringen. Es ist ein grandioses Schauspiel, wenn die rund 2000 bis 3000 Meeressäuger zwischen November und Dezember hier eintreffen; im April verlassen sie das Gebiet wieder und ziehen zurück nach Norden. Außerdem tummeln sich hier grüne Meeresschildkröten und Delfine.

Anfahrt ab Puerto Plata, nur organisiert und wochenweise buchbar, zudem sehr teuer: 3000–3400 US-$, zzgl. 250 US-$ Eintritt und 250 US-$ Hafensteuern etc. Beim Tauchen (Lizenz Bedingung!) und Schwimmen hautnah zahlreiche Mantas und Buckelwale zu erleben ist ein Ereignis, allerdings nur für Seefeste wegen des hohen Wellengangs, ruhige Gewässer sind eher selten! Infos unter: Aquatic Adventures (www.aquatic adventures.com) oder Consciousbreath Adventures (www.consciousbreath adventures.com).

5. Reserva Científica Loma Quita Espuela: Das 72 km² große Gebiet nordöstlich von San Francisco de Macorís untersteht einer Stiftung. Fast tägliche Niederschläge und Höhen von bis zu 1000 m lassen zahlreiche Pflanzenarten im Regenwald gedeihen. So findet man hier wohlgehütete 500- bis 1000-jährige Tropenriesen; es wachsen unter anderem hispaniolische Mahagonibäume, westindische Zedern und Bergpalmen. In der Fauna sind vertreten: Schlitzrüssler, Zaguti und das aus Europa eingeschleppte Wildschwein *(Sus scrofa)*, zudem viele endemische Vogelarten wie Blaukronenamazone, Palmschmätzer, Haitispecht und Hispaniolaschleiereule *(Tyto glacops)*.

Ein lohnenswerter, schön angelegter Pfad namens „Weg zu den Wolken" führt hinauf zum 942 m hohen Pico Quita Espulea, ein weiterer nennt sich „Weg des Kakao" (→ San Francisco de Macorís).

Anfahrt Von San Francisco de Macorís in Richtung Los Bracitos (Jeep). Man benötigt eine Besuchserlaubnis (3 Tage im Voraus), erhältlich bei der Fundación Loma Quita Espuela. Eintritt 100 RD-$, Führer 500 RD-$. Av. Libertad 44, Apartado Postal 236, San Francisco de Macorís, ☎ 809/588-4156, www.flqe.org.do.

6. Parque Nacional Los Haitises: Der 208 km² große Nationalpark zieht sich um das Ende der Bucht von Samaná. Die über 40 Millionen Jahre alte Unterwasserwelt besteht aus einer mit tropischer Vegetation überwucherten Korallenhügellandschaft

Parque Nacional Los Haitises – Cueva Caño Hondo

von ca. 300 bis maximal 485 m Höhe. Es gibt etwa 60 Höhlen wie *San Gabriel, La Línea* und *La Arena,* die beeindruckende indianische Wandmalereien sowie in den Fels gehauene oder geritzte Skulpturen der Taínos zeigen. Zudem gibt es die Bäche *Hondo* und *Salado,* die herrliche *San Lorenzo-Bucht* und die Papageien-Inselchen. In dieser Region herrscht feuchtes, tropisches Klima mit einer durchschnittlichen Jahrestemperatur von 24 bis 26 °C. Hier wachsen zahlreiche Farnarten, Bromelien und Lianen, Kapok- oder Wollbäume, Guttibaumgewächse (Guttiferea oder Copey), amerikanische Moschus- und hispaniolische Mahagonibäume, westindische Zedern sowie im Sumpf rote und weiße Mangroven und Bambus. An Tieren findet man Fregattvögel, Braunpelikane, Haitisittiche, Gelbstirn-Blatthühnchen, Blaureiher *(Egretta caerulea),* Schleiereulen *(Tyto alba)* und Rosenseeschwalben *(Sterna dougallii).*

Anfahrt Dieser Nationalpark ist für Individualreisende nicht zugänglich. Man kann mit organisierten Gruppen per Boot anreisen, in fast allen Hotels werden Ausflugsfahrten angeboten, oder man bucht individuelle Bootstouren auch direkt in Sánchez, Santa Bárbara de Samaná oder Sabana de la Mar. Preise: je nach Standort und Dauer 45–100 US-$ (inkl. Eintritt, → Santa Bárbara de Samaná).

7. Reserva Científica Lagunas Redonda y Limón: Das Naturschutzgebiet erstreckt sich über eine Fläche von 101 km² und liegt östlich des Städtchens Miches an der Bucht von Samaná. Das Gebiet umfasst Lagunen mit durchschnittlich 1,45 m Tiefe, es wachsen zahlreiche Mangroven. Die Redonda-Lagune ist mit dem Meer durch den *Caño Celedonio* verbunden. Hier dominieren natürlich Wasservögel wie der große Silberreiher, der Nachtreiher *(Nycticorax nycticorax),* der Rosalöffler *(Ajaja ajaja),* das Teichhuhn *(Gallinula chloropus)* oder der Bindentaucher *(Podilymbus podiceps);* selten ist der Fischadler *(Pandion haliaetus).* Am Strand gibt es Krebse zuhauf, und im Wasser kann man Wolfsbarsch *(Róbalo)* und Tilapia finden.

Anfahrt: Abstecher von der Straße Miches – Laguna Nisibón aus; organisierte Bootstouren (ca. 60 US-$) von Miches (→ Miches) aus. Eintritt für die Laguna de Limón 100 RD-$.

8. Parque Nacional del Este: Der Nationalpark umfasst die 430 km² große Land-zunge südlich von Bayahibe und Boca de Yuma, dazu gerechnet wird außerdem die vorgelagerte *Insel Saona* (120 km²), die sich schützend vor der Küste erstreckt und nur durch den schmalen Canal de Catuano abgetrennt ist. Die terrassenartig an-steigende Halbinsel wurde vor etwa einer Million Jahre durch das Meer geformt. Trotzdem ist das Gebiet relativ flach und nur von Meeresgestein durchsetzt. Die durchschnittliche Jahrestemperatur beträgt ca. 26,5 °C. Die Landschaft zeigt subtropische wie auch trockene Vegetation und Übergangswald. Es wachsen unter anderem hispaniolische Mahagonibäume, wilde Oliven, Kokospalmen, Zamia *(Za-mia debilis)*, Guttibaumgewächse (Guttiferea oder Copey), amerikanische Balsam-bäume *(Bursera simaruba)* und Mesquite *(Prosopis juliflora)*. Die Fauna ist sehr reichhaltig: Allein 112 verschiedene Vogelarten wurden hier registriert, darunter 8, die nur auf der Insel vorkommen. Es flattern Weißflügeltauben *(Zenaida siatica)*, Weißscheiteltauben *(Columba leucocephala)*, Rotfußtölpel, Schleiereulen, Styxeu-len *(Asio stygus)*, Fregattvögel, Flamingos, Braunpelikane und Blaukronenamazo-nen. Im Gebüsch kriechen Schlitzrüssler, Waldratte (Hutia; *Plagiodontia aedium*), Nashornleguane *(Cyclura cornuta)*, verschiedene Eidechsen und Schlangen. Wer Glück hat, sieht hier die großen Seekühe, Delfine und Wasserschildkröten schwim-men. Zu besichtigen gibt es außerdem Tropfsteinhöhlen mit Malereien und in den Fels gemeißelte Motive aus der Taíno-Kultur, vor allem nahe dem Dorf *Guaraguao*.

Anfahrt Straße La Romana – Bayahibe – Dominicus; ca. 1 km hinter Dominicus be-findet sich die Nationalparkverwaltung (Ein-tritt 100 RD-$). Dort muss man sein Auto parken und zu Fuß weitergehen. Zur Insel Saona werden organisierte Ausflugsfahrten von Reiseagenturen und vielen Hotels, aber auch von Bayahibe aus mit dem Boot ange-boten. Preise je nach Standort 40–100 US-$ (inkl. Eintritt N. P.).

9. Reserva Científica Natural Valle Nuevo: Das Reservat, das zahlreiche Flüsse, Wasserfälle und Stauseen birgt, erstreckt sich über 409 km² und liegt in der Mitte

Die Laguna Redonda bei Miches

der Insel und der Cordillera Central zwischen Constanza und San José de Ocoa. Die Hochebene erreicht bis zu 2640 m über Meeresniveau. Ein Waldbrand hinterließ 1983 auf einem Drittel der Fläche eine verkohlte Landschaft, die teils wieder aufgeforstet wurde und sich nun langsam erholt. Die Temperaturen reichen von −5 bis 20 °C, die Jahresdurchschnittstemperatur beträgt nur 9 °C. In diesem Gebiet dominiert die kreolische Pinie *(Pinus occidentalis)*, es wachsen Baumfarn, dazwischen Lianen, weiter westlich auch Laubbäume − eine Besonderheit ist die dominikanische Magnolie *(Magnolia pallescens)*. Seltene Sträucher wie *Ilex tuerckheimii, Gaultheria domingensis, Garrya fadyenii* oder *Lyonia heptamera* gedeihen hier. Es wurden 65 verschiedene Brutvogelarten registriert, unter anderem die endemische Unterart des Kiefernwaldsängers *(Dendroica pinus chrysoleuca)*, Spiegelwaldsänger *(Xonoligea montana)*, Antillenschwalbe *(Tachycineta euchrysea)*, Antillenorganist *(Euphonia musica)*, Morgenammer *(Zonotrichia capensis)* und Haitizeisig *(Carduelis dominicensis)*.

Anfahrt: Gut ausgebaute Asphaltstraße bis Constanza, von dort führt eine Piste (nur für Jeeps zu empfehlen) durch den N. P. in Richtung San José de Ocoa (→ San José de Ocoa). Anfahrt auch über Piedra Blanca (Autopista Duarte).

10. Parque Nacional Armando Bermúdez: Der 766 km^2 umfassende und seit 1956 bestehende Nationalpark in der Cordillera Central weist mit dem südlich angrenzenden Parque Nacional José del Carmen Ramírez (s. u.) die höchsten Erhebungen der Antillen auf: *Pico Duarte* (3087 m), *La Pelona* (3083 m), *La Rusilla* (3038 m) und *Pico Yaque* (2760 m). Das über 60 Millionen Jahre alte Gestein ist vulkanischen Ursprungs und besteht aus Kalkstein, Schiefer und Marmor. Die Durchschnittstemperatur beträgt zwischen 12 und 21 °C, im Winter kann das Thermometer allerdings nachts auch auf −8 °C zurückgehen. Die jährliche Niederschlagsmenge liegt zwischen 1000 und 4000 mm, so dass sich die Vegetation durch subtropische feuchte Wälder und Regenwälder auszeichnet. In den verschiedenen Höhenlagen gedeihen die unterschiedlichsten Pflanzen. So findet man bis auf 1200 m Höhe neben westindischer Zeder *(Cedrela odorata)* und westindischer Walnuss *(Juglans jamaicensis)* auch die wilde Bergolive, Petitia *(Petitia domingensis)* sowie wildes Zuckerrohr *(Gynerium sagittatum)*. Zwischen 1200 und 1500 m wachsen immergrüner und westindischer Kirschlorbeer *(Prunus myrtifolia* und *occidentalis)*, Lirio *(Linociera ligustrina)* sowie Bergpalme *(Prestoea montana)*; zwischen 1500 und 1700 m westindischer Sumac *(Brunellia comocladifolia)*, Paolo de Viento *(Didymopanax tremulus)*, Granatapfelbaum *(Cyrilla racemiflora)*, Bergtamarinde *(Weinmannia pinnata)*, wilder Avocadobaum *(Persea krugii)* sowie Baumfarn *(Cyathea spp.)*. Auf Höhen von 2000 bis zu 3175 m behaupten sich kreolische Pinie, *Myrica picardae, Lyonia heptamera, Ilex tuerckheimii, Satureja alpestris* und *Baccharis myrsinites*.

Von den zahlreichen Vogelarten seien genannt: die Blaukronenamazone und der Haitispecht, die Antillenkrähe *(Corvus leucognaphalus)*, der Rosentrogon *(Priotelus roseigaster)*, der Rotschwanzbussard sowie die Karolinataube *(Zenaida macroura)*. Hier kommen auch Waldratte, Wildschwein und allein 47 registrierte Reptilienarten vor.

Außerdem entspringen in diesem Nationalpark 12 der wichtigsten Flüsse, die das Land über Wasserkraftwerke mit Strom versorgen und der landwirtschaftlichen Bewässerung dienen, z. B. *Yaque del Norte, Bao, Amina, Jagua* und *Guayubin*.

Anfahrt: problemlos per Auto bis San José de las Matas, ab dort Wanderungen ins Gebirge. Oder: Asphaltstraße bis Jarabacoa und weiter bis La Ciénega; dann zu Fuß hinauf in Richtung Pico Duarte. Eintritt 150 RD-$.

San José de las Matas – Blick auf die Gipfel im N. P. Armando Bermúdez

11. Parque Nacional José del Carmen Ramírez: Nur zwei Jahre später als der Parque Nacional Armando Bermúdez, nämlich 1958, wurde das 764 km² große, südlich an diesen angrenzende Gebiet in der Cordillera Central zum Nationalpark erklärt. Wie bereits oben beschrieben, ragen hier die höchsten Berge der Antillen auf, und es entspringen wichtige Flüsse. Nach Süden fließen *Yaque del Sur, San Juan* und *Mijo*. Die Durchschnittstemperatur bewegt sich zwischen 12 und 18 °C, und in manchen kalten Ecken wie z. B. im Tetero-Tal fällt das Thermometer auch unter –5 °C. Die jährliche, durchschnittliche Niederschlagsmenge ist hier etwas geringer als im Norden. An kulturellen Highlights kann man im *Tetero-Tal* präkolumbianische Felsgravierungen bewundern. Der Wald zeigt sich subtropisch feucht und als Regenwald. Es herrscht die kreolische Pinie vor, zudem gibt es Koniferen und Mischwald. An Raritäten wachsen Lyonia *(Lyonia spp.)*, Tabebuia berterii, wilder Tamarindenbaum, *Teragastris balsamifera* und *Oxandra lanceolata*.

Waldratte und Wildschwein sind ebenfalls hier zu Hause. Seltene Vogelarten sind hier: Antillenkrähe, Rosentrogon, Blaukronenamazone, Haitispecht, Haitikuckuck *(Saurothera longirostris)*, Antillentaube *(Columba squamosa)*, Schwarzsegler *(Cypseloides niger)* und Graubrust-Waldsänger *(Microligea palustris)*.
Anfahrt: Asphaltstraße nach San Juan, Makadam weiter bis Hato Nuevo, Aufstieg vorbei am Stausee Presa de Sabaneta zum Berg Platicos (2524 m).

12. Parque Nacional Lago Enriquillo: Der Nationalpark umfasst den Lago Enriquillo mit seinen zwei winzigen Inseln *Islita* und *Barbarita* und der ehemaligen *Insel Cabritos*, die inzwischen zur Landzunge geworden ist, da der Kanal zwischen Insel und Festland in den letzten Jahren versandet ist. Der See misst in der Länge 42 km, in der Breite 12 km und liegt zwischen 4 und 40 m unter dem Meeresspiegel. Er war in der Vorzeit ein Meeresarm, der bis nach Haiti ging, deswegen auch der Salzgehalt. Das Gebiet zählt zu den heißesten des Landes, es herrscht eine Durchschnittstemperatur von 28 °C, aber das Thermometer kann auch 50 °C erreichen,

Ein riesiger Kugelkaktus

entsprechend gering fallen die Niederschläge aus.

In dieser Trockenzone herrschen Kakteen und Dornengestrüpp (Akazienarten) vor. Es gibt endemische Kakteen wie Cagüey *(Neoabottia paniculata)* und Pitahaya *(Harrisia spp.)*; zudem Alpargata *(Opuntia moniliformis),* Cayuco *(Cereus hexagonus),* Guasábara *(Opuntia caribaea),* Guayacán *(Guaiacum officinale),* Eiche *(Catalpa longissima),* Bayahonda *(Prosopis juliflora)* oder Saona *(Ziziphus rignoni).*

Es wurden 62 verschiedene Vogelarten registriert. Am Ufer stelzen Rosaflamingos *(Phoenicopterus ruber)* und Kanadareiher *(Ardea herodias),* Dreifarbenreiher *(Hydranassa tricolor),* Nachtreiher; es gibt Braune Sichler *(Plegadis falcinellus),* Zwergsultanshühner *(Porphyrula martinica),* Kaninchenkäuze, Blaukronenamazone, Weißscheiteltauben und Antillennachtschwalben *(Chordeiles gundlachii).*

Ganz nah sieht man im Wasser Spitzkrokodile schwimmen, auf der Landzunge kriechen kleine Skorpione sowie die vom Aussterben bedrohten Nashornleguane und Ricords Nashornleguane *(Cyclura ricordi).*
Anfahrt: mit dem Auto von Neiba kommend bis kurz vor La Descubierta. Eintritt 100 RD-$ (Nationalpark-Häuschen). Individuelle Bootsausflüge (meist 8 Uhr; nicht täglich!); vorher unbedingt erkundigen, ☏ 809/472-7170. Besser organisiert besichtigen!

13. Parque Nacional Sierra de Bahoruco: Der 800 km² große Nationalpark liegt in der gleichnamigen Provinz im Südwesten des Landes und erreicht eine maximale Höhe von 2367 m. Das Gestein besteht aus kristallisiertem Kalk und wurde vor etwa 50 Millionen Jahren gebildet; an der Südseite des Gebirges baute man in den siebziger Jahren Bauxit ab. Früher regierte hier der Kazike *Enriquillo,* der in die Geschichte einging (→ Lago Enriquillo). Es gibt große Flächen mit Pinien, Mischwäldern und großblättrigen Pflanzen. Die Vegetationszonen reichen hier vom Trockengebiet bis zum Regenwald. In der Bergregion liegt die Jahresdurchschnittstemperatur bei 15 bis 20 °C.

Eine Besonderheit dieses Gebietes stellen die *Orchideen* dar. Über die Hälfte aller Orchideen des Landes wachsen hier, 10 % davon kommen nirgends sonst vor. An Bäumen findet man kreolische Pinie, immergrünen und westindischen Kirschlorbeer, hispaniolischen Mahagoni, westindischen Sumac *(Brunellia comocladifolia),* Trompetenbaum *(Juniperus ekmanii* und *Didymopanax tremulus).*

Es gibt 49 Brutvogelarten, 28 davon bleiben immer in der Region und 19 sind endemisch. Um nur einige zu nennen: Antillenkrähe und Palmenkrähe *(Corvus palmarum),* Antillenzeisig, Rosentrogon, Blaukronenamazone, Weißscheitel-, Antillen- und Karolinatauben, Haitisittich, Haitikuckuck und Buntfalke.

Anfahrt Makadams verlaufen nur am Rande des Nationalparks, z. B. von Las Salinas über Angostura nach Duvergé; hier sind Abstecher möglich. Von Süden kommend gibt es die Verbindungsstraße entlang der haitianischen Grenze von Pederna-les nach Duvergé, die das Gebirge kreuzt. Zudem kleine gut ausgebaute Asphaltsträßchen hinauf zur Südseite des Gebirges, z. B. kurz vor Pedernales in Richtung Las Mercedes und weiter – herrlicher Blick auf die Küste und das Meer.

14. Parque Nacional Jaragua: Er ist mit einer Fläche von 1400 km^2 der größte Nationalpark des Landes und liegt im Südwesten. Dazu gehören die vorgelagerten *Inseln Beata* und *Alto Velo* sowie im Osten die *Laguna Oviedo*. Es gibt viele Höhlen – *La Poza, Guanal, Mongó* –, in denen man Malereien der Urbevölkerung entdecken kann. Die Taínos lebten hier unter dem *Kaziken Xaragua*, dem der Park seinen Namen verdankt.

Der vorherrschende Kalkstein ist maritimen Ursprungs und durchsetzt mit rötlicher Farbe, die von Eisenoxyd herrührt. Das Meer zeigt sich hier sehr flach, ebenso die Landschaft. Die Jahresdurchschnittstemperatur beträgt 27 °C. Die Vegetation ist gekennzeichnet durch subtropischen Trocken- und Dornenwald sowie Kakteen: Melonenkaktus *(Melocactus communis)* und Blattkakteen *(Opuntia moniliformis, Opuntia caribaea)* tragen zum Formenreichtum bei. Dazwischen findet man Guttibaumgewächse *(Clusia rosea)* und *Bursera simaruba.* Im Landesinneren wachsen hispaniolischer Mahagoni, Catalpa, *Guaiacum officinale*, Aloe vera, Cassia und wilder Frangipani, an der Küste Meerestraube *(Coccoloba uvifera)*; im Sumpf gedeihen Mangroven *(Conocarpus erectus, Laguncularia racemosa)*.

Die Artenvielfalt im Nationalpark Jaragua ist überwältigend. Allein 60 % der im Land registrierten Vogelarten leben

N. P. Jaragua – kakteenbestückt

hier, und an der Lagune Oviedo tummeln sich die meisten Flamingos der Insel. Unter anderem gibt es zahlreiche Reiherarten (Blaureiher, Mangrovenreiher *Butorides striatus,* Silberreiher), Fregattvögel, Weißscheiteltauben und Palmkrähen.

Zu Land kriechen und rennen die endemischen Leguane, Schlitzrüssler, Waldratten und Wildschweine. Vier Arten von Meeresschildkröten *(Chelonia mydas, Dermochelys coriacea, Eretmochelys imbricata, Caretta caretta)* kommen zur Eiablage an den Strand, und es gibt viele Krabben *(Cardisoma guanhumi)*.

Anfahrt über Pedernales nach Cabo Rojo, von dort aus nur mit gutem Jeep Weiterfahrt möglich zur Station des Nationalparks (Eintritt 100 RD-$). Es gibt auch Bootstouren (von Cabo Rojo) zu einigen Höhlen und zum Strand Bahía de Las Aquilas. Zur Lagune Oviedo Zugang 3 km vor Oviedo Nationalpark-Station (Eintritt 100 RD-$); wird auch als Ausflugstour angeboten.

Industriehafen bei Cabo Rojo – Steinsalzhalden

Wirtschaft

Die wichtigsten Einnahmequellen der Dominikanischen Republik sind der Tourismus, Transferzahlungen der im Ausland lebenden Dominikaner und die Exportgewinne aus den Freihandelszonen. Der aufstrebenden Wirtschaft, der boomenden Tourismusbranche und auch der großen ausländischen Investitionslust machte die US-Finanzkrise nur kurzzeitig einen Strich durch die Rechnung – sie wächst kontinuierlich. In den 1990er-Jahren hatte das Land die am schnellsten wachsende Wirtschaft Lateinamerikas und der Karibik, trotz jahrelangem Monopolismus, Korruption und jährlicher Naturkatastrophen, und auch heute steht das Land mit seinen Zahlen nicht allzu schlecht da.

Das Bruttoinlandsprodukt stieg in den letzten Jahren beständig. Die Arbeitslosigkeit verbesserte sich stetig von 17 % (2005) auf nur noch 13,1 % (2011), allerdings sind davon über 30 % junge Leute bis 24 Jahre betroffen. Nicht in den Griff zu bekommen ist die Energiekrise. Eine vielfach geübte Praxis vieler Dominikaner ist die illegale Anzapfung des Stromnetzes. Die Regierung kann nicht bezahlen, das Stromnetz wird abgedreht, d. h. es kommt ständig zu Stromausfällen. Um Industriebetriebe anzuziehen, schuf man Freihandelszonen (Zonas Francas), in denen sich rund 400 bis 500 Firmen, hauptsächlich aus den USA, niederließen. Neben steuerlichen Vergünstigungen locken die extrem niedrigen Stundenlöhne. Die 55 ausgewiesenen Zonen liegen u. a. zwischen San Pedro de Macorís und La Romana, weitere Gebiete bei San Isidro (nahe Santo Domingo), um Santiago und bei Puerto Plata.

Die Dominikanische Republik ist Mitglied zahlreicher Internationaler Organisationen, u. a. IWF, Weltbank, WTO, des Karibischen Verbunds ACS und CARIFORUM. Die Europäische Union hat ein Abkommen mit der CARIFORUM unterzeichnet, welches der Dominikanischen Republik freien Zugang zum EU-Markt gewährt. Bisher können nur noch Mexiko und Chile wirtschaftlich in der EU und in den USA frei fungieren.

Wirtschaftszweige: Die dominikanische Wirtschaft lebt vom Tourismus (40 % der Bevölkerung findet dort Arbeitsplätze) und den Agrarexporten. Der **Tourismus** erbrachte vor allem in den letzten Jahren rund 30 % der gesamten Deviseneinnahmen, noch vor dem Außenhandel. Da viele Unternehmen und Einrichtungen Ausländern gehören, schlägt die wirtschaftliche Zuwachsrate in dieser Sparte im dominikanischen Staatshaushalt nicht in vollem Umfang zu Buche. Die Tendenzen der Tourismusindustrie sind einerseits weiterhin, in die exklusiven Resorts mit Golfplätzen zu investieren, andererseits aber auch, den Öko- und Abenteuertourismus auszubauen. Der für Europäer in den letzten Jahren äußerst günstige Dollarkurs machte die eher teurere Karibik wieder „bezahlbar". 3,3 Mio. Hotelgäste konnte die Dominikanische Republik 2011 verzeichnen, neben dem beachtlichen Anteil von 55 % der Urlauber aus den USA und Kanada wählten nur noch 30 % Europäer, vor allem Franzosen, dann Deutsche, Spanier, Engländer, Italiener und Schweizer die Karibikinsel als Urlaubsland. Sprunghafte und gewaltige Anstiege sind aus Südamerika und vor allem aus Osteuropa zu verzeichnen, vor allem Russen (bis zu 70 % Zuwachs!), dann Polen, Tschechen und Ukrainer kommen verstärkt ins Land – einige auch, um sich einzukaufen. Nach einem touristischen Rückgang der Deutschen von fast 50 % in den letzten 10 Jahren wird nun wieder ein kleiner Aufwärtstrend registriert, 2011 zählte man rund 120 000 Gäste.

Hauptexportgüter der **Landwirtschaft** sind Kaffee, Kakao, Bananen, Tabak, Zucker, auch Orangen, Blumen und Gemüse. Viele Nahrungsmittel gehen auch nach Deutschland. Bei Tabak und Zigarren läuft die Dominikanische Republik langsam Kuba den Rang ab. Sie ist zudem größter Exporteur von ökologischen Agrarprodukten in Zentralamerika und der Karibik.

Die Säulen der dominikanischen Wirtschaft bilden die **Zonas Francas** – Produktionsstätten für den Weltmarkt, wo vor allem viele Frauen, auch aus Haiti, zu Billiglöhnen arbeiten. In den Zonas Francas werden u. a. medizinische Geräte und Zigarren hergestellt, einen Boom beschert aber immer noch die **Textilbranche**. Dynamische Wirtschaftsbranchen waren in den letzten Jahren auch die Telekommunikation, Baugewerbe, Finanz- und Versicherungswesen, daneben noch der Handel, das Transportwesen und das Hotel- und Gaststättengewerbe. Die IT-Branche würde man gern im Land haben, jedoch fehlt es dazu an besser ausgebildeten Mitarbeitern. Ein sehr wichtiger dominikanischer Wirtschaftszweig ist auch der **Bergbau**, dessen Erzeugnisse rund 20 % des Exportvolumens ausmachen: Kohle u. a. für die Kraftwerke und vor allem im Tagebau geförderte Eisennickelvorkommen. Neben Bauxit, Marmor, Gips und Steinsalz werden als weitere Bodenschätze, ebenfalls für den Export bestimmt, Gold und Silber gefördert. Die kanadische Barrick Gold Corporation, das weltgrößte Goldförderungsunternehmen, hat in der alten Mine *Pueblo Viejo* bei Cotuí ihre Arbeit aufgenommen. In den Bergen (Sierra de Bahoruco) südlich von Barahona werden die **Halbedelsteine** Larimar und schwarzer Jade abgebaut, um dann zu Schmuck weiterverarbeitet zu werden. Die dort arbeitende Kooperative ist aber wirtschaftlich gesehen eher unrelevant.

Die **Exporte** belaufen sich auf 7,79 Mrd. US-$ (2011), 52 % davon in die USA, nach Haiti 13,6 %, ebenso die Niederlande, nach Taiwan, Kolumbien, Mexiko und Kanada. Wichtigste Exportgüter sind die Erzeugnisse aus den Zonas Francas, sowie Nickel und Agrarprodukte (v. a. Bananen, Zucker und Kakao). Der **Import** macht hingegen 18,38 % Mrd. US-$ aus (d. h. Wirtschaftshilfen sind notwendig, s. u.): aus

Im Regenwald bei La Caoba – Ernte der stärkehaltigen Knollen Cocoyam

den USA 44 % (v. a. Maschinen, Nahrungsmittel, Chemikalien und Fahrzeuge), Venezuela 7 % (Erdöl), China 6,1 %, Mexiko 4,8 % (Erdöl) und Kolumbien 4,8 % (Wirtschaftsdaten entnommen von www.indexmundi.com).

Folgen der internationalen Rezession: Immense Ölverteuerung, damit die u. a. verbundene Energiekrise, und die weltweite Bankeninsolvenz betreffen die dominikanische Wirtschaft und ihren Devisenmarkt in starkem Maß: Negative Zahlen in der Außenhandelsbilanz (mehr Importe als Exporte), geringere Dollarsendungen der Exildominikaner in ihre Heimat (sog. Remesas) und auch deren Rückkehr in ihre alte Heimat wirken sich negativ aus.

Der Internationale Währungsfonds IWF hat der Dominikanischen Republik vorerst keine weiteren Geldmittel in Aussicht gestellt. Damit bleibt der von den Dominikanern erhoffte Anschlussvertrag des bereits im Januar 2008 ausgelaufenen IWF „Stand-by-Abkommens", der frische Millionen-Dollar-Kredite für die Staatskasse bedeutet hätte, vorerst unerfüllt. Auch die EU knüpfte ihr Fördermittelpro-

Zunehmend positiv wirkt sich weltweit die Darlehensunterstützung von Kleinstunternehmen aus, die lt. Statistik schnell ihre Schulden begleichen – im Gegensatz zu großen Konzernen – und dies gerade auch in Phasen sozialer Unruhen und wirtschaftlicher Turbulenzen. Seit 16 Jahren ist im Mikrofinanzsektor der Dominikanischen Republik die Europäische Investitionsbank (EIB) ein wichtiger Darlehensgeber und Anleiheemittent (natürlich auch für größere Projekte, wie den 27 Mio. Euro teuren Hochspannungsübertragungsnetzausbau). Die EIB ist somit auch an der positiven Wirtschaftsentwicklung der letzten Jahre beteiligt, denn 90 % der Arbeitskräfte des Landes sind in Unternehmen mit weniger als 50 Mitarbeitern beschäftigt, 60 % in Unternehmen mit weniger als 10 Mitarbeitern. 2010 flossen 7 Mio. Euro der EIB in verschiedenste kleine Wirtschaftssektoren, neben Barem gibt es auch Beratung und Schulung zur Kompetenzoptimierung.

gramm für die Dominikanische Republik an soziale und wirtschaftliche Bedingungen, u. a. besseres Steuer- und Gesellschaftsrecht (wurde reformiert und neu verabschiedet) und das leidige Thema, die Verbesserung des Elektrizitätssektors. Insgesamt waren von 2009 bis 2013 179 Mio. Euro für Programme der Armutsbekämpfung, Erhöhung des Bildungs- und Gesundheitsniveaus sowie institutionelle Demokratie-Reformen vorgesehen.

Der Alltag: Viele Dominikaner leben von Gelegenheitsarbeiten, da das Lohnniveau so niedrig ist, dass es keinen Anreiz bietet, überhaupt einen Finger zu krümmen. Trotz der Aufbesserung des Mindestlohnsatzes (2004) sind die Gehälter minimal: So wurden erst Ende 2011 Mindestlöhne für die Zonas Francas auf rund 120 € festgelegt. Ein Angestellter bekommt also monatlich 100–160 €, je nach Firmengröße und damit verbundenem Kapital, eine Krankenschwester verdient drei Mal und ein General zehn Mal soviel. Massenproteste sind auch in der Dominikanischen Republik an der Tagesordnung. So verwundert es nicht, dass viele im Tourismus arbeiten, sich einen Bauchladen umhängen und ihre Ware gegen Dollars und Euros feilbieten. Strohhüte z. B. werden je nach Standort und Sympathie für 15 bis 20 US-$ verkauft – das sind immerhin 11 bis 15 € –, und 5 Stück, meinte einer lächelnd, verkaufe er schon oft am Tag. Ein guter Schnitt im Vergleich zu dem, was ein Angestellter verdient, der zudem mehr leistet. Sich selbst aus der Misere zu helfen ist für viele die Devise!

Vom Zuckerrohr zum Rum

Was viele karibische Inseln reich machte, war nicht das Gold, sondern eine Pflanze, das *Zuckerrohr*. Anfang des 15. Jh. importierten die Spanier Zuckerrohrsetzlinge und 1519 setzten Fachleute von den Kanarischen Inseln die erste Zuckermühle in Gang. Die Spanier wollten reich werden wie ihre venezianischen Kollegen, die mit der aus Südasien stammenden Pflanze und dem daraus gewonnenen Süßstoff viel Geld verdienten. Die Pflanzen gediehen bestens und bald wuchs überall das hohe grüne Schilfgras des Zuckerrohrs. Auf den Plantagen bewältigten die wenigen Taínos, die noch überlebt hatten, die harte Arbeit nicht mehr: Sklaven aus Westafrika wurden importiert, um die Zuckerbarone reich zu machen. Bei sengender Hitze bearbeiteten sie den schweren Boden, pflanzten Setzlinge und schnitten das fertige Rohr, um die leicht verderbliche Ernte danach schnell zur Mühle zu schaffen.

Das Know-how zur Bearbeitung der Zuckerrohrfelder verbreitete sich im 17. und 18. Jh. durch die Franzosen und Engländer. Und ebenfalls im 17. Jh. kam man darauf, aus dem Zuckerrohrsaft

Billiglohnarbeiter –
Zuckerrohrschneider bei Sosúa

Zuckerschnaps zu brennen. Der Abfall, die Melasse, wurde vergoren und es entstand ein alkoholisches Getränk, nach dessen Genuss die Personen torkelten, lachten und rumorten. Man nannte diesen Trunk daher *Rumboullion* oder *Rumbustion,* was Lärm, Aufruhr bedeutete und später zu *Rum* verkürzt wurde. Auf der kleinen Insel Cayo Levantado wurde angeblich der berühmte Werbespot für eine bei uns bekannte Rumsorte gedreht, die für viele zum Inbegriff von Karibik-Feeling wurde. Wer denkt da an harte Arbeit, Schweiß und Armut.

Obwohl heute auf den Zuckerrohrplantagen Maschinen im Einsatz sind, erfolgt der Schnitt immer noch per Hand. Wegen seiner leichten Verderblichkeit muss das Zuckerrohr sehr schnell abtransportiert und in die Mühlen gebracht werden, und dazu braucht man wie früher viele Arbeitskräfte. Heute führen diese Knochenarbeit *braceros* (Landarbeiter) aus Haiti aus. Sie sind die Ärmsten der Armen und arbeiten fast für einen Apfel und ein Ei. Viele wohnen inzwischen in der Dominikanischen Republik, einige kommen für die Saison über die Grenze, manche reisen ille-

Das Tabakhorn „Andullo

gal ein und werden ab und an per Lastwagen wieder zurücktransportiert. Dennoch könnten ohne ihre Hilfe die Zuckerrohrplantagen nicht bewirtschaftet werden – kein Dominikaner arbeitet hier, und die Bedingungen sind fast wie einst. Die Braceros leben zusammengepfercht am Rande der Felder in Hütten, den sogenannten Bateys, meist ohne Strom und Wasser.

Zigarren

Am Fuße der geschützten Hänge, die das Valle del Cibao einbetten, gedeiht auf einer Fläche von 400 km^2 der Tabak für beliebte Marken wie z. B. Davidoff. Für Geschmack und Brenneigenschaften der Blätter ist u. a. die Bodenbeschaffenheit verantwortlich, so dass sich selbst kleinräumig feine Unterschiede ergeben können. Die Spanier hatten hier bereits im 16. Jh. die ersten Tabaksetzlinge in die fruchtbare Erde gesteckt und sich dabei an den Anbaumethoden der einheimischen Taínos orientiert.

Anbauorte und Eigenschaften

Villa González (nordwestlich von Santiago): wenig Nikotin, Geschmack leicht süßlich.

La Canela (in Richtung Yaque del Norte): brennt schnell, süßlicher Geschmack.

Tamboril (zwischen La Vega und Moca): Geschmack ist stark und dominant.

Bonao (südlich von Santiago in Richtung Sto. Domingo): Deckblätter, da dünn und elastisch.

Navarrete (10 km in Richtung Monte Christi): ebenfalls wenig Nikotin.

In jüngerer Zeit wurde die Produktion eines Schweizer Spitzenproduktes, bis dahin in Kuba hergestellt, wegen der dortigen wirtschaftlichen Situation, aber auch wegen geringerer Tabakqualität kurzerhand einer bei Santiago ansässigen dominikanischen Firma (dem Sohn eines niederländischen Tabakhändlers) übertragen, die die Schweiz auch mit eigenen Marken begeistert. Laut Tabakgourmets ziehen besonders die Jüngeren den dominikanischen Tabak aufgrund seines leichteren und feineren Geschmacks dem strengeren kubanischen vor. Zigarrenrauchen ist vor allem in den USA mega-in – natürlich mit handgedrehten, aus feinen Blättern gezwirbelten und nicht maschinell gefertigten Zigarren.

Der lange Weg der Zigarre

Die bis zu 2 m hohe Pflanze wird hinsichtlich verschiedener Produktionsgänge, aber auch unterschiedlicher Zigarrenqualität unterteilt: Auf die nikotinreichen Spitzenblätter folgen die Corona-Blätter, die Semi-Corona-Blätter, die Centro-Fino-Blätter und die Centro-Ligero-Blätter; die untersten Blätter heißen Uno y Medio. Für Spitzenzigarren werden nur die Blätter aus dem mittleren Teil der Pflanze verwendet, Corona- und Centro-Blätter. Der Rest wandert in maschinell produ zierende Zigarrenfabriken. Zigarrenroller, die *tabaqueros,* sind angesehene Männer (nun übernehmen diese Arbeit immer mehr Frauen) und verdienen im Vergleich zu anderen Berufsgruppen auch sehr gutes Geld, rund 580 Dollar für geschickte Hände, die rund 600 Zigarren pro Woche rollen.

Sehr gute Tabaksamen wiegt man mit Gold auf. Die Setzlinge werden nach der Regenzeit, an Allerheiligen, ausgepflanzt und im Januar/Februar per Hand gepflückt und an die Produktionsstätten geliefert. Die Tabakblätter werden aussortiert, dann in Lagerhallen 220 Tage lang getrocknet und fermentiert und dabei noch bis zu sieben Mal gewendet. Bis sie allerdings auf dem Tischchen des *tabaquero* oder der *tabaquera* liegen, müssen die Blätter noch entgratet, nach Farbe sortiert, befeuchtet und wieder fermentiert werden – rund 140 Arbeitsgänge pro Blatt sind notwendig! Anschließend rollt man die wertvollen Blät-

Tabakdreher in Santo Domingo

ter im bestimmten Mischungsverhältnis: Dazu werden die Füllblätter gefaltet, in ein Binderblatt eingerollt, in nach Größe und Dicke verschiedene Mangoholzmodelle gelegt und für ca. 2 Stunden gepresst. Schließlich wird das mit dem Chaveta-Messer zugeschnittene kostbare Deckblatt um die Zigarre gewickelt, die danach in ein Zedernholzkistchen kommt.

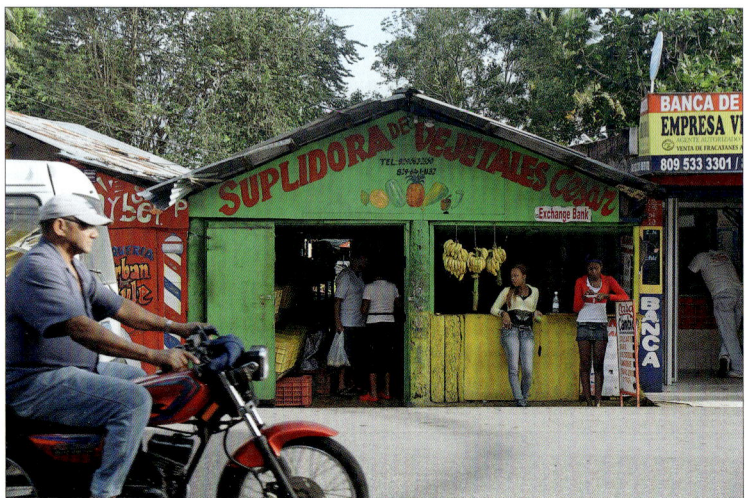

Cabarete – Colmados (Läden) sind ein beliebter Treffpunkt

Bevölkerung

In der Dominikanischen Republik leben rund 10,5 Mio. Menschen, davon ca. 3 Mio. in der Hauptstadt Santo Domingo, die damit (nach Havanna) zweitgrößte Stadt der Karibik ist. Das entspricht bei einer Fläche von 48 730 km² einer Bevölkerungsdichte von 204,3 Einwohnern pro km². Die jährliche Wachstumsrate liegt bei 1,3 % und die durchschnittliche Lebenserwartung bei 73,5 Jahren. Rund 20 % der Dominikaner leben am Rande des Existenzminimums. Die Mittelschicht ist sehr dünn, rund 5 % der Dominikaner zählen sich zur reichen Oberschicht. Den Hauptanteil an der Bevölkerung stellen mit 73 % Mulatten, lediglich 16 % sind Weiße und 11 % Schwarze. Hinzu kommt die Vermischung verschiedener Kulturen und Traditionen, die noch heute lebendig sind.

Zuerst vermischten sich die Spanier mit den Taínos. Dann kamen zahlreiche Westafrikaner hinzu, die als Sklaven arbeiten mussten. Um 1570 lebten hier z. B. rund 5000 Weiße, fast ausschließlich Spanier, und 80 000 schwarze Sklaven. Die Mulatten sind nicht nur Abkömmlinge afrikanischer Zwangsarbeiter aus der Kolonialzeit, sie kamen auch aus Nordamerika – flohen von dort, wanderten ein oder wurden importiert. Auf der Halbinsel Samaná lebten ab 1824 befreite Sklaven aus den USA mit einem breiten Südstaatenslang. Durch die erneute spanische Besetzung 1861 kamen wiederum viele Spanier auf die Insel. Heute leben außerdem rund 500 000 Haitianer im Land, teils schon in der dritten Generation; die Zahl der illegal im Land lebenden Haitianer ist nicht erfasst und sicherlich groß. Manche Haitianer kommen allerdings nur zur Zuckerrohrernte für ca. 6 Monate und arbeiten für einen Mindestlohn, fast wie einst die Sklaven – für rund 150 Pesos (rund 3 €) an einem 12-Stunden-Tag, wird gemunkelt und dies nicht immer freiwillig! Die Haitianer gehören zur ärmsten Bevölkerungsschicht, viele Reiche hingegen sind Weiße.

Wegen der schlechten Wirtschaftslage in Kuba kommen immer mehr Kubaner auf die Insel. Während der Nazi-Zeit ließen sich hier auf Einladung Trujillos Juden aus Deutschland und Österreich nieder, denn der Diktator war von der Idee besessen, die dominikanische Rasse mit allen Mitteln aufzuhellen. Auch Chinesen und Libanesen wanderten ein. Nach der Trujillo-Ära haben sich viele Europäer, hauptsächlich Schweizer, Deutsche und Italiener, aber auch Nordamerikaner auf der Insel niedergelassen, teils eingekauft, und leben meist vom Tourismus. Umgekehrt jedoch verließen viele hunderttausend Dominikaner ihre Heimat und wanderten in die USA und nach Puerto Rico aus, wo sie zum Teil illegal leben. Viele zogen auch durch Heirat nach Europa. Diese Auswanderungswelle brachte dem Land im Nachhinein eigentlich nur Gewinn, freie Arbeitsplätze und geringere Kosten, und die zurückgebliebenen Familien wurden durch ihre im Ausland lebenden und meist besser verdienenden Angehörigen kräftigst unterstützt.

Bildungswesen: Es gibt immer noch etwa 13 bis 14 % Analphabeten, obwohl für Kinder ab 5 Jahren Schulpflicht besteht, die aber in den Armenvierteln nicht befolgt wird. Die staatliche sechsjährige Grundschule hat ein niedriges Niveau und so versucht jeder, der es sich leisten kann, seine Kinder in kirchlichen oder privaten Schulen unterrichten zu lassen. Die Qualität der technischen Hochschulen und der Universitäten entspricht ebenfalls nicht dem Standard vergleichbarer Einrichtungen in den USA. Einen guten Ruf besitzt die Universität in Santo Domingo; sie ist eine von fünf Hochschulen des Landes, wurde 1538 gegründet und ist damit die älteste der Neuen Welt. Ebenfalls renommiert ist die unter Trujillo 1946 gegründete Kunstakademie *Escuela Nacional de Bellas Artes*, die Künstler von Weltruhm wie Ramón Oviedo, Oscar de la Renta und Guillo Pérez hervorbrachte (leider ist momentan wenig Geld vorhanden). Die Universitäten sind stark besucht, auch von Frauen, die inzwischen viele Führungsposten in der Industrie und im Gewerbe einnehmen.

Bei La Caoba – nur vereinzelt stehen bewohnte Hütten

Auch am Strand wird musiziert und getanzt – Playa Caletón

Musik & Tanzen

Musik und Tanzen zu Merengue und Bachata sind das A und O der Dominikaner. Erklingt ein Laut, bewegt man sich auch schon. Bereits 1795 bemerkte *Pater Labat:* „Der Tanz ist in Santo Domingo das Lieblingsvergnügen, und ich glaube nicht, dass es auf der Welt ein anderes Volk gibt, das dem Tanzen mehr zugetan ist." Doch dies war nicht immer so. Einst erschien der Tanz zu aufreizend, war verpönt und auch verboten, vor allem im Nachbarstaat Puerto Rico – bei Geldstrafe für die Zuschauer und Gefängnis für die Tänzer! Heute wird man bereits am Flughafen mit einer kleinen Combo auf die Musik eingestimmt. Meist bestehen die Gruppen aus drei bis vier Musikern, die Instrumente sind *Akkordeon, Marimba* oder *Gitarre* sowie *Guayo,* eine zylindrisch geformte Metallreibe, der man mit einem Metallkamm den Grundrhythmus entlockt, dazu Rasseln, *Maracas* oder *Cimbeles,* und natürlich haben richtige Bands einen Sänger, der den rosaroten Liebeshimmel besingt. Dazu wird getanzt und nicht, wie meist bei uns, nur zugehört. Keine Gelegenheit wird ausgelassen, um das Tanzbein bzw. die Hüften zu bewegen, und das passiert überall und rund um die Uhr. Es wird auch Salsa gespielt und getanzt, aber mit der kubanischen Nachbarmusik hat man sich erst in letzter Zeit mehr angefreundet, im Zweifelsfalle siegt natürlich immer Merengue oder die etwas langsamere Version Bachata, ein Tanz, der eng umschlungen getanzt wird, zum Teil mit anrüchigen, zweideutigen Texten. Das größte Tanzspektakel bietet das Merenguefestival in Santo Domingo Ende Juli, dann tanzt und feiert die ganze Stadt. Wer lieber *Música Americána, Techno* oder *Reggaeton* hört, findet diese Musik ebenfalls – und davon begeisterte junge Dominikaner natürlich auch. Riesige Technoevents z. B. finden an Samstagen in der beliebten Höhlendiskothek La Guácara Taína (Santo Domingo) statt.

Übrigens, wer sich mit Musik eindecken möchte: Musikläden und Souvenirshops mit CDs gibt es überall – von traditioneller Merenguemusik (z. B. Jonny Ventura, Fernandido Villalona, Kinito Méndez, Tonio Rosario, Ruby Perez, Eddy Herrera) bis hin zur poppigeren Variante oder den Bachatas (u. a. Luis Vargas, Antonio Santos, Frank Reyes, Raulin Rodrigues, Zacharias Ferreria und seit einigen Jahren sehr aktuell Aventura) findet man eine reiche Auswahl. Salsabands gibt es natürlich auch sehr viele, früher sehr beliebt war „El Canario", alias José Alberto (→ Sto. Domingo). Beliebt ist auch Juan Luis Guerra (Merengue und Bachata) mit seinem Grammyalbum „Bachata Rosa" – allerdings gibt JLG nur selten in seinem eigenen Land Konzerte im Gegensatz zu seinen Kollegen und Kolleginnen, die ständig irgendwo im Land (oft auch in Restaurants oder in Car Washs) auftreten. Wenn einem bestimmte Lieder gefallen, am besten nach den Interpreten fragen! *Achtung:* In der Osterwoche ist nur am Karfreitag Musik- und Tanzverbot!

Essen & Trinken

Die Dominikaner beginnen den Tag mit einem deftigen **Frühstück:** Es besteht in der Regel aus Reis mit Bohnen, den kleinen roten oder schwarzen in roter Soße (arroz con habichuelas). In großen Restaurants (in Touristenorten) kann man sich zum Frühstück außer Reis mit Bohnen auch Spiegeleier (huevos fritos), Rühreier (huevos revueltos), Omeletts (tortilla) mit Schinken (con jamón), mit Käse (con queso oder tortilla francés), mit allem und dazu noch Paprika, Tomaten, Zwiebeln (tortilla española) bestellen. Ein ganz normales Sandwich mit Marmelade (tostado con mermelada) gibt es natürlich auch. Anschließend einen gemischten Fruchtteller, dazu Kaffee oder Tee und ein Glas frisch gepressten Orangen-, Papaya-, Melonen- oder Ananassaft, und der Tag kann beginnen.

Das **Mittagessen** findet zur gleichen Zeit wie bei uns statt, also nicht wie in Spanien erst gegen Nachmittag. Wer mittags Hunger hat, kann auch in Restaurants preiswert das Tagesgericht (Plato del día) essen. Das **Abendessen** nehmen die Dominikaner meist erst ab 21/22 Uhr zu sich. Wenn Kinder dabei sind, auch früher.

Lokale

Essen gehen kann man in den Hotels, wo es die größte Auswahl gibt. Sie warten auf mit einer Mischung aus internationaler, spanischer, aber auch einheimischer Kost. Besonders in den großen Hotels ist die Auswahl groß und der Teller meist schnell

Playa Cabarete – am Meer reihen sich viele nette Lokale

Rechnungen

Bei vielen Restaurants, v. a. in der gehobenen Kategorie, kommen zum Rechnungsbetrag noch 16 % Mehrwertsteuer und 10 % Bedienungsgeld dazu. Trotzdem wird ein Trinkgeld von 5 bis 10 % des Rechnungsbetrags erwartet!

mit allen möglichen Leckereien voll geladen. Wer im Urlaub nicht etliche Kilo zunehmen möchte, muss ganz schön aufpassen oder ab und zu lieber eine Runde joggen als essen gehen.

In normalen Restaurants ist die Küche oft sehr bescheiden. Wenn man bedenkt, dass gerade in der Dominikanischen Republik die verschiedensten Gemüse- und Obstsorten wachsen, könnte man sich ein vielfältigeres Speisenangebot vorstellen – dies ist scheinbar auf den heimischen Herd beschränkt. Wer das Glück hat, zu einem Essen eingeladen zu werden, sollte diese Chance wahrnehmen.

Die **Comedores**, sehr kleine Lokale und meist Familienbetriebe, bieten wenige, aber sehr preisgünstige und leckere Gerichte, **Parrilladas** sind Grillrestaurants für Fleisch oder Fisch. Pizza ist inzwischen sehr beliebt und wird nicht nur in **Pizzerien** verkauft. Wenn es der Hunger erlaubt, kann man die familiengerechten, fast wagenrädergroßen knusprigen Pizzen bestellen. Beliebt sind auch „Mc Hühnchen": Snackketten, die sich auf Hühnerteile spezialisiert haben. Für den Hunger zwischendurch gibt's darüber hinaus noch Garküchen, Schnellimbisse und Cafeterias.

Speisen

Die Grundlagen der dominikanischen bzw. kreolischen Küche sind Yucca, Yams, Mais, Bataten (Süßkartoffel) und Kochbananen (plátanos). Von den Spaniern wurden Reis, Hülsenfrüchte und Gewürze sowie Schweinefleisch eingeführt. Erst seit der Schweinepest in den 1960er-Jahren wurde Geflügel Hauptnahrungsmittel.

Reis und Bohnen sind wichtiger Bestandteil der dominikanischen Küche und werden auch als Beilage zu fast jedem Essen gereicht, mittags z. B. mit Fleisch (carne) – auch dominikanischer Nationaleintopf (bandera dominicana) genannt –, oder man probiert, was gerne in den Comedores serviert wird, *sancocho*, ebenfalls ein Eintopf. Er enthält eine Reihe von Gemüsesorten, ganz nach Jahreszeit, und verschiedene Fleischarten, manchmal auch Fisch. Je nach Lokalität und Geldbeutel fällt er unterschiedlich aus. Grundbestandteile sind immer Kochbananen, Yucca, scharfer Pfeffer und Paprika, Zwiebeln und Knoblauch. Dazu wird *casabe* gereicht, eine Art Fladenbrot, meist zu Hause gebacken. Im Lokal ersetzt man dies inzwischen meist durch Weißbrot. Als Spezialität

„Aqua de Coco"

werden auch *chicharrones* angeboten, gegrillte Schweineschwartenstückchen. Auf dem Land grillt man gerne Spanferkel (lechón). Eine beliebte dominikanische Spezialität ist darüber hinaus *Mofongo*: gekochte, frittierte und zerstampfte Kochbananen mit viel Knoblauch, die zu Schweinefleisch mit Schwarte warm gegessen werden. Ein ähnlich klingendes und beliebtes Gericht ist *Mondongo*, eine Art Eintopf aus den Kutteln von Schwein oder Rind und Gemüse, das alles zusammen langsam gart. Am häufigsten werden Gerichte mit **Reis** (arroz) angeboten: *arroz con pollo* (mit Huhn), *arroz con pescado* (mit Fisch) oder *chofan* (Langusten, etc. mit Reis).

Vorspeisen (vor allem in den großen Hotels): Oliven, Salat, Avocados, Krabbencocktails, Garnelen, Langusten, verschiedenes gebratenes Gemüse, luftgetrockneter spanischer Schinken, Suppen, Nudelgerichte. **Suppe** (sopa) wird auch in der Dominikanischen Republik gerne gegessen. Sie enthält Gemüse, Zwiebeln, Gewürze.

Als **Beilagen** gibt es fast immer Kochbananen, frittiert (plátanos oder tostones) oder als Püree (mangú), Kartoffeln gekocht oder gebacken, oder Pommes frites (papas fritas) und natürlich Reis mit Bohnen, Nudeln, zudem Maisbällchen, manchmal aber auch den typischen Yucca- oder Maisbrei. **Salat** besteht wie bei uns aus grünem Salat, Tomaten, Gurken und zum Teil auch Kohl. Zu **Soßen** werden Tomaten, Zwiebeln und Knoblauch (salsa criolla) verarbeitet, es gibt Kokosnusssoße (salsa de coco) oder Soße mit Zitrone (al limón).

Gerade **Fisch** (pescado) und **Meeresgetier** (mariscos) wird in vielen Variationen zubereitet: gegrillt, gebacken, in Soße. Die gängigsten Fischsorten sind Seehecht (merluza), Schwertfisch (pez espada), Seezunge (lenguado), Goldbarsch (dorada), Teufelsfisch (rape) oder auch Haifisch (tiburón). Wegen der giftigen Algen in der Karibik, mit denen die Fische infiziert sein können, sollte man in den Sommermonaten mit Fisch vorsichtig sein – eine Ausnahme bildet der unbedenkliche Zackenbarsch (mero); auch die Dominikaner essen in dieser Zeit keinen Fisch. An Meeresgetier stehen auf der Speisekarte Langusten (langostas), Krabben (camarones), Krebse (cangrejos), Hummer (bogovante), Riesenmeeresschnecken (caracoles oder lambí), zudem Tintenfisch (pulpo) und Austern (ostras).

Fangfrischer Fisch

Beliebte **Fleischsorten** sind Schweinefleisch (carne de cerdo), Rindfleisch (carne de vacuno), Kalbfleisch (carne de ternera), Hammelfleisch (carne de carnero) und Ziegenfleisch (carne de chivo). Es gibt Steaks (bife), Roastbeef (rosbif), Filets (solomillo), Rückenstücke (lomos), ebenso Hackfleisch (picadillo) und Braten (asado). Wie in Spanien auch sind Kutteln (callos) als Delikatesse

Eine beliebte und preiswerte Delikatesse: Hummer

geschätzt, und Leber (higado) wird ebenso nicht verachtet. Am Grill drehen sich Spanferkel (lechón) und Zicklein (cabrito). Sehr gerne werden in den verschiedensten Varianten Hühnchen (pollo) gegessen und auch Wachteln (codornices).

In Hotels wird noch mehr geboten: von der Paella (spanisches Nationalgericht) über verschiedene Fleischgerichte (Braten, Geschnetzeltes, Steaks, Huhn) und Fischgerichte (gebraten, gegrillt oder in Soße) bis hin zu Schalentieren wie Hummer und Garnelen. Zudem Nudelgerichte, vielleicht der Kinder wegen, wie Lasagne oder Spaghetti alla napoletana, und für Vegetarier z. B. Gemüseplatten.

Als **Nachspeise** (dulces) bestellt man gern Karamelpudding mit einer zuckersüßen Honigsoße (flan), Eiscreme (helado) oder Törtchen. Die Törtchen ähneln entweder einer Tarte mit Früchten (z. B. Mangos) und Guss, oder sie bestehen aus mit Eiweißcremes gefüllten Biskuitböden (biscochos). Ebenso gerne isst man *Merengue*, Eischnee (Eiklar mir Zucker, gebacken). Gerne wird auch frisches Obst wie Melonen (melón, hongo = Honigmelone), Ananas (piña), Grapefruits (pomelo), Orangen (naranja), Papayas (lechoza), Mangos (mango), Bananen (banana) usw. gegessen.

Getränke

An erster Stelle sollte eigentlich **Mineralwasser** (agua mineral) stehen, da gerade bei Hitze ein enormer Flüssigkeitsbedarf besteht. Es gibt natürlich auch **Säfte** (jugos) von Ananas (piña), Mango (mango), Papaya, Zitrone (limón), Orange (naranja) oder einer Mischung (fruit punch), zudem aus der Passionsfrucht (chinola) und aus Tamarinde (tamarindo) – besonders frisch gepresst sind sie sehr lecker und vitaminreich, aber der Zuckergehalt ist enorm. Sehr erfrischend und vitaminreich ist auch die am Strand oder an der Straße angebotene Kokosnussmilch (agua de coco, oft nur „Pipa" genannt). Der Verkäufer köpft mit der Machete die Nuss, damit man das weißliche Innere heraustrinken kann, der Geschmack ist allerdings gewöhnungsbedürftig. Ist die Nuss schon etwas reifer, verwandelt sich ein Teil des

Wassers in das feste bekannte Kokosnussfleisch. Der Verkäufer wird einem gern die Nuss zerkleinern, sodass man sich das Mark herausschaben kann. Die bei uns beliebten Limonaden und Coca-Cola gibt es natürlich auch. Wer seinen Durst mit Alkohol (Bier oder Rum) löscht, wird den Tag nicht lange überstehen.

Beliebt bei den Urlaubern sind die zahlreichen **Mixgetränke,** hauptsächlich aus Rum, aber auch mit Gin oder Whiskey aufgefüllt. In der Regel sind die Mixgetränke sehr gut, in den All-inclusive-Hotels wird aber aufgrund des massenweisen Konsums oft kein guter Rum verwendet, ebenso wenig frisch gepresste Säfte.

Die beliebtesten Mixgetränke sind: *Cuba Libre* (Coca-Cola, weißer oder brauner Rum, Limettensaft); *Piña Colada* (geköpfte Ananas, Inneres zerstampft und mit Kokosmilch, weißem Rum und Eiswürfeln verflüssigt); *Rum Punch* (verschiedene frisch gepresste tropische Früchte, z. B. Mangos, Papayas, Ananas und Zitrone, mit braunem Rum aufgefüllt); *Planters Punch* (halb Orangen- und Ananassaft, brauner und weißer Rum, Zimt, Muskat), *Daiquiri* (Limonensaft, weißer Rum, 2 Spritzer Grenadine oder Angostura).

Spezial-Stranddrink für zwei – Coco Loco oder Saoco (die verrückte Kokosnuss)

Man köpfe eine frisch gepflückte (!) Kokosnuss, gieße etwas Milch ab und fülle diese wieder mit Rum auf; wer es süßer liebt, nimmt noch Saft (z. B. Ananas), wer es ganz kalt mag, besorge sich dazu ein paar Eiswürfel und auf jeden Fall zwei Strohhalme. Gut Trunk und viel Spaß!

Die Dominikaner trinken entweder **Rum,** in kräftigen Schlucken meist aus der Flasche und höchstens mit Eis, oder **Bier.** Geht ein dominikanisches Pärchen aus, sprich tanzen, bestellen sie sich oft einen **servicio** – ein Gedeck aus einer kleinen

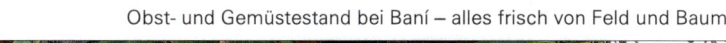

Obst- und Gemüsestand bei Baní – alles frisch von Feld und Baum

Flasche Rum (piper genannt), zwei Softdrinks (meist Coca-Cola) und einem Schäl-
chen Eis (ca. 300 bis 350 RD-$). Ein weiteres beliebtes Getränk ist **mamajuana** –
Heilkräuter (darin liegt jedermanns/fraus Geheimnis), die mit Wasser, Rum und
Honig aufgegossen und als Allheilmittel eingesetzt werden (die europäische Variante wird mit Rotwein aufgefüllt).

Das Getränk **ponche** wird gerne an Weihnachten getrunken; verwendet werden
dazu Milch, Ei, Zucker und Rum, das ganze mit Eiswürfel gemischt und eisge-
kühlt serviert.

Rum (ron): Die besten dominikanischen Marken sind *Brugal, Barceló* und *Bermú-
dez.* Je älter, desto besser, d. h. weicher im Geschmack. Die Bezeichnungen auf den
Rumflaschen verraten das Lageralter des Rums: Encantador (2 Jahre), Añejo (4
Jahre), Gran Añejo (7 Jahre), Compleano (sehr viele Jahre). Dass man betrunken ist,
merkt man bei Rum (vor allem bei schlechtem) erst, wenn es zu spät ist, und der
K. o. kommt unvermittelt – ein paar Tage Erkrankung für Ungeübte sind nicht selten.

Bier (cerveza) wird sehr gern getrunken und immer eiskalt mit einer Serviette um
die Flasche serviert. Die beliebteste einheimische Sorte ist *Presidente*. In großen
Touristenorten gibt es natürlich international bekannte Biersorten, so auch bayerisches Bier vom Fass.

Weine setzen sich in Restaurants immer mehr durch und werden vor allem auch
als Tischwein in den All-inclusive-Restaurants angeboten. Die meisten Weiß- und
Rotweine werden aus Spanien, Chile und Kalifornien importiert, sind sehr gut, aber
im Vergleich zu anderen Getränken auch teurer.

Kaffee ist ebenfalls sehr beliebt, für die Einheimischen jedoch oft zu teuer. Meist
trinkt man ihn schwarz, mit Zucker und in kleinen Tassen. Die gute dominikanische Marke *Santo Domingo* schmeckt rassig und geht schon fast in Richtung Espresso. Im Bergland und im Südwesten kann man guten organischen Kaffee kaufen
und trinken.

Tee (schwarz) gibt es meist nur in den Hotels.

Las Terrenas – viele schöne Strandbars mit leckeren Cocktails warten

Neben den großen Hotelanlagen finden sich viele gemütliche kleine Boutiquehotels

Übernachten

Das Gros der Gäste bucht bereits von zu Hause aus Zimmer in den Hotels und Apartments am Meer – etwa 70 000 Hotelbetten werden angeboten. Gängig sind vor allem die sogenannten All-inclusive-Hotels (im Reiseteil AI abgekürzt), die Übernachtung mit Rundumversorgung zum Festpreis bieten. Gerade in den letzten Jahren sind sehr exklusive und schön gestaltete Hotels entstanden, die auch im Außenbereich mit üppig angelegten Parks und Wasserlandschaften beeindrucken. Auch die Ecolodges (s. u.) werden immer beliebter, sind gut gebucht und landesweit im Ausbau. Der Service hat sich immer mehr europäischem Standard angepasst, und das Personal ist meist sehr bemüht. In den großen Hotels und Touristenorten gibt es keine Sprachprobleme, hier wird zumindest Englisch (mehr oder minder) gesprochen. Zudem verfügen alle Hotels über eine eigene Stromversorgung, d. h. über Generatoren.

In Luxushotels muss man für eine *Übernachtung mit Frühstück* für zwei Personen ab 150 US-$ rechnen (nach oben keine Grenze!); Mittelklassehotels kosten zwischen 80 und 150 US-$, gute Hotels oder Apartments ab 60 US-$, mit einfacher Ausstattung zwischen 30 und 60 US-$; ganz einfache Zimmer erhält man schon ab 15 US-$. *All-inclusive (AI)* bekommt man in guten Hotels ab 80 US-$ pro Person. *Pauschalreisen* sind vor allem in der Nebensaison oft günstiger als Einzelreservierungen. *Kinder* erhalten bei Buchung von zwei Erwachsenen ca. 30 % Nachlass, auch bei All-inclusive. Die erwähnten Preise beziehen sich auf die Hauptsaison, in der Nebensaison reduzieren sie sich um bis zu 30 % (nur in großen Hotels). In kleineren, weniger touristischen Orten findet man auch preiswertere Unterkünfte. Die Übernachtungspreise werden in der Regel pro Zimmer (teils mit Frühstück) angegeben, Standard ist ein französisches Bett („matrimonio" oder „una cama", ca. 140 Breite – nichts für Große oder unruhige Schläfer!) oder mit 2 Betten („dos camas", ebenfalls meist in Matrimonio-Größe). Daneben gibt es noch die Einzelbelegung im

Übernachten in hübschen Landhotels …

Zimmer („Sencillo"), meist nur, wenn Frühstück im Zimmerpreis inbegriffen ist. *Achtung, Wochenendpreise!* In von Dominikanern beliebten Wochenendgegenden (u. a. in der Südregion um Baní und Barahona oder im Landesinneren Constanza, Jarabacoa) wird am Wochenende ein Zimmeraufschlag von ca. 20–30 % erhoben.

Für *Individualtouristen* bestehen Übernachtungsmöglichkeiten in den Hotels, Apartmentanlagen, Motels, Cabañas und Pensionen. Campingplätze nach europäischen Standards gibt es nicht, nur einfache Plätze.

Hotels: Die meisten, leider nicht alle Hotels sind in Kategorien von ***** bis zu ** Sternen eingeteilt. Die Top-Hotels liegen in der Regel am Strand oder bieten eine schöne Aussicht aufs Meer. Sie verfügen über verschiedenste Restaurants, Bars, Diskothek, oft Casino, Animation und Kinderbetreuung, Shows am Abend, Sportplätze für Tennis etc., oft Golfplatz, gestylte Wasserlandschaften, Verleih von Wassersportgeräten (Kanus, kleine Segelschiffe, Kajaks, Surfbretter), Tauchbasen, Geschäfte, Friseur, Wellness- und Beautycenter, Ärzte. Die Zimmer verfügen über Terrasse oder Balkon, Bad (meist mit Fön), Aircondition (AC), TV (über Satellit wird sogar europäisches Programm empfangen), Telefon und teils Wireless-Internetzugang (oder zumindest Hotspots in der Lobby oder Interneträume), Kühlschrank, Minibar und Safe.

Je weniger Sterne, desto weniger Komfort. Aircondition (AC) oder zumindest Ventilator (Fan), TV und Telefon findet man aber in allen Hotels; meist gibt es dann weniger Restaurants, keine Disco, Tauchbasis etc., dafür ist es insgesamt ruhiger.

> **Achtung Mehrwertsteuer und Cashzahlung!** Bei den Hotels der oberen Kategorie kommt meist zum ausgewiesenen Hotelpreis noch die Mehrwertsteuer von 26 % hinzu! In den kleinen und einfachen Hotels ist dies nicht der Fall, teilweise muss aber in Cash, d. h. in Pesos oder US-$ gezahlt werden. Rechtzeitig an Bargeld denken!

All-inclusive (AI): Bei der Ankunft erhält jeder ein Plastikbändchen, das er bis zur Abreise tragen muss und das ihn als All-inclusive-Gast ausweist, für den die Angebote des Hotels kostenfrei sind. Dazu gehören sämtliche Mahlzeiten am Tag, an den Bars (auch am Strand) von früh bis spät diverse Getränke wie Bier, Cocktails, Rum, Wasser und Säfte (gute Drinks, Champagner usw. oder auch Drinks in den Diskotheken müssen aber meist separat bezahlt werden!), die Benutzung der Sporteinrichtungen sowie die Teilnahme am Animationsprogramm (nur spezielle Sportarten wie Tauchen, Reiten etc. müssen extra bezahlt werden). Auch bei All-inclusive gibt es unterschiedliche Preisstaffelungen, was sich in der Bändchenfarbe bemerkbar macht. VIP meist Gold oder Silber hat kostenlosen Zutritt und Getränkeauswahl in allen Bereichen.

Ecoresorts und **Ecolodges:** Auch in der Dominikanischen Republik ist eine steigende Nachfrage nach diesen Hotels zu verzeichnen. Darunter fasst man Hotels, die u. a. mit Naturmaterialien ausgestattet sind, über Solarenergie verfügen, teils ihren eigenen Strom produzieren, die Lebensmittel aus ökologischem Anbau aus der Umgebung erhalten und Exkursionen in die Natur anbieten. Vom Tourismusministerium werden diese Umweltprojekte unterstützt und im Ausbau forciert.

Apartmentanlagen: Diese Anlagen, manchmal auch *condominios* genannt, sind meist an Hotels angeschlossen, wenn nicht, verfügen sie über eigene Restaurants, Sportanlagen etc., je nach Kategorie mit unterschiedlichem Komfort, das heißt z. B. mit voll eingerichteter Küche. In Apartmentanlagen kann man auch Frühstück bekommen.

Motels: Können, aber müssen keine Stundenhotels sein, sondern werden auch von Dominikanern auf der Durchreise benutzt. Sie liegen meist an wichtigen Durchgangsstraßen oder in Städten. Die

... oder in alten Stadtpalästen

Zimmer (1- oder 2-Bettzimmer) sind je nach Kategorie zumindest mit Aircondition (AC) oder Ventilator (Fan) ausgerüstet, haben TV und natürlich ein separates Bad. Frühstück gibt es nur, wenn ein Restaurant mit angeschlossen ist.

Cabañas: Diese bungalowähnlichen Unterkünfte liegen in Strandnähe oder auch an Durchgangsstraßen und können von ganz einfach bis sehr gut ausgestattet sein. Sie verfügen grundsätzlich über Bad, Aircondition (AC) oder Ventilator (Fan) sowie TV. Bei gehobener Ausstattung gibt es eine voll eingerichtete Küche, Essecke, Schlafräume, Veranda etc.

Pensionen: Sie werden oft von Europäern geführt und haben manchmal etwas familiären Charakter. Im Komfort gibt es Unterschiede, meist sind die Zimmer einfach (jedoch mit Bad und Ventilator als Grundausstattung), und man kann den Kühlschrank etc. mitbenutzen. In den meisten Pensionen bekommt man ein schönes üppiges Frühstück.

Campingplätze: Campingplätze nach unserem europäischen Verständnis gibt es nicht. Es gibt einen Platz und Kaltwasser u. a. in San José de Ocoa, Constanza und auf dem Weg zum Pico Duarte, am Lago Hatillo und bei Las Galeras bei El Cabito. Campen ist in diesem Land nur in den Gebirgsregionen sinnvoll, wo es keine Unterkünfte gibt. Die regulären Zeltplätze kosten nur wenige Pesos. Wildzelten sollte man nicht, im Zweifelsfalle besser einen Bauern fragen, der einen dann unter seine Obhut nimmt. Zur Osterzeit wird überall gezeltet, das ist aber auch der Ausnahmezustand, da es kaum freie Zimmer gibt und die meisten dominikanischen Familien sich diese auch gar nicht leisten könnten. In dieser Zeit verwandeln sich Strände und Buchten in riesige Zeltplätze – die Zelte bestehen meist nur aus Plastikplanen, zum Zudecken genügen Decken.

Literaturhinweise

Julia Alvarez, *Die Zeit der Schmetterlinge*, Piper Verlag, München 1996. In diesem Roman wird die Familienchronik der vier Schwestern Mirabal während der Trujillo-Diktatur nachgezeichnet. Ein gut lesbares Buch und ein kleiner Einstieg in die Geschichte dieser Ära.

Juan Bosch, *Das Mädchen aus La Guaira*, 178 S., dipa-Verlag und Druck, Frankfurt/M. 1990. Der Politiker, der von 1938 bis 1962 im Exil in Puerto Rico, Kuba, Venezuela und Costa Rica lebte, schrieb einfühlsame, sehr zum Nachdenken anregende Kurzgeschichten über Unterdrückung und zwischenmenschliches Fehlverhalten.

James Ferguson, *Dominikanische Republik, zwischen Slums und Touristendörfern*, dipa-Verlag und Druck, Frankfurt/M. 1993. Ein guter Einblick in die politische und wirtschaftliche Situation des Landes.

Frauke Gewecke, *Die Karibik. Zur Geschichte, Politik und Kultur einer Region*, Vervuert Verlag, Frankfurt/M. 2007.

Frauke Gewecke, *Der Wille zur Nation*, Vervuert Verlag, Frankfurt/M. 1996. Nationenbildung und Entwürfe nationaler Identität in der Dominikanischen Republik.

Werner Grandjot, *Reiseführer durch das Pflanzenreich der Tropen*, Kurt Schroeder Verlag, Leichlingen 1981. Ein Lese- und Pflanzenbuch mit 232 Zeichnungen, zum Teil farbig, 24 Schwarzweiß- und 72 Farbfotos.

Jürgen Hoppe, *Los Parques Nacionales de la Republica Dominicana* (span./engl.), Editora Corripio, Santo Domingo 1989. In großen Buchläden in der Dominikanischen Republik erhältlich. Der deutsche Biologe gibt eine Einführung in die Tier- und Pflanzenwelt aller Nationalparks und Naturreservate der Dominikanischen Republik (mit guten Farbfotos).

W. Lötschert/G. Beese, *Pflanzen der Tropen*, BLV, München 1992. Ein gutes Bestimmungsbuch mit 323 Zier- und Nutzpflanzen und 286 sehr guten Farbfotos.

Frank Marenbach, *Wanderführer Pico Duarte – auf dem Dach der Karibik*, 2011, 70 Seiten, Eigenverlag Mi Pueblo – E-Book-Version, 14,90 €; auch Printversion möglich (ca. 26 €). Bestens und sehr informativ mit genauen Wegbeschreibungen zu 6 Aufstiegsmöglichkeiten, Längen- und Zeitangaben, zudem Infos über Pflanzen- und Tierwelt und viele gute Fotos. www.domrepworld.com, www.mipueblo.cc.

Rolf Thum, *Palmen, Reis und rote Bohnen*, Rolf Thum – Larimar-Verlag, 1995. Heitere Kurzgeschichten zur Einführung in die Dominikanische Republik, ein Land mit kleinen Tücken.

Mario Vargas Llosa, *Das Fest des Ziegenbocks*, Suhrkamp Verlag, Frankfurt/M. 2008. Thema des Romans ist die Ära Trujillos und seiner Handlanger. Erzählt wird aus der Perspektive der fiktiven Tochter eines ehemaligen hohen Würdenträgers der Diktatur.

Die Taínos waren geschickte Bootsbauer und Fischer

Geschichte im Überblick

Taínos und Kariben

Die ersten Siedler der Insel waren die **Siboneys**, Angehörige einer jungsteinzeitlichen Kultur. Funde bei Azua belegen eine Besiedlung um 2600 v. Chr. Die Siboneys waren Jäger und Sammler, lebten aber besonders zu Beginn des hier nachgewiesenen Siedlungszeitraums von Meeresgetier aus den Küstengewässern. Ihren Namen, der so viel wie „Steinmenschen" bedeutet, erhielten sie von den später eindringenden Taíno-Indianern, einem Stamm der Arawaken. Die **Taínos** (Taíno bedeutet „kluger, guter Mensch") kamen im 1. Jh. n. Chr. von der Nordküste Südamerikas, dem heutigen Venezuela, über die kleinen Antillen und die Nachbarinsel Puerto Rico. Sie nannten die Insel *Quisqueya* (Mutter Erde) und *Aíti* (Bergland). Sie teilten ihr Gebiet entsprechend den Stammesverbänden in fünf Provinzen auf, die von Häuptlingen, den *Kaziken*, regiert wurden.

Neben den Taínos lebten auf der Insel noch die Namensgeber des gesamten Gebietes, die **Kariben**, ebenfalls dem Stamm der Arawaken angehörig. Sie kamen erst im 11. Jh. auf die Antillen, siedelten aber hauptsächlich auf den benachbarten Inseln, bis auf wenige Gruppen, die sich im Nordosten, im heutigen Gebiet von Samaná, niederließen. Die Kariben gaben sich aggressiv und kämpferisch und überfielen die Taínos immer wieder. In ihrer Entwicklung standen sie weit hinter den Taínos und lebten vom Jagen und Fischen sowie von ihren Raubzügen. Das Wort Kannibale leitet sich übrigens von „Kariben" (span. caraíbes) ab. Die Angehörigen dieses Volkes aßen tatsächlich Menschenfleisch, meist aber aus rituellen Gründen. So wurden nur männliche Gegner und auch nur bestimmte Teile von ihnen gegessen, um eine Reinkarnation zu verhindern, aber auch um Seele, Kraft und Wissen des Getöteten aufzunehmen. Die gefangen genommenen Frauen und Kinder wurden in die Stämme integriert und so entstand hier ein Mischvolk, das sich *Macoríes* oder *Ciguayos* nannte.

Die Taínos

Im Gegensatz zu den Siboneys, die nach und nach verdrängt wurden, waren die Taínos handwerklich geschickt. Sie bauten sich aus dem Holz der üppigen Wälder Hütten, töpferten Gebrauchsgegenstände und betrieben vor allem Ackerbau. Sie kultivierten das Land u. a. mit Maniok, Mais, Bohnen, Ananas, Erdnüssen, Ají (scharfem Pfeffer), aber auch mit Tabak und Baumwolle, sie gingen in die Wälder auf Jagd und fischten in den Flüssen und Lagunen. Zum Fischen benutzten sie Netze, Speere und Pfeile sowie Angelleinen mit kleinen Fischen als Köder. Um trockenes Land nutzbar zu machen, gruben sie Kanäle zur Bewässerung. Sie scheinen talentiert im Bootsbau gewesen zu sein. Es ist bekannt, dass sie Kanus oder Einbäume für bis zu 80 Menschen verharzten und hübsch bemalten. Sie ruderten damit zu Nachbarinseln, angeblich sogar bis Mexiko. Aus Ton formten sie Krüge, Schüsseln und sonstige Gebrauchsgegenstände, zudem kleine Götterfiguren. Aus den Schalen der Higüero, einer Kalebassenart, fertigten sie ebenfalls Behältnisse, und noch heute macht man aus dieser Frucht Gefäße, aber auch Musikinstrumente (Rasseln). Die Werkzeuge der Taínos, wie Speere, Äxte und Pfeile, waren aus Knochen, Stein oder Holz. Metalle waren weitgehend unbekannt, allerdings verwendeten sie Gold, um daraus Schmuck zu fertigen, mit dem sich vor allem die Kaziken üppig behängten.

Taínos beim Fischen

Auf Kleidung wurde wenig Wert gelegt, was in Anbetracht des Klimas vielleicht verständlich ist. Aus der Baumwolle stellten sie lieber Hängematten und Decken her. Die Schönheit des menschlichen Körpers pflegten die Taínos dagegen ausgiebig: Körperbemalung war schon damals „in", zusätzlich schmückte man sich mit Federn und Muschelketten. Als Haustiere hielt man sich Hunde, die angeblich stumm waren, Papageien (noch heute findet man frei lebende Haus-Papageien) und andere Vögel.

Die Taínos lebten in Monogamie, gelegentlich scheint es auch Vielehen gegeben zu haben. Ihre Stammesverbände verteilten sich auf fünf Gebiete. Von Kriegen untereinander ist so gut wie nichts bekannt. Die Gesellschaftsform war vorwiegend patriarchalisch, dennoch nahmen die Frauen keine untergeordnete Stellung ein. Das Zusammenleben war straff geregelt. Die Angehörigen dieses Volkes waren sehr gläubig, und zu Ehren ihrer zahlreichen Naturgötter veranstalteten sie Rituale und Tanzfeste. Schriftzeichen gab es nicht, Überlieferungen wurden nur mündlich und dann oft bei Tanzfesten in Form eines Sprechgesanges weitergegeben. Über den Stamm wachten der Oberste oder Kazike, der Ältestenrat sowie ein Medizinmann. Um 1500 gab es sogar eine Frau in der Position des Kaziken, Prinzessin Anacaona. Deren Bemühungen um eine friedliche Beilegung des Konflikts mit den spanischen Konquistadoren endeten mit ihrer öffentlichen Hinrichtung in Santo Domingo 1504. Das Ende der Taínos kam mit den spanischen Eroberern, die das friedliebende Volk durch die Sklaverei systematisch ausrotteten. Die Dominikaner sind stolz auf ihre Vorfahren und veranschaulichen in etlichen liebevoll gestalteten Museen die Kultur der Taínos.

La Vega Vieja, die dritte Siedlung des Christoph Kolumbus

Spanische Eroberung der Insel

Am **3. August 1492** stach *Christoph Kolumbus* mit drei Segelschiffen – der Santa
María mit 40 Mann, begleitet von der Pinta mit 26 Mann und der Niña mit 24
Mann – im spanischen Hafenort Palos in See, um die indische Westpassage und
Reichtümer wie Gold und Silber zu finden. Am **12. Oktober 1492** wurde Land ge-
sichtet und man nannte die kleine Insel San Salvador (sie gehört zu den heutigen
Bahamas). Die Eingeborenen erzählten von größeren Ländern im Westen. So segel-
te Kolumbus weiter und stieß am **6. Dezember 1492** auf die nächste Insel, die er **La
Isla Espanola** nannte, was später zu **Hispaniola** wurde. Angeblich lebten zu dieser
Zeit bereits 1 Million Taínos auf der Insel. Nach Angaben des Historikers *Roberto
Cassá* waren es rund 300 000 Menschen, für die damalige Zeit ebenfalls sehr viel.

Die Eingeborenen, die Kolumbus Indios nannte, da er sicher war, in Indien zu sein,
berichteten ihm von Goldfunden im nördlich gelegenen Cibao, in dem Kolumbus
das asiatische Cipango zu erkennen glaubte. So segelte er nach Norden und bei der
Suche nach einem Ankerplatz kenterte er mit der Santa María an einem Riff vor
dem Cap Haitien (heute Haiti). Kolumbus schrieb in sein Logbuch: „Die ganze
Küste und der Teil der Insel, welchen ich sah, bilden eine einzige Bai (niederl.
Bucht), und die Insel ist das Schönste, was ich je gesehen habe." Die hilfsbereiten
Taínos der Provinz Merién kümmerten sich um die Schiffbrüchigen. Als Kolumbus
an Land ging, ließ er an Ort und Stelle, wie man sagt, aus dem Holz der gekenterten
Santa María, seine erste Siedlung bauen und nannte sie, da gerade Weihnachten
war, „La Navidad". Als er am 4. Januar 1493 zurück nach Spanien aufbrach, musste
er 39 seiner Männer, die auf den zwei übrig gebliebenen Schiffen keinen Platz mehr
fanden, zurücklassen. Bei der Rückkehr am 28. November 1493 fand er seine Siedlung in Schutt und Asche vor und seine Männer ermordet. Wie sich herausstellte,
hatten sich die Spanier an den Frauen der Einheimischen vergangen und geplündert.

Christoph Kolumbus   (ital. Cristoforo Colombo, span. Cristóbal Colón)

Er wurde zwischen Ende August und Ende Oktober 1451 im Herrschaftsgebiet Genuas geboren. Bereits mit 14 Jahren segelte er durchs Mittelmeer und nach England. Dann lebte er in Portugal und verdingte sich als Kartenzeichner wie sein Bruder Bartolomé. Es war die Zeit, in der man sich aufmachte, fremde Länder und Gebiete zu erkunden, und in der Thesen laut wurden, die Erde sei eine Kugel. Man hörte von Indien und seinen unermesslichen Reichtümern. So beschäftigte sich auch Kolumbus mit den Theorien von Strabo, Aristoteles und Seneca. Nach dem Kartenmaterial des Astronomen Toscanelli (der die Entfernung zwischen Europa und Asien allerdings zu kurz berechnet hatte) entwickelte Kolumbus als hervorragender Kartenzeichner und -leser Pläne zur Umsetzung der These, führe man nur immerzu nach Westen, gelangte man nach Indien. Nach einer Absage des portugiesischen Hofs, der mit den Eroberungen an der afrikanischen Küste ausgelastet war, versuchte Kolumbus 1486 seine Pläne am spanischen Hof anzubringen.

Die Aussicht auf Gold und Reichtümer lockte Königin Isabela I. und Ferdinand II. Am 17. April 1492 wurde der Vertrag unterzeichnet und am 3. August des gleichen Jahres stach Kolumbus als Großadmiral und Vizekönig der Neuen Welt in der südspanischen Hafenstadt Palos mit drei Segelschiffen (Santa María, Pinta, Niña) in See. Zehn Prozent der zu erwarteten Reichtümer sollten ihm gehören. Er entdeckte am 12. Oktober 1492 Guanahani (San Salvador), am 27. Oktober Kuba und am 6. Dezember Hispaniola. Er gründete seine Niederlassung, nannte die Einwohner Indios und fuhr zurück nach Spanien, wo er am 15. März 1493 als Entdecker Indiens gefeiert wurde. Bereits am 25. September segelte er wieder in die Karibik, nun ausgestattet mit 17 Schiffen und 1500 abenteuerlustigen Männern, auf der Suche nach dem großen Reichtum. Am 3. November 1493 erreichte er die Kleinen Antillen, dann Puerto Rico, am 28. November Hispaniola, wo er eine niedergebrannte Siedlung und ermordete Männer vorfand, am 4. Mai 1494 landete er auf Jamaika. Großartige Funde wurden nicht gemacht. Unmut über Sinn und Zweck dieser doch strapaziösen Fahrten machte sich breit und so kehrte Kolumbus zurück nach Spanien. Ein Jahr danach, am 30. Mai 1498, machte er sich erneut auf – obwohl am spanischen Hof schon etwas in Ungnade gefallen –, um auf den „Westindischen Inseln" (er glaubte immer noch, er sei in Indien) reich zu werden. Er entdeckte die Insel Trinidad und die Küste Südamerikas.

Zurück auf Hispaniola, gab es unter den Spaniern immer mehr Streitigkeiten und Anschuldigungen gegen Kolumbus, der die rücksichtslose Art seiner Männer nicht duldete. Sie wurden immer aggressiver, da der erhoffte Goldsegen ausblieb. Ein Richter vom spanischen Hof, *Francisco de Bobadilla*, sollte die Sachlage prüfen und Bericht erstatten. Dies geschah, als Kolumbus gerade sieben Spanier wegen ungebührlichen Benehmens und Meuterei hängen ließ. Bobadillo reagierte sofort im Sinne Spaniens und ließ Kolumbus und dessen Bruder Bartolomé gefangen nehmen und in Ketten nach Spanien bringen. Gedemütigt und enttäuscht über den Undank landete Kolumbus am 25. November 1500 in seiner Heimat. Kurz darauf wurden beide wieder frei gelassen und erhielten Herberge in einem Kloster. Nach etlichen Bittbriefen und Erklärungen bekam Kolumbus erneut sämtliche Titel zugesprochen und zwei Jahre später die Erlaubnis zu einer weiteren Fahrt mit diesmal nur noch vier Schiffen und 150 Männern. Der neue Gouverneur von Hispaniola, *Nicolás de Ovando,* untersagte ihm allerdings, jemals wieder einen Fuß auf sein Gebiet zu setzen. Die Verbitterung war groß und so setzte Kolumbus seine Reise über Jamaika

Kolumbus landet in der Neuen Welt
(Illustration: Jose Alloza Villagrasa)

und Kuba nach Mittelamerika fort. In Panama fand er endlich auch das lang er sehnte Gold in Hülle und Fülle, aber seine Besatzung, der Strapazen überdrüssig, drängte nun auf Heimreise. Aufgrund des schlechten Zustands der Schiffe mussten sie Jamaika anlaufen. Nach einem Jahr des Wartens auf Hilfe wagten zwei seiner Männer die gefährliche Überfahrt nach Hispaniola per Kanu, um von dort eine Überfahrt nach Spanien zu organisieren. Krank und ohne großen Empfang erreichte Kolumbus seine Heimat. Die „Neue Welt" wurde nicht nach ihm, sondern nach dem Florentiner Seefahrer *Amerigo Vespucci* (1451–1512) benannt, der ebenfalls in Diensten des portugiesischen und spanischen Hofes Entdeckungsreisen machte. Kolumbus starb vereinsamt am 20. Mai 1506 in Valladolid, immer noch in dem Glauben, den westlichen Seeweg nach Indien entdeckt zu haben. Erst Jahre später, 1520, fand der in spanischen Diensten stehende Portugiese *Fernando de Magellan* (1480–1521; portug. Fernão de Magalhães) die Westpassage bei Feuerland, und so entdeckte man, dass sich zwischen Europa und Asien ein weiterer Kontinent befand.

Zu Ehren von Christoph Kolumbus wurde 1992 eine bombastische 500-Jahr-Feier anlässlich der Landung in der Neuen Welt veranstaltet. Hierzu wurden Straßen gebaut, die Altstadt von Santo Domingo wurde restauriert, und Kolumbus' Gebeine liegen nun im 50 Millionen US-Dollar teuren Faro a Colón. Sein Heldentum ist heutzutage nicht mehr sonderlich gefragt, eher sieht man in ihm den Verantwortlichen für die Ausrottung der Ureinwohner Amerikas und deren Hochkultur.

Kazike Enriquillo (Guarocuya)

Kolumbus zog weiter nach Osten und errichtete die Siedlung „Isabela", benannt nach der damaligen spanischen Königin. Auch dieser Standort erschien für die Anlage einer Hauptstadt ungeeignet. Noch heute findet man auf der Landkarte das Cabo Isabela, die Ruinen der damaligen Siedlung, und südlich davon den gleichnamigen Ort. Man zog auf der Suche nach Gold Richtung Süden und siedelte 1494 im Tal La Vega. Als man von einem Gebiet mit reichen Goldvorkommen an der Mündung des Flusses Ozama hörte, wurde erneut umquartiert – und dieses Fleckchen Erde gefiel. So wurde 1496 die erste Hauptstadt der Neuen Welt gegründet: Santo Domingo de Guzmán, unter der Verwaltung von Kolumbus' Bruder Bartolomé Colón.

In Europa teilten derweil Spanier und Portugiesen die neuen Territorien, die man noch gar nicht kannte, untereinander auf, und zwar mit höchster Billigung durch Papst Alexander VI. im *Vertrag von Tordesillas* (1494). Der 46. westliche Längengrad bildete die Grenze, alle Gebiete westlich davon fielen an Spanien, den Osten und einen Teil des heutigen Brasiliens bekam Portugal. Der Rest der Europäer ging erst mal leer aus.

Die spanischen Siedler zeigten kein Interesse an einem friedlichen Nebeneinander und für die Taínos begann eine leidvolle Zeit, da sie den Spaniern militärisch weit unterlegen waren. Mit dem Gesetz der Landverteilung, das die Taínos für zugehörig zum Besitz des jeweiligen Landes erklärte, begann die Sklaverei. Die Taínos mussten z. B. bei unzureichender Ernährung in den Goldminen oder auf den Zuckerrohrfeldern arbeiten. Krankheiten brachen aus, Seuchen wurden aus Europa eingeschleppt und Aufständische massakriert. Die einst große Zahl der auf der Insel lebenden Taínos ging binnen kurzem rapide zurück.

Den großen Aufstand von 1503, der unter dem spanischen Gouverneur *Nicolás de Ovando* blutig niedergeschlagen wurde, führte die *Kazikin Anacaona* an.

> „Töten ist keine Ehre ... auch wäscht die Ehre die vollzogene Tragödie nicht rein. Lasst uns eine Brücke der Liebe bauen, damit unsere Feinde sie überqueren und die Spuren ihrer Absätze hinterlassen."
>
> *Anacaona, Königin des Stammes von Jaragua*

Sie suchte vergeblich immer wieder den friedlichen Dialog mit den Spaniern. Sie war eine Dichterin und galt als überaus schöne, fähige und talentierte Frau. Die Kazikin wurde 1504 in Santo Domingo öffentlich hingerichtet. Ihr Nachfahre *Enriquillo Guarocuya* (→ Lago Enriquillo) rief 15 Jahre später erneut zum Widerstand auf. Der unerbittliche Krieg währte 14 Jahre, bis die Spanier 1533 nachgaben und den wenigen übrig gebliebenen Taínos – es waren etwa 500 – ihre Freiheit wiedergaben. Enriquillo Guarocuya wird als Held und erster Freiheitskämpfer Amerikas gefeiert.

Die Spanier benötigten dringend Arbeitskräfte, da sie selbst nicht arbeiteten, zumindest nicht regelmäßig, dies verstieß gegen ihren Ehrenkodex. Sie holten sich deshalb Indios von anderen Karibischen Inseln. Noch bessere Arbeitskräfte bekam man aus Westafrika. Ab 1501 kamen die ersten Sklaven aus Westafrika, ab 1510 florierte der Sklavenhandel. Obwohl den Engländern die Seefahrt in diesen Gewässern von den Spaniern untersagt war, mischte te sich *John Hawkins* mit Arbeitskräften aus Guinea erfolgreich in den Sklavenhandel ein. Mitte des 16. Jh. schufteten rund 30 000 Afrikaner (ca. 65 % der Gesamtbevölkerung) meist auf den neu angelegten Zuckerrohrplantagen.

Unter den Spaniern wurden Sklaverei und Ausbeutung nicht uneingeschränkt befürwortet. *Bartolomé de Las Casas* (1474–1566), der als Soldat nach Hispaniola gekommen war, verurteilte die Vorgehensweise seiner Landsleute aufs Schärfste und trat dem Dominikanerorden bei. Seine Mitteilungen an den spanischen Hof änderten sehr wenig. Lediglich seine zahlreichen literarischen Werke über die Brutalität der Sklavenhaltung ließen die Nachwelt aufhorchen. Allerdings trat er nicht gegen den Sklavenhandel generell ein, sondern warb lediglich für dessen Humanisierung. Ein Denkmal in der Altstadt von Santo Domingo erinnert an Bartolomé de Las Casas.

Bartolomé de Las Casas

16. bis 18. Jahrhundert: Eroberungszüge, Reichtum und Sklaverei

Hispaniola erlebte ab 1500 eine kurze wirtschaftliche Blüte. Die Insel war der erste spanische Stützpunkt in der Neuen Welt, Siedler ließen sich hier nieder und die Hauptstadt Santo Domingo galt als Treffpunkt der spanischen Eroberer: *Hernán Cortés* (1485–1547, eroberte Mexiko und das sagenhafte Aztekenreich unter Montezuma), *Diego de Velázquez* (eroberte 1512 Kuba) und *Francisco Pizarro* (um 1478–1541, eroberte 1535 das Inkareich im heutigen Peru). So wurden die entdeckten Gebiete von Santo Domingo aus regiert und verwaltet. Die Stadt selbst, zuerst am Ostufer des Flusses Ozama errichtet, entstand nun auf der Westseite neu. 1502 wurde die Kathedrale erbaut, 1505 legte das erste Sklavenschiff aus Westafrika an und der Palast entstand 1509 unter Kolumbus' Sohn *Diego Colón* als Gouverneur.

Nach und nach verloren die Insel Hispaniola und die Hafenstadt Santo Domingo an Bedeutung. Immer mehr spanische Siedler suchten, angesteckt vom Goldfieber, lieber ihr Glück in Südamerika. Zudem erwies sich für die Zwischenlagerung der immensen Gold- und Silberschätze aus Mexiko und Peru die Insel Kuba mit der Hafenstadt Havanna als günstiger.

Engländer wie auch Franzosen und Niederländer, die bei der Gebietsaufteilung leer ausgegangen waren, versuchten kurzerhand sich durch Piraterie Anteile in der Karibik zu sichern. Als sehr geschickt dabei erwies sich *Sir Francis Drake,* ein Vetter von John Hawkins, der sich hier ja bereits gut auskannte und Drake mitteilte, wie ungeschützt viele Segelschiffe waren. So wurde bereits 1567 ein spanischer Silbertransport angegriffen. Francis Drake war es auch, der 1580 die Magellanstraße fand – ein bis dahin streng gehütetes Geheimnis der Spanier – und 1586 mit seiner Gefolgschaft plündernd über Santo Domingo herfiel.

In dieser Zeit der Piraterie fanden vor allem Engländer und Franzosen im verlassenen Nordwesten von Hispaniola gute Verstecke. Die Franzosen, die auf die Insel kamen, lebten meist zuerst als Jäger im Urwald und erhielten den Namen *Bucaneros* oder *Boucaniers* (boucan = geräuchertes Fleisch), da sie Häute und Fleisch vom erlegten Wild über dem Holzfeuer präparierten oder räucherten. Es waren unerschrockene, hartgesottene und sehr gesellige Männer. Bald kaperten sie ebenfalls Schiffe, lebten vom Schmuggel und organisierten ihre Überfälle immer besser. Nachdem die Zerstörung von Piratennestern nicht sehr lange nachwirkte, hatte der damalige *Gouverneur d'Ogerón* 1664 die glorreiche Idee, die Seeräuber mit Land und aus Frankreich angereisten Frauen zu ködern, was offensichtlich auch gelang. Bereits einige Jahre später hatten sie sich um das Vierfache vermehrt, und der Grundstein für eine französische Siedlerwelle war gelegt. Weniger arbeitsscheu als ihre spanischen Nachbarn, pflanzten sie Zuckerrohr und beackerten gemeinsam mit den schwarzen Sklaven den Nordwesten von Hispaniola. Das Katz-und-Maus-Spiel zwischen Franzosen und Spaniern fand auch in der Karibik seine Fortsetzung. Lediglich das gebirgige Landesinnere trennte zwangsläufig die beiden Parteien, was sie nicht daran hinderte, einander per Schiff unliebsame Besuche abzustatten. Die kleinen Sticheleien brachten vor allem die Franzosen nicht dazu, sich unterzuordnen, geschweige denn, das Gebiet zu verlassen. Im Gegenteil, die größte Stadt der Franzosen, Cap Français, zählte inzwischen bereits über 8000 Einwohner.

Nachdem es den Spaniern 1694 wieder nicht gelang, die Franzosen zu vertreiben, wurde 1697 der *Vertrag von Rijswijk* unterzeichnet, als dessen Folge die Insel bis heute geteilt ist: Den Westen erhielten die Franzosen, die ihn **Saint-Domingue** nannten, den Osten behielten die Spanier, ebenso den Namen **Hispaniola.** In Bezug auf die wirtschaftliche Grundlage der Insel änderte sich nichts, die Franzosen bauten weiterhin Zuckerrohr an und die Spanier lebten mehr oder minder von Ackerbau und Viehzucht.

Im 18. Jh. erlebte die Insel, zumindest der Ostteil, durch den immens gestiegenen Zuckerkonsum der Europäer einen wirtschaftlichen Aufschwung. Die wenigen tausend Franzosen, die fast ausschließlich vom Zuckerrohranbau lebten, wurden zu reichen Zuckerbaronen, waren aber dabei auf die Hilfe ihrer zeitweise über 500 000 schwarzen Sklaven angewiesen. Eine gewisse Angst vor Aufständen war nicht unbegründet. So motivierten die weißen Herren ihre Arbeitskräfte mit der Aussicht auf Freiheit bei guter Führung. Inzwischen gab es aus Verbindungen zwischen Weißen und Sklaven auch eine beachtliche Zahl von Mulatten, die in der Auswahl der Freien bevorzugt wurden. So arbeiteten auf den Plantagen Sklaven und Freie.

18. Jahrhundert: Freiheitsgedanken und Revolution

Die nördlicheren Kolonien lösten sich mit der Zeit steuerlich wie verwaltungsmäßig von ihren Mutterländern. In Frankreich begann sich der Freiheitsgedanke durchzusetzen. Das Bürgertum begehrte auf. Immer mehr Jugendliche gingen an die Universitäten, so auch Mulatten. Überhaupt war es inzwischen in Frankreich nicht mehr üblich, Schwarze oder Mulatten zu diskriminieren – wer Geld besaß und zudem bildungshungrig war, hatte wenig Probleme. Die Französische Revolution (1789) brach aus und alle gingen auf die Straße. Diese Welle trugen die Mulatten auch auf die Karibikinsel. Nur zwei Jahre später, 1791, brach hier der Aufstand der zahlenmäßig weit überlegenen Schwarzen aus. Die Spanier versuchten von Santo Domingo und die Engländer von Jamaika aus, die Unruhen zu nutzen, um den Westteil der Insel zu erobern. In ihrer Not ließen die französischen Siedler am 29. August 1793 ihre Sklaven frei und Oberbefehlshaber der gemeinsamen Armee wurde ein Schwarzer. Der Anführer der ehemaligen Sklaven hieß Pierre Dominique Toussaint Breda, besser bekannt unter dem Spitznamen *Toussaint L'Ouverture* (1745–1803), da er bei feindlichen Stellungen gegen die Engländer immer ein Schlupfloch oder eine Öffnung fand (franz. l'ouverture = Öffnung). Er setzte den Aufstand bei den spanischen Nachbarn fort, indem er mit seinen Männern nach Santo Domingo zog und ebenfalls alle Sklaven befreite.

Napoleon Bonaparte wurde der Schwarzenführer zu mächtig und er schickte knapp 60 000 Männer auf die Insel, die wieder für Ordnung sorgen sollten. Sie konnten zwar Toussaint L'Ouverture gefangen nehmen und nach Frankreich transportieren, wo er in einem Gefängnis starb, aber nicht den Freiheitsgedanken niederschlagen. Im Gegenteil, die Verluste der weißhäutigen Franzosen waren groß: Kurz vor ihrer Kapitulation 1803 verloren sie fast 40 000 ihrer Männer.

Am 1. Januar 1804 proklamierte *Jean Jacques Dessalines,* der neue Schwarzenführer, das Ende der Sklaverei und die Unabhängigeit von Saint-Domingue, das fortan **Haiti** hieß, und ernannte sich zum Kaiser. Die Stadt Santo Domingo konnte er nicht erobern. Bei seinem Rückzug hinterließ er eine Schneise der Verwüstung.

19. und 20. Jahrhundert: Unabhängigkeit, Republik und Diktatur

Auch in den spanischen Kolonien brachen die Unabhängigkeitsgedanken unaufhaltsam durch: Befreiung der Sklaven und Befreiung vom Mutterland. In Hispaniola machte sich unter den Schwarzen *Simón Bolivar* als Anführer stark. Er strebte eine Konföderation aller spanischen Kolonien an und schaffte es sogar beinahe. Am 4. November 1821 wurde unter *Núñez de Cácerez* die Unabhängigkeit von Spanien und der Anschluss an die Konföderation ausgerufen, der Ostteil hieß nun **Spanisch-Haiti – Haiti Español.** Dies missfiel dem französischen Haiti, und dessen Präsident *Jean-Pierre Boyer* konnte fast ohne auf Widerstand zu treffen das verarmte Santo Domingo erobern. Er übernahm damit das Kommando über die gesamte Insel, die er mit allen Mitteln einen wollte. Die Spanier wurden während der Besatzung kulturell und wirtschaftlich unterdrückt. Boyers blutrünstige Feldzüge sowie Reformen (Landaufteilung und Steuererhöhungen) taten ein Übriges.

Unabhängigkeitsgedanken im Ostteil der Insel verbreiteten *Juan Pablo Duarte* (ein Jurist, der im Ausland studiert hatte), *Ramón Mella* (Sohn reicher Eltern) und *Francisco del Rosario Sánchez* (Autodidakt mit Philosophie- und Jurastudium). Unter Duartes Führung wurde 1838 der Geheimbund *La Trinitaria* gegründet, der 1843 aufflog. Duarte musste sich in Sicherheit bringen, die anderen beiden konnten weiterarbeiten. Im gleichen Jahr wurde Boyer gestürzt und Unruhen brachen aus. Am **27. Februar 1844,** kurze Zeit nach *Jean-Pierre Boyers* Tod, stürmten Mella und Sánchez den Regierungspalast und riefen die **Erste Dominikanische Republik**, La República Dominicana, aus. Präsident wurde *Pedro Santana*, ein reicher Großgrundbesitzer, der mit seinem

Dr. Rafael Leónidas Trujillo Molina

1891 erblickte er in San Cristóbal das Licht der Welt. Sein Vater besaß einen bescheidenen Krämerladen, seine Großmutter stammte aus Haiti und war eine Schwarze, sein Großvater kam aus Kuba. Schon im Kindesalter wurde ihm Ehrgeiz und der Hang zur Perfektion nachgesagt und er arbeitete sich langsam und mit Zähigkeit nach oben, bis er vom Chef der Nationalpolizei zum Oberbefehlshaber der Armee und schließlich zum Präsidenten aufstieg.

Kurz nach seiner Vereidigung 1930 fegte ein Hurrikan über das Land, der aus den Holzhütten Kleinholz machte und viele Tote forderte. Trujillo erhielt von den USA Wirtschaftshilfe und errang die Gunst des einfachen Volkes, indem er finanzielle Unterstützung beim Wiederaufbau bot. Dieser humanitäre Zug zeigte sich allerdings nur einmal. Trujillo entpuppte sich mit der Zeit als skrupelloser Diktator. Zudem stand vieles, manche sagen alles, unter seiner Kontrolle, wie die Armee und den Waffenhandel, er hatte Monopole (z. B. Zementindustrie, Versicherungswesen) oder Anteile in der Wirtschaft, er besaß die besten Ländereien, Reis- und Kaffeeplantagen und war Teilhaber oder Besitzer von Zuckerrohrmühlen und -destillationen. Gute Posten wurden mit Verwandten und Freunden besetzt, es gab ein Heer von Spitzeln und den bestens funktionierenden Geheimdienst SIM (Servicio de Inteligencia Militar). Viele Menschen, die sich widersetzten, wurden enteignet, hingerichtet oder verschwanden spurlos. Die Beziehungen zu den USA waren trotz der Menschenrechtsverletzungen lange Zeit ungetrübt und Trujillo und seine Mannen erhielten aufgrund ihrer antikommunistischen Haltung in allem Unterstützung – sympathisierten doch viele mit den Ideen von Kubas Fidel Castro.

Trujillos Narzissmus gipfelte darin, dass die Hauptstadt und der höchste Berg des Landes nach ihm benannt wurden. Die eigene Herkunft verleugnend, überspannte er mit seinem Rassismus den Bogen auch für die ihm bislang wohl gesonnenen USA. Nach dem Aufstand vom 2. Oktober 1937, bei dem an der haitianischen Grenze durch Landstreitigkeiten einige Dominikaner getötet wurden, ließ Trujillo 25 000 Haitianer hinrichten, weil sie einen Sprachtest nicht bestanden. Sie mussten das spanische Wort „perejil" (Petersilie) korrekt mit einem rollenden „r" und das „j" wie „ch" aussprechen, das die wenigsten konnten. Wahrscheinlich waren unter den Hingerichteten sogar Dominikaner. Dieses Massaker hatte zunächst kaum Konsequenzen, Trujillo musste lediglich an den Präsidenten Haitis für jeden getöteten Haitianer eine Summe Geld zahlen. Das störte bei seinem auf rund 700 Millionen Dollar geschätzten Vermögen wenig.

eigenen Heer auch den Rest der Haitianer vertrieb. Diese Wahl entpuppte sich jedoch als großer Fehler, bereits 1861 war die Republik wirtschaftlich ruiniert. Seine ehemaligen Sympathisanten Duarte, Sánchez und Mella bezichtigte Santana des Hochverrats und stellte sie unter Arrest. Da die USA wieder die Finger nach der Insel ausstreckten (es gab Handelsniederlassungen auf der Halbinsel Samaná), scheute sich Pedro Santana nicht, Unterstützung und finanzielle Hilfe bei den Spaniern zu holen, die natürlich gerne wieder ihre Flagge hissten und ihn als Gouverneur einsetzten. Das Volk war entsetzt. Wieder brachen Unruhen aus. 1865 verjagte man die Spanier und unter Señor *Báez* wurde die **Zweite Dominikanische Republik** ausgerufen. Der 1882 ins Amt gekommene Präsident *Ulises Heureaux* wiederum verbot alle Parteien und entwickelte sich zu einem verschwendungssüchtigen Diktator. Bei seiner Ermordung durch den Oppositionsführer *Ramón Cáceres* hinterließ er 40 Millionen Dollar Schulden.

Was ihn kurzzeitig mit den USA wieder etwas aussöhnte, war die Aufnahme von in Europa, besonders Deutschland, Österreich und Italien, verfolgten Juden, die Trujillo an der Nordküste in der Umgebung von Sosúa ab 1939 ansiedelte. Man sagt ihm nach, dass er damit nur die etwas dunklere dominikanische Rasse aufhellen, europäisieren wollte. Land, vor allem im gebirgigen Inneren, wurde auch an Libanesen, Ungarn, Japaner vergeben.

Der Widerstand aus den eigenen Reihen nahm immer mehr zu und Exildominikaner betrieben von Mittelamerika, Venezuela und Kuba aus Trujillos Sturz. 1949 versuchte *Juan Bosch* mit seiner PRD (Partido Revolucionario Dominicano), einer Gruppe aus Exildominikanern, von Costa Rica aus die Dominikanische Republik anzugreifen und einen Umsturz zu erreichen. Dies scheiterte ebenso wie der 1959 von Kuba aus organisierte Guerillakrieg im Landesinneren. Die Opposition wurde von Fidel Castro mit Waffen und Guerillakriegern versorgt. Ein Gegenzug Trujillos scheiterte ebenso. 1952 trat Trujillo formal die Präsidentschaft an seinen Bruder Héctor ab, zog aber aus dem Hintergrund weiter seine Fäden.

So versuchte er seinen Widersacher auszuschalten, einen Freund Castros, den linksgerichteten Venezolaner *Rómulo Betancourt,* der als Präsident zwischen 1959 und 1964 eine Politik der Reformen verfolgte. Daraufhin brachen fast alle Mitglieder der OAS (Organisation of American States) ihre diplomatischen Beziehungen zur Dominikanischen Republik ab, zusätzlich wurden gegen das ohnehin angeschlagene Land Wirtschaftssanktionen verhängt.

Als mutige Freiheitskämpferinnen gingen die drei Schwestern *Mirabal* in die Geschichte ein (→ „Literatur": Julia Alvarez, *Die Zeit der Schmetterlinge).* Ihr Versuch zusammen mit ihren Männern Trujillos Sturz zu organisieren scheiterte, sie kamen 1959 ins Gefängnis, wurden aber auf Druck der OAS wieder entlassen. Einige Zeit später wurden sie nach einem Besuch ihrer noch inhaftierten Ehemänner von Trujillos Schergen grausam ermordet.

Im Land brodelte es gewaltig und der politische Druck von außen wuchs. Der machtbesessene Trujillo-Clan wollte nicht aufgeben, aber die Absicht, sich 1960 durch die Einsetzung von *Joaquín Balaguer* als Staatspräsident zu retten, schlug fehl. Auf dem Weg nach San Cristóbal wurde Trujillo im Mai 1961 auf der Avenida George Washington gestoppt und mit 27 Kugeln niedergestreckt. Die Attentäter, die alle gefasst und getötet wurden, waren angeblich vom CIA ausgebildet. Die Familie Trujillos musste ausreisen.

Santo Domingo – Altare della Patria:
die Freiheitskämpfer Sánchez, Duarte und Mella

Den USA unter *Theodore Roosevelt* wurde ein Kaufangebot unterbreitet, der daraufhin geschlossene Vertrag hielt bis 1940: Die Dominikanische Republik übertrug 1905
den USA die Finanzhoheit über die Zollgebühren, die mit 55 % der Einnahmen den
Schuldenberg tilgten, während 45 % in die Kasse der Dominikaner flossen. Erst durch
den Trujillo-Hull-Vertrag im Jahre 1940 wurde die Finanzunabhängigkeit wiedererlangt.

1916 staunten die Dominikaner allerdings nicht schlecht, als die Amerikaner unter dem
Vorwand der Monroe-Doktrin (sich gegen Übergriffe von Europäern zu schützen)
die Insel, wie auch andere karibische Staaten, kurzerhand militärisch besetzten,
und das über 8 lange Jahre hinweg. Außerdem wurde das dominikanische Militär ent-
waffnet. Allerdings baute man in dieser Zeit auch Straßen und brachte das Schul- und
Gesundheitswesen auf Vordermann. Das dominikanische Militär wurde mit Offizie-
ren durchsetzt, die der USA-Politik treu ergeben waren, und die Korruption blühte.

Die Wahlen nach Abzug der amerikanischen Armee 1924 gewann *Horacio Vázquez.*
Sein Mandat wurde sogar um 2 Jahre verlängert, was zu Unruhen führte. In den Start-
löchern stand bereits der frühere Chef der Nationalpolizei und jetzige Oberbefehlshaber der Armee **Rafael Leónidas Trujillo** (1891–1961), der am 16. 8. 1930 als Präsident vereidigt wurde (mit dem Wohlwollen der USA). Eine lange Zeit der Diktatur
begann. Trujillo war bis 1938 Präsident, dann erneut von 1942 bis 1952. In den Zeiten
dazwischen, auch als 1952 bis 1960 sein Bruder Héctor Bienvenido regierte, hatte er
im Hintergrund das Sagen. Erst 1961 setzten Attentäter seinem Treiben ein Ende.

Joaquín Balaguer, seit 1960 Präsident von Trujillos Gnaden, gab sein Amt 1962 zurück und schrieb Wahlen aus, die ersten freien seit 1924. Der Sozialdemokrat *Juan
Bosch* wurde als Kandidat der PRD (Partido Revolucionario Dominicano) Präsident
der **Dritten Dominikanischen Republik.** Soziale Reformen und Demokratisierung
wollten weder das Militär noch die USA, die der Regierung die versprochene Fi-
nanzspritze verweigerten. Ein halbes Jahr nach Amtsantritt wurde Juan Bosch

durch einen Militärputsch gestürzt, auf ihn folgte – ebenfalls nur für kurze Zeit – *Donald Reid Cabral*, ehe erneut US-Truppen das Land besetzten, später durch Truppen der OAS (Organisation of American States) ersetzt. Die Neuwahlen Mitte 1966 gewann durch Wahlfälschung und mit Unterstützung der USA erneut Joaquín Balaguer mit seiner PR (Partido Reformista), die später PRSC (Partido Reformista Social-Cristiano) hieß. Er blieb bis 1978 im Amt. In dieser Zeit entstanden viele große Bauten wie der Faro a Colón, und Balaguer zog ausländisches Kapital ins Land, wodurch auch der Grundstein für den Tourismus gelegt wurde.

Juan Bosch versuchte mit der PRD vergeblich, Balaguer zu entthronen. Nach Meinungsverschiedenheiten innerhalb der PRD trat er aus der Partei aus und gründete 1974 die Oppositionspartei PLD (Partido de la Liberación Dominicana). Den Vorsitz der PRD übernahm nun *Peña Gómez,* während Parteimitglied *Antonio Guzmán Fernández* 1978 die Wahlen gewann. Ihm folgte noch 1982 *Salvador Jorge Blanco,* ebenfalls PRD. Aus den Wahlen 1986 ging als klarer Sieger erneut der 79-jährige *Joaquín Balaguer* hervor. Blanco wurde wegen Korruption zu 20 Jahren Gefängnis verurteilt.

Bei der nächsten Wahlrunde 1990 standen sich der 83-jährige, fast erblindete Joaquín Balaguer und der 81-jährige Juan Bosch gegenüber. Balaguer gewann knapp. Vier Jahre später wiederholte sich das Spektakel, diesmal wurde Balaguer Wahlbetrug unterstellt. Die USA schalteten sich ein und forderten den nun blinden Präsidenten auf, seine Amtszeit nach zwei Jahren zu beenden.

1996 gab es eine Stichwahl zwischen *Peña Gómez* (PRD) und *Leonel Fernández Reyna* (PLD). Leonel Fernández Reyna setzte sich mit 51,25 % der Stimmen durch.

Aus den Präsidentschaftswahlen 2000 ging der PRD-Politiker *Hipolito Mejia* als Sieger hervor. Seine Amtszeit waren Jahre voller Unruhen. Zur desolaten Wirtschaft kam ein betrügerischer Konkurs zweier Privatbanken hinzu, für die der Staat einen Fehlbetrag von 2,2 Milliarden US-$ übernehmen musste, das entspricht zwei Dritteln des Staatsbudgets! Kapitalflucht, Abwertung der Landeswährung, eine hohe Inflation (2002 über 40 %!) waren die Folgen. Dies mündete Ende Januar 2004 in einen zweitägigen Generalstreik gegen die Wirtschaftspolitik von Hipolito Mejia.

Im Mai 2008 ging die Stimmenmehrheit wieder an *Leonel Fernández Reyna* (PLD), er hatte keine leichte Aufgabe während der Wirtschaftskrise. Doch ehrgeizig ging er zumindest die touristische Infrastruktur an, u. a. den Straßenbau. Einige Fertigstellungen konnte er während seiner Amtszeit verbuchen. Im Mai 2012 gewann *Danilo Medina Sánchez* (PLD) die Wahl und ist seit August sehr rührig in seinem Amt. Immer noch warten die Menschen auf Lösungen in der Energiekrise und auf Verbesserungen ihrer Lebensqualität. Die nächsten vier Jahre werden zeigen, ob der Volkswirt auch praxistauglich ist. Er will den Ausbau des Tourismus mit der dazugehörigen Infrastruktur, v. a. auch den Ökotourismus, mit Projekten forcieren sowie den weiteren Autobahnausbau im Osten, aber auch Kürzungen von Spesen, Gehältern, etc. der Parteimitglieder durchsetzen – die Bevölkerung hat diese Ankündigungen mit Wohlwollen aufgenommen.

Staatsaufbau

Staatsstruktur und Verwaltung: Seit der Unabhängigkeitserklärung am 27. 2. 1844 wurde die Verfassung 30-mal geändert. In ihrer heutigen Form besteht sie seit dem 28. 11. 1966 (eine nochmalige kleine Änderung fand 1994 statt) und ähnelt dem französischen Vorbild. Die Dominikanische Republik ist eine Präsidialrepublik,

d. h. der Präsident bestimmt die politischen Maßnahmen und ist gleichzeitig oberste Instanz der Armee. Der Präsident und sein Vertreter, der Vizepräsident, werden vom Volk direkt für vier Jahre gewählt, eine weitere Amtszeit ist nur nach vierjähriger Unterbrechung möglich. Der Präsident ist dem Kongress aus 120 Abgeordneten und 30 Senatoren auskunfts- und rechenschaftspflichtig. Die Wähler haben jeweils drei Stimmen: eine für den Präsidenten, eine für das Abgeordnetenhaus und eine für den Gemeinde- oder Stadtrat.

Jede der 29 Provinzen wird von einem Gouverneur verwaltet, den der Präsident ernennt. Die Hauptstadt Santo Domingo als Nationaldistrikt hat einen direkt gewählten Bürgermeister als oberste Instanz.

In der Dominikanischen Republik herrscht Wahlpflicht für alle Bürger ab 18 Jahren, außer für die Angehörigen von Polizei und Armee. Wer jünger ist, aber bereits verheiratet, muss ebenfalls seine Stimme abgeben.

Frauen sind laut Verfassung gleichberechtigt.

Rechtssprechung und Rechtssystem orientieren sich am französischen Code Civil, daher ist die Unabhängigkeit der Justiz garantiert – zumindest auf dem Papier.

Das Militär hat in der Dominikanischen Republik nicht mehr die Präsenz wie einst und ist laut Verfassung zur politischen Neutralität verpflichtet. Es besteht keine Wehrpflicht, aber relativ viele junge Männer gehen zur Armee, wo sie eine Berufsausbildung und eine Anstellung bekommen.

Wahlparty 2012

Parteien: In der Dominikanischen Republik gibt es zwischen 40 und 50 politische Parteien, von Bedeutung sind aber lediglich drei von ihnen. Die konservative *PRSC* (Partido Reformista Social-Cristiano) entstand 1984 aus der PR (Partido Reformista). Das Parteisymbol ist ein Hahn auf rotem Grund, die Parteimitglieder nennen sich selbst „Colorados".

Juan Bosch gründete 1939 im Exil die sozialdemokratische *PRD* (Partido Revolucionario Dominicano). Die Parteifarbe der sogenannten „Blancos" ist Weiß.

Großer Popularität erfreute sich zunächst die 1974 von Juan Bosch neu gegründete Partei *PLD* (Partido de la Liberación Dominicana), die unter ihrem Vorsitzenden Leonel Fernández sowie nun erneut unter Danilo Medina Sánchez die Wahl zum Staatspräsidenten gewann. Die linksgerichtete Partei vertritt neben den Interessen der Mittelschicht vor allem die der Intellektuellen, aber auch der Armen, die auf eine Verbesserung ihrer Lebenssituation durch Schaffung neuer Arbeitsplätze hoffen. Parteisymbol ist ein fünfzackiger gelber Stern auf lila Grund.

Flughafen Punta Cana (PUJ) – hier landen meist All-inclusive-Urlauber

Anreise

Die Frage der Anreisemöglichkeiten erschöpft sich darin, welche Fluggesellschaft man wählt, und auch dies regelt sich meist automatisch durch
den Wohnort und den gewünschten Abflugtermin. Wer ungebunden ist
und viel Zeit hat, kann außerhalb Deutschlands günstige Flüge für weniger
als 400 € von London, Paris etc. aus ergattern.

Die internationalen Hauptflughäfen in der Dominikanischen Republik sind *Santo
Domingo* und *La Romana* an der Südküste, *Puerto Plata* an der Nordküste, *Samaná*
an der Nordostküste und *Punta Cana* an der Südostküste. Der Flughafen von
Barahona im Westen der Insel wird nur von Haiti aus angeflogen.

Nonstop-Flüge mit Flugzeiten zwischen 9,5 und 10,5 Std. sind von den großen Flughäfen Deutschlands (Frankfurt, München, Düsseldorf und Berlin-Tegel) mit den
Fluggesellschaften Air Berlin und Condor, in Österreich (ab Wien mit Condor) und
der Schweiz (mit Edelweiss Air von Zürich und mit Arkefly von Basel-Mulhouse)
möglich. Im Direktflug werden vor allem Punta Cana (bis zu 7-mal pro Woche von
Deutschland), dann Puerto Plata und Santo Domingo angeflogen; ebenso der Flughafen La Romana, der v. a. für den Kreuzfahrt-Tourismus als Abflughafen genutzt
wird. Der internationale Flughafen El Catey-Samaná wird nur noch mit Air Canada
(2-mal/Woche) ab Frankfurt und nur mit 1 bis 2 Zwischenstopps angeflogen. Luft-
hansaflüge sind ebenfalls nur noch mit Zwischenstopps u. a. über die USA möglich.

Teils preiswerte Angebote ab Deutschland mit Zwischenstopps bieten die Fluggesell-
schaften Iberia (über Madrid, manchmal auch mit Übernachtung), Air France (ab Paris),
Martinair und KLM (ab Amsterdam direkt nach Puerto Plata oder über St. Martin) und
British Airways (über London Gatwick). Jährlich kann es neue Flugpläne, Flugflotten oder
Zusammenschlüsse geben, deswegen sollte man immer aktuelle Informationen einholen.

Die Flugpreise für Hin- und Rückflug bewegen sich je nach Jahreszeit und Anbieter
zwischen 600 und 1200 € (zzgl. Luftsicherheitskosten, die je nach Flughafen differieren, sowie ausländischer Steuern/Gebühren), es sind aber auch Flüge für rund
200 € möglich. Prinzipiell sind die Preise im Sommer (außer in den Ferien) niedri-
ger als im Winter, zu Weihnachten muss man mit Höchstpreisen rechnen.

Achtung Flugneulinge: Unbedingt an die Sicherheitsvorkehrungen (EU-Verordnung
seit 2006) bei Handgepäck denken!

Dokumente und Informationen zur Ein- und Ausreise in der Dominikanischen Republik (D. R.): Zur Einreise benötigen Deutsche, Österreicher und Schweizer bis zu einem Aufenthalt von 60 Tagen kein Visum, lediglich einen Reisepass, der bis zur Ausreise gültig sein muss. Seit Ende Juni 2012 müssen auch Kinder über einen eigenen Reisepass verfügen, der ab dem 3. Lebensjahr auch mit einem Lichtbild versehen sein muss. Der bisher zur Einreise ausreichende Personalausweis wird nicht mehr anerkannt. Impfungen sind nicht vorgeschrieben (→ „Gesundheit"). Bei Ankunft in der D. R. muss eine Touristenkarte (Touristcard) für 10 US-$ (Geld parat haben!) erworben und ausgefüllt werden. Bei Pauschalreisen wird diese vom Veranstalter ausgegeben. Man kann sich auch vor der Reise über das Generalkonsulat im Hamburg (→ „Diplomatische Vertretungen") diese Touristenkarte, allerdings zu insg. 20 € (15 €, zzgl. 5 € Porto) zukommen lassen – das spart vielleicht bei der Einreise etwas Zeit. Die Touristcard berechtigt zu einem Aufenthalt von bis zu 30 Tagen, wer länger bleibt, muss eine Aufenthaltsgebühr bezahlen, die sich nach Zeitraum staffelt (für 30 bis 90 Tage 800 RD-$). Wer länger in der D. R. bleiben möchte, benötigt ein Visum (→ „Diplomatische Vertretungen").

Bei der Ausreise ist eine Flughafensteuer von 20 US-$ zu bezahlen. Einige Fluggesellschaften, u. a. Condor, Air France, haben diese Steuer bereits im Flugpreis enthalten.

Für die Zahlung bei Gepäcküberschreitung (z. B. für Sportgepäck) hat jede Fluggesellschaft andere Tarife. Die Freigepäckgrenze variiert je nach Fluggesellschaft, ebenso müssen für Sperrgepäck, wie z. B. ein Fahrrad, zusätzlich zwischen 15 und 30 € bezahlt werden. Auch hierzu unbedingt Erkundigungen einziehen!

Fluggesellschaften Condor, Hotline 0180/576-7757, www.condor.com. **Air Berlin**, Hotline 01805/737-800, www.airberlin.com. **Iberia**, www.iberia.com. **Air France**, www.airfrance.com. **Edelweiss Air**, Hotline +41/44/277-4100, www.edelweissair.ch. **Swiss Com**, Hotline +41/848-700-700, +49/180-300-0337, www.swiss.com. **Lauda Air**, Hotline +43/820-320-321, www.laudaair.com. **Jetairfly**, www.jetairfly.com.

Internationale Flughäfen von Europa aus zu erreichen Santo Domingo – AILA (Südküste) – *Las Américas, Dr. José Francisco Peña Gómez* (kurz: *Las Américas)*, ca. 25 km von Santo Domingo entfernt; ℡ 809/412-5888. Puerto Plata – POP (Nordküste) – *Gregorio Luperón (POP)*, ca. 20 km von Puerto Plata entfernt; ℡ 809/586-0408, 291-0000. Punta Cana – PUJ (Südostküste), ca. 10 km von Bávaro, 60 km von Uvero Alto und 210 km von Santo Domingo entfernt; ℡ 809/688-4749, 686-8790. Samaná – AZS (Nordostküste) – *El* Catey, ca. 45 km nordwestlich von Santa Bárbara de Samaná; ℡ 809/338-5888.

Weitere internationale Flughäfen für Flüge über USA/Kanada Santo Domingo – AILI Higüero (Südküste) – *La Isabella Intern. Dr. Joaquin Balaguer*, ca. 18 km nördlich von Santo Domingo; ℡ 809/826-4019, -4003; nur Inlandsflüge und Flüge nach USA. La Romana – LRM (Südostküste) – nahe Casa de Campo; ℡ 809/813-9000, www.central romana.com.do. Santiago – STI (Landesinneres) – *Cibao*, wenige Kilometer nordwestlich vom Stadtzentrum; ℡ 809/233-8000, www.aeropuertocibao.com.do. Barahona – BRX (Südwestküste) – *María Montés*; ℡ 809/524-4144; wurde zum internationalen Flughafen ausgebaut, jedoch im letzten Jahrzehnt bis auf Haiti-Flüge nicht mehr genutzt; nun wurden wieder Flüge nach Sto. Domingo (ca. 200 km) aufgenommen.

Flugreisende können z. B. bei Atmosfair (www.atmosfair.de) mit einer freiwilligen Emissionsabgabe für Klimaschutzprojekte ihr Gewissen entlasten. Der Schadstoffausstoß eines Hin-/Rückflugs von Frankfurt nach Puerto Plata beträgt 5620 kg CO_2. Die Abgabe beliefe sich somit auf 130 €.

Gut ausgebaute Straßen führen zum geruhsamen Gebiergsort Constanza

Unterwegs in der Dominikanischen Republik

Straßenverkehr/Straßenverhältnisse

Mit dem Auto oder Motorrad das Land zu erkunden ist sehr reizvoll, aber auch teuer und nur routinierten Fahrern zu empfehlen. Sprachkenntnisse und Orientierungssinn sind notwendig, da Straßenschilder oft fehlen. Besonders in den großen Städten werden sich Neulinge durch den starken Verkehr hoffnungslos überfordert fühlen.

Straßen: Die meisten Straßen befinden sich in überraschend gutem Zustand, ausgenommen die Verkehrswege in der Gebirgsregion und im Osten, in der Gegend u. a. um Miches, aber auch hier wird inzwischen fleißig gebaut. Auf den Pisten im gebirgigen Landesinneren sollte man ein geländegängiges Fahrzeug (Vierradantrieb) haben und sich nach dem Wetter richten, denn in der Regenzeit sind viele Straßen unpassierbar. Dennoch tut sich in letzter Zeit gerade in punkto Straßenverhältnisse sehr viel: Überall wurde großzügig asphaltiert, auch in die Touristenorte im Gebirge (Constanza, Jarabacoa), der Autobahnausbau kommt voran und die Zahl der Straßenschilder nimmt zu – auch wenn sie oft klein und unauffällig unter großen Werbeschildern angebracht sind.

Vorsicht vor Schlaglöchern, sie kommen oft und vor allem unvermittelt vor – leicht gibt es Achsenbruch. In ländlichen Gegenden auf Tiere achten, d. h. langsam fahren – Schafe, Kühe, Esel usw. stehen auf der Fahrbahn und weichen selten aus. Hier ist besonders die verkehrsarme, aber super ausgebaute Straße von Barahona nach Pedernales gemeint, die zum Schnellfahren geradezu verleitet. Acht geben sollte man außerdem auf *Bodenschwellen*, die so genannten *schlafenden Polizisten*, meist

Paraíso – in dieser Gegend kommen noch viele Pferde zum Einsatz

ohne Vorankündigung vor oder innerhalb von Ortschaften. Sie dienen der Geschwindigkeitsreduzierung, aber auch der Durchführung von Straßenkontrollen vor allem im grenznahen Gebiet. Dort sieht man dann Polizisten bzw. Militärs stehen, die aber von Touristen kaum Notiz nehmen.

Wichtige Verkehrsschilder: *No estación* – Parkverbot, *Una vía* (Geradeauspfeil) – Einbahnstraße, *No entre* (durchgestrichener Geradeauspfeil) – keine Einfahrt, *Pare* – Stopp, *Ceda el paso* – Vorfahrt achten.

Nachtfahrten sollte man, wenn möglich, vermeiden. Schlaglöcher sind nicht zu sehen, Straßenbeleuchtungen gibt es nur in großen Städten, die Straßen sind schmal und meist ohne Markierungslinien, Tiere kreuzen die Straße oder stehen mitten im Weg, man muss mit ungenügend beleuchteten Fahrzeugen rechnen und in Ortschaften sind viele Menschen, vor allem Kinder, unterwegs, da die Straße meist der einzige Gehweg ist.

Autobahnen: Die dominikanischen Autobahnen sind nicht mit europäischen vergleichbar, ähneln teils eher vierspurigen Schnellstraßen, die auch gekreuzt werden können, d. h. *Vorsicht* beim Fahren! Die erlaubte Höchstgeschwindigkeit liegt bei 100 km/h – und wenn ein Eselskarren oder voll besetzter Jeep plötzlich die Autobahn kreuzt, ist selbst das noch zu schnell.

Autopista Duarte (auch *Carretera Duarte*): Dieser wichtige Süd-Nord-Transit (die erste Autobahn), verläuft von Santo Domingo (hier nur 30 RD-$ Maut) bis Santiago de los Caballeros, ist gut ausgebaut, mit Rastplätzen und Tankstellen versehen, aber teils auch nur eine vierspurige Schnellstraße, die immer wieder vom Verkehr der Städte gekreuzt und dadurch sehr gefährlich wird.

Autopista Santo Domingo nach Banil: mehr eine Schnellstraße, aber gut ausgebaut.

Autovía del Este (auch *Autopista El Coral*): Sie verläuft seit August 2012 nun durchgehend von Santo Domingo ostwärts, vorbei am Flughafen Las Américas über La Romana bis Punta Cana, d. h. die bisherige Fahrtzeit von 3,5 Std. verkürzt sich nun auf rund 2 Std. für diese rund 220 km lange Strecke.

Carretera de Samaná: Diese Schnellstraße wurde Ende 2008 eröffnet und führt ab dem Flughafen Las Américas in rund 150 km (ca. 2,5 Std. Fahrtzeit) zum Beginn der Halbinsel Samaná (ca. 15 km westlich von Sánchez) durch eine herrliche, fast unberührte Landschaft. Die Maut beträgt 370 RD-$; es gibt bisher nur wenige Tankstellen und Rastplätze.

Autovía del Atlántico: Diese landschaftlich fantastische und gut ausgebaute Schnellstraße führt ab Beginn der Halbinsel Samaná, vorbei am Flughafen El Catey, entlang der bisher noch unverbauten Nordküste auf direktem Weg nach Las Terrenas. Allerdings lässt sich der Staat diese 23 km lange Strecke mit 450 RD-$ teuer bezahlen. Einheimische fahren hier nicht.

Autovía Punta Cana – Miches: Auch an dieser bisher unberührten Küste wird kräftig gebaut, Fertigstellung soll bis 2014 erfolgen.

Maut: Stadtauswärts von Santo Domingo zu Beginn der Autopista Duarte sowie auf der Zubringerstraße zum Flughafen Las Américas werden 30 RD-$ verlangt. Zudem auf den neuen Autobahnen (s. o.).

Benzin (Gasolina regular): 219,10 RD-$
Super (Gasolina premium): 237,70 RD-$
Diesel (Gasoil regular): 195,20 RD-$
Diesel (Gasoil premium): 201,90 RD-$

Die ausgeschriebenen Benzinpreise beziehen sich immer auf eine Gallone, das sind 3,785 Liter. (Stand: 1. Sept. 2012). Preisschwankungen (s. u.).

Tanken: An den Hauptverkehrsstraßen gibt es ausreichend große Tankstellen *(gasolinera)*, die von früh morgens bis ca. 22 Uhr geöffnet haben. Trotzdem kann es passieren, dass gerade kein Benzin vorhanden ist. In kleineren Orten kommt es auch vor, dass Tankstellen am Wochenende geschlossen sind. Also immer vorausdenken und rechtzeitig tanken. Die Benzinpreise wurden in der letzten Zeit drastisch erhöht, allein von Juli bis August 2012 nochmals um 3 %, was evtl. auch Buspreiserhöhungen mit sich bringt.

Höchstgeschwindigkeiten: Auf Autobahnen und Schnellstraßen 100 km/h, in Vororten 60 km/h, in Städten 45 km/h.

Verkehrskontrollen: Gerade Mietwagen werden bei Geschwindigkeitsüberschreitungen oder Verkehrsdelikten gerne angehalten, ob zum Zahlen oder nur für einen Plausch. Also wachsam sein und im Zweifelsfalle nur nach Vorlage des Dienstausweises zahlen oder mit auf die Wache gehen, falls der Betrag überteuert erscheint. Wer sich eine Quittung ausstellen lässt, schreckt Polizisten, die nur ihr mageres Budget aufbessern wollen, etwas ab. Auch in solchen Situationen spielen viele Faktoren eine Rolle. Auf jeden Fall sollte man höflich bleiben und lächeln oder die Polizisten, wenn möglich, ebenfalls in ein Gespräch verwickeln, das wirkt oft Wunder.

Unfall: Die Polizei (☎ 911 für alle größeren Städte) ruft man nur bei hohen Sach- oder Personenschäden zum Unfallort. Ansonsten wird die Sache auf der Straße gestikulierend geregelt. Geld ist bei den wenigsten Dominikanern vorhanden. Oftmals verfügen sie nicht mal über eine Haftpflichtversicherung, zudem liegt die Höchstgrenze nur bei rund 300 €. Diese Summe gilt auch bei Mietwagen, außer man ist vollkaskoversichert, und das ist selten. Man kann allerdings eine Schadensersatzversicherung abschließen. Bei einem Unfall wird das Fahrzeug von der Polizei beschlagnahmt und die Fahrzeughalter müssen anwesend sein, bis die Sachlage geklärt ist. Das klingt alles ziemlich entmutigend, aber man sollte wissen, dass bei einem Unfall Kosten entstehen, selbst wenn man vielleicht keine Schuld trägt.

Kartenmaterial: Wer mit dem Mietauto längere Zeit unterwegs ist, sollte sich z. B. an Tankstellen oder in Buchläden (librería) eindecken. Empfehlenswert ist die englischsprachige Straßenkarte, die man auch im heimischen Buchhandel bekommt: *Berndtson & Berndtson, Dominican Republic,* 1:600 000, inkl. Stadtpläne von Sto. Domingo (u. Umgebung), Pto. Plata (u. Umgebung) sowie Santiago. Folienbeschichtet und dadurch reißfest und abwaschbar. Preis 10,95 US-$.

Península Samaná, in allen Touristenorten auf Samaná in den großen Agenturen.

Gute Wanderkarten gibt es leider bisher nicht, allerdings möchte Frank Marenbach Wandertourenmaterial per GPS erstellen, Infos: www.domrepworld.com.

Mit dem Mietwagen

Man kann alle gängigen Wagen mit Klimaanlage mieten. Jeeps/Geländewagen, die man dringend bräuchte, werden dagegen seltener vermietet und sind sehr teuer (ab 80 US-$ pro Tag; kleine einheimische Verleiher bieten sie etwas günstiger an). Im Osten, im Gebiet Bávaro, sind die Tarife am höchsten. Große Agenturen gibt es an allen Flughäfen sowie in den Städten. An den Rezeptionen der Hotels wird man ebenfalls behilflich sein. Mietwagen kosten in der Regel bei dominikanischen Firmen ab 45 US-$ aufwärts pro Tag. Bekannte Firmen wie Avis oder Hertz verlangen ca. 60–100 US-$ pro Tag, je nach Wagengröße. Man kann auch bereits von Deutschland aus einen Wagen mieten, was über Firmen wie Avis oder Hertz billiger ist.

In der Regel werden ein internationaler Führerschein sowie eine Kaution in Form einer Kreditkarte erwartet, das Mindestalter liegt bei 25 Jahren. Wer über keine Kreditkarte verfügt, wird Schwierigkeiten haben. Wenn Bargeld oder Schecks hinterlegt werden können, muss man mit einer Summe von ca. 500 € rechnen. Die Autos sind versichert, jedoch mit einer hohen Selbstbeteiligung, Vollkaskoversicherung ist nur bei sehr guten Firmen gegen hohen Aufpreis üblich. Man kann allerdings für rund 12 US-$/Tag eine Schadensersatzversicherung abschließen, die jedoch nicht überall angeboten wird. Man sollte sich das Auto genauestens ansehen und mit dem Vermieter einen Vorabcheck vorhandener Mängel machen, besser noch mit ihm Probe fahren. Mängel stellen sich vielleicht erst während der Fahrt ein und besonders bei Billiganbietern ist Vorsicht geboten.

Worauf man achten sollte: Äußere Mängel wie Beulen etc. schriftlich vermerken. Selbst kontrollieren: Bremsen, Reifen (Ersatzreifen), intakter Wagenheber, Licht, Hupe, Scheibenwischanlage, Klimaanlage, Benzinstand und Öl; sicherstellen, dass das Radio- und Kassettenteil funktioniert, damit man hinterher nicht unnötigerweise für ein defektes Gerät bezahlen muss. *Fahrprobe:* Auf Reifen, Bremsen, Kupplung und Scheinwerfer (sind sehr teuer!) achten.

Motorräder werden ebenfalls vermietet, aber Vorsicht! Viele Vermieter versichern das Motorrad nicht, das heißt, man muss bei einem Unfall die Kosten selbst tragen; zudem ist das Unfallrisiko angesichts des enormen Verkehrs bei diesem Fahrzeug noch höher. Das gilt auch für die angebotenen **Quads**.

Río Niziaíto (bei Paraíso) – Flussdurchquerungen sind üblich ...

Anbieter → Adressen im Reiseteil.

Landesweit und auch an den Flughäfen vertreten sind u. a.: **Avis** (www.avis.com), **Budget Rent Car** (www.budget.com.do), **Dollar Rent Car** (www.dollar.com.do), **Hertz** (www.

hertz.com.do), **Nelly** (www.nellyrac.com).

Ein guter Anbieter ist **Alamo** (www.alamo.com.do), in allen großen Städten vertreten. Ebenso **National Car Rental** (www.national car.com).

Mit dem Bus

Das Verkehrssystem ist sehr gut ausgebaut. Für größere Entfernungen stehen moderne Busse, die sog. Überlandbusse oder Expressbusse, zur Verfügung, mit denen man rasch sein Ziel erreicht. Für diese Busse gibt es eigene große Busbahnhöfe mit exakt eingehaltenen Fahrplänen und es besteht Sitzplatzgarantie, da nur so viele Plätze ausgegeben werden, wie der Bus hat – d. h. rechtzeitig am Terminal sein! Außerdem verkehren die kleinen, normalen Busse *(guaguas),* die oft überfüllt sind und an jeder beliebigen Haltestelle *(parada)* stoppen.

Überlandbusse: Große und gute Busunternehmen sind u. a. *Caribe Tours* und *Metro Tours.* Sie haben in den großen Städten eigene Busbahnhöfe mit Imbissbuden, Toiletten, Taxiständen usw. Es gibt Informationsschalter und exakte Fahrpläne. Die großen, modernen Busse (meist mit Steward) verfügen über Aircondition (Achtung, vor allem bei Caribe Tours sehr kalt!), getönte Scheiben, bequeme Sitze, Fernseher und zum Teil WC. Sie verkehren allerdings nur auf den Hauptrouten zwischen den großen Städten. Es gibt telefonische Fahrplanauskünfte; Buchungen und Reservierungen (an Feiertagen sinnvoll!) muss man an den Niederlassungen vornehmen.

Für die rund 200 km lange Strecke von Santo Domingo nach Puerto Plata braucht der Bus (Caribe Tours) mit Stopps rund 3:50 Std., man zahlt ca. 330 RD-$ (rund 8 US-$). Caribe Tours verkehrt häufiger und auf mehr Strecken, Metro Tours hat (angeblich!) die besseren Busse, weniger Stopps, und ist daher schneller (nur 3:30 Std. nach Pto. Plata), ist aber etwas teurer (8,50 US-$). Auch in der Dominikanischen Republik werden je nach Rentabilität Buslinien eingestellt oder neue eröffnet. Für einen schnellen Busfahrplanüberblick bestens geeignet: *www.thebusschedule.com.do* und *www.horariodebuses.com*. Weitere Infos im Reiseteil/Verbindungen.

Caribe Tours Santo Domingo, Zentraler Busbahnhof Av. 27 de Febrero/Esqu. Leopoldo Navarro, ℡ 809/221-4422, www.caribe tours.com.do. Abfahrt pünktlich nach Plan, Abfahrtzeiten auf Website ersichtlich.

Puerto Plata, Camino Real/Esqu. Calle José Eugenio Kunhardt, ℡ 809/586-4544.

Busverbindungen nach: Dajabón, Bonao, Mao, Monte Christi, La Vega, Jarabacoa, Río San Juan, Cabrera, Nagua, Sánchez, Salcedo, San Francisco, Santa Bárbara de Samaná, Santiago de los Caballeros, Villa Vásquez und nach Haiti. Vor allem zwischen Sto. Domingo und Santiago/Pto. Plato/Sosúa verkehren die Busse fast stündlich zwischen 6 und 19 Uhr.

Metro Tours Santo Domingo, Av. Winston Churchill/Esqu. Calle Hatuey (Plaza Central), ℡ 809/566-7126, -27, www.metrotours-viajes.com. Abfahrt pünktlich nach Plan.

Puerto Plata, Calle 16 de Agosto, ℡ 809/586-6062. **Santiago**, ℡ 809/587-4711.

Busverbindungen nach: u. a. Castillo, La Vega, Moca, Nagua, Santiago de los Caballeros, Sánchez, San Francisco de Macorís, Santa Bárbara de Samaná.

Expreso Bávaro Santo Domingo, Juan Sánchez Ramírez 31 (Plaza Los Girasoles), ℡ 809/682-9670; sehr preiswerte Busse (nicht besonders gepflegt) nach Punta Cana/Bávaro.

Express Bus Santo Domingo, Calle Ravelo (am Parque Enriqillo); jede volle Stunde von 5 bis 21 Uhr nach La Romana. Zurück von **La Romana**, Camino Avenue; ebenfalls jede volle Stunde. Kein Telefon/Büro. Strecke kostet rund 4,50 US-$, Fahrtzeit knapp 2 Std.

Minibusse nach Constanza, u. a. Linea Junior oder Expresso Constanza.

Guaguas: Die VW-Bus-ähnlichen, meist musikdröhnenden Transporter fahren jeden Ort auf ihren festen Routen mindestens einmal täglich an. Sie halten auf einen Wink hin überall an und haben einen Schaffner, dem man klarmachen muss, wo man aussteigen will. Zum Zahlen empfiehlt sich Kleingeld (RD-$), einen großen Schein oder US-$ wird keiner wechseln; der Fahrpreis innerhalb der Stadt beträgt 10–15 RD-$ (mit AC 20 RD-$). Man kann mit diesen Bussen auch größere Strecken zurücklegen, z. B. von Santo Domingo in Richtung Boca Chica, muss dann aber oft die Guagua wechseln. Der Fahrpreis beträgt z. B. von Sosúa nach Puerto Plata 35 RD-$, nach Río San Juan 70 RD-$. Diese Busse sind deutlich billiger als die Überlandbusse, sie finden sich auch in den Städten. Nach Einbruch der Dunkelheit fahren Guaguas allerdings nicht mehr in entlegene Dörfer. Routen dementsprechend planen bzw. frühzeitig beenden.

Mit dem Taxi

Es gibt überall Taxistände, am Flughafen, vor den Hotels und an wichtigen Plätzen; man kann sie auch telefonisch bestellen.

Bereits am Flughafen warten die Taxen und meist hängen Preislisten aus. Wer zu einem nicht aufgeführten Ort möchte, sollte den Preis vorher aushandeln. Von und zu dem Flughafen liegen die Tarife am höchsten, ebenfalls bei Abfahrten von Nobelhotels (hier stehen die schön gepflegten Taxen). Die Preise sind in US-$ ausgeschrieben. So kostet eine 10-minütige Fahrt (rund 8 km) vom Flughafen Puerto Plata nach Sosúa 20 US-$ oder von Santo Domingo zum Flughafen Las Américas 35 US-$; von Santo Domingo nach La Romana 120 US-$. Innerhalb der Stadt zahlt man meist für kurze Entfernungen ca. 5 US-$, außer man handelt geschickt einen Spezialtarif aus. Adressen im Reiseteil.

Man kann auch Sightseeing-Touren mit dem Taxi unternehmen, bucht dann z. B. für 2 Std. (ohne Stopplimit) und zahlt bei Tecni-Taxi in Santo Domingo rund 800 RD-$.

Palenque – Motoconchos fahren überall und preiswert

Meiden Sie, wenn Sie können, Taxireservierungen über die Hotels, die teurer aus-
fallen: z. B. Santo Domingo – Casa de Campo/La Romana über das Hotel ca. 120 US-
$, steigt man am Taxistand in ein Taxi, sind es ca. 90 US-$ oder noch weniger.

Billiger als die normalen Taxis sind die **Sammeltaxen**, die *carros públicos*. Sie fahren (aber nur bis zur Dunkelheit!) in großen Städten auf festen Routen und halten,
wenn sie nicht schon voll sind (ihr Markenzeichen), auf Heranwinken. Sie sind von
einem normalen Taxi schlecht zu unterscheiden, außer es sitzen bereits Fahrgäste
darin. Ansonsten werden Ausländer auch alleine befördert, und zwar zum offiziel-
len Taxitarif. Eine Fahrt im Sammeltaxi kostet ca. 20–30 RD-$, wenn man ausstei-
gen möchte, sagt man dies (*parada* = anhalten).

Motorradtaxi *(motoconchos):* Die netten Jungs auf ihren Maschinen wollen nicht
etwa einen Ausflug mit Ihnen machen, sondern Sie ganz offiziell per Motorrad
transportieren. Diese Art von Taxi, ob PS-starkes Motorrad oder Moped, kostet
sehr wenig und erfüllt oft seinen Zweck, mal schnell vom Strand in den Ort zu
kommen. Gerade in touristischen Gebieten, wie z. B. Boca Chica, Las Terrenas,
aber natürlich auch in den Städten, sieht man diese Motoconchos sehr häufig. Der
Preis für eine Fahrt innerhalb des Ortes beträgt tagsüber rund 30 RD-$ und nachts
50 RD-$; außerhalb des Ortes muss ein Zuschlag gezahlt werden (z. B. Sosúa –
Cabarete ca. 150 US-$, nachts das Doppelte), für längere Strecken sollte man den
Preis vorher aushandeln, sonst kann es teuer werden. Manche Motoconchos ähneln einer Rikscha: Motorräder mit überdachtem Anhänger für die Fahrgäste.

Mit dem Flugzeug

Inlandsflüge bieten sich für all diejenigen an, die bequemer reisen möchten und
wenig Zeit zur Verfügung haben. Zudem sind die Flüge relativ preiswert. Die nationalen Fluggesellschaften wie *Aero Domca* und *Air Inter Island* fliegen mindestens

einmal täglich alle Flughäfen des Landes an. Der Flugpreis beträgt z. B. von Punta Cana nach Santo Domingo 109 US-$, nach Puerto Plata 159 US-$ mit DominicanShuttles ohne Steuer (für One-way-Flüge Aufpreis von 30 US-$). Neu ist die Linie mit Air Century nach Barahona.

Nationale Flughäfen Santo Domingo (Südküste) – *La Isabela International Dr. Joaquin Balaguer (AILI), Higüero,* 18 km nördlich vom Stadtzentrum; ✆ 809/826-4019, 826-4003.

La Romana (Südküste) – *LRM,* ca. 5 Min. von Casa de Campo, ca. 120 km von Santo Domingo entfernt; ✆ 809/550-5088.

Santiago (Landesinnere/Mitte) – *Cibao (STI),* ca. 60 km von Puerto Plata und 165 km von Santo Domingo entfernt; ✆ 809/587-6766, 582-4894.

Samaná – EPS (Nordostküste) – *El Portillo* (Nordostküste); 5 km von Las Terrenas und ca. 220 km von Puerto Plata entfernt.

Constanza (Landesinnere) – *14 de Junio,* nur wenig in Betrieb, fast nur Privatflüge.

Weitere noch kleinere Flughäfen (Pisten), die ebenfalls angeflogen werden (Aero Domca) sind Cabo Rojo (z. T. auch Pedernales), Dajabón und Monte Cristi.

Fluggesellschaften für Inlandsflüge DominicanShuttles (ehemals Takeoff), Las Américas, Santo Domingo, ✆ 809/481-0707, www.dominicanshuttles.com. Linien- und Charterflüge zu allen Flughäfen der Insel sowie nach Haiti und zu weiteren karibischen Inseln; auch Busshuttle.

Aero Domca, Flughafen La Isabela – Higüero (Santo Domingo), ✆ 0800/182-0812 (Gratis-Buchungshotline). Las Terrenas, Plaza del Paseo, ✆ 809/240-6571. www.fly-aero-domca.com. Preiswerte Flugverbindungen zwischen den Flughäfen Santo Domingo (Las Américas und La Isabela), El Portillo und Punta Cana.

Helidosa (Helicópteros Dominicanos S.A.), Rundflüge, Exkursionen, Charterflüge. ✆ 809/688-0744, www.helidosa.com; u. a. Punta Cana, Puerto Plata.

Air Century, Sto. Domingo (JBQ; La Isabela, El Higüero), Buchung unter ✆ 809/826-4333, 829/259-5014 (mobil), www.aircentury.com; zudem über Ecotour Barahona. Nach Barahona 3-mal wöchentlich (Mi, Fr, So), Flugzeit 25 Min., 75–85 US-$. Ebenso nach Pta. Cana.

Air Inter Island, Sto. Domingo, Av. Rómulu Betancourt 483, ✆ 809/482-2093, www.airinterisland.com. Tägl. Flüge von Sto. Domingo (Las Américas, La Isabela) nach Punta Cana und Samaná (Arroyo Barril).

Mit der Fähre

Die Personenfähre überwindet die Bucht von Samaná zwischen Santa Bárbara de Samaná und Sabana de la Mar (→ Santa Bárbara de Samaná).

Flughafenidyll zwischen Palmen – Flugplatz El Portillo

Punta Cana – kilometerlange Strandspaziergänge und Shoppen

Wissenswertes von A bis Z

Ärztliche Versorgung

In den großen Hotels gibt es eine *Ambulanz* und meist ist ein Deutsch oder Englisch sprechender *Arzt* (médico) anwesend. Rechnungen müssen sofort bezahlt werden, die Kosten können, abhängig von der Krankenkasse, zum Teil zu Hause nach Einreichung von Rechnungen von den gesetzlichen Krankenkassen ersetzt werden. Es empfiehlt sich auf jeden Fall eine Reisekrankenversicherung.

Individualreisende finden in jedem größeren Ort eine *Ambulanz* (ambulatorio, policlínica) mit *Krankenwagen* (ambulancia) sowie *Apotheken* (farmacia), die in der Dominikanischen Republik Drogerien ähneln, aber alle gängigen Medikamente führen. Spezialmedikamente sollten jedoch von zu Hause mitgebracht werden. In Städten gibt es öffentliche *Krankenhäuser* (hospital) und *private Kliniken* (clínica). Wer Spanisch spricht und viel Zeit mitbringt, kann sich in den öffentlichen Krankenhäusern auch als Tourist kostenlos behandeln lassen – inklusive Aids-Test. Ansonsten sollte man privaten Kliniken den Vorzug geben, da die Ärzte meist eine Ausbildung im Ausland hinter sich haben und die Wartezeiten für die Behandlung kürzer sind. Allerdings sprechen nicht alle Ärzte Englisch, geschweige denn Deutsch, genauso wenig wie das Personal in Apotheken. Eine kurze medizinische Beratung kostet ca. 1500 RD-$ (ca. 30 €). Medikamente kosten so viel wie in Deutschland (von europäischen Firmen), zum Teil noch mehr, und müssen in der Apotheke geholt und bezahlt werden. Im Reiseteil finden Sie unter „Gesundheit" Adressen von Ärzten und Apotheken.

Notruf der Ambulanz: **711**

Notruf 911 (Krankenwagen, Feuerwehr, Polizei, Katastrophenschutz – für alle großen Städte)

Schöne Reitausflüge entlang der Playa Dominicus

Ausflüge

In allen Hotels werden ein- oder mehrtägige organisierte Ausflüge angeboten. Im Norden beliebt: Puerto Plata mit Bernsteinmuseum und Ocean World, die Halbinsel Samaná mit der Insel Cayo Levantado, Nationalpark Haitises, Ausflüge ins bergige Landesinnere nach Constanza und Jarabacoa zu den Wasserfällen, ins Cibao-Tal oder eine Kombination mit Rafting- und Reittouren.

Im Süden bieten sich an: Stadtbesichtigung von Santo Domingo oder La Romana mit Altos de Chavón, Ausflüge zu den Höhlen Fun Fun bei Hato Mayor und de Las Maravillas bei San Pedro de Macoris, zum Nationalpark Haitises, zu den Inseln Catalina oder Saona, zum Lago Enriquillo, Schnorchelausflüge zur Insel Cayo Arena (auch Paraíso genannt) bei Punta Rucia.

An Kurztouren stehen auf dem Programm: Ausflüge mit dem Glasboot, Schnorcheltouren, Strandausflüge mit Picknick und Tanz, Reitausflüge, Tauchtouren für Geübte oder Touren durch die Prärie mit Allrad-Buggys (Quads). Außerdem kann man sich gegen entsprechende Bezahlung die Insel oder ein Stückchen davon bei einem Panoramaflug ansehen.

Anbieter hier einige Agenturen, weitere im Reiseteil:

Agentur DomRep Tours, gut geführte Agentur (schweiz. Ltg. und dtsch. Team) für Infos, Unterkünfte (landesweit), Transfers, Flüge und Rundreisen. Santo Domingo, Calle Padre Billini 405/Esqu. Calle Espaillat, ✆ 809/686-0278, www.domreptours.com.

Eco Tour Barahona (schweiz. Ltg. Hr. Rüfenacht), ✆ 809/243-1190, www.ecotour-rep dom.com. Ziele u. a. Bahia de las Aguilas, Lago Enriquillo Lagune Oviedo und die Berge Bahoruco.

Hispaniola Tours (Irene Rondon Perez und Hans), Pedernales, Belarminio Fernandez 52 (Los Cayucos); ✆ 829/206-3708 (mobil), www.hispaniolatours.com. Ziele u. a. Bahia de las Aguilas, Lago Enriquillo Lagune Oviedo, Mercedes, haitianischer Markt und Berge Bahoruco.

DomRepWorld, wer Ausflüge (u. a. auch Trekkingtouren zum Pico Duarte) und gute Informationen benötigt, wendet sich am besten telefonisch an dieses deutschsprechende Team, das in Zusammenarbeit mit DomRepTours landesweit tätig ist. Auch gibt es mittlerweile Rundreisen, bzw. Erlebnisreisen in das Biosphärenreservat in den Südwesten zu den Nationalparks Jaragua, Bahoruco und Enriquillo, kombiniert mit Trekking-, Mountainbike oder 4x4-Wheel-Touren. Auch elektronische Wanderführer gibt es zu erwerben: Frank Marenbach, Las Terrenas (bei Guesthouse Pino de Austria), ℡ 829/801-3679 (mobil), www.domrepworld.com.

Agentur Ruta Panorámica, Eco Logde Tubagua Plantation, Tubagua Km 19, ℡ 809/696-6932, www.rutapanoramica.com. Touren im herrlichen Gebiet der Cordillera Septentrional, zwischen Santiago und Puerto Plata; u. a. per Pferd, Wanderungen auf dem Kaffee-Weg, Amberminenbesuch, etc.

Extratours (dtsch. Ltg. Andreas Maus), Sosúa, ℡ 809/571-1244, 809/879-1104 (mobil), www.extratours-sosua.de; Ausflüge und Rundreisen jeglicher Art.

Baden

An der 1390 km langen Küste findet jeder sein Badeplätzchen – ob an braunem, goldenem oder weißem Sandstrand, gesäumt von Palmen oder Dornengestrüpp, einsam oder in Hotelnähe, mit oder ohne Wellen. Die Wasserqualität ist meist gut, nur selten gibt es Badeplätze mit Seeigeln oder Quallen. Vorsehen sollte man sich an einsamen Stränden vor Strömungen und hohen Wellen. An den Hotelstränden warnen Schilder oder sogar Absperrungen bei Gefahr.

Nacktbaden ist grundsätzlich verboten. Auch Oben-ohne-Baden ist unüblich und anstößig, und das, obwohl jedes noch so kleine Badeteil als Bekleidung gilt und Strings sehr beliebt sind. Allerdings wird inzwischen an den Hotelstränden oft ein Auge zugedrückt, wenn sich die Damen oben nahtlos bräunen möchten. Trotzdem sollte man die Lage sondieren und ein Gefühl dafür entwickeln, ob und wann es möglich ist.

Diplomatische Vertretungen

Die Botschaften und Konsulate helfen in Notfällen, wie z. B. bei Verlust der Ausweispapiere.

In der Dominikanischen Republik

Deutsche Vertretung: Botschaft (Embajada de la República Federal de Alemanía), Calle Gustavo Mejía Ricart 196/Esqu. Abraham Lincoln, Torre Piantini (Stock 16–17), Ensache Piantini, Santo Domingo, ℡ 809/542-8949, -8950; Bereitschaftsdienst in dringenden Fällen ℡ 809/543-5650, www.santo-domingo.diplo.de. Geöffnet Mo 7.30–16, Do bis 16.30, Di/Mi u. Fr bis 15 Uhr. Rechts- und Konsularabteilung (Pässe, Visa, etc.) Mo–Fr 8–11.30 Uhr.

Österreichische Vertretung: Hierfür ist auch die Deutsche Vertretung zuständig.

Schweizerische Vertretung: Botschaft (Embajada de Suiza), Av. Jimenéz Moya 71 (bei Av. Churchill/Esqu.Desiderio Arias), Santo Domingo, ℡ 809/533-3781, 534-6944, www.eda.admin.ch/santodomingo. Geöffnet Mo–Fr 9–12 Uhr; Visaanträge Mo–Fr 7.30–9.30 Uhr; Tel.-Anfragen Mo–Fr 8–13 Uhr.

In Deutschland
Botschaft der Dominikanischen Republik, Dessauerstr. 28–29, 10963 Berlin, ℡ 030/257-5776-0, www.embajada dominicana.de. Mo–Fr 10–14 Uhr.

Generalkonsulat der Dominikanischen Republik, Neuer Wall 39, 20354 Hamburg, ℡ 040/474-084, www.dominikanischeskonsulat hamburg.de. Mo–Fr 9–18 Uhr. Visaanträge etc., auch für Österreicher.

In Österreich
Honorarkonsulat der Dominikanischen Republik, Möllwaldplatz 5, 1040 Wien, ℡ (+43) 01/5046-437.

In der Schweiz
Botschaft der Dominikanischen Republik, Weltpoststra. 4, 3015 Bern, ℡ (+41) 031/351-1585, embaj.repdom@freesurf.ch. Mo–Fr 9–17 Uhr.

Honorarkonsulat der Dominikanischen Republik, Löwenstr. 65, 8001 Zürich, ℡ (+41) 043/818-9344, infodom@consuldomzh.ch.

Drogen

Drogenkonsum gibt es in der Dominikanischen Republik kaum, da er aufs Strengste verfolgt wird. Der Besitz und Genuss auch von kleinsten Mengen wird mit Gefängnis und Geldstrafe geahndet, Kautionszahlungen sind nicht möglich. Wer also nicht in einem Gefängnisloch enden möchte, sollte die Finger davon lassen. Manchmal wird man am Flughafen darauf angesprochen, ein Päckchen mitzunehmen, das auf diesem Weg doch schneller nach Europa gelangt. Man kann davon ausgehen, dass man dabei zum Drogenkurier wird – das Land zählt zu den wichtigen Stationen für den Kokaintransport von Kolumbien.

Einkaufen

Außerhalb der Geschäfte, auf Märkten und selbst in Souvenirshops ist Handeln üblich. Oft reduziert sich der genannte Preis sogar um die Hälfte, aber Handeln will gekonnt sein und muss auch dem Verkäufer Spaß machen – er findet sonst sicherlich noch einen anderen Käufer.

Die Auswahl von netten Mitbringseln für die Zuhausegebliebenen fällt sicherlich schwer. Beim Einkauf sollte man auf jeden Fall die Preise vergleichen und sich in Bezug auf Schmuck und Zigarren vorher beraten lassen.

Ins Auge stechen die zahlreichen *Naivbilder*, die ursprünglich aus Haiti kamen. Hier kann man natürlich je nach Geschmack und Geldbeutel Kitsch oder Kunst erwerben. Zudem gibt es reichlich *Holzschnitzereien* (caritas taínas), der Taíno-Kultur nachempfunden, sowie *Lima-Puppen* aus Keramik. Originell sind auch die phantasievollen *Karnevalsmasken*, oder kauft man vielleicht lieber eine schöne Hängematte für den Garten? All dies findet man auf Märkten und in großen Souvenirshops.

Die Colmados haben fast immer geöffnet

Ein herrlicher Larimar …

Sehr beliebt ist auch Schmuck aus *Bernstein* oder *Larimar,* erhältlich in Läden für Schmuck und Souvenirs. Aber Achtung: Ein ungeübtes Auge kann einen Bernstein schlecht von einem Imitat unterscheiden (Tipp: Bernstein sinkt in Süßwasser, schwimmt jedoch in konzentriertem Salzwasser). Und auch bei den Einschlüssen (Insekten, Pflanzenteile etc.), die den Preis des Steins in die Höhe treiben, handelt es sich bisweilen um Fälschungen. Bei Larimar sollte man auf Reinheit achten.

Musik: Angesichts der zahlreichen Merengue- und Bachata-Interpreten sowie der Fülle an Salsa-Musik tut man sich womöglich schwer, das Richtige zu finden. CDs gibt es in speziellen Musikläden oder in Souvenirshops (→ „Musik").

Zigarren: Ein beliebtes Mitbringsel sind die guten Davidoff, doch Vorsicht, Zigarren sind teuer, man sollte sich schon mit Farbe, Dicke und Länge auskennen. Neben Davidoff empfehlenswert: Carbonell (auch die Deckblätter sind aus der Dominikanischen Republik!), Vega Finn, Al Turro Fuente, JMF, Nr. 4 de Zino, Nr. 4 de Tabantillas, Griffin, Aurora, Léon Jimanés, Cohiba und Montecristo. Gute Zigarren sind ab rund 300 RD-$ (ca. 10 US-$) pro Stück zu haben, für eine Holzbox mit 25 Davidoff-Zigarren zahlt man ca. 500 US-$.

Rum: Der dominikanische Rum ist in der Regel bestens verträglich und schmeckt hervorragend. Gute Marken sind Brugal, Barceló und Bermúdez (→ „Getränke").

Auch *Kaffee,* z. B. der Marke Santo Domingo, ist ein beliebtes Mitbringsel.

Achtung: bei Kaffee und Alkohol Ausfuhrbestimmungen beachten. Wer ungeschliffene mineralische Rohstoffe wie Larimar, Bernstein und Gold sowie Schwarze Korallen oder Schildpatt ausführt, macht sich strafbar.

Feiertage, Feste und Festivals

Die Dominikaner lieben Feste und nutzen jeden Anlass, um zu trinken – vor allem Bier oder Rum – und Merengue, Bachata oder Salsa zu tanzen.

Gesetzliche Feiertage

1. Januar	Neujahr (Año Nuevo)
6. Januar	Heilige Drei Könige (Día de los Reyes)
21. Januar	Fest der Landespatronin Nuestra Señora de la Altagracia, Hauptort der Verehrung ist die Basilika de Altagracia in Higüey. Am 22. Januar folgt die Wallfahrt aus allen Provinzen nach Higüey.
26. Januar	Tag zu Ehren des Gründungsvaters Juan Pablo Duarte (Día del padre de la patria Duarte).
25. Februar	Tag zu Ehren des Mitbegründers Matías Ramón Mella (Día del padricio Mella).
27. Februar	Unabhängigkeitstag von Haiti im Jahr 1844 (Día de la Independencia nacional). Landesweiter Feiertag mit Paraden und ähnlichen staatstragenden Veranstaltungen, besonders begangen in der Hauptstadt Santo Domingo um den geschmückten Parque de la Independencia und den gesperrten Malecón, wo eine große Militärparade abgehalten wird (meist ist dazu auch noch Karneval!).
8. März	Internationaler Tag der Frau (Día internacional de la mujer).
9. März	Tag zu Ehren des Mitbegründers Francisco del Rosario Sánchez (Día del padricio Sánchez).
30. März	Gedenken an die Schlacht vom 30. März (Aniversario de la Batalla del 30 de Marzo).
1. Mai	Tag der Arbeit (Día del Trabajo); überall wird gefeiert (kann verschoben werden!).
16. August	Tag der Wiederherstellung der Republik im Jahr 1863 (Día de la Restauración). Im ganzen Land (aber besonders in Santiago) wird der Tag im Rahmen der Fiestas Patrias de la Restauración kräftig gefeiert.
24. September	Tag der Schutzheiligen „Nuestra Señora de las Mercedes".
12. Oktober	Entdeckung Amerikas – Kolumbustag (Día de la Raza); Gedenkfeiern.
6. November	Tag der Verfassung (Día de la constitución).
25. Dezember	Weihnachten (Navidad).

Dazu kommen die **beweglichen Feiertage** wie Karfreitag, Christi Himmelfahrt, Pfingstsonntag und Fronleichnam. Einen zweiten Feiertag zu Ostern, Pfingsten und Weihnachten gibt es nicht.

Achtung: Feiertage (außer hohen kirchlichen) können in der Dominikanischen Republik verschoben werden. Wenn z. B. der 1. Mai auf einen Mittwoch fällt, wird dieser in der Regel auf den Montag verschoben (dann arbeitsfrei).

Weihnachten (Navidad) beginnt auch in der Dominikanischen Republik (wie in ganz Lateinamerika) am 24. Dezember (Nochebuena). An diesem Abend geht die Familie aber lediglich zur Mitternachtsmesse, gefeiert wird am 25. Dezember. Die

Barahona – hier herrscht nur noch wenig Karnevalsstimmung

Weihnachtsgeschenke gibt es erst am 6. Januar, dem Tag der Heiligen Drei Könige (Día de los Reyes). Die hier lebenden Haitianer feiern an Weihnachten ihre Vudú-Partys.

Silvester (Noche vieja, Noche de San Silvestre) ist wie überall ein großes Spektakel, bei dem mit Musik, viel Alkohol und Tanz ins neue Jahr (Año Nuevo) hineingefeiert wird.

Karneval (Carnaval) beginnt Ende Januar. An den Samstagen, vor allem am letzten vor Karnevalsschluss (Faschingssamstag), wird speziell in *La Vega* mit der Teufelsmaskerade groß gefeiert und getanzt; in *Monte Cristi* läuft der Karneval unter dem Motto „toros y civiles" (Stiere und Zivilisten). Umzüge mit den gruseligen, aber auch schönen Karnevalsmasken gibt es ansonsten in fast jedem Ort, den größten Umzug bietet *Santo Domingo* am Faschingssonntag. Der Malecón ist für den Umzug von der Av. Máximo Gómez bis zur Calle Pasteur beim Hotel Continental gesperrt. Anders als bei uns endet der Karneval am Sonntag nach dem 27. Februar (Tag der Unabhängigkeit) – natürlich ebenfalls mit einer großen Feier.

An **Ostern** (Pascua) und in der vorausgehenden *Semana Santa* (Osterwoche), in der zahlreiche Firmen geschlossen haben, ist von Ruhe und Besinnlichkeit – bis auf eine Karfreitagsprozession – wenig zu spüren. Die meisten Dominikaner verbringen die Tage am Strand, der sich dann in einen Jahrmarkt verwandelt. Überall an den Stränden werden hervorragende Konzerte veranstaltet oder zumindest überdimensional große Boxen aufgestellt, aus denen neuester Merengue und Reaggeton dröhnt – bis auf Karfreitag, da ist Musikverbot. Wassersport (z. B. Surfen in Cabarete) ist über Ostern ebenfalls nicht gestattet. Dies macht auch Sinn, denn die Strände sind übervoll mit Menschen, die bereits mittags ihre Rumflaschen geleert haben und zum Teil nachmittags nur noch wenig Feinmotorik zeigen. Ostermontag ist dann wieder ein ganz normaler Arbeitstag.

Anders verläuft das Osterfest in den *Bateys*, den Siedlungen der haitianischen Zuckerrohrschneider, die sich u. a. in Puerto Plata, Sosúa und Higüey befinden. Am

Semana Santa (Las Terrenas): wir meist am Strand ausgelassen „zelebriert"

Gründonnerstag gibt es Umzüge, am Karfreitag wird das sogenannte *Gagá-Fest* gefeiert, mit Trommeln und Tanzritualen. Berühmt ist das schon mehr karnevalsmäßige Osterfest in *Cabral*.

Groß gefeiert werden auch die **Patronatsfeste** der Kirchengemeinden. Meist gibt es zuerst eine Prozession zur Kirche mit anschließender Messe, danach wird bis in die frühen Morgenstunden gegessen und getrunken. Das größte Patronatsfest ist das Fest der Landespatronin Nuestra Señora de la Altagracia. Hinweise zu den übrigen Patronatsfesten finden Sie im Reiseteil unter den jeweiligen Ortschaften.

Hahnenkämpfe: Eine bei Dominikanern beliebte Veranstaltung und nichts für Tierfreunde. In jedem größeren Ort finden mehrmals wöchentlich, aber auf jeden Fall sonntags in den *Clubs Gallísticos* oder *Galleras* Hahnenkämpfe statt, bei denen die Männer der Wettleidenschaft frönen und „unter sich" sind. Hauptwettkampfstätte ist das *Coliseo Gallístico* in Santo Domingo (Av. Luperón, ✆ 809/565-3844). Die Kämpfe finden am Mittwoch, Freitag und Samstag statt, Saison ist von November bis Juni.

Merenguefestival: Das größte Musikfestival, einst 10 Tage lang, findet nun jährlich nur noch 2 Tage lang Ende Juli/Anfang August in *Santo Domingo* statt und ist neben dem Karneval *das* Ereignis des Jahres. Arena sind der Malecón und die Plaza Juan Baron. Zahlreiche beliebte Musikgruppen (u. a. Toño Rosario, Banda Gorda, Hermanos Rosario, Sergio Vargas, Eddy Herrera) heizen den Massen ein, dazu finden Ausstellungen jeglicher Art statt, es gibt Wettbewerbe u. a. im Cocktailmixen, Buden mit Essen und natürlich jede Menge Bier, Rum und … Getanzt wird bis zum Abwinken, die besten *merengueros* werden sogar gekrönt. Zudem finden auch in einigen Hotels Sonderveranstaltungen und Shows statt. Übrigens, Merengue ist auch ein Naschwerk – gebackener und stark gezuckerter Eischnee – und wird sehr gerne gegessen!

Puerto-Plata-Festival: Um ein Pendant zur Hauptstadt zu schaffen, organisierte man dieses Festival für den Norden. Es findet jährlich Anfang Juli statt und umfasst Ausstellungen, Paraden, ein vielfältiges gastronomisches Angebot und natürlich Tanz ohne Ende.

Festival Presidente de Música Latina: Es findet alle zwei Jahre Mitte Oktober drei Tage über das Wochenende mit den besten Gruppen Lateinamerikas im Olympia-Stadion in Santo Domingo statt. Das nächste Mal 2014.

Jazz-Festival: Meist Anfang November wird der jährliche Jazzevent mit Spitzenmusikern aus der Dominikanischen Republik und Lateinamerika abgehalten. Spielorte sind immer der Strand von Cabarete (gratis) und zudem Sosúa. Je nach finanzieller Ausstattung finden Konzerte auch in Stadien, u. a. in Santiago oder Puerto Plata, statt. Information: Cabarete, ✆ 809/571-0882, www.drjazzfestival.com.

Frauen allein unterwegs

Bedrohlich wird es für Frauen am ehesten in Großstädten wie Santo Domingo und Puerto Plata, aber (→ „Sicherheit") es kommt auf die Viertel an, in denen man sich aufhält, und darauf, wie man gekleidet ist, d. h. es läuft dann meist auf Raub hinaus. Vergewaltigungen sind bisher in der Dominikanischen Republik selten. Normal ist es, dass Dominikaner auf allein sitzende Frauen zusteuern, sich mit ihnen unterhalten oder tanzen möchten und natürlich auch mehr. Je nach Typ sind sie bei einer Absage etwas hartnäckiger, oder ihr Stolz lässt sie sich gleich einer anderen zuwenden. Gegen ein nettes Gespräch ist nichts einzuwenden und gegen ein Tänzchen ebenso wenig, des Weiteren sollte man höflich seinen Standpunkt vertreten, der in den meisten Fällen auch akzeptiert wird.

Frauen, die mit Kindern reisen, haben eigentlich überhaupt keine Probleme, im Gegenteil höchstens einen kostenlosen Babysitter. Die Männer sind meist sehr kinderfreundlich und toben gerne mit unseren Blondschöpfen im Wasser herum oder zeigen ihnen die Unterwasserwelt. Aus dem Auge sollte man seine Kinder dennoch nie lassen.

Geld und Geldwechsel

Die Währung ist der Dominikanische Peso, **RD-$**. Es gibt noch Münzen, Centavos, die aber meist nicht beachtet werden, d. h. es wird auf- oder abgerundet. Die zweitwichtigste Währung im Lande ist der US-Dollar. In dieser Währung kann man problemlos überall bezahlen, die Dominikaner rechnen um. Man sollte sich bereits daheim mit US-$ eindecken, damit man am Flughafen 10 US-$ (→ „Einreise") und evtl. das Taxi bezahlen kann. Im Vormarsch ist auch der Euro, der zumindest in Touristenorten bereits akzeptiert wird.

Reiseschecks, ausgestellt auf US-$, können in Hotels, Wechselstuben (sie gewähren zum Teil einen etwas besseren Kurs) und Banken eingetauscht werden, in kleineren Städten allerdings oft nur bei der Banco Popular. Zum Bezahlen von Hotelrechnungen oder bei Autoanmietung, aber auch zum Hinterlegen der Kaution empfiehlt sich zusätzlich eine Kreditkarte. In größeren Städten gibt es überall Bankautomaten und man kann problemlos mit der EC-Karte Geld in einer Menge von jeweils 4000 bis 10 000 RD-$ (also max. 200 €) abheben, die Gebühr beträgt 3,50 bis 5 € (nach Ort und Bank verschieden). Zu empfehlen ist vor allem die *Postbank VISA PLUS Card*, da 6 Auslandsabhebungen pro Jahr kostenfrei sind; an Visa-Plus-Automaten sind mit der *Sparcard 3000* sogar bis zu 10 Auslandsabhebungen kostenfrei möglich. Bei Hotelautomaten ist der Kurs wesentlich schlechter, da neben der Bankenprovision noch eine Hotelprovision fällig wird. **Aber Achtung:** Es kann auch passieren, dass es gerade mal an Bankautomaten (z. B. Ostern) kein Geld gibt! Also immer auf genügend Geldreserven achten!

Tipp: Die großen Scheine am besten direkt in einer Bank in 100er oder kleinere Noten wechseln – sonst gibt es mehr Trinkgeld und ein Lächeln.

Quittungen für Scheckeinlösung oder Geldwechsel sollte man aufheben, falls man am Flughafen Pesos zurücktauschen möchte. Inzwischen kann man auch bei einigen Wechselstuben Dollars zurückkaufen. In beiden Fällen erhält man leider nur noch ca. 30 % des Geldwertes. *Aber:* Pesos dürfen nicht ausgeführt werden. Zudem ist die Ausfuhr von Devisen (Reiseschecks und Bargeld) auf 10 000 US-$ beschränkt.

Schwarztausch, das heißt Geldwechsel außerhalb von Banken und Wechselstuben, ist auch hier verboten, zudem sind Betrügereien an der Tagesordnung.

Achtung: Bei Hotels sind die Preise in Euro oder in US-Dollar angegeben, was für uns die günstigere Variante wäre. Auch bei Ausflügen herrscht teils ein Durcheinander bei den Zahlungsmitteln. Kleine Hotels akzeptieren meist keine Kreditkartenbezahlung, also auch hier Bargeld vorrätig haben.

> 1 Dominikanischer Peso (RD-$) = 100 Centavos (cts). Im März 2012 galten die folgenden Wechselkursspannen: 1 US-$ = 38,85 RD-$; 1 € = 50,30 RD-$, 1 SFr. = 40,50 RD-$.

Gesundheit

Impfungen: Sind für die Dominikanische Republik nicht vorgeschrieben. Empfohlen wird eine Auffrischung des Standardimpfschutzes gegen Tetanus und Diphtherie, zudem Impfungen gegen Hepatitis A und bei einem längeren Aufenthalt auch gegen Typhus und Hepatitis B. Aufpassen sollte man mit Malaria im Grenzgebiet zu Haiti, am Lago Enriquillo und auch außerhalb von Punta Cana und sich eine entsprechende Prophylaxe zulegen (→ „Kleidung"). Am besten erkundigt man sich beim Auswärtigen Amt, was aktuell an Impfungen angeraten wird.

Darmprobleme dürfte man, isst man in großen Hotels, nicht bekommen. In kleineren Hotels sollte man folgende Nahrungsmittel meiden: Mayonnaise-Soßen, Eier (auch gekocht), geschältes Obst, nicht durchgebratenes Fleisch, Salate. Besonders warnt die deutsche Botschaft vor **Fisch**. In der Zeit von April bis September sollte kein Fisch verzehrt werden, da schwere Vergiftungen (Krämpfe, Sehstörungen, Durchfall, Lähmungen), ausgelöst durch Ciguatoxin, möglich sind. Man vermutet, dass die Fische in dieser Zeit über vergiftete Algen das Toxin aufnehmen, was aber den Tieren selbst nicht schadet. Vorsicht bei Garküchen (Straßenverkäufer), wenn man keinen robusten Magen hat. Zur Vorsorge von zu Hause u. a. *Perenterol* (vertragen auch Kinder!) mitnehmen oder dem Tipp Einheimischer folgen und mehrmals täglich *Papayakerne* durchkauen.

Auskünfte erteilen neben Hausärzten die Tropeninstitute:

Berlin: Institut für Tropenmedizin, Spandauer Damm 130, 14050 Berlin, ☎ 030/301-166, www.tropeninstitut.charite.de.

Hamburg: Bernhard-Nocht-Institut, Bernhard-Nocht-Str. 74, 20359 Hamburg, ☎ 040/42818-0, www.bni-hamburg.de.

München: Universitätsklinik – Abteilung für Tropenmedizin, Leopoldstr. 5, 80802 München, ☎ 089/2180-13500, www.klinikum.uni-muenchen.de.

Eine **Liste von reisemedizinisch weitergebildeten Ärzten** aus dem gesamten Bundesgebiet ist auch im Forum Reisen und Medizin (www.frm-web.de) ersichtlich.

Wasser: Man sollte grundsätzlich nur abgekochtes oder aufbereitetes Wasser bzw. Mineralwasser trinken und sich auch nur damit die Zähne putzen. Das Wasser aus dem Hahn, auch in großen Hotels, ist kein Trinkwasser und nur zum Waschen geeignet. Mineralwasser (agua minerale) und aufbereitetes Wasser (agua purificada) kann man sich überall kaufen. Vorsicht auch bei den oft aus Leitungswasser zubereiteten Eiswürfeln in Getränken, nicht immer wird dafür aufbereitetes Wasser benutzt.

Probleme kann es auch mit Bakterien im Wasser geben, die Infektionen z. B. in den Ohren und höllische Schmerzen auslösen. Eine sofortige Behandlung mit Ohrentropfen und das Meiden von Wasser hilft meist. Im Meerwasser tritt dies selten auf, gehäuft allerdings in den Pools. Wer ohnehin Probleme hat, sollte seine Ohren mit Stöpseln schützen und bereits zu Hause ein entzündungshemmendes Mittel einpacken.

Magenverstimmungen können auch durch zu kalte Getränke und zu viel Sonne hervorgerufen werden. Also lieber die ersten Tage und auch danach die Zeit zwischen 11 und 15/16 Uhr im Schatten verbringen als den Rest des Urlaubs mit krebsroter Haut im Hotelzimmer.

Sonnenstich: Damit ist nicht zu spaßen! Die Beschwerden wie Schüttelfrost, Durchfall, Erbrechen und Fieber dauern meist ein paar Tage an.

Eine Siesta in der Mittagshitze ist immer gut ...

Moskitos: Wer sich nicht nur in Hotelanlagen aufhält, wo meist großflächig gespritzt wird, sollte an Moskitoschutz in Form von Sprays, Lotions oder Spiralen und an Haut bedeckende helle Kleidung für die Abendstunden denken. Zur Vorsorge Juckreiz stillende Salben von zu Hause mitnehmen. Mückenabwehrend sollen angeblich auch spezielle Lotions, u. a. *Skin so soft* (Avon) wirken (ich erhalte keine Prozente!).

Hier sei erwähnt, dass **Dengue-Fieber,** verursacht durch den Stich dieser Moskitoart (sie ist übrigens tagaktiv!), auch in der Dominikanischen Republik nach langen Regenperioden in dörflichen Gebieten verbreitet ist. Vor allem Langzeiturlauber könnten damit in Berührung kommen; hier hilft *Acetaminophen extra*. Bei Fieber, Kopf- und Gliederschmerzen also nicht leichtfertig zum blutverdünnenden Aspirin greifen – das kann bei Dengue-Fieber tödliche Folgen haben!

Wappnen Sie sich gegen **Erkältungen.** Viele Hotels, Restaurants und Reisebusse verfügen über eine sehr gut funktionierende, d. h. eisig blasende Aircondition. Der Körper ist extrem großen Temperaturschwankungen ausgesetzt, man sollte daher zusätzlich warme Kleidung einpacken (→ „Kleidung"). Grippemittel, Halstabletten und Immunisierungstabletten in der Reiseapotheke können nicht schaden.

Information/Fremdenverkehrsämter

Informationen und Material erhält man in Deutschland (auch für Österreich und Schweiz) bei: **Dominikanisches Fremdenverkehrsamt**, Hochstraße 54, 60313 Frankfurt, ✆ 069/9139-7878, www.godominicanrepublic.com.

In der Dominikanischen Republik bekommt man Auskünfte am besten in den Hotels. Zwar gibt es in jeder größeren Stadt einen Fremdenverkehrsverein (Secretaria de Estado de Turismo), aber er ist eigentlich nicht auf touristische Informationen ausgerichtet; es gibt dort kaum Material, gesprochen wird meist nur Spanisch. Das gilt im Prinzip auch für die **Dominikanische Tourismuszentrale**: Santo Domingo, Ministerio de Turismo, Calle Cayetano Germosen/Esqu. Av. Gregorio ✆ (+1)809/ 221-4660, www.sectur.gob.do).

Eine gute Anlaufstelle ist noch **Politur** (Policía de Turismo), die touristische Polizei. Sie befindet sich meist am Ortsrand von Touristenorten und hat Dienst rund um

Infocenter Plaza Espana (Sto. Domingo) – beliebte Anlegestelle für Kreuzfahrtschiffe

die Uhr. Hier bekommt man allgemeine Auskünfte zu den Ortschaften und Informationen über Hotels etc., aber auch Hilfe in Notfällen (allerdings meist nur in Spanisch!). Die Zentrale: Santo Domingo, Oficinas Gubernamentales, Bloque D, Av. México/Esqu. 30 de Marzo, ✆ 809/222-2026, 685-0508,www.politur.gov.do.

Clúster Turístico: Neu eingerichtete öffentliche Infostellen für Touristen, die bisher aber meist über wenig Informationen verfügen.

Das Telekommunikationszentrum (Sto. Domingo) lädt ein …

Internet

Das Internet ist in der Dominikanischen Republik sehr stark als Werbe- und Kommunikationsforum vertreten. So bieten Firmen, Hotels und Veranstalter Informationen und Auskünfte über den Online-Internet-Service und man kann per E-Mail Buchungen vornehmen. Es gibt Internet-Cafés oder Internet-Shops, zudem in vielen Hotels Internet-Räume und auch WLAN in den Hotelzimmern, um mit seinen Lieben zu Hause zu kommunizieren oder seine E-Mails abzufragen. Dies ist auf jeden Fall billiger als Telefongespräche. Fürs Surfen zahlt man ca. 35 RD-$ pro Stunde, in Touristenorten ca. 70 RD-$. In Santo Domingo kann man sich übrigens mit seinem Laptop oder Communicater auf die zentrale Plaza Colón setzen, hier gibt es eine Reihe von kostenlosen Hotspots (→ „Santo Domingo").

Zum Suchbegriff „Dominikanische Republik" bekommt man seitenweise Einträge in deutscher wie in englischer Sprache. Hilfreich sind u. a.:

www.godomincanrepublic.com – offizielle Seite des dominikanischen Tourismusverbandes.

www.domrep-magazin.de – Tagesaktuelles zu Politik und Wirtschaft in deutscher Sprache.

www.hispaniolanews.de – ebenfalls fast Aktuelles (nur wenige Tage veraltet) zu Ereignissen, Politik, Wirtschaft in deutscher Sprache.

www.sosua.com – Wissenswertes zu Sosúa und Allgemeines in Englisch.

www.nhc.noaa.gov – Hurrikanmeldungen.

www.domrepworld.com – Angebote für Rundreisen, Anreise, Hotels und viele schöne Fotos zur Einstimmung.

www.tauchbasen.net – sehr gute Infoseiten u. a. über alle dominikanischen Tauchschulen.

Verständigungsprobleme
gibt es nicht

Kinder

Die Dominikaner sind sehr kinderlieb. Schnell werden Kinder in Spiele mit einbezogen, oder eine dominikanische Mama planscht im Wasser mit den Kleinen. Es ist üblich, dass die Dominikaner auf alle Kinder achten, verlassen sollte man sich natürlich nicht darauf.

Hotelermäßigungen von ca. 50 % für Kinder bis zu 12 Jahren gibt es nur bei einer Zimmerbelegung mit 2 Erwachsenen, ansonsten zahlt das Kind den vollen Preis. Durchgangszimmer gibt es in den meisten Hotels nicht. Viele Hotels verfügen über Kinderanimation. Restaurants bieten je nach Koch und Laune Kinderportionen an, Hochstühle sind oft vorhanden.

Vor allem auf guten Sonnenschutz wie wasserfeste Sonnencreme mit Lichtschutzfaktor 25–30 und eine breitkrempige Kopfbedeckung achten. Beim Baden, wenn die Sonneneinstrahlung besonders intensiv ist, empfiehlt sich ein langes T-Shirt. Sehr wichtig ist auch eine ausreichende Flüssigkeitszufuhr (Mineralwasser). Medikamente wie Fieberzäpfchen und Tabletten gegen Durchfallerkrankungen, Fieberthermometer sowie speziellen Mückenschutz für Kinder von zu Hause mitnehmen. Ebenfalls an ein Paar Leinenschuhe und Badesandaletten fürs Wasser sowie fürs Hotel denken. Windeln etc. findet man in jedem Supermarkt, auch T-Shirts und Spielsachen gibt es genügend.

Kleidung

Die Dominikaner kleiden sich, außer sie sind am Strand, korrekt und schwitzen lieber manchmal. So tragen Männer in der Stadt oder gar beim Essen niemals kurze Hosen, das wäre anstößig. Ebenso ziehen sich die Frauen meist schick an, je nach Einkommen und Arbeitsbereich. Geht die Familie zum Essen, sind auch die Kinder wie aus dem Ei gepellt.

Die Zugluft der Aircondition (AC) in Hotels und Bussen sollte nicht unterschätzt werden, deshalb auch an ein wärmendes Kleidungsstück denken. Sie macht sich auch beim Schlafen bemerkbar, wer empfindlich ist, denke an Schlafbekleidung mit Halb- oder Langarm – vor allem auch für Kinder, die sich nachts oft aufdecken!

Wer in die Berge fährt, benötigt eine leichte Wind- bzw. Funktionsjacke oder sogar noch einen dünnen Pullover und gutes Schuhwerk. Gegen Regen hilft eher ein Schirm als eine meist viel zu warme Regenjacke. Wegen der Moskitos, die Schwarz bevorzugen, empfiehlt sich für abends hautbedeckende helle Kleidung.

Kriminalität

Die Dominikanische Republik zählt zu den sichersten Ländern der Karibik. Das mag an der Gastfreundschaft der Dominikaner liegen, denn soziale Gegensätze und Armut sind hier ebenfalls sehr groß. Leider haben aber Diebstähle zugenommen. Aufpassen sollte man vor allem nachts. In öffentlichen Bars oder Diskotheken sollten keine Wertsachen oder gefüllte Portemonnaies mit sich geführt werden, ebensowenig sind Nachtspaziergänge durch dunkle Gassen in Hauptstädten zu empfehlen. Die Hände Prostituierter und Drogenabhängiger sind äußerst geschickt! Angestiegen sind ebenfalls die Diebstähle am Strand und Autoeinbrüche. Wer also nichts oder wenig mit sich führt oder leer geräumte Autos abstellt, ist auf der sicheren Seite (→ „Prostitution").

Maße und Gewichte

Neben international verwendeten Maßeinheiten sind in der Dominikanischen Republik auch Einheiten aus den USA und Alt-Spanien üblich.

Benzin wird, wie auch andere Flüssigkeiten, in Gallonen (galones) verkauft: 1 galón (gal) = 3,785 l. Ein anderes Hohlmaß: 1 barrel (bl) = 158,98 l.

Für Gewichte gelten als Einheiten das amerikanische Pfund und die Unze: 1 libra = 16 onzas oder 453 g; 1 onza (oz) = 28,35 g.

Altspanische Einheiten findet man bei Längen- und Flächenmaßen: 1 vara (Elle) = 0,91 cm; 1 inch/pulgada (Zoll) = 2,54 cm; 1 foot/pies de largo (Fuß) = 0,31 cm; 1 yard (yd)/yarda = 0,91 m; 1 milla (mi) = 1,61 km.

Medien

Zeitungen/Zeitschriften: Die gängigsten Blätter sind *Hoy, Listín Diario, El Caribe, El Siglo, La Información;* die beliebten Abendzeitungen *Última Hora* und *El Nacional* werden ab 17/18 Uhr auf den Straßen und Plätzen verkauft. In den Touristenorten gibt es englischsprachige Zeitungen wie *Santo Domingo News* und *Puerto Plata News* sowie die Zeitschrift *Bóhio Dominicano.* Zudem gibt es u. a. die jährlich Broschüre *Info* über die Halbinsel Samaná. In Hotels liegt sie oft kostenlos aus.

Radio/Fernsehen: Es gibt 180 Radio- und 45 Fernsehsender, unter diesen zahlreiche ausländische. Auch die Deutsche Welle kann über Kabelfernsehen empfangen werden. Deutschsprachige Radiosendungen werden auf Kurzwelle gesendet: *Deutsche Welle* (16 m-, 25 m-, 31 m- und 49 m-Band), *Radio Österreich* (16 m- und 19 m-Band), *Schweiz-Radio-International* (13 m- und 19 m-Band). Der kostenlose Sendeplan ist bei der Deutschen Welle, 50444 Köln, Postfach 100444, erhältlich.

Nachtleben

Da die Dominikaner normalerweise sehr familienbezogen sind, gibt es kein ausgesprochenes Nachtleben, außer für Geschäftsleute, Touristen und wenige Reiche. Die meisten Dominikaner gehen am Wochenende zum Tanzen, feiern mit Freunden oder gehen mit der Familie am Wochenende essen, auch bereits mittags, und danach wird oft wieder das Tanzbein geschwungen. In kleineren Orten treffen sich die Männer auf ein Bier und zum Billardspielen. Wären da nicht Touristen (besser gesagt Touristinnen), würden die meisten Dominikaner bis spätestens 22 Uhr nach Hause gehen. Trotz alledem gibt es in den Touristenorten und natürlich in den großen Städten etliche Lokale, meist zum Tanzen. Bars, Nightclubs oder Casinos sind meist den Hotels angegliedert. Theater und Cabaret werden nur in Santo Domingo und Puerto Plato angeboten. Bei den jungen Leuten ist neben dem Tanzen Kino sehr beliebt. Hierzu sei *Sanky Panky* (Kino u. a. Playa Dorada), ein überaus lustiger Film (in Spanisch) über die Methoden der Touristen-/innen-Aufreißer, empfohlen.

Zum Tanzen gibt es *Terrazas*, nur mit Dach bedeckte offene Tanzflächen – ein Genuss bei den lauen Abenden –, aber auch die schummrigen, mit Aircondition eisig gekühlten Diskotheken. Der Eintritt ist in den Terrazas frei, die Getränke sind kostengünstig (ein Servicio, das ist ein Gedeck für 2 Personen, bestehend aus einer Flasche Softgetränk, einer kleinen Flasche Rum und einer Schale Eiswürfel, kostet je nach Lokal ca. 8 €). Für Diskotheken wird dagegen ein Eintritt von ca. 5–15 US-$ erhoben, ein Servicio ist dort unüblich.

Um der dominikanischen Arbeitsmoral und der Prostitution entgegenzuwirken, wurde 2006 ein Nightlifegesetz verabschiedet: Tanzlokale und Bars haben unter der Woche bis 24 Uhr geöffnet und nur am Freitag und Samstag bis 2 Uhr, mit Lizenz auch bis 5 Uhr. Dies gilt natürlich nicht für Hotelbetriebe. Konzerte beginnen erst ab 23 oder 24 Uhr. Meist starten sie mit einer Vorgruppe, danach spielt gegen 1.30 Uhr die Hauptgruppe. Je nach Popularität der Bands zahlt man ab 10 US-$ aufwärts.

Nautik

Die Dominikanische Republik verfügt nur über wenige Jachthäfen und wird im Gegensatz zu den südlicher gelegenen, kleineren Antilleninseln von Segel- und Motorbooten seltener angelaufen, allerdings, so behaupten Kenner, steckt hier ein großes touristisches Potenzial. So gab es 2012 in Boca Chica z. B. den ersten internationalen Segelwettbewerb „Optimist 2012". Jachthäfen, über die Touristen einreisen können, befinden sich in Santo Domingo (San Andrés–Boca Chica), Haina, San Pedro de Macorís, La Romana, Puerto Plata, Samaná und Pepillo Salcedo. Ein gut geschützter Naturhafen ist die große Bucht von Luperón mit kleinem Jachthafen. Zudem gibt es den Jachthafen beim Freizeitpark Ocean World in Cofresí und einen kleinen bei Monte Cristi. Noch in Bau ist die Marina im

Auskünfte erteilen das **Dominikanische Konsulat** und **Club Náutico** (www.clubnautico.com.do), San Andrés 6, Boca Chica, ☏ 809/523-4226; in Santo Domingo, Calle Juan Barón Fajardo, ☏ 809/549-6137, -5540, -3941.

Puerto Don Diege (Santo Domingo) – beliebte Anlegestelle für Kreuzfahrtschiffe

luxuriösen Cap Cana bei Punta Cana – sie soll der größte und modernste Jachthafen der Karibik werden.

Anlegestellen für Kreuzfahrtschiffe befinden sich in Santo Domingo (östlich und nun auch westlich der Altstadt, Fluss Ozama), bei La Romana (außerhalb und östlich des Stadtkerns) und vor Cayo Levantado (bei Santa Bárbara de Samaná).

Öffnungszeiten

Ämter Mo–Fr 7.30/8–14.30 oder 15 Uhr. Sa geschlossen.

Banken Meist Mo–Fr 8.30–18 Uhr, manchmal Mittagspause (13–14 Uhr). Sa/So geschlossen.

Geschäfte Kaufhäuser, Buchhandlungen und Souvenirläden haben meist Mo–Sa 9–19.30 Uhr geöffnet. Souvenirläden und kleine Gemischtwarenläden (colmados) öffnen oft auch So und an Feiertagen.
Supermärkte: Mo–Sa 8–22, So 8–14 Uhr.

Museen Meist Di–So 9–12 und 14–17 Uhr.

Post Mo–Fr 8.30–18 und Sa 8.30–12 Uhr, oft zwischen 12/13 und 14 Uhr Mittagspause.

Polizei/Notruf

Policía Nacional: Santo Domingo, Av. Leopoldo Navarro 402, ✆ 809/682-2151, www.policianacional.gob.do.

Policía Turística (Politur): ✆ 809/686-8639, 200-3500 (jeweils gebührenfrei).

Ambulanz, Polizei und Feuerwehr: ✆ 911 (gilt nur für größere Städte).

Rotes Kreuz (Cruz Roja Dominicana): Santo Domingo, Calle Juan Enrique Dunant 51 (Ensanche Miraflores), ✆ 809/334-4545, 412-8207, www.cruz roja.org.do.

Post

Postkarten, eine aussterbene Spezies, aber eigentlich überaus nette Urlaubsgesten, sind zwischen zwei und sechs Wochen unterwegs. Schneller, angeblich innerhalb von fünf Tagen, geht es mit den Bananenbriefmarken, dem so genannten Expressservice DCS (eine Postzusammenarbeit der Dominikanischen Republik mit Deutschland); Annahme- und Verkaufsstellen sind Hotels, Souvenirshops und Läden mit einem DCS-Postkasten. Briefmarken für Luftpostbrief/Postkarte kosten 30 RD-$, DCS-Briefmarken 60 RD-$, dafür ist die Post sicher in 7 Werktagen daheim.

Die Postämter (inposdom/oficina de correos) in der Dominikanischen Republik sind etwas veraltet, sie befinden sich in Kleinstädten oft um den Zentralplatz (*parque central*) und haben meist Mo bis Fr 7.30–18 Uhr sowie Sa 7.30–12 Uhr geöffnet. Außer Brief-, Frachtversendung und Briefmarkenverkauf gibt es keinen Service. Telefonieren, Faxen etc. muss man in den Telekommunikationszentren.

Paketversendungen/Geldanweisungen: Wer innerhalb der Dominikanischen Republik Pakete versenden oder auch Geldanweisungen tätigen möchte, geht am besten zu *Caribe Express*. Pakete werden hier am schnellsten und zuverlässigsten befördert. Meist in der Nähe von Caribe Tours (in jeder größeren Stadt) zu finden. Mit Ausweis und Abholnummer erhält man Geld, gegen eine Gebühr kann man Geld für eine andere Person anweisen.

Prostitution

Die Prostituiertenrate in der Dominikanischen Republik ist in den letzten Jahren mit dem Tourismusboom gestiegen. Eine relativ große Zahl von Frauen und Männern (!) verdient auf diese Weise ihr Geld und ernährt so zum Teil die ganze Familie. Aktiv sind vor allem die hohe Zahl alleinerziehender Mütter, die auf diese Weise den Lebensunterhalt verdienen. Entsprechend reich ist das Angebot an Nachtlokalen, Stripschuppen und Bordellen, besonders in den Großstädten. Zugenommen hat in den letzten Jahren leider auch die Kinderprostitution, allerdings sind die Verhältnisse lange noch nicht mit denen in Thailand oder ähnlichen einschlägig bekannten Regionen vergleichbar. Ebenfalls im Steigen begriffen ist die Zahl der Geschlechtserkrankungen und der HIV-Infizierungen, von Drogenabhängigen und auch von **Diebstählen** (→ „Kriminalität").

Jarabacoa: Rafting auf dem Río Yaque del Norte – Spaß und Teamgeist pur

Sport

Wer sich sportlich austoben möchte, ob zu Wasser oder zu Land, kommt in der Dominikanischen Republik sicherlich auf seine Kosten. Achtung: Über die Osterfeiertage (ab Gründonnerstag) ist Surfen und Tauchen untersagt.

Wassersport

Alle größeren Hotels verfügen über einen Gratis-Verleih (teils nur 1 Std. pro Tag) von Kanus, Surfbrettern, Wasserski, zum Teil werden auch kleine Segelboote und Katamarane vermietet. Kostenpflichtig sind weitere Stunden und andere Wassersportarten.

Rafting, Canyoning, Tubing und Kajakfahren Im Landesinneren, vor allem in Jarabacoa. Buchung z. B. über das Exkursionsprogramm (liegt in allen Hotels aus); Individualreisende wenden sich u. a. an **Rancho Baiguate**, **Agentur Rancho 2 Ríos**, **Rancho Jarabacoa** (→ Jarabacoa/„Sport").

Hochseefischen Angeln und natürlich die Jagd auf die gefürchteten Barrakudas, Haie und Merline sind sehr beliebt. Es werden jährlich internationale Turniere in *Cabeza de Toro* veranstaltet. Zentrum der Sportfischer ist *Boca de Yuma*. Auskünfte erteilt auch **Club Náutico** (www.clubnautico.com.do), San Andrés 6, Boca Chica, ℰ 809/523-4226.

Ansonsten gibt es zahlreiche Agenturen, z. B. **Agentur Marlin** in Cortecito bei Punta Cana.

Baden – die schönsten Strände des Landes

Punta Cana: Nach Süden und Norden erstrecken sich bei den exklusiven Hotels palmengesäumte Strände mit türkis leuchtendem Meer, das sich auch für Kinder gut zum Schwimmen eignet; Verleih von Wassersportgeräten. Im Norden gibt es einsame Strände, die aber meist nicht durch Riffe geschützt sind.

Boca Chica: Die große, türkis leuchtende Badewanne ist sehr für Kinder zu empfehlen; am Strand reihen sich Restaurants und Verleiher von Wassersportgeräten.

Barahona: von Barahona bis Enriquillo wunderschöne, meist einsame Strände mit hohen Wellen, im Hintergrund die üppig grünen Berghänge der Sierra Bahoruco. Hier gibt es auch schöne Flussmündungen zum Baden.

Puerto Plata: in Richtung Westen schöne, einsame Strände, im Osten die goldsandige Playa Dorada, wo bei zahlreichen Hotels allerlei Wassersportvergnügungen angeboten werden.

Cabarete: Wellen und Wind begeistern vor allem Surfer. Der Strand ist auch sehr kinderfreundlich, da es flach ins Wasser geht. Kiteboarden und Windsurfen ist am Strand westlich von Cabarete möglich.

Río San Juan: Rundum und in Richtung Nagua findet man unzählige, teils einsam, teils hinter Dörfern gelegene Strände.

Halbinsel Samaná: um Las Terrenas palmengesäumte, kilometerlange und herrlich goldfarbene Strände. Einsame, weißsandige Strände um Las Galeras.

Schnorcheln Eine ganz tolle und einfache Sportart, vor allem auch für Kinder. Am besten, man bringt gut sitzende Masken gleich von zu Hause mit. Bereits ein paar Meter entfernt vom Strand, ohne großartige Riffs, kann man die faszinierende Unterwasserwelt mit vielen bunten Fische erleben. Highlights sind natürlich Ausflüge mit dem Glasboot, die dann meist an geeigneter Stelle einen Stopp zum Schnorcheln einlegen. Ganz tolle Schnorchelgebiete, zu denen organisierte Ausflüge angeboten werden, sind u. a. die Inseln Catalina und Saona (je nach Standort ab 50 bzw. 120 US-$) sowie die kleine Insel Cayo Paraíso (eigentlich Cayo Arena) vor Punta Rucia (→ Punta Rucia). Letztere ist von einem unversehrten Riff umgeben.

Surfen Ein beliebtes Revier für Surfer und Windsurfer ist *Cabarete* an der Nordküste. Zudem hat sich der Ort auf Surfer eingestellt, es gibt zahlreiche Shops, die komplette Ausrüstungen vermieten, aber auch Schulen für Neulinge. Die Tages-Verleihgebühr für ein Board liegt bei 50 US-$, wochenweise wird es billiger. Es gibt inzwischen auch spezielle Surfreisen von verschiedenen deutschen Veranstaltern.

Kitesurfen Seit einigen Jahren *der* Trendsport. Für Anfänger ist es von Vorteil Funkverbindung zu haben, leider verfügen nur

Sanctuario de Mamífero Marino Manatí – eine beschauliche Paddeltour …

die wenigsten Anbieter über diesen Service; 6 Std. Kurs mit Equipment und Funkhelm kosten ca. 350 €.

Surf- und Kitesurfgebiete: *Cabarete,* gutes Gebiet für Anfänger und Fortgeschrittene, dazu jede Menge Anbieter für Kurse und Equipment. Gute Windverhältnisse von Februar bis Mitte April; die besten thermischen Winde blasen von Juni bis August, dann finden auch Wettbewerbe statt.

Las Terrenas, das Gebiet ist wegen der ausgedehnten Riffs nichts für Anfänger, daher auch wenig Anbieter (Playa Popy). Beste Winde für Könner Juni bis August.

Barahona, sehr gute Windverhältnisse, aber keine Anbieter, d. h. nur mit eigenem Equipment möglich.

Tauchen Wassersport Nr. 1. Gerade die Dominikanische Republik hat eine artenreiche Unterwassertier- und -pflanzenwelt. Hinzu kommen über 400 Schiffswracks und Galeonen aus der Zeit der Eroberer. Inzwischen verfügen viele Hotels über Tauchbasen und -schulen (→ Ortskapitel). Ausrüstungen werden gegen Gebühr gestellt. Anfänger bekommen ein paar Schnupperstunden im Hotelpool meist kostenlos. Es gibt auch eine Reihe guter deutschsprachiger Tauchschulen. Einen Überblick gibt die Website www.tauchbasen.net.

Orientierungspreise: Pro Tauchgang mit eigenem Equipment ca. 35–40 US-$, je öfter, desto preiswerter; Leihausrüstung (Maske, Schnorchel, Regulator etc.) ca. 10 US-$. Am besten die aktuellen Websites einsehen.

Tauchgebiete und -basen: **Unterwasser-Nationalpark La Caleta:** Der *Parque Submarino La Caleta* liegt 22 km östlich von Santo Domingo (nahe dem Flughafen Las Américas). Er hat eine Fläche von 10,1 km² und eine maximale Tiefe von 180 m. Durch zwei versenkte Schiffswracks, die „Hickory" (1984 versenkt, 130 Fuß lang) und die „Capitan Alsina" (1989 versenkt, 105 Fuß lang), hat sich ein künstliches Riff gebildet. Zu sehen bekommt man viele Fische, Korallen und Schwämme.

Parque Nacional del Este mit Insel Saona: Man hat Sichtweiten von bis zu 50 m auf Korallen, Schwämme und bunte Fische, viele kleine tummeln sich an einem versenkten Stahlfrachter. Am Außenriff von Saona findet man die größeren Kaliber, darunter auch Haie. Wer Glück hat, kann mit Seekühen, den Manatís (am Punta Manatí) oder mit Delfinen (Punta Delfin) schwimmen.

Las Terrenas – nur geübte Kitesurfer jumpen an der Playa Popy

Insel Catalina: Ihre Steilwände sind ein beliebtes Tauchrevier: Hier kann man u. a. Schildkröten, Muränen und Barrakudas betrachten.

Küste vor Punta Cana und Playa Bávaro: Hier erstreckt sich mit 30 km das längste Korallenriff; das Gebiet ist auch von Höhlen durchzogen und es gibt zahlreiche versenkte Schiffe am Meeresgrund. Viele Hotels bieten hier Tauchgänge an.

Mündung des Flusses Haina: Die Flussmündung *(Parque Nacional Litoral Sur Santo Domingo)* mit ihrem steil abfallenden Ufer ist ein weiteres interessantes Tauchrevier, denn wegen des Zusammentreffens von Süß- und Salzwasser gibt es hier vielfältige Fischvorkommen. Etwas südlicher, bei *Punta Palenque,* liegt am Meeresgrund das Schiffswrack der „Diomedes Imperial" aus dem Jahre 1806.

Insel Beata: Das Tauchgebiet um die Insel gehört zum *Parque Nacional Jaragua* und bietet zahlreiche Höhlen – viele davon noch unerforscht. Ein weiteres Tauchrevier befindet sich an der Grenze zu Haiti südlich von

Pedernales. An der Nordküste der Insel liegen viele interessante Tauchgebiete mit zahlreichen historischen Galeonen auf dem Meeresgrund. Durch den unruhigeren Seegang des Atlantiks gestalten sich die Tauchgänge zum Teil schwieriger.

Vor Puerto Plata: In diesem ebenfalls zum Nationalpark *(Parque Nacional Litoral Norte Puerto Plata)* erklärten Tauchrevier kann man die Überreste eines altertümlichen Schiffswracks (Barco de los Vidrios) erkunden.

Zwischen Puerto Plata und Cabarete: In diesem Gebiet sind Tauchanfänger gut aufgehoben, da das Riff relativ flach ist. Einzige Ausnahme ist das Sosúa vorgelagerte Tunnelsystem *La Pirámide,* das nur Geübten zu empfehlen ist.

Nordöstlich von Monte Cristi: Hier bieten sich Tauchgänge zu den Überresten der legendären Galeone „Isabela" an, zudem ist

die Korallenbank, die auch die Cayos Siete Hermanos mit einschließt, noch relativ unberührt, da in dieser Gegend wenig Hotels Tauchgänge anbieten.

Halbinsel Samaná: Wunderschön sind Tauchgänge bei Las Terrenas, in der Bucht von Las Galeras und in der Bucht von Samaná bei der Insel Cayo Levantado. Besonders hervorzuheben sind die Tauchgänge um das Capo Cabrón nördlich von Las Galeras mit Kliffs und Riffen von 5 bis 55 m Tiefe. Hier sind Buckelwale zu sehen.

Gegenüber der Bucht von Samaná, südlich bis südöstlich um **Miches,** finden Wrackliebhaber die alten Segelschiffe „Conde de Tolosa" (1724), „Nuestra Señora de Guadalupe" (1724) und „Scipion" (1782). Ein besonderes Ereignis sind die Buckelwale und Belugas, die in den Wintermonaten hier vorbeiziehen.

Sport zu Land

An weiteren Sportarten werden *Tennis* (auch mit Schule), *Volleyball, Basketball, Tischtennis* angeboten; im Animationsprogramm gibt es täglich *Aerobic* und *Tanz.* Wunderbar und ganz ohne Equipment kann man am Strand *joggen* und anschließend in den Fluten relaxen.

Baseball (pelota) „Königsdisziplin" der Dominikanischen Republik. Die Einheimischen spielen es mit Begeisterung und so mancher Star der US-Profiliga ist aus ihren Reihen hervorgegangen, darunter Juan Marichal, der 1983 in die Hall of Fame in Cooperstown aufgenommen wurde. Gespielt wird das ganze Jahr über, Saison ist aber von Oktober bis Januar, zudem werden internationale Meisterschaften auf hohem Niveau ausgetragen.

Wandern/Bergsteigen Eigentlich bietet das Land viele Möglichkeiten, nur leider gibt es bisher keine markierten Wanderwege (außer zum Pico Duarte), geschweige denn brauchbares Kartenmaterial (von einigen dort lebenden Deutschen wird momentan eifrig produziert). Schöne Wandergebiete im Hochgebirge finden sich u. a. in den Nationalparks im Landesinneren wie im Parque Nacional Armando Bermúdez und José del Carmen Ramírez, also den Gegenden um Jarabacoa und Constanza. Sehr reizvoll ist auch die Halbinsel Samaná, wo Touren entlang dem Meer warten, z. B. um Las Galeras oder Las Terrenas. Auch im Südosten bei La Romana (Bayahibe und

Dominicus) können nette Wanderungen unternommen werden.

Einige **Wanderungen** werden Ihnen in diesem Reiseführer ausführlich vorgestellt, die Sie mithilfe der eigens angefertigten Karten allein oder auch mit Führer unternehmen können. Da viele Infotafeln nur in Spanisch geschrieben sind, sind Ihnen meine Erklärungen vielleicht hilfreich. Weitere kürzere Wanderungen und Wandertipps finden Sie im Infoteil unter dem Stichwort „Wandern".

Zum Wandern benötigt man auch in der Dominikanischen Republik eine gute **Ausrüstung,** d. h. rutschfeste Wanderschuhe, funktionelle Kleidung, Sonnenschutz, Kopfbedeckung (wegen der Hitze), Mückenmittel; zudem vor allem immer ausreichend Wasser und auch Snacks mit sich führen, da es unterwegs meist keine Versorgungsmöglichkeiten gibt.

Einige deutsche und Schweizer Reiseveranstalter (u. a. TUI, Studiosus, DomRep-Tours, DomRepWorld) bieten organisierte Wandertouren und auch kombinierte Reisen an: u. a. eine Woche baden, eine Woche wandern (Cordillera Central).

La Romana – die Königsdisziplin Baseball

Golf Der exklusive Sport wird immer beliebter. Es können kombinierte Hotel-Golf-Pakete gebucht werden.

Die größte Anlage hier zählt auch weltweit zu den besten Plätzen: **Casa de Campo** (bei La Romana) mit alleine vier Fairways des berühmt-berüchtigten Golfplatz-Architekten Pete Dye; *Diente de Perro* (*Teeth of the Dog); Links Golf Course;* oberhalb des Canyon Chavón der ebenfalls spektakuläre *Dye Fore; Romana Country Club.* Als weiterer Top-Golfplatzarchitekt entwarf Robert Trent Jones u. a. **Playa Dorada** bei Puerto Plata. Darüber hinaus findet man zahlreiche Golfplätze (und weitere sind in Planung) um **Punta Cana**, das sich zu einem Eldorado dieser Sportart entwickelt. Nick Faldo, schuf zusammen mit Nick Price das Areal **Roco Ki** auf den Klippen bei Macao. Weitere schöne Golfplätze befinden sich in Santo Domingo, bei Puerto Plata, nahe Río San Juan, auf der Halbinsel Samaná, in Bonao und Jarabacoa.

Informationen: bei den dominikanischen Golfverbänden (Asociación Dominicana de Golf und Federación de Golf), u. a. www. fedogolf.org.do, www.golfdominicano.com. Hier sind auch die genauen Turniertermine angegeben.

Infos auch auf der deutschsprachigen Website www.1golf.eu.

Paragliding Agenturen u. a. in Jarabacoa und Constanza.

Parasailing Fast an jedem großen Touristenstrand möglich. Wer alleine fliegt, zahlt ca. 60 US-$, zu zweit 100 US-$ für 15 Min.

Polo Wer diesen Sport mag, geht ins **Casa de Campo** (www.casadecampo.com. do); hier gibt es gute Trainer und es werden auch edle Pferde gezüchtet.

Mountainbiketouren Zum Teil gibt es organisierte Radtouren; am besten in den Hotels nachfragen. Gute Adressen sind San José de Ocoa, Jarabacoa und Constanza, wo 800 km Radwege quer durch die Bergwelt zur Verfügung stehen.

Reiten Auf dem Land oder in den Bergen wird das Pferd oft noch als Fortbewegungsmittel oder Nutztier verwendet. Ausritte entlang den endlosen Stränden oder ins einsame Hinterland sind sicher ein Erlebnis. Viele große Hotels, die außerhalb von Städten liegen, bieten Reitmöglichkeiten für Fortgeschrittene wie auch für Anfänger an.

Reitgebiete Gebiet Juan Dolio: Informationen bei Rancho Caribe (Juan Dolio).

Gebiet La Romana: Centro Ecuestre, erstklassiger Reitstall mit über 500 Rassepferden und Ponys im Casa de Campo, ✆ 809/ 523-3333; zudem bei Bayahibe und Dominicus, am besten über die Hotels.

Gebiet Punta Cana: etliche Reitmöglichkeiten.

Gebiet der Halbinsel Samaná: Vor allem bei Las Galeras, Las Terrenas und El Limón.

Gebiet Nord um Puerto Plata: an der Playa Dorada und am Polo Field Star Hill. Rancho de la Esperanza, Gaspar Hernandez, bei Cabarete.

Landesinneres, Jarabacoa und Constanza: Etliche Agenturen bieten dort Reitausflüge an.

Bei Higüey – Blick auf die sattgrüne Hügelkette Cordillera Oriental

Sprache

Die Landessprache ist Spanisch. In Grenzgebieten und großen Zuckerrohranbaugebieten (Gastarbeiter aus Haiti) wird Haitianisch-Kreolisch gesprochen. Obwohl Englisch Geschäftssprache ist, beherrschen es sehr viele nur wenig bis mäßig gut. In Hotels gibt es meist keinerlei Sprachprobleme, hier wird Englisch, Französisch, Italienisch und oft auch Deutsch gesprochen. Manchmal lohnt es sich, ein Spanisch- und ein Englischwörterbuch parat zu haben (→ Etwas Spanisch, S. 315).

Es kann passieren, dass man mit Englisch auf taube Ohren stößt. „Wenn Du schon hierher kommst, hast du Spanisch zu sprechen" bringt manchem das Blut in Wallung, der sich bemüht, selbst kleinste Sprachversuche zu unternehmen. Diese Arroganz stammt (wie in vielen Karibikländern) noch aus der amerikanischen Besatzungszeit: „Wenn ihr was wollt, passt euch an" – eine Einstellung, die sich zum Teil nicht nur in der Sprache zeigt. Spanisch kann auch vor Ort erlernt werden (→ Santo Domingo und → Sosúa).

Strom

Besonders in kleinen Hotels und Restaurants sitzt man oft plötzlich im
Dunkeln (Taschenlampe nicht vergessen!). Der Stromausfall ist für die Dominikaner eine alltägliche Sache, allerdings verfügen alle Hotels über Not-
stromgeneratoren. Achtung bei kleineren Hotels: In den Zimmern neben dem
Generatorhäuschen wird es sehr laut.

Die Stromspannung beträgt 110/120
Volt. Man sollte sich den Flachstecker-
Adapter des amerikanischen Systems
mitnehmen, der auf 110 Volt umge-
schaltet werden kann.

Telefonieren

Telefonieren kann man außer in den
Hotels, wo Auslandsgespräche ziemlich
teuer sind, von morgens bis nachts und
in der Regel bei Eishaustemperaturen in
den *Telecommunication Centers* von
Tricom, Claro und Orange u. a.

Wer ein Tri- oder Quatroband-Mobil-
telefon besitzt, kauft sich am besten
eine SIM-Karte (je nach Gebiet Orange
oder Claro) für ca. 350 bis 800 Pesos
(ca. 6–16 €) je Touristenort (teils auch

Oft fällt der Strom aus

mit Guthaben) und telefoniert damit am preiswertesten innerhalb der Dominikanischen Republik und auch nach Deutschland.

Übrigens: Von den 10,5 Mio. Einwohner verfügen rund 9 Mio. Dominikaner über
ein Mobiltelefon, hingegen nur 1,1 % über einen Festnetzanschluss!

Telefonkarten gibt es in Hotels, an Kiosken und in den Orange/Claro-Shops zu unter-
schiedlichen Beträgen (50–200 RD-$). Auf der Rückseite ist die Bedienung erklärt.

Telefonvorwahlen von der Dominikanischen Republik nach
Deutschland: 01149
Österreich: 01143
Schweiz: 01141

Telefonvorwahl in die Dominikanische Republik:
001/809, 829, 849 (001 = Karibik, 809 etc. = D. R.). Bei **Ferngesprächen innerhalb
der Dominikanischen Republik**, d. h. von einer Stadt zur anderen, müssen
auch die 809, 829 oder 849 vorgewählt werden. Bei **Mobilfunkverbindungen**
müssen immer die obigen D. R.-Vorwahlnummern gewählt werden.

Trinkgeld

In Dienstleistungsbetrieben sind Trinkgelder (propinas) üblich. Sie werden auf den Rechnungen mit 10 % ausgewiesen, zuzüglich einer Steuer von nochmals 16 %. Darüber hinaus wird ein weiteres Taschengeld erwartet. Die Einkommen der Bediensteten sind sehr gering und einen guten Service sollte man mit 5–10 % des zu zahlenden Betrages honorieren.

Oftmals wird man auch mit ungefragtem Service überrascht wie geputzten Autoscheiben (5 RD-$) oder einem komplett gewaschenen Auto (ca. 10–20 RD-$). Es sind meist Kinder, die hartnäckig warten, bis der Autobesitzer zurückkommt, und dann natürlich entlohnt werden wollen. Manchmal sollte man sich ruhig gegen den unverlangten Service wehren, d. h. sich auch mal mit der Bezahlung auf stur stellen, z. B. bei Autobewachung, oder wenn die Jungs gar einen öffentlichen Parkplatz verkaufen wollen.

Umweltschutz

Dieses Problem ist für viele Dominikaner noch überhaupt kein Thema, bzw. wird erst jetzt mühsam in den Schulen und über Medien zur Aufklärung gebracht. Leider ist es gang und gäbe, z. B. nach einem Picknick am Strand alles an Ort und Stelle zu lassen. Massen von Pappbechern liegen herum oder – da es schick ist, sein Getränk im Meer zu sich zu nehmen – schwimmen im herrlich blauen Wasser. Nach Feiertagen sind die Badestrände regelrecht bedeckt von Abfall. Dann müssen Reinigungstrupps ran und zusammenklauben. Der Plastikmüll wird verbrannt – ein fürchterlicher Gestank. Auf der anderen Seite wird nun verstärkt in Ökoprojekte investiert.

Playa Estrada – ein herrlich naturbelassener Strand

Zeitverschiebung

Der Zeitunterschied von Deutschland, Österreich und der Schweiz zur Domini-kanischen Republik beträgt während unserer *Sommerzeit 6 Std.* und im *Winter 5 Std.* Damit man seine Lieben zu Hause nicht doch wegen eines Rechenfehlers frühmorgens aus den Federn holt, ein kleines Beispiel:

> Santo Domingo, 7 Uhr = Hamburg, 13 Uhr (Sommer)
> Santo Domingo, 19 Uhr = Hamburg, 24 Uhr (Winter)

Wer mit der Zeitanpassung, dem so genannten Jetlag, Probleme hat und die nächsten Tage nicht ausschlafen kann, sollte sich fürs Flugzeug eine Nackenstütze und Schlaf-tabletten besorgen (gibt es auch homöopathisch), um das Schlafdefizit zu verringern.

Zollbestimmungen

Einfuhr: Alle Gegenstände des persönlichen Bedarfs sind zollfrei. Wer allerdings seinen halben Hausrat, größere Elektrogeräte oder Computer mitschleppen möchte, kann damit rechnen, diese deklarieren zu müssen; erlaubt sind lediglich Geschenke im Wert von bis zu 1000 US-$ und eine max. Bargeldeinfuhr von 10 000 US-$. Einer Sondergenehmigung obliegt die Einfuhr von Schusswaffen, Saatgut, Pflanzen und Tieren. Die Einfuhr von Drogen ist aufs Strengste untersagt (→ „Drogen").

Ausfuhr: Der Zollfreiheit unterliegen Waren im Wert von bis zu 430 € (Rei-sende unter 15 Jahre 175 €). Ungeschlif-fene mineralische Rohstoffe wie Lari-mar, Bernstein und Gold dürfen nicht ausgeführt werden. Strengstens verboten und mit hohen Geldstrafen belegt ist die Ausfuhr von Produkten aus Tiger-muscheln, Seepferdchen, Igelfischen sowie vor allem Schwarzer Koralle und Schildkrötenpatt(-panzern); beschlag-nahmt werden aber auch Korallensteine – d. h. man lässt sie dort, wo sie sind!

Ausfuhrmengen: *Geld:* Die Ausfuhr von RD-$ ist verboten. *Tabak:* 200 Zigaret-ten, 100 Zigarillos, 50 Zigarren oder 250 g Tabak. *Alkohol:* 1 Liter mit mehr oder 2 Liter mit weniger als 22 % Alkohol. *Tee:* 100 g. *Kaffee:* 500 g. *Sonstiges:* Lediglich bis zu einem Wert von 430 €, bzw. Kin-der bis 15 Jahre 175 €.

Bei der Ausreise über die USA oder Puerto Rico dürfen keine Lebensmittel oder Pflanzen mitgeführt werden.

Isla Saona – palmengesäumter Strand und bestes Tauch- und Schnorchelgebiet

Reiseziele

Juan Estebán – Blick auf die malerische Landzunge bei Quemaíto

Der Süden

Im Süden liegt die Metropole der Insel **Santo Domingo** mit der herrlich restaurierten Altstadt. Touristisch ausgebaut ist der regenarme Südosten mit seinen riffgeschützten Badestränden. Einheimische wie auch Ausländer schätzen den Ort **Boca Chica,** der sich besonders für Kinder eignet, da das Meer hier einer großen Badewanne gleicht. Kurz dahinter folgt **Juan Dolio,** das bei jüngeren Wassersportbegeisterten und neuerdings auch bei Golffans beliebt ist. Einen Besuch wert sind die Baseballstadt **San Pedro de Macorís,** zudem die nahe gelegene Höhle **Las Maravillas** und **La Romana** mit dem herrlich gelegenen Künstlerdorf **Altos de Chavón.** Nicht zu vergessen der Osten mit dem touristisch bestens erschlossenen **Punta Cana** und seinen Traumstränden.

Der Südwesten zeigt sich touristisch wenig ausgebaut und ist für Individualtouristen sicher sehr reizvoll. So locken die Orte **Baní** und **Barahona** mit schönen Badesträunden in der Umgebung, dann die üppig grüne Küste südlich von Barahona und die kakteenbewachsene, einsame **Halbinsel Bahoruco** bis zur haitianischen Grenzstadt **Pedernales.** Westlich von Barahona, im Landesinneren, erstreckt sich der **Lago Enriquillo,** ein Salzwassersee mit Krokodilen und Flamingos.

Santo Domingo

Die erste Hauptstadt der Neuen Welt, auch „Wiege Amerikas" genannt, ist heute die größte Stadt der Dominikanischen Republik und gleichzeitig der Karibik. Besuchermagnet ist die malerische „Ciudad Colonial", die unter dem Schutz der UNESCO steht.

Die Hauptstadt des Landes – *Santo Domingo de Guzmán,* kurz Santo Domingo, für die Einheimischen *La Capital* – liegt am schiffbaren Fluss Ozama, der hier ins Karibische Meer mündet, und wird geprägt von der sehenswerten Altstadt sowie

von modernsten Bürokomplexen, aber auch zigtausend Häusern und einfachen Hütten, die weit in die Peripherie reichen und insgesamt rund 3 Mio. Menschen beherbergen – die Dunkelziffer in den Elendsvierteln ist hoch. Am Meer entlang verläuft stadtauswärts die lange Strandpromenade *Malecón*, durch die Stadt ziehen sich viele breite Avenidas, die von unzähligen Sträßchen gekreuzt werden und zu Irrfahrten verleiten. Ein durchdringender Lärm begleitet den Rhythmus der Stadt: Gehupe von Autos und Mopeds in den Straßen, Merengue- und Salsarhythmen aus wattstarken Lautsprechern.

Mehr als einen Tag Aufenthalt lohnt die hübsche, wie ein Freilichtmuseum anmutende Altstadt, die „Ciudad Colonial", mit ihren blumengeschmückten Gassen, hübschen Plätzen, eingerahmt von spanischen Bauten, Palästen, Museen, Kirchen und Festungsanlagen, aber auch kleinen Oasen, wo man sich ausruhen und gelassen dem Treiben zusehen kann. Liebevoll haben die Dominikaner jeden noch so kleinen Platz mit dem Monument eines ehrwürdigen Inselgenossen versehen. Zudem gibt es in der Altstadt eine Reihe guter Restaurants sowie modernst und ideenreich ausgestattete Bars und Musiklokale, die inzwischen auch bei Nacht für Leben sorgen.

Kolumbus spielte lediglich als Begründer eine Rolle, die städtebauliche Entwicklung prägte sein unehelicher Sohn *Diego Colón*. Dessen Titel konnten sich sehen lassen: II. Vizekönig der Neuen Welt, II. Admiral des Ozeanischen Meeres, I. Herzog von Veragua, I. Graf von Jamaika und Gouverneur der Insel Hispaniola.

Santo Domingo hat etliche Superlative zu bieten wie die erste Kathedrale, die erste Universität, das erste Krankenhaus etc. All diese zahlreichen Kulturschätze in der Altstadtzone wurden 1990 in die UNESCO-Liste des Weltkulturerbes aufgenommen. Lange Zeit verfielen die alten Bauwerke, während die Machthaber vergangener Zeiten gigantische neue Projekte mit mühsam aufgebrachten Geldern forcierten. Auch jetzt wirkt die wunderschöne Altstadt, die noch weiter restauriert wird, etwas befremdlich im Gegensatz zum großen Rest der Stadt. Die 500-Jahrfeier zum Gedenken an *Christoph Kolumbus* im Jahre 1992 wurde mit allen verfügbaren Mitteln zu einem Erlebnis von bleibendem Wert gestaltet. Plätze entstanden neu, wie z. B. die *Plaza España* und der gigantische *Faro a Colón* östlich des Flusses

Ozama, der alte Hafen wurde zum Kreuzfahrtanlegepunkt ausgebaut. Kritiker der übertriebenen Bautätigkeit stört, dass für solche Prestigeobjekte Geld ausgegeben wird, das z. B. für dringend notwendige Wohnbausanierung, Schulen etc. fehlt. Bereits unter Trujillo und dann unter Balaguer verschlangen Prestigebauten Milliarden.

In der Zeit der Eroberungen war Santo Domingo Dreh- und Angelpunkt der karibischen Welt – sicherlich hätte man diesen Status gerne wieder erreicht, zumindest zieht es jährlich immer mehr Besucher aus allen Ländern in diese hübsche Stadt.

Geschichte

Unter Kolumbus' Bruder *Bartolomé Colón* entstand am Ostufer des Río Ozama 1496 oder 1498 die Siedlung *La Nueva Isabela,* nachdem die alte Siedlung an der Nordküste namens „La Isabela" aufgegeben worden war. 1502 zerstörte ein Wirbelsturm die Holzhütten und man begann die Besiedlung auf der Westseite des Flusses. Der strategisch günstige Platz brachte eine rasante Entwicklung und Bevölkerungszunahme. Die Stadt hieß nun *Santo Domingo de Guzmán* nach dem gleichnamigen, 1170 in Caleruega (Kastilien) geborenen Gründer des Dominikanerordens.

Das Stadtwappen

Unter dem Gouverneur *Nicolás de Ovando* begann die Blütezeit der Stadt als Stütz- und Treffpunkt der Eroberer. Bereits 1506 wurde sie Bischofssitz, 1511 machte *Diego Colón* sie zur Hauptstadt des spanischen Vizekönigreiches. Als sich das Interesse der Eroberer aufgrund der reichen Gold- und Silbervorkommen in Mexiko und Peru dorthin verlagerte, verwaiste die Stadt zunehmend. Viele suchten ihr Glück in Mittel- oder Südamerika und zogen weg. Auch Diego Colón verlegte seinen Sitz nach Mexiko. Ein Übriges taten das starke Erdbeben von 1562 und Plünderungen durch Seeräuber. Ein bekannter Seeräuber, *Sir Francis Drake*, belagerte und plünderte die Stadt 1586; nachdem er genug Dukaten ergattert hatte, ließ er ein Drittel von Santo Domingo abbrennen. Wirbelstürme und Erdbeben sowie negative politische Einflüsse ließen die Stadt bedeutungslos werden.

Ein bescheidener Aufschwung setzte mit der Staatsgründung 1844 ein, man zählte rund 40 000 Einwohner. Doch erst unter Diktator Trujillo begann ab 1930 eine neue Blütezeit. Trujillo wollte aus seiner Hauptstadt, sie hieß nun *Ciudad Trujillo,* eine Weltstadt machen. Die Stadt dehnte sich aus, die großen Avenidas wurden angelegt. Nach der Ermordung Trujillos und durch die darauf folgenden politischen Wirren stagnierte die Stadtentwicklung erneut, dennoch zählte man bereits 400 000 Einwohner. Unter Dr. Joaquín Balaguer erlebte Santo Domingo wieder einen Aufschwung, die Einwohnerzahl stieg rapide auf rund 1,5 Millionen Menschen. Heute hat Santo Domingo 3 Millionen Einwohner auf einer Fläche von 165 km², was enorme Probleme birgt: Überbevölkerung und Wohnungsnot, unzureichende Strom- und Wasserversorgung, zudem schulische Unterversorgung in den Außenbezirken sowie Arbeitslosigkeit. Einen wichtigen Schritt, um dem herrschenden Verkehrschaos etwas zu entkommen, unternahm Dr. Fernández Reyna im Jahr

Parque Colón mit Kathedrale und Kolumbus-Denkmal

2005 mit dem Startschuss zum U-Bahn-Bau (Metro). Die *Linie 1*, die den 16 km langen Nord-Südsektor (Villa Mella-Centro de los Héroes) versorgt, ist seit 2009 in Betrieb, die noch in Bau befindliche *Linie 2* mit einer 22 km langen Ost-West-verbindung (Av. J. F. Kennedy-Av. P. Castellanos) soll ab Ende 2013 verkehren – 4 weitere Linien sind in Planung. Somit kann Santo Domingo als wichtiges Zentrum von Wirtschaft und Kultur weiter expandieren und viele Touristen empfangen

Basis-Infos

Information Ministerio de Turismo (Tourismusamt), Av. Luperón/Esqu. Cayetano Germosen, 4. Stock., ✆ 809/221-4660, www.sectur.gob.do, www.godominicanrepublic.com. Kein Publikumsverkehr!

Touristinfo, Calle El Conde (im Palacio Borghella, gegenüber Parque Colón); Mo–Fr 9–13/14.30–17 Uhr. Wenig Informationen.

Info-Stand, Plaza España, tägl. 8-18 Uhr (oftmals geschlossen).

Metro (U-Bahn) *Linie 1* (→ Sto Domingo-Übersichtsplan): die Nord-Südverbindung (Centro de los Héroes-Villa Mella) verkehrt von 5.50-22 Uhr, 30 RD-$; sie verläuft (meist unterirdisch) von La Feria weiter gen Universität und dann nördl. über die Av. Máximo Gómez (→ Zentralroute/Busse). *Linie 2* (ab Ende 2013), die Ost-Westachse entlang der Av. J. F. Kennedy-Av. Castellanos). Fahrtroute (→ www.transmetro.mobi/DE/sto).

Busse Die öffentlichen grünen Stadtbusse Omsa (Fahrtroute → www.transmetro.mobi/

DE/sto) verkehren auf festen Korridoren (ähnlich der Guagua-Routen) entlang der wichtigen Avenidas von 5.50-22 Uhr, sind komfortabler als Guaguas, jedoch ohne Fahrplan und kosten 10 RD-$. Innerhalb und nach außerhalb verkehren die privaten Guaguas (ohne AC), sie kosten innerhalb der Stadt 5 RD-$, nach außerhalb 30–90 RD-$. Für eine Übersicht der **Busverbindungen** stadtauswärts (→ unten, zudem www.horariodebuses.com).

Guaguas innerhalb der Stadt: feste Routen, 5 bis 22 Uhr, 10–12 RD-$. Z. B. *Route Av. 27 de Febrero*: Cruce de Manoguayabo – Los Tres Ojos.

Zentralroute: Av. Hermanas Mirabal – La Victoria – Máximo Gómez – Correa y Cidrón – Abraham Lincoln – Centro de los Héroes und zurück.

Route Ost: Hospital de Los Alcarrizos – Av. Independencia u. Av. Luperón.

Guaguas nach außerhalb: verschiedene Terminals. **Parque Enriquillo**: nach Boca

Palacio de Bellas Artes – prachtvoller Sitz vieler „Schöner Künste"

Chica, Juan Dolio, San Pedro de Macorís, La Romana, Higüey, Punta Cana. **Elías Piña**: nach San Cristóbal, Baní, Azua, Palmar de Ocoa, Barahona, San Juan de Maguana. **Parque Independencia**: nach San José de Ocoa. **Calle Juan B. Vicini** (nahe Huscalito/ Esqu. 27 de Febrero): zum Lago Enriquillo. **Calle Josefa Brea/Esqu. Calle Paris**: Direktbus (Busfahrer Ramón, Mob.-Tel. 809/855-6762), nach Miches und El Cedro (16 Uhr); Abfahrt tägl. 12 Uhr (Ankunft 16 Uhr), 350 RD-$. **Autopista Duarte Km 9**: nach Santiago, La Vega, Puerto Plata, Moca, Valle Cibao

Expressbusse Caribe Tours: Av. 27 de Febrero/Esqu. Leopoldo Navarro (Ensanche Miraflores), ✆ 809/221-4422, www.caribetours.com.do. Abfahrt pünktlich und nach Plan. Nach Pto. Plata über Santiago fast stündlich, 330 RD-$, 3:50 Std. Ebenso nach in 4:30 Std.

Metro Tours: Av. Winston Churchill/Esqu. Calle Hatuey (Plaza Central), ✆ 809/566-7126, 227-0101, 544-4580, www.metrotours.com.do und www.metroserviciostusiticos.com. Abfahrt pünktlich und nach Plan. Nach Pto. Plata fast stündlich, nur 3:30 Std. Fahrtzeit; nach Sosúa 4:20 Std., aber nur wenige Male am Tag.

Expreso Bávaro Santo Domingo, Juan Sánchez Ramírez 31/Esqu. Av. Máximo Gómez (Plaza Los Girasoles), ✆ 809/682-9670; sehr preiswerte Direktbusse (nicht besonders gepflegt) nach Punta Cana/Bávaro; 4-mal tägl. um 7, 10, 14 und 16 Uhr, rund 4 Std. Fahrtzeit, 375 RD-$. Dann per Taxi zum Hotel.

Expreso Santo Domingo Busse gen Osten an der **Sichoprola-Busstation**, Calle J. Ravelo 92 (am Parque Enriqillo); jede volle Stunde von 6 bis 18 Uhr nach La Romana und Higüey. Zurück **La Romana**, Camino Av.; ebenfalls jede volle Stunde. Kein Telefon/Büro. Strecke kostet rund 4,50 US-$, Fahrtzeit knapp 2 Std.

Linea Junior nach Constanza mehrmals tägl., 3 Std. Fahrtzeit, ✆ 809/539-2177.

Flughäfen Santo Domingo besitzt zwei Flughäfen: **Aeropuerto Las Américas (AILA)**, ca. 25 km von Santo Domingo, ✆ 809/412-5888. **Aeropuerto La Isabela – Higüero (AILI)**, ca. 18 km nördlich von Santo Domingo (bei El Cajuilito u. San Felipe), ✆ 809/826-4019, 826-4003. Für Inlandsflüge (El Portillo, Punta Cana, La Romana, Barahona) und USA.

Inlandsflüge Aero Domca, Flughafen La Isabela – Higüero, ✆ 0800/182-0812 (Gratis-Buchungshotline), www.fly-aerodomca.com. Flugverbindungen zu den nationalen Flughäfen El Portillo, Punta Cana.

Airinterisland, Av. Rómulu Betancourt 483, ✆ 809/482-2093, www.airinterisland.com. Täglich Flüge von Sto. Domingo (Las Américas und La Isabela) nach Punta Cana und Samaná (Arroyo Barril).

Air Century, neue Verbindung ab Sto. Domingo (JBQ; La Isabela, El Higüero), Buchung unter ✆ 809/826-4333, 829/259-5014 (mobil), www.aircentury.com; zudem über DomRepTours (www.domreptours.com,

→ „Information"). 3-mal wöchentlich (Mi, Fr, So) nach Barahona und Punta Cana, Flugzeit jeweils ca. 25 Min., 75–85 US-$.

DominicanShuttles, ✆ 809/738-3014, 809/481-0707 (mobil), 809/931-4073 (mit Skype), www.dominicanshuttles.com. Täglich mehrmals Flüge und Shuttleverbindungen in fast alle Richtungen (auch Haiti) ab 99 US-$ (Barahona).

Taxis Taxistände findet man an allen wichtigen Plätzen, oder man winkt sich an der Straße eines heran. In Santo Domingo empfehlen sich Taxis aufgrund der großen Distanzen und weil man sich leicht verfährt. In den beigefarbenen komfortablen Taxis kostet eine Fahrt ca. 150–200 RD-$. Preiswert, dafür nicht ganz so schick sind u. a.: **Tecni-Taxi**, ✆ 809/567-2010, 566-7272, pro Fahrt in der Innenstadt ca. 150 RD-$; **Apolo-Taxi**, ✆ 809/537-0000, ca. 150–200 RD-$; **Taxi Anacaona**, Av. 27 de Febrero 509, ✆ 809/530-4800; **Taxi Conde**, El Conde 517, ✆ 809/687-9000. Super nett und faire Preise auch bei **Taxi Servicio**

Dario Martinez, ✆ 809/759-6976 (mobil), Zentrale an der Plaza Colón. Vom internationalen Flugplatz Las Américas bezahlt man 40 US-$.

Sightseeing per Taxi Man kann auch Sightseeing-Touren mit dem Taxi unternehmen, bucht dann z. B. für 2 Std. (ohne Stopplimit) und zahlt bei Tecni-Taxi in Santo Domingo nur rund 700 RD-$ (bis max. 5 Pers.).

Motorradtaxi Wer sich nicht vor dem Verkehrsgewühl fürchtet, kann sich auch per **Motoconcho** für ca. 100 RD-$ chauffieren lassen.

Touristenzug Chu Chu Colonial, 45-Min.-Tour mit offener Bimmelbahn durch die Altstadt; Abfahrt am Parque Colón (Calle Isabel La Católica/Esqu. Calle El Conde), stündlich 9–17 Uhr, 12 US-$, 7 US-$ (Kinder 3–12 J.).

Pferdekutschen Rundfahrt über Zona Colonial, Parque Independencia, weiter zum Malecón und zurück. Abfahrtsstellen südlich der Kathedrale in der Padre Billini/Esqu. Las Damas. 20 US-$/30–45 Min.

Diverses

Ausflüge Zum Standardprogramm gehören u. a. La Romana und Altos de Chavón, Insel Saona und Catalina, Halbinsel Samaná mit Cayo Levantado und Nationalpark Los Haitises, Lago Enriquillo; zudem Rafting- und Kajaktouren sowie Wandertouren zum Pico Duarte oder ins Valle Nuevo.

Agentur DomRep Tours, gut geführte Agentur (schweiz. Ltg und dtsch. Team). Infos, Unterkünfte (landesweit), Transfers, Flüge und Rundreisen. Calle Padre Billini 405/Esqu. Calle Espaillat, ✆ 809/686-0278, www.domreptours.com.

Colonial Tour & Travel, Calle Arzobispo Meriño 209, ✆ 809/688-5285, www.colonialtours.com.do.

Omni-Tours, Calle Roberto Pastoriza 204, ✆ 809/565-6591, www.omnitours.com.do.

Turinter, Av. Leopoldo Navarro 2, ✆ 809/686-4020, www.turinter.com.

Autovermietungen Die Agenturen sind tägl. 8–20 Uhr geöffnet, am Flughafen bis nach Flugzeugankunft, d. h. auch noch nachts. Reserviert man einen Wagen, gibt es selten Probleme, man wartet auch bei Flugzeugverspätung. Die großen Agenturen haben meist an den Flughäfen Filialen. sollte dies nicht der Fall sein, werden die Autos auf Wunsch direkt gebracht oder dort abgeholt. Ein Pkw kostet ab ca. 45 US-$, ein

Jeep ab 70 US-$, bei einer Woche wird es günstiger (Verhandlungssache).

Avis (www.avis.com): Flughafen Las Américas, ✆ 809/549-0468; Av. George Washington 517, ✆ 809/535-7191.

Budget Rent Car (www.budgetrd.com): Av. J. F. Kennedy Km 6,5/Lope de Vega, ✆ 809/566-6666; Flughafen Las Américas, ✆ 809/549-0351.

Dollar Rent Car (www.dollar.com.do): Av. Independencia 366 (Gazcue), ✆ 809/549-0738; Free-Call (national) 1-200-RENT (7368), Free-Call (international) 1-800-788-7863.

Hertz (www.hertz.com.do): Av. José Maria Heredia 1 (Gazcue), ✆ 809/221-5333; Flughafen Las Américas, ✆ 809/549-0454.

Nelly (www.nellyrac.com): Flughafen Las Américas, ✆ 809/549-0505; Av. Independencia 654 (Zona Universitaria), ✆ 809/687-7997.

Thrifty (www.thrifty.com): Flughafen Las Américas, ✆ 809/549-0930; Av. Lope de Vega 80, ✆ 809/ 333-4000.

National Car Rental (www.nationalcar.com): Av. Independencia/Esqu. Av. Máximo Gómez (Gazcue), ✆ 809/221-0805; Flughafen Las Américas, ✆ 809/549-0763/0764.

Parkgaragen: Wer seinen Leihwagen in der Altstadt von Sto. Domingo nicht auf der Straße parken mag oder auch keinen Parkplatz findet, parkt gut: **Parkgarage Plaza España**, Calle Arzobispo Meriño 356 für 50 RD-$/1 Std., jede weitere Std. 10 RD-$. Zudem **Tiefgarage** zwischen Isabel La Católica und Arzobispo Meriño (nördl. von Hotel Hotelpa Caribe Colonial) oder auch die bewachte **Parkfläche** (gegenüber Polizei!) nördlich der Plaza España in der Calle Vicente Celestino Duarte, hier zahlt man pauschal 50 RD-$/Tag und 100 RD-$/Nacht.

Banken In Altstadt und Innenstadt gibt es sehr viele Banken in teils repräsentativen Gebäuden. Es herrscht immer sehr viel Betrieb und man muss mit Warteezeiten rechnen, aber fast alle Banken verfügen über Geldautomaten für EC, Visa oder Mastercard. Mo–Fr 8.30–18 Uhr. In der Av. Mella direkt neben dem Mercado Modelo befinden sich **Banco de Reserva** und **Banco Popular** mit Geldautomaten. In der Zona Colonial u. a. **Banco de Reserva**, Calle Isabel La Católica; **Banco Popular**, beim Alcázar de Colón; **Banco Universal**, Calle El Conde.

Einkaufen In der Fußgängerzone El Conde zwischen Parque Indepedencia und Zona Colonial gibt es zahlreiche Schuh-, Bekleidungs- und Sportläden sowie einige gut ausgestattete Musikläden. **Mercado Modelo**, der berühmte Souvenirmarkt von Santo Domingo ist in der Av. Mella. Hier kann man auch Schmuckstücke aus Larimar und Bernstein kaufen; zudem natürlich Bilder, Holzgegenstände, T-Shirts etc. In der Av. Duarte und um den Parque Enriquillo gibt es verschiedene Kaufhäuser; auf den Straßen bieten mitten im Trubel Verkäufer ihre Artikel an (hier Vorsicht – ohne Wertgegenstände shoppen!).

Zigarren: *La Leyenda del Cigarro*, Calle Hostos 402 (neben Hostal Nomadas), ✆ 809/686-5489. Hier kann man Zigarren kaufen und beim Drehen zusehen.

Einkaufszentren Die sog. Malls sind vor allem westlich der Altstadt zu finden, zwischen Av. México und Av. Mejia Ricart. Hier gibt es Produkte von besserer Qualität, zudem Designer-Läden – alles auch zu höheren Preisen: **Novo Centro** (teuer), Av. Lope de Vega No 29; **Plaza Naco 2**, Av. Tiradentes/Esqu. Fantino Falco; **Plaza Central 1**, Av. 27 de Febrero/fast vor Esqu. Av. Winston Churchhill; **Blue Mall 4** und gegenüber **La Sirena 6** in der Av. Winston Churchill/Esqu. Av. Gustavo Mejija Ricart. Südlich davon **Acrópolis Center 7**, Av. Winston Churchhill/Esqu. Rafael Augusto Sánchez; hier

kauft man Labels wie Puma, Zara, Kenneth Cole. **Unicentro Plaza**, Av. Abraham Lincoln/Esqu. Av. 27 de Febrero; **Plaza Paseo de la Churchill**, Av. Winston Churchill/Esqu. Roberto Pastoriza (gutes Angebot, gute Preise).

Gesundheit Es gibt eigentlich an fast jeder Ecke eine **Apotheke**, einige in der **Altstadt**: Farmacia Central, Calle Hostos 105, ✆ 809/685-2085; Farmacia Dr. Baez, Calle Arz. Meriño 410, ✆ 809/682-0962; Farmacia San Augustin, Calle Duarte 20, ✆ 809/542-2339.

Hospiten (Int. Zentrum für integrale fortschrittliche Medizin), Alma Mater/Esqu. Av. Bolivar, ✆ 809/541-3000.

Ärztezentrum UCE, Máximo Gómez 66, ✆ 809/682-0171.

Centro de Medicina Avanzada Dr. Abel González, Av. Abraham Lincoln, ✆ 809/227-2235.

Clínica Abreu (große Privatklinik), Av. Beller 42/Esqu. Av. Independencia, ✆ 809/688-4411 (Zentrale).

Clínica Gómez Patiño (Privatklinik), Av. Independencia 701, ✆ 809/685-9131.

Gynäkologin: *Dra. Tamara Frankenberg*, Centro Gynec. y Obstetr., Av. Independencia 451, ✆ 809/688-5797; spricht Englisch.

Hals-, Nasen-, Ohrenarzt: *Dr. Rafael Guillen*, Centro de Otorrinolaringología y Especialidades, Av. 27 de Febrero/Esqu. F. Enríquez y Caravajal, ✆ 809/682-0151, direkt 686-4411; spricht Deutsch.

Herz-Kreislauf-Zentrum: Calle Josefa Perdomo 152, ✆ 809/682-6071.

Internist: *Dr. Rudyard Coraona Bueno*, Hospital Aybar, Av. Federico Velázquez, ✆ 809/684-0383, 684-3672; spricht Deutsch.

Internet Gratis Hotspots u. a. zentral an der Plaza Colón vor der Kathedrale, zudem im Restaurant/Café El Conde und in fast allen Hotels.

Telefon u. a. **Codetel**, El Conde 115, ✆ 809/221-4168; Av. Máximo Gómez 115, ✆ 809/563-8215; **Claro**, El Conde (gegenüber Hotel Mercure).

Sprachinstitut In der **Casa Goethe** kann, wer möchte, Spanischkurse bzw. Sprachferien belegen: **IIC-Santo Domingo 20**, Apartado Postal 3494, Arístides Fiallo Cabral 456, Zona Universitaria, ✆ 809/685-5826, www.edase.com.

Veranstaltungen → „Wissenswertes von A bis Z/Feste".

Karnevalssonntag, So nach dem 27. Febr., großer Umzug.

Merenguefestival, jährlich 2 Tage von Ende Juli bis Anfang Aug., das größte Musikfestival und *das* Ereignis des Jahres. Schauplatz ist der Malecón (s. o.), der dann für den Autoverkehr gesperrt.

Festival Presidente de Música Latina, alle 2 Jahre Mitte Okt. 3 Tage über das Wochenende (das nächste Mal 2014), die Bierfirma Presidente organisiert das große internationale Musikfestival im Olympia-Stadion Felix Sánchez mit den besten Gruppen.

Open-Air-Livemusik mit Bonyé & Friends, bei den San Francisco Ruinen; gespielt wird Blues, Son, Salsa und Merengue; jeden So 18.30–22.30 Uhr; Getränke gibt's gegenüber im Likörladen Don Guillermo.

Übernachten   → Karten Umschlagklappe hinten und S. 122

In Santo Domingo gibt es zahlreiche Übernachtungsmöglichkeiten in allen Preiskategorien, allerdings sind viele Hotels in der Hauptsaison ausgebucht, d. h. rechtzeitig reservieren. Hier eine kleine Hotelauswahl innerhalb der Altstadt und zentrumsnah.

***** Hostal Nicolás de Ovando 38, 500 Jahre alter Palast Ovandos mitten in der Altstadt (→ „Sehenswertes"). Das Hotel (M-Gallery-Kette) besteht aus drei Trakten, die durch Innenhöfe und sehr lange, von wuchtigen Kronleuchtern behängte Flure verbunden sind. Aufwendig wurden die alten Gemäuer aus dem 16. Jh. mit ihren Arkaden und Galerien restauriert, ebenso der tiefe, alte Brunnen. Die Zimmer sind dem Zeitgeist der Gründerjahre entsprechend im puritanischen Stil eingerichtet. Es gibt kleine Zimmer bis hin zu Suiten. In den bestuhlten Innenhöfen wuchert es tropisch, ein schöner Pool, das Restaurant La Résidence und die Cibao-Bar warten auf Gäste, dazu gibt's eine Garage und gratis einen traumhaften Blick auf den Fluss Ozama – ein Platz zum Entspannen. DZ/F 446 US-$ (Classic). Calle Las Damas, ✆ 809/685-9955, www.hostalnicolas-de-ovando-santo-domingo-com.

***** Hotel Marriott Renaissance Jaragua & Casino 17, eines der ersten Luxushotels der Stadt, neu renoviert mit sehr guter Lobby. 4 Restaurants, Casino, Bars, großer Außenpool mit olympischen Maßen, Spa-Bereich, Tennisplatz. 300 komfortable, stilvolle Zimmer (Kabel-TV, Minibar) mit Blick über hohe Königspalmen aufs Meer. DZ/F 120–180 US-$. Av. George Washington 367, ✆ 809/221-1410, -2222, www.marriott.de.

**** Hotel Santo Domingo 25, Pool, Tennisplatz, Shops und 3 Restaurants, zudem Loungebar/Disco Marakkesh. 220 komfortable Zimmer (AC, TV, Telefon, Minibar). DZ/F ab 140 US-$. Av. Independencia/Esqu. Av. Abraham Lincoln, ✆ 809/221-1511, www.hotelsantodomingo.com.do.

**** Hotel Courtyard by Marriot by Santo Domingo 9, nicht zu verwechseln mit Hotel Santo Domingo! 145 Zimmer, modern und stilvoll ausgestattet, kaum ein Wunsch bleibt offen: Restaurant, Pool, Bar, Spa-Bereich, jedes Zimmer verfügt über High-Speed-Internet-Zugang. Mit Frühstück ab 140 US-$. Av. Máximo Gómez 50 (zwischen Av. Bolivar und Calle Cesar Nicolas Penson), ✆ 809/685-101, www.marriott.de.

》》 Mein Tipp: *** Hotel Palacio 48, um 1990 stilvoll restauriertes, mit altem Inventar und Gemälden ausgestattetes Gebäude mit kleinem Patio direkt in der Altstadt und unter sehr guter Leitung von Joachim Wagner. Hier lebte einst Präsident Buenaventura Báez Méndez, der das Land zwischen 1849 und 1878 5-mal regierte. Danach bezogen seine Kinder und Enkel den Palast, auch der Maler León Bosch, Sohn des Ex-Präsidenten Juan Bosch, wohnte zeitweise hier. 44 Zimmer mit Minibar, TV, AC, großem Bad, zudem eines mit einem tiefen Brunnen (16 m!) und 4 Suiten mit Jacuzzi und mit Innenhof. WLAN im ganzen Haus, PCs auch an der Rezeption, kleines Schwimmbad am Dach, Sauna, Fitness und Garage. Es gibt 6 Zimmerkategorien: Zimmer/Suiten für 2 Pers. mit Frühstück von 107–170 US-$ (EZ gleicher Preis!). Das Frühstück (Buffet) wird im lauschigen Innenhof eingenommen. Calle Duarte 106, ✆ 809/682-4730, www.hotel-palacio.com. 《《

*** Hotel Francés 36, das Hotel (M-Gallery-Kette) bewirtet seit 1890 Persönlichkeiten und ist im herrlich restaurierten Gebäude aus dem 16. Jh. untergebracht. 20 Zimmer und 2 Suiten liegen um den großen, lauschigen Patio mit plätscherndem Springbrunnen in ruhiger Altstadtlage. Die komfortabel ausgestatteten Zimmer haben Terrakottaböden

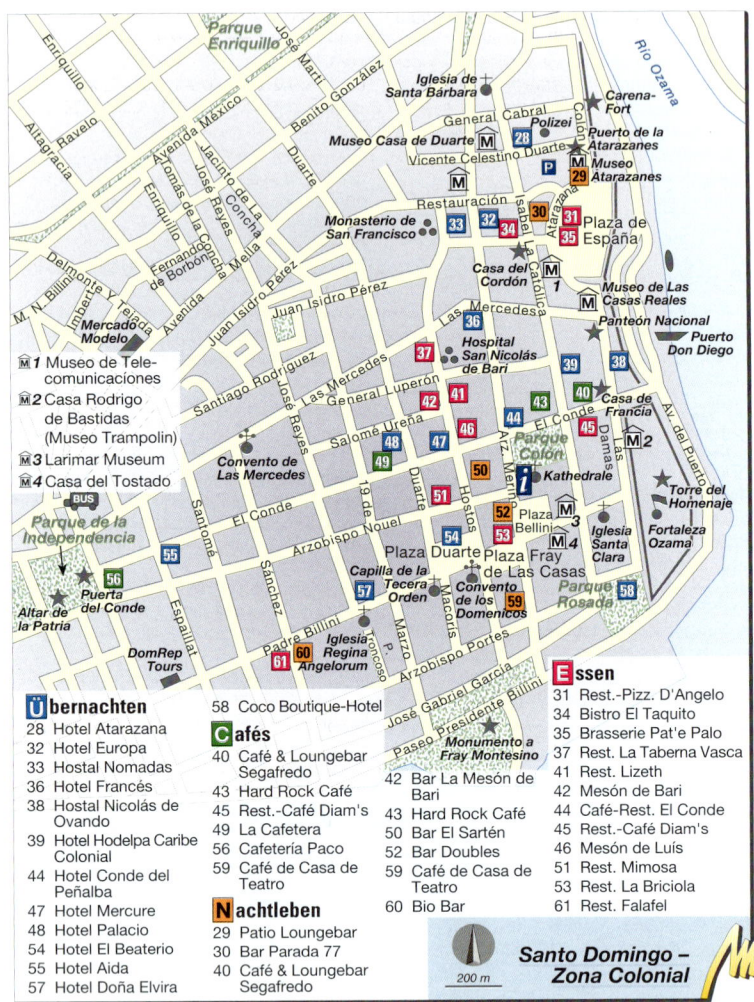

Santo Domingo – Zona Colonial

200 m

Übernachten

28 Hotel Atarazana
32 Hotel Europa
33 Hostal Nomadas
36 Hotel Francés
38 Hostal Nicolás de Ovando
39 Hotel Hodelpa Caribe Colonial
44 Hotel Conde del Peñalba
47 Hotel Mercure
48 Hotel Palacio
54 Hotel El Beaterio
55 Hotel Aida
57 Hotel Doña Elvira
58 Coco Boutique-Hotel

Cafés

40 Café & Loungebar Segafredo
43 Hard Rock Café
45 Rest.-Café Diam's
49 La Cafetera
56 Cafetería Paco
59 Café de Casa de Teatro

Nachtleben

29 Patio Loungebar
30 Bar Parada 77
40 Café & Loungebar Segafredo

Essen

31 Rest.-Pizz. D'Angelo
34 Bistro El Taquito
35 Brasserie Pat'e Palo
37 Rest. La Taberna Vasca
41 Rest. Lizeth
42 Mesón de Bari
43 Hard Rock Café
44 Café-Rest. El Conde
45 Rest.-Café Diam's
46 Mesón de Luís
51 Rest. Mimosa
53 Rest. La Briciola
61 Rest. Falafel

42 Bar La Mesón de Bari
50 Bar El Sartén
52 Bar Doubles
59 Café de Casa de Teatro
60 Bio Bar

mit Einlegearbeiten, es gibt AC, Bad mit Föhn, Minibar, Internet-Zugang etc. Großes Frühstücksbuffet im Patio. EZ 160 US-$, DZ 176 US-$. Calle Las Mercedes/Esqu. Calle Arz. Meriño, ✆ 809/685-9331, www.hotel-frances-santo-domingo-com.

*** Hotel Hodelpa Caribe Colonial **39**, im modernen Stil mitten in der Altstadtzone mit Parkplatz vor dem Haus. Es gibt 54 preiswerte Zimmer von Standard bis Suiten, ein Restaurant, Bar und Internet und kleine Früh-

stücksterrasse. DZ/F 90–180 US-$. Isabel La Católica 159, ✆ 809/688-7799, www.hodelpa.com.

*** Hotel Mercure **47**, modernes, zentral gelegenes Innenstadthotel mit 96 Zimmern mit Minibar, Safe und TV, außerdem Restaurant/Bar. Gratis-Hotspots in den Zimmern. EZ/F 96 US-$, DZ/F 107 US-$. El Conde/Esqu. Hostos, ✆ 809/688-5500, www.mercure.comwww.accorhotels.com.

Hotel Atarazana **28**, kleines Kreativ-Hotel (dtsch. Ltg. Susanne Pleines & Architekt

Bernhard); zentrale Lage nördlich der Plaza España, neben Polizei (!) und mit Parkplatz gegenüber; 6 sehr schöne, individuell gestaltete Zimmer mit gratis DSL-LAN-Anschluss. Highlight ist der Dachgarten mit Liegen und herrlichem Altstadt- und Ozama-Blick. Im hübschen pflanzenumwucherten Patio wird gefrühstückt. Sicherlich ein guter Platz zum Wohlfühlen. DZ mit AC/Fan und Frühstücksbuffet 100 US-$, EZ 80 US-$. Calle Vicente Celestino Duarte 19, ℡ 809/688-3693, 689-8525, www.hotel-atarazana.com.

Hotel Doña Elvira 57, gemütliches Altstadthotel (belg./amerik. Ltg.), das sich mit seinen 12 Zimmern um einen Pool gruppiert; es gibt auch ein Jacuzzi. EZ/F 70–120 US-$, DZ/F 89–139 US-$. Calle Padre Billini 207/ Esqu. Av. José Reyes, ℡ 809/221-7415, 809/853-1113 (mobil), www.dona-elvira.com.

Coco Boutique-Hotel 58, geschmackvolles 5-Zimmer-Hotel mit arabischem Touch und kleinem Restaurant in ruhiger Lage am südöstlichen Rand der Altstadtzone und am kleinen Park Rosado; gefrühstückt wird vor dem Haus. EZ/F 90 US-$, DZ/F 100 US-$. Calle Arzobispo Portes 7, ℡ 809/685-8467, www.cocoboutiquehotel.com.

Hotel El Beaterio 54, ebenfalls sehr gute Altstadtlage bietet dieses Guesthouse mit seinen 11 Zimmern; gute Ausstattung und kleiner Innenhof zum Frühstücken. EZ 75 US-$, DZ 96 US-$. Calle Duarte 8 (gegenüber Parque Duarte), ℡ 809/687-8657, www.elbeaterio.fr.

*** **Hotel Europa** 32, zentrale Lage, aber laut; 52 modernisierte Zimmer mit schöner Dachterrasse zum Frühstücken und Blick auf die Ruinen vom Hospital. EZ/F 85 US-$, DZ/F 90 US-$. Arzobispo Meriño/Esqu. Emiliano Tejera, ℡ 809/285-0005, www.antiguohoteleuropa.com.

** **Hotel Conde de Peñalba** 44, 80 nette Zimmer, zentral in der Altstadtmitte gegenüber Parque Colón; im dunklen Kolonialstil gehalten und mit Cafeteria und Bestuhlung vor dem Haus. Zimmer mit AC und TV. EZ 65 US-$, DZ ab 75 US-$. Calle Conde/Esqu. Calle Arz. Meriño No 111, ℡ 809/688-7121, -7175, www.condepenalba.com.

Hostal Nomadas 33, preiswerte, nette und gut geführte Herberge für junge Leute; 8 einfache Zimmer mit TV, AC, schöne, gemütliche Dachterrasse mit Restaurant, auch Internet. EZ 28–35/40 US-$, DZ 50/55 US-$. Calle Hostos 299, ℡ 809/689-0057, www.hostalnomadas.com.

** **Guest House Esmeralda** 19, kleines, familiär geführtes Hotel. Nette, saubere Zimmer mit AC, TV; es gibt eine Bar und in der Nähe Pizzeria. Nahe Malecón und ca. 15 Min. Fußweg zum Terminal Caribe Tours oder 30 Min. Fußweg zur Altstadt. Zimmer ca. 30 US-$. Calle Elvira de Mendoza 151 (Zona Universitaria), ℡ 809/476-7254, 707-0388, 221-5354, www.esmeralda-guest-house.com.

Hotel La Casona Dorada 12, kleines, angenehmes 32-Zimmer-Hotel. Zimmer 35–45 US-$. Av. Independencia 255/Esqu. Calle Osvaldo Báez, ℡ 809/221-3535, www.hotelcasonadorada.com.

Hotel Aida 55, mitten im Zentrum; kleines, sehr gut geführtes Hotel mit 15 Zimmern; leider nur 2 Zimmer mit Balkon, die restlichen teils auch ohne Fenster. Zimmer mit Balkon und Fan 45 US-$, 2 Pers. 50 US-$, mit AC 60 US-$/2 Pers. El Conde 464 (Eingang Calle Espaillat), ℡ 809/685-7692, 687-2880, www.granhotelaida.com.

Aparthotel City 18, Zimmer mit AC 35 US-$. Calle Jose Contreras 28 (gegenüber Universität), ℡ 809/682-6285.

Hotel Plaza del Sol 21, helle Zimmer mit Kochnische und AC für 45 US-$. Calle José Contreras 25 a (gegenüber Universität), ℡ 809/686-2614, www.hotelplazadelsolsantodomingo.com.

Essen & Trinken/Cafés   → Karten Umschlagklappe hinten und S. 122

Das Restaurantangebot in Santo Domingo ist riesig und vielfältig. Snacks gibt es fast an jeder Straßenecke. Wer mittags gerne warm isst, sollte bei den preiswerten Tagesgerichten (Plato del día) zugreifen, die viele und auch gute Lokale anbieten, manchmal gibt es auch mehrere Tagesgerichte zur Auswahl (ca. 100–200 RD-$) –garantiert frisch gekocht!

Restaurant La Briciola 53, nobles Restaurant mit nettem Ambiente, beidseitig des lauschigen Innenhofs überdachte Sitzplätze. Hervorragende ital.-int. Küche. Bar und Café angeschlossen. Vor der Tür parken Wagen mit Chauffeur. Calle Padre Bellini/Esqu. Calle Arzobispo Meriño, ℡ 809/688-5055. Tägl. (außer So) 12–15/18–24 Uhr.

Direkt an der Westfront der **Plaza España**, an der Calle Atarazana, gibt es einige hübsche, von Pflanzenkübeln und Palmen umrahmte Restaurants, die auch nachts noch gut besucht sind und auf einen Drink mit romantischer Kulisse einladen – wegen der Lage allerdings überhöhte Preise: **Brasserie Pat'e Palo** 35, eine Vielzahl von Snacks, aber auch guter Fisch und Cocktails; tägl. 12–24 Uhr. Ein Haus weiter **Restaurant-Pizzeria D'Angelo** 31, der Nobelitaliener serviert im Innern (mit AC) auf drei Ebenen. Es gibt einen großen Barbereich, Essräume im Royal- und Asiadesign; fantastisch, und auf jeden Fall besuchenswert ist die gemütliche pflanzenumwucherte Dachterrasse mit Blick auf den Fluss Ozama und Jachthafen; die Küche bietet Fleisch und Fisch, Pizzen aus dem Holzofen und große Weinkarte. ✆ 809/686-3586. So–Do 11–1 Uhr, Fr/Sa bis 3 Uhr.

≫ Mein Tipp: Mesón de Bari 42, Bar und Lokal auf zwei Ebenen, stilvoll eingerichtet und mit vielen Bildern verschiedener Künstler ausgestattet, die auch gekauft werden können. Heimelige Atmosphäre, guter Service, gute Gerichte (Ziege, Meeresschnecken, Fisch und Krebsfleisch); zwischen 12 und 14 Uhr gibt es den preiswerten Mittagstisch.

Nette Cafés in der Ciudad Colonial

Calle Hostos 302/Esqu. Calle Salomé Ureña, ✆ 809/687-4091, 682-4973. Tägl. 12–24 Uhr. ≪

La Taberna Vasca 37, geschmackvoll eingerichtetes Lokal (gehobenes Preisniveau) mit Innenhof und überdachten Sitzgelegenheiten; beste baskische Küche und guter Service; auch Mittagstisch (12–15 Uhr, nicht So/Mo). Calle Hostos 356/Esqu. Las Mercedes, ✆ 809/221-0079. Tägl. (außer So) 19–24 Uhr.

Restaurant Lizeth 41, im Gewölbe eines geschichtsträchtigen Hauses, hier gibt es leider nur Sitzgelegenheiten im Innern, gute Tapas und süffigen Wein. Calle Hostos 205, ✆ 829/946-8883.

Restaurant Falafel 61, hübscher, farbenprächtiger, luftiger Hinterhof mit Sitzgelegenheiten auf verschiedenen Ebenen, gute Atmosphäre, hübsche Bar, bestens auch für einen Zwischenstopp – die Küche bietet arabische Gerichte, leckere Snacks, Salate, gute Säfte, Kaffee und Alkoholika. Calle Padre Billini 352/Esqu. Calle Sánchez, ✆ 809/688-9714.

Restaurant-Café Diam's 45, die Lage und weniger das Essen ist hier das Besondere: Idyllisch sitzt man in der Fußgängerzone und genießt Salate, Sushi- und Pasta-Gerichte und Wein. Calle El Conde 60 (kurz vor Calle Las Damas), ✆ 809/689-0583. Tägl. 10–24 Uhr.

Restaurant Mimosa 51, nettes, einfaches und preiswertes Lokal mit schönem ruhigen Innenhof; hier gibt es typisch kreolische Fisch- und Fleischgerichte, auch Kuchen und Torten und preiswerte Tagesgerichte. Calle Arz. Nouel 51, ✆ 809/686-0712. Tägl. (außer So) 10–19 Uhr.

Restaurant El Conuco 14, farbenfrohes, stimmungsvolles dominikanisches Lokal mit lebensgroßen Puppen und sonstigem Nippes. Sehr gute Speisen nach Karte oder vom vielfältigen Buffet, das die Möglichkeit bietet, die Palette der dom. Küche durchzuprobieren. Renner sind die Tanzeinlagen – wer möchte, kann auch selbst tanzen, natürlich Merengue. Ein Besuch lohnt. Stadtteil Gazcue, Calle Casimiro de Moya 152, ✆ 809/686-0129.

Restaurant-Pizzeria Vesuvio 24, am Malecón gelegen, mit verglaster Veranda, genießt bei den Einheimischen einen sehr guten Ruf. Pizza, Crêpes, Fleisch- und Fischgerichte. Malecón 521, ✆ 809/221-1954.

Restaurant Adrian Tropical 22, westlich des Hotels Renaissance Jaragua auf der Meeresseite am Malecón. Hier sitzt man idyllisch auf Terrassen, genießt Meeresluft und lässt die Großstadt hinter sich. Dom. Speisen, gute

Fisch- und Fleischgerichte, Spezialität sind Mofongo-Gerichte. Beliebt bei den Einheimischen; hier auch Kinderspielplatz und Parkplätze. Stadtteil Piantini, Av. George Washington 304, ☎ 809/566-8373. Ganztägig geöffnet.

Restaurant Cantábrico **10**, zählt zu den Feinschmeckerlokalen der Stadt, mit stilvollem Ambiente, u. a. Bilder von Alberto Ulloa. Int. und mediterrane Küche, Fischgerichte. Stadtteil Gazcue, Av. Independencia 54, ☎ 809/687-5101.

Restaurant Mesón de La Cava **26**, am östlichen Ende des Parque Mirador del Sur in einer 15 m tiefen Grotte (Nahe der Diskothek La Guacara Taína). In der mit Spots ausgeleuchteten Grotte speist man stilvoll bei Kerzenschein und gestärkten Tischdecken, die Küche bietet einheimische und int. Speisen; man kommt wegen der besonderen Atmosphäre. Av. de la Salud, kurz vor Av. J. Moya, ☎ 809/533-2818.

Preiswerte Lokale Café-Restaurant El Conde **44**, gehört zum Hotel Conde Penalba, schön am Parque Colón gelegen; gute Gerichte zu vernünftigen Preisen, auch Mittagstisch. Gratis Hotspots.

Mesón de Luís **46**, zentrales Lokal, von 12–14 Uhr preiswerte Tagesgerichte. Wer es

deftig mag, kann hier dom. frühstücken (Mangú, Reis mit Bohnen). Geboten wird preiswerte gute Hausmannskost, u. a. Hühnchen, Ziege, Fisch und gute Weine. Calle Hostos 201 (schräg gegenüber Hotel Mercure Comercial). Tägl. 8–24 Uhr.

Bistro El Taquito **34** nettes Lokal, hier isst man preisgünstig mexikanische Teilchen wie Burritos, Nachos und Sandwiches. Calle Emilinao Tjera 105. Tägl. 9–24 Uhr.

≫ Mein Tipp: Parrillada Malecón 7 **13**, nettes, preiswertes Lokal unter schattigen Bäumen am Malecón und direkt am Meer – hier angeln die Einwohner ihren Fisch; gut für einen Imbiss (Salate, Hühnchen oder Cocktails). **≪**

Frühstückscafé La Cafetera **49**, an der langen Theke wird mit der beste Kaffee der Stadt serviert, zudem gibt es leckere Teilchen, Kuchen, Flan und frisch gepresste Säfte. El Conde 253. Tägl. (außer So) 8–22 Uhr.

Cafetería Paco **56**, am westlichen Ende der Fußgängermeile El Conde; rund um das Lokal sind Sitzgelegenheiten im Freien, wo man bestens frühstücken oder seine Snacks genießen kann; bester Blick auf das Straßengeschehen.

Nachtleben
→ Karten Umschlagklappe hinten &. S. 122

Das Angebot an Café-Bars, Tanzlokalen und Diskotheken ist groß. Gerade auch das Altstadtviertel, die Zona Colonial, hat sich in den letzten Jahren zu einer exquisiten Nightlife-Zone entwickelt; fantasievoll und edel ausgestattete Bars beleben die alten Gemäuer, allerdings gibt es hier auch häufig Besitzerwechsel und Schließungen. Etliche Café-Bars haben bereits tagsüber geöffnet. Tanzlokale und Diskotheken öffnen ab 19/20 Uhr, da die Dominikaner dort gerne erst mal einen Happen essen. Richtig los geht es nach 22 Uhr (Achtung: auch in der Hauptstadt unter der Woche nur bis 24 Uhr, Fr/Sa bis 2 Uhr – ausgenommen davon Hoteldiscos, hier ohne Limit). Der Eintritt ist unterschiedlich hoch und richtet sich auch danach, ob eine Gruppe spielt. In vielen Diskotheken muss man gut gekleidet sein (Dress Code!), am Ausgehwochenende brezeln sich die Dominikaner auf. D. h. kein Einlass mit Turnschuhen oder gar kurzen Hosen, sondern am besten erscheint frau in High Heels, dem kleinen „Schwarzen" und man im hübschen Hemd und Sakko.

Café-Bars In der Altstadt (s. a. Plaza España, Rest. Falafel) gibt es zahlreiche edle Szenekneipen (bei Touristen wenig bekannt), v. a. rund um die Plaza Andalucía/Av. Gustavo Mejía Ricart. Hier häufiger Namens- und Besitzerwechsel.

Café & Loungebar Segafredo **40**, beliebt tagsüber und nachts, Bestuhlung in der Fußgängerzone sowie im Innenhof. Von Café, Cocktails bis hin zu Salaten, Pizzen ist

alles zu haben. El Conde 54. Tägl. 9–24 Uhr, Fr/Sa bis 2 Uhr.

Cinema Café **8**, an der Plaza de la Cultura (→ „Museen"), beliebter Treff und Veranstaltungsort von Studenten und Künstlern; Livemusik, Freigelände zum Sitzen. www.cinemacafe.com.do.

Hard Rock Café **43**, am Kolumbus-Platz, zentral und beliebt, Bestuhlung auch im Freien.

Café de Casa de Teatro 🔢, Bar und Café, im Innenhof an Wochenenden Livemusik mit Jazz- und Latin-Combos. Calle Arzobispo Meriño 110.

Bio Bar 🔢, preiswertes Lokal für junges Publikum; gespielt wird Rock sowie aktuelle internationale und nationale Musik. Calle Sánchez 125. Ab ca. 20/21 Uhr geöffnet.

Patio Loungebar 🔢, besser bekannt unter dem Namen des Inhabers und beliebten „El Canario", alias José Alberto. Der beliebte dominikanische Salsasänger ist in seinem Lokal mit langer Bar und hübschem, baumbestandenen Innenhof allgegenwärtig: von den Bildschirmen flimmern seine Musikvideos, ebenso ertönt meist seine Musik aus den Boxen und die Wände zieren seine Fotos – wer Glück hat, kann sich mit ihm an der Theke auch unterhalten. Atarazana (neben Atarazana-Museum).

Bar Doubles 🔢, neben dem Restaurant Briciola, nettes Ambiente und französische Küche. Calle Arzobispo Meriño 154 A.

Bar La Mesón de Bari 🔢, hier treffen sich Künstler und Kunstliebhaber auf ein Glas Wein oder Rum (→ „Restaurants"). Calle Hostos/Esqu. Calle Salomé Ureña.

Retro Café 🔢, nach wie vor sehr beliebt im Westen der Stadt; Plaza Andalucía II, 2. Stock.

Gratis-Nachtleben in der Altstadt (→ „Veranstaltungen").

>>> Mein Tipp: Gratis-Sonntagabend-Konzerte an den Klosterruinen San Francisco. **<<<**

Parque Duarte, abendlicher Treff v. a. Fr/Sa der Einheimischen und Gay-Szene; die Musik zum Lauschen oder Tanzen ertönt aus den Colmados, wo auch die Getränke erhältlich sind, die Parkbänke sind die Sitzflächen, das Straßenpflaster der Tanzboden – alles völlig entspannt, preiswert und ohne Dress Code!

Diskotheken und Tanzlokale (Merengue/Salsa) Achtung: Öffnungszeiten beachten (s. o.). Nur Hoteldiskotheken haben Open-End.

Bar El Sartén 🔢, eine traditionelle dominikanische Bar (auch zum Tanzen, v. a. am Di ist hier der Salsa-Tanztreff), schlauchförmig und ohne Schnickschnack; am meisten los ist Do–Sa. Calle Hostos 153.

Bar Parada 77 🔢, großzügiges, beliebtes Tanzlokal bei Einheimischen und Touristen, mit langer Holztheke, offenen Türen und Fenstern. Man kann ungezwungen tanzen

(dom. Musik) oder einfach nur trinken und schauen. Calle Isabela La Católica.

Bars/Diskotheken außerhalb der Altstadt Bar/Terraza-Diskothek Teleoferta 🔢, beim Olympic-Center. Beliebt bei Einheimischen, am Di und Sa Livebands, kein Eintritt (auch nicht bei Bands). Av. 27 de Febrero/Esqu. Av. Máximo Gómez.

Bar-Diskothek Jet Set 🔢, Edeldisco, sehr beliebt und gut, im 17. Stock mit Blick auf die Stadt. Eintritt ab ca. 250 RD-$. Mo Livemusik, je nach Konzert unterschiedlicher Eintritt. Getränkezwang. Gute Kleidung gefragt. Av. Independencia 225.

La Guácara Taína 🔢, früher die bekannteste Diskothek im ganzen Land. Man steigt hinab in eine Grotte mit Stalaktiten, wo 1500 Tanzwütige Platz finden; es gibt etliche Bars und Supersound aus bester Musikanlage, Lasershows. Gespielt wird internationale Musik sowie Bachatá/Merengue/Salsa. Momentan finden hier allerdings meist nur noch große Events statt – besser vorab fragen! Dress Code. Ab ca. 22/23 Uhr bis 2/3 Uhr. Eintritt ca. 10 US-$. Parque Mirador Sur, Eingang Av. Rómulo Betancourt 655, ☎ 809/530-2662.

>>> Mein Tipp: Diskothek-Club Pure 🔢, im Hotel Magna 365 (Ehemals Meliá). Hier werden alle Musikrichtungen gespielt, aktuell sehr beliebt. Kein Eintritt, aber Dress Code. Av. Georg Washington 365 (Gazcue). **<<<**

Diskothek Praia 🔢, internationale Musikrichtung; älteres und junges Publikum und Dress Code. Av. Gustavo Mejía Ricart 74 (Naco), www.praia.com.do.

Diskothek-Loungebar Marrakesh 🔢, im Hotel Santo Domingo, beliebte Diskothek, intern. und dom. Musik. Hotelgäste haben freien Eintritt, sonst ca. 100 RD-$. Av. Independencia/Esqu. Av. Abraham Lincoln.

Diskothek Gotik Club 🔢, im Hotel Hispaniola, nur für betuchte Jugendliche, auch Reggaeton-Musik. Dress Code. Bei Livemusik ca. 16 US-$ Eintritt. Av. Indepedencia/Av. Abraham Lincoln.

Avenida Venezuela und **San Vicente de Paul**, nordöstlich der Altstadt und des Ozama-Flusses reihen sich in diesen beiden langen Avenidas viele weitere Lokale; allerdings tummeln sich hier fast nur Einheimische bei Bachata und Salsa. Mit Taxi zu erreichen! U. a. **Evolution Bar & Lounge**, gehobenes Preisniveau und Dress Code, Av. Venezuela 13. **Eclipse Dance Club**, normales Publikum, Av. Venezuela 64.

Palacio Nacional (1924) – Sitz der dominikanischen Regierung

Sehenswertes

In der **Ciudad Colonial** (Altstadt) mit ihren hübsch restaurierten Häusern und blumenverzierten Gassen reihen sich Museen, Antiquitäten- und Nobelläden sowie neu eröffnete Restaurants und Bars. Ein Rundgang oder eine geführte Tour gibt einen guten Einblick in die 500-jährige Geschichte. Wer nicht alle Museen besichtigen möchte, sollte sich zumindest die Kathedrale, den Palast und die Festungsanlage ansehen. Wir haben einen kleinen Rundgang zu allen wichtigen Gebäuden der Stadt zusammengestellt. Er beginnt im Süden der **Calle Las Damas,** die ihren Namen den hier flanierenden Damen verdankt und eine der ältesten gepflasterten Straßen Amerikas ist, geht über die **Calle La Atarazana** wieder südwärts die **Calle Arzobispo Meriño** und die **Calle Isabel La Católica** hinunter und verläuft dann mit kleinen Abstechern entlang der **Calle Padre Billini.** Einkaufsstraße und Fußgängerzone ist die **Calle El Conde,** kleinere Läden gibt es auch in den Straßen **Calle Arzobispo Nouel** und **Calle Padre Billini,** die quer durch die Altstadt verlaufen. Wer möchte, kann sich die Stadt auch per Bähnchen oder Pferdekutsche ansehen.

Achtung: Die Öffnungszeiten der Sehenswürdigkeiten ändern sich ständig, so dass man sich lieber vorher erkundigen sollte, um nicht vor verschlossenen Türen zu stehen!

Fortaleza Ozama (Festung Ozama)

Diese riesige, fast schattenlose Festungsanlage zählt zu den ältesten Amerikas und erstreckt sich strategisch günstig oberhalb der Flussmündung des Ozama. Man betritt sie von der Straße Las Damas aus durch das mächtige, kunstvoll geschnitzte

Die Fortaleza Ozama und der Torre del Homenaje

Eingangstor Carlos' III. aus dem Jahre 1787, immerzu bewacht von hübsch uniformierten Gardesoldaten. Kurz danach fällt der Blick auf die erst 1977 errichtete **Statue von Gonzalo Fernández de Oviedo,** 1533 bis 1557 Festungskommandant. Aufgrund seiner guten Kenntnisse in Geografie wurde er gerne von Kapitänen auf Eroberungszügen aufgesucht. Oviedo machte sich auch als Dichter und Chronist verdient und schrieb u. a. die in drei Sprachen übersetzte „Historia General y Natural de las Indias" („Allgemeine Geschichte Westindiens").

Fast 20 m hoch ragt die 1502–1507 von Fray Nicolás de Ovando erbaute **Torre del Homenaje (Huldigungsturm)** aus der großen Anlage. Steigt man hinauf, genießt man einen schönen Blick über die Stadt, den Hafen, den Fluss und das Meer. Der massive Turm mit den 2 m dicken Mauern war 1515–1525 Wohnsitz von *Gonzalo Fernández de Oviedo,* danach diente er bis ins 20. Jh. als Gefängnis. Unter anderem wurde hier Diego Colón gefangen gehalten. Weiter südlich sieht man das **Arsenal** aus der Mitte des 18. Jh., ein ehemaliges Zeughaus mit einem mächtigen Anker davor, der von Kolumbus' Schiff Santa Clara stammen soll. Dahinter zeigen sich niedrige Schießstände für Fluss und Hafen und südlich davon der alles überblickende hohe Schießstand sowie Kanonen gesunkener Eroberschiffe. Ganz im Süden befinden sich Mauerreste vom Wachhaus des um 1550 für die Verteidigung zum Meer hin errichteten **Fort von Santo Domingo.**

Tägl. (außer Mo) 9–17 Uhr. Eintritt 60 RD-$, Studenten und Kinder ab 7 Jahren 20 RD-$. Calle Las Damas.

Casa Rodrigo de Bastidas (Bastidas-Haus) – Museo Trampolin

Nördlich grenzt direkt an die Festung das 1504 erbaute Herrenhaus von *Rodrigo de Bastidas,* der bereits mit Kolumbus nach Hispaniola kam und als Eroberer von Kolumbien sowie Gouverneur auftrat. Ein von Arkaden eingerahmter Innenhof ist die Zierde des Hauses, in dem heute eine Galerie für zeitgenössische Kunst und (seit

2004) ein **Familien-/Kindermuseum** untergebracht sind. Letzteres ist eine Art Wissenszentrum für Kinder und lädt u. a. ein zu Diskussionsrunden, Filmen oder Ausstellungen über Ökologie, Familie und Gesellschaft (fast ausschließlich in spanischer Sprache) und bietet zudem ein Spielzimmer. Der lauschige Garten wird gern für Kindergeburtstage angemietet.

Di–Fr 9–18 Uhr, Sa/So 10–19 Uhr. Eintritt 100 RD-$, Kinder 50 RD-$. Calle Las Damas.

Casa Cortés oder Casa de Francia (Cortés-Haus)

Gegenüber der Casa de Bastidas ist das französische Kulturinstitut in dem stilvollen Haus des Mexiko-Eroberers *Hernán Cortés* untergebracht.

Hostal Nicolás de Ovando

Um 1504 ließ *Nicolás de Ovando* 15 wunderschöne Herrenhäuser errichten. Das heute nach ihm benannte Haus mit dem beeindruckenden gotischen Portal steht am nördlichen Ende der Calle Las Damas. Im Erkerzimmer soll General Pedro Santana, der erste Präsident der Republik, immer seine Siesta gehalten haben. Das nebenan erbaute Gebäude mit Kapelle bewohnte die wohlhabende *Familie Dávila*. 1970 wurde der Komplex restauriert und zu einem schmucken Hotel mit Blick auf den Ozama umgebaut, das Flair des 16. Jh. blieb erhalten. Heute beherbergt es in erweiterter Form ein Luxushotel (→ „Übernachten").

Panteón Nacional (Nationalpantheon)

Gegenüber dem Hostal Ovando in der Calle Las Damas beeindruckt mit einer mächtigen Kuppel und mit Seitenkapellen das von Soldaten bewachte Nationalpantheon. Der monumentale Bau wurde zwischen 1714 und 1745 errichtet und diente bis 1767 den Jesuiten als Kirche. Danach lagerte man hier Tabak und es fanden Theateraufführungen statt. Unter Trujillo wurde der Bau 1955 restauriert und zu einem Gedenkfriedhof für wichtige Persönlichkeiten wie den Freiheitshelden *Francisco del Rosario Sánchez* und den Dichter der dominikanischen Nationalhymne *Emilio Prud'homme* umgebaut. Trujillo selbst wurde dieser Ort als letzte Ruhestätte verwehrt. Der reich verzierte Leuchter, der von der Kuppel auf das Grab von General Santana herabhängt, war ein Geschenk des spanischen Diktators Francisco Franco. Die beiden Gitter in

Nationalpantheon –
zur Verschönerung ein Kronleuchter
vom span. Diktator Franco

der oberen Etage sollen aus Nazi-Deutschland und sogar aus einem Konzentrationslager stammen.

Der benachbarte einstige Klosterhof, nach Diego Colóns Ehefrau *María de Toledo* benannt, ist ein hübscher, mit Pflanzen geschmückter, ruhiger Platz und Durchgang zur Calle Isabel La Católica.

Tägl. 8–18 Uhr. Eintritt frei.

Museo de Las Casas Reales

Das Museum befindet sich etwas weiter nördlich des Pantheons in dem zwischen 1509 und 1528 errichteten imposanten Gebäude, das als Oberster Gerichtshof der Neuen Welt diente, später als Sitz der Gouverneure und königliches Schatzamt. Heute können hier Seekarten, nautische Geräte und Kopien von Kolumbus' Schiffen sowie Relikte aus der Taíno-Epoche, eine alte Apothekeneinrichtung und eine Waffensammlung Trujillos besichtigt werden. Das Museum birgt die wichtigste kulturgeschichtliche und kunsthandwerkliche Sammlung des Landes. An der Südseite prangt das Wappen der spanischen Königin Johanna, die nach dem Tod ihres Mannes Philipp den Beinamen „die Wahnsinnige" erhielt.

Di–So 9–17 Uhr. Eintritt 100 RD-$. Calle Las Damas, ℡ 809/682-4202.

Wer beim Museumsrundgang die Uhrzeit vergessen hat, schaut gegenüber auf die **Sonnenuhr** aus dem Jahr 1753.

Plaza España

Die Calle Las Damas mündet nun in den riesigen, schattenlosen Platz mit rosé-weißem Karomuster und großzügigen Freitreppen nach allen Seiten, der erst 1990 zur 500-Jahr-Feier nach alten Vorbildern neu gestaltet wurde. Dominierendes Bauwerk ist der **Alcázar de Colón,** zwischen 1509 und 1512 aus Quadern von rosa Korallengestein für den Vizekönig Diego Colón erbaut. Kolumbus' Sohn wurde wegen der pompösen und trotz ihrer vielen Fenster einer Festung nicht unähnlichen Anlage

Alcázar de Colon – der sehenswerte Palast dominiert die Plaza España

ziemlich angefeindet. Auf beiden Seiten schmückt den Palast eine doppelstöckige, arkadenverzierte Loggia im maurisch-spätgotischen Stil. Ab 1770 diente das Bauwerk als luxuriöse Lagerhalle, nach und nach setzte der Verfall ein. 1957 und nochmals 1965 wurde der Palast gründlich restauriert. Bei Führungen durch die 22 Gemächer (auch in Deutsch und Englisch möglich) kann man die mit historischen Möbeln, sonstigen Gebrauchsgegenständen und Kunstgewerbe ausgestatteten Räume sowie die ohne Nägel auskommende Bautechnik bewundern. Der eindrucksvolle Bau bietet einen herrlichen Ausblick auf den Ozama und über den Platz.
Di–Sa 8–17 Uhr, So nur bis 16 Uhr. Eintritt 70 RD-$. ℡ 809/682-4750.

Östlich der Plaza España sieht man das von außen mit Wappen verzierte Tor **Puerta de Don Diego** als Rest der ursprünglich hier gelegenen Festung. Außerhalb, gegenüber am Fluss Ozama, der Hafen **Puerto Don Diego**, der zum *Kreuzfahrthafen* mit Terminal ausgebaut wurde – viele Kreuzfahrtschiffe, u. a. auch Aida, legen hier an. Zwischen Hafen und Stadtmauer wurden bei Abrissarbeiten alte Dockanlagen aus der Kolonialzeit entdeckt. Plänen zufolge soll hier ein archäologischer Park entstehen, einige Ausgrabungen sind bereits zu sichten.

Stadtteil Atarazana

Die Plaza España grenzt im Westen an die Calle Atarazana mit einer schön restaurierten Häuserzeile. Hier reihen sich einladende Cafés und Restaurants aneinander, die zumindest den Rand dieses verschwenderisch großen Platzes, der nur ab und zu für Konzerte genutzt wird, beleben.

Weiter nördlich führen Stufen nach unten zum **Museo Naval de Arqueología Submarina** (oder auch Museo Atarazanas). Das Museum zeigt Anschauungsmaterial über gesunkene Schiffe (Di–Sa 10–17 Uhr, So 9–13 Uhr; Eintritt 50 RD-$).

Danach stößt man auf die **Puerta de las Atarazanas,** ursprünglich Eingangstor zu diesem Stadtteil, der früher dank seiner Nähe zum Hafen und zum Palast das Handwerkerviertel war und teilweise heute noch ist. Rundum entstehen immer mehr restaurierte Prachthäuser, und es macht Spaß durch die Gassen zu bummeln. Beim **Carena-Fort** endet der Kolonialteil der Stadt, und mit dem Blick nach oben auf die Autoschlangen auf der Brücke wird man schlagartig in die Gegenwart zurückversetzt.

Iglesia y Fuerte de Santa Bárbara (Kirche und Festung Santa Bárbara)

Läuft man in westliche Richtung und dann die Calle Isabel La Católica nordwärts, stößt man auf den einstigen Steinbruch der Stadt, aus dem u. a. das Material für die Kathedrale und den Alcázar stammt. Etwas vertieft steht die 1578 für die Steinhauer erbaute Kirche Santa Bárbara mit ihren unterschiedlich hohen Türmen und den verschiedenen Baustilen. Nach ihrer Zerstörung bekam sie erst im 17. Jh. wieder eine Fassade, und 1997 wurde sie renoviert. Etwas oberhalb davon steht in einem Park die dazu gehörige Festung mit herrlichem Blick auf die Altstadt.
Nur zur Messe geöffnet: Mo–Sa 18–18.45 Uhr, So 8–9 u. 9–10 Uhr. Calle Isabel La Católica.

Museo Mundo de Ambar (Bernsteinmuseum)

In der Calle Arzobispo Meriño zeigt das 1996 eröffnete Museum in über 40 Vitrinen die kleine Welt von in Harz eingeschlossenen, über 20 Millionen Jahre alten Pflanzen und Insekten. Dazu erhält man reichlich Information über die verschiedenen Abbaumethoden, Harzfarben, Merkmale echten Bernsteins; es gibt zwei große Mikroskope zur genauen Betrachtung und natürlich auch Bernsteinschmuck in allen

Der Süden → Karten S. 144/145, 167 und 182/183

Preisklassen zu kaufen. Sehr informativ und schön gemacht. Im kleinen Innenhof kann man sich bei einem Getränk ausruhen.

Mo–Sa 8.30–18 Uhr, So 9–13 Uhr. Eintritt 50 RD-$. Calle Arzobispo Meriño 452, ☎ 809/686-5700, www.amberworldmuseum.com.

Las Ruinas del Monasterio de San Francisco (Ruine des Franziskanerklosters)

Weiter südlich beeindrucken die auf einem Hügel stehenden Ruinen des ältesten Klosters der Neuen Welt. Architekt des Kuppelbaus soll *Rodrigo de Liendo* gewesen sein. Begonnen 1508, wurde der Bau erst Mitte des 17. Jh. beendet und im 18. Jh. umgestaltet. Nach der Machtübernahme der Franzosen zog sich der Orden von der Insel zurück, und der Verfall des einst mächtigen Klosters setzte ein, beschleunigt durch Erdbeben und Hurrikans. Während der Blütezeit der Stadt holten sich viele Eroberer hier ihren Segen, und für manchen wurde es die letzte Ruhestätte, u. a. für *Bartolomé Colón* sowie Panamaeroberer *Alonso Quejeda*, dessen Grab angeblich unter der Eingangspforte lag und geplündert wurde. Hier soll auch der berühmte Kazike Guarocuya mit dem christlichen Namen *Enriquillo* unterrichtet worden sein. Heute bewohnen unzählige Tauben die Gemäuer, die großen Flächen rundum bieten Platz für Kinder und Liebespärchen und eine herrliche Kulisse für Konzerte und Theateraufführungen. Bei Ausgrabungen stieß man auf eine Kanalisation und einen Brunnen, die zu den ersten der Stadt gehören. Jeden Sonntagabend gibt es hier auf dem Freigelände Gratis-Konzerte (→ „Veranstaltungen").

Die Ruinen des Klosters San Francisco

Tägl. 10–17 Uhr. Eintritt frei.

Hospital San Nicolás de Bari

Südlich des Franziskanerklosters in der Calle Hostos liegen die Ruinen des ersten europäischen Krankenhauses (mit Ambulanz) in der Neuen Welt. Es wurde zusammen mit der Kapelle *Nuestra Sra. de Altagracia* unter Gouverneur Ovando zwischen 1503 und 1508 erbaut und war dem Hospital Santu Espiritu in Rom angeschlossen. Das Krankenhaus bestand von 1535 bis ins 19. Jh. Auch hier werden Restaurationsarbeiten vorgenommen.

Museo Casa de Duarte

Im Norden der Calle Isabel La Católica steht das Wohnhaus von Juan Pablo Duarte, dem Gründungsvater der Dominikanischen Republik, das heute mit Dokumenten und Erinnerungen an ihn als kleines Museum dient.

Mo–Fr 8–18 Uhr, Sa/So 9–16 Uhr. Eintritt 10 RD-$. Calle Isabel La Católica.

Centro Cultural de las Telecomunicaciónes

Das 2011 eröffnete Museum ist im alten Gebäude der alten Radiostation an der Calle Isabel La Católica untergebracht. Es zeigt die Entwicklung der Kommunikation in der Dominikanischen Republik von 1920 bis hin zur Telekommunikation von heute. Alles wird anschaulich präsentiert, es gibt auch eine Führung.

Di–Sa 9–16 Uhr, So 10–17 Uhr, Mo Ruhetag. Eintritt 100 RD-$, Kinder/Stud. 50 RD-$. Calle Isabel La Católica.

Casa del Cordón

Das schön restaurierte Herrenhaus mit der steinernen Kordelverzierung (= span. cordón) am Eingangstor und dem lauschigen Innenhof ist heute Sitz des Kulturinstitutes, unterstützt von Banco Popular. Es liegt in der Calle Isabel La Católica, gegenüber dem Telekommunikations-Museum, im heutigen Bankenviertel. Erbaut um 1503 für den späteren Gouverneur von Jamaica, *Francisco de Garay,* soll die Casa del Cordón das älteste Steingebäude der Stadt sein. Hier tagte der Gerichtshof, ehe er in die Casas Reales übersiedelte, und hier wohnte Diego Colón mit seiner Frau María de Toledo, bis der Palast errichtet war. Der Pirat Sir Francis Drake ließ nach seinem Überfall auf die Stadt 1586 die reichen Damen hierher kommen, um die gefangen genommenen Ehemänner gegen den Schmuck der Frauen einzutauschen. Trotz reicher Beute und

Hospital San Nicolás de Bari

des Versprechens nicht zu brandschatzen, konnte Drake dem Zündeln nicht widerstehen. Und er verschonte auch die Kirche nicht: Kirchendiener, die Inventar auf die Seite bringen wollten, wurden aufgehängt.

Mo–Fr 9–16 Uhr. Eintritt frei. Calle Isabel La Católica/Esqu. Calle Emiliano Tejera.

Parque Colón (Kolumbus-Park)

Der Park zwischen Calle Isabel La Católica und Calle Arzobispo Meriño ist eigentlich der Domplatz. Wer rasten möchte, kann dies hier tun und in aller Ruhe die **Kathedrale,** die Touristen und das **Denkmal des Kolumbus** betrachten. Letzteres wurde 1887 unter dem Diktator *Ulises Heureaux* (1885–1899) aus Granit und Bronze gefertigt. Die vier Ecken des Sockels zeigen Schiffsrümpfe als Symbole von den Fahrten des Kolumbus. An der Ostseite des Platzes fällt der Blick auf den **Palacio de Borgellá,** wo während der haitianischen Besatzung Gouverneur Borgellá seinen Sitz hatte. Nördlich des Platzes gibt es Cafés, ein kleines *Bernstein-Museum* (tägl. 9–16 Uhr) mit Verkaufsraum und ein Tabakmuseum (Di–So 9–12/14–17 Uhr), wo man den Tabakrollern zusehen und natürlich Zigarren kaufen kann.

Catedral Santa María la Menor (Kathedrale)

Am 25. Mai 1510 erhielt der Architekt *Alonso de Rodrígues* den königlichen Auftrag zum Bau der Kathedrale, die vollständig **Basilica Menor de la Virgen de La Anunciación** heißt. Drei Wochen später stach er mit Konstrukteuren und Steinmetzen in See. Alles begann bestens, Don Diego Colón legte den Grundstein, und es wurde gearbeitet, doch nicht lange. Die Arbeiter hörten vom Goldrausch in Mexiko und beschlossen einmütig, lieber dort eine Kathedrale zu errichten. 1519 kam der Bischof Alessandro Geraldini auf die Insel

Hispaniola und staunte nicht schlecht, dass die reichen Herren ringsum in feudalen Häusern wohnten, während sein Gotteshaus gerade eine Schicht Stein aufwies. So legte er im März 1521 erneut den Grundstein und gewann mit Engelszungen Arbeiter, die erst 1540 die Kirche bis auf den Glockenturm vollendeten. Die Kirche im Stil der Gotik und spanischen Renaissance (Platereskan-Stil) wurde 1546 von Papst Paul III. zur „Ersten Erzbischöflichen Kathedrale der Neuen Welt" gekürt.

Durch drei Portale gelangt man ins mächtige Innere der 50 m langen Kirche, die neben dem Hauptaltar noch 14 Seitenaltäre aufweist, in denen unter anderem die sterblichen Überreste von

Die Fassade der Kathedrale

Christoph Kolumbus lagen, ehe sie 1992 in den Faro a Colón umgebettet wurden. Bei Restaurierungsarbeiten war man 1877 auf sein Grab gestoßen, das man in Sevilla vermutet hatte, ohne die Gebeine jedoch mit letzter Sicherheit ihm zuordnen zu können. Die Kirche birgt wertvolles Inventar: Neben dem silbergeschmiedeten Barockaltar glänzt u. a. das Gemälde eines unbekannten Künstlers „Virgen de la Antigua", angeblich ein Geschenk des spanischen Königshauses an Kolumbus, und die Königskrone der Isabel La Católica. Die modernen Buntglasfenster sind eine Arbeit des dominikanischen Künstlers José Rincón Mora, Spender war der Münchner Kardinal Friedrich Wetter. Ein musikalischer Genuss ist die sonntägliche Messe: die instrumentale und vokale Untermalung ist eine Mischung aus Vals Creol und Bachata und die Akkustik ist faszinierend. Die Texte richten sich diesmal nicht an den irdischen Liebsten, sondern an den Liebsten im Himmel.

Mo–Sa 9–16 Uhr. Eintritt 30 RD-$. Messe Mo–Sa 17 Uhr, So 12 u. 17 Uhr (Di keine Messe).

Iglesia y Monasterio de Santa Clara (Kirche und Kloster Santa Clara)

An der Kreuzung Calle Isabel La Católica und Calle Padre Billini steht das um 1555 erbaute erste Frauenkloster der Neuen Welt. Sehenswert sind die erhaltenen steinernen Kassettendecken.

10–16 Uhr. Eintritt frei.

Casa del Tostado und Museo de la Familia Dominicana del Siglo XIX (Haus des Tostado und Familienmuseum)

An der Kreuzung Calle Padre Billini und Calle Arzobispo Meriño steht das 1516 erbaute, hübsch renovierte Haus des Stadtschreibers Francisco Tostado, der es großzügig dem Erzbischof als standesgemäße Bleibe überließ. Heute sind darin Gebrauchs- und Einrichtungsgegenstände vom Ende des 19. Jh. zu sehen.
Mo–Sa 9–16 Uhr. Eintritt 20 RD-$.

Larimar-Museum

Allen Larimar-Liebhabern sei dieses kleine Museum empfohlen. Sehr informativ, mit Schautafeln über den Abbau von Larimar, schön gestaltet. Natürlich gibt es hier auch wunderbar gefasste Schmuckstücke zu kaufen.
Mo–Sa 8.30–18 Uhr, So 9–13 Uhr. Eintritt frei. Calle Isabel La Católica 54, ☎ 809/689-6605.

Plaza Fray de Las Casas

Auf dem Platz gegenüber der Casa Tostado steht ein Denkmal, das den Dominikanerpater *Bartolomé de Las Casas* (1474–1566) in einer nachdenklichen Pose darstellt. Er sprach sich ebenso wie Fray Montesino (→ Monumento a Fray Montesino) gegen die Sklaverei aus und schrieb Bücher, die wesentlich zu einer besseren Behandlung der Sklaven per Gesetz ab 1542 beitrugen.

Mit der Kutsche durch die Altstadt

Convento de los Dominicos (Dominikanerkloster)

Weiter westlich in der Calle Padre Billini, Ecke Calle Hostos steht dieser großartige Sakralbau. Der Konvent wurde 1510 gegründet und war ab 1517 bewohnt. 1512 fanden bereits die ersten theologischen Seminare statt und 1538 wurde hier unter Papst Paul III. die erste Universität der Neuen Welt gegründet, *La Universidad de Santo Tomás de Aquino*. Das Kloster zeigt die verschiedensten Stile von Gotik bis Neoklassik, es erlitt im 17. Jh. durch ein Erdbeben schwere Schäden, wurde aber anschließend wieder aufgebaut. Die Westfassade prunkt mit Sevilla-Kacheln und barocken Weinstockverzierungen. Sehenswert sind u. a. der neoklassische Hochaltar aus dem 18. Jh., ein Geschenk Karls V., sowie das Deckengemälde der Kapelle, gestaltet mit Tierkreiszeichen und vier griechischen Göttern, die die Jahreszeiten symbolisieren.

Noch etwas weiter westlich errichteten die Dominikaner im 18. Jh. die Kapelle **Capilla de la Tercera Orden,** wo Eugenio María de Hostos im 19. Jh. die ersten Lehrerseminare der Insel veranstaltete.
 Mo–Sa 9–12 Uhr. Eintritt frei.

Gegenüber befindet sich die **Plaza Duarte** mit der *Statue von Juan Pablo Duarte*, dem Staatsgründer der Dominikanischen Republik. Hier soll auch die *Kazikin Anacaona* hingerichtet worden sein.

Iglesia Regina Angelorum

Ebenfalls in der Calle Padre Billini, Ecke Calle José Reyes, steht die 1537 erbaute und im 17. und 18. Jh. stark umgebaute Kirche des Franziskanerinnenklosters. Gut erhalten blieb das Seitenportal im spanischen Renaissancestil. Die Madonnenfigur wurde zu Ehren des hier bestatteten Padre Billini angebracht.

Convento de Las Mercedes

Folgen wir der Calle José Reyes nordwärts, so treffen wir an der Ecke Calle Las Mercedes auf das von *Rodrigo de Liendo* entworfene Kloster des Mercedarier-Ordens, zwischen 1530 und 1550 erbaut, im 17. und 18. Jh. mehrmals umgestaltet und erst 1987 renoviert. Beachtenswert sind der geschnitzte Altar mit versilberten Arabesken, der zu den schönsten der Stadt zählt, wie auch das Altargemälde der María de Las Mercedes.
Mo–Sa 9–12 Uhr.

Monumento a Fray Montesino

Malecón

Diese breite und fast 30 km lange Uferstraße bildet den Saum der Stadt. Im Altstadtbereich wird der Malecón mit seinen Plätzen am Meer alljährlich zu Paraden und Ende Juli/Anfang August zur größten Attraktion, dem Merenguefestival, gesperrt und verwandelt sich in eine einzige Tanzfläche. Den Rest des Jahres pulsiert der Autoverkehr hier vierspurig am Meer entlang, so dass ein Spaziergang am Uferweg wenig beschaulich gerät; außer ein paar Liebespärchen oder fliegenden Händlern trifft man viele Jogger. Zudem stehen hier namhafte Hotels und einige Monumente. Nahe der Altstadt heißt die Uferstraße *Paseo Presidente Billini*, ab der Av. J. Moya wird sie zur *Av. George Washington*.

Monumento a Fray Montesino: Das 30 m hohe Denkmal wurde 1982 am Meer, an der Ecke zur Calle Las Damas, errichtet und erinnert an den Dominikanerpater, der sich für die Indianer einsetzte. Am

21. 12. 1511 hielt er seine berühmte Anklagepredigt vor Diego Colón und anderen Eroberern und Kolonialherren. Am Denkmal stehen auf einer Tafel seine wichtigsten Sätze: „Sagt, mit welchem Recht und nach welcher Gerechtigkeit haltet Ihr diese Indianer in solch grausamer und schrecklicher Knechtschaft? Sind sie keine Menschen? Haben sie keine vernunftbegabten Seelen? Seid ihr nicht verpflichtet, sie zu lieben wie Euch selbst? Versteht ihr das nicht? Fühlt ihr das nicht?" Diese Predigt veranlasste auch *Bartolomé de Las Casas* umzudenken und sich für die Rechte der Sklaven und insbesondere der Taínos einzusetzen, für die jedoch die 1542 neu erlassenen Gesetze zu spät kamen. Allerdings kann man nicht sagen, dass die beiden Padres die Sklaverei abgelehnt hätten, denn Arbeitskräfte wurden benötigt, auch von der Kirche, aber sie wollten einen humaneren Umgang mit ihnen erreichen.

Obelisco hembra (Weiblicher Obelisk): Dieser Obelisk, einer Stimmgabel gleich, an der Ecke Calle Pato Hincado errichtet, sollte an die wiedererlangte Staatssouveränität durch den Trujillo-Hull-Vertrag von 1940 erinnern. Er wurde 1961 nach dem Sturz Trujillos zerstört und erst in den 1980ern wieder aufgebaut.

Obelisco macho (Männlicher Obelisk): Das Gegenstück, einem Phallus nicht unähnlich, folgt ein Stück danach (Ecke Presidente Vicini Burgos), ebenfalls ein fast vergessenes Relikt der Trujillo-Ära. Es sollte daran erinnern, dass Santo Domingo 1936 in Ciudad Trujillo umbenannt wurde.

Etwa 5 km weiter auf der Av. George Washington stadtauswärts gemahnt ein kleines **Trujillo-Denkmal** mit einer daneben stehenden dominikanischen Staatsflagge an die Ermordung des Diktators im Mai 1961. Er wurde hier von Attentätern in seiner Limousine erschossen.

Puerta del Conde und Parque de la Independencia

Das Conde-Stadttor war Teil der Stadtbefestigung aus dem 17. Jh. und steht am Ende der Calle El Conde, der heutigen Fußgängerzone, benannt nach dem Gouverneur *Conde de Penalva*. Hier wurde am 27. Februar 1844 die Unabhängigkeit pro-

Puerta del Conde – Blick auf den „Altar de la Patria"

klamiert. Heute weht über dem Tor die Nationalflagge, die täglich um 17 Uhr feierlich von der Nationalgarde eingeholt wird. Auf dem Pflaster sieht man eine Windrose und den *Kilometerstein Null,* von dem aus alle Inselstädte vermessen werden.

Gegenüber liegt eine kleine grüne Oase, der Parque de la Independencia mit dem **Altar de la Patria,** einem Mausoleum für die drei Freiheitshelden *Juan Pablo Duarte, Ramón Mella* und *Francisco Sánchez,* die im Unabhängigkeitskampf die führenden Rollen übernahmen und, von der Ehrengarde bewacht, hier in weißem Marmor glänzen.

Mercado Modelo (Markt)

Die Markthallen stehen nun im Norden der Altstadt an der Av. Mella. Hier wird neben Lebensmitteln vor allem Kunsthandwerk angeboten, begleitet von lautstarken Merenguerhythmen und dem Gefeilsche der Käufer. Ringsum sind ebenfalls jede Menge Läden und Buden. Im Gedränge auf Wertsachen achten!

Plaza de la Cultura

Die wichtigsten Museen der Stadt liegen dicht nebeneinander an der *Plaza de la Cultura* (an der Av. Máximo Gómez zwischen Calle Cesar Nicolás Penson und Av. Pedro Henríquez Ureña), einem umfriedeten, mit Skulpturen und Parkplätzen ausgestatteten weitläufigen Park, der zum Entspannen und Einstimmen geradezu auffordert. Neben den Museen befinden sich hier das Nationaltheater und die Nationalbibliothek. Zum Ausruhen und Stärken gibt es ein Café-Restaurant.

Museo Nacional de Historia y Geografía (Museum für Geschichte und Geografie): In drei Sälen erhält man einen guten Einblick in die geschichtliche Entwicklung des Landes von der Unabhängigkeitserklärung bis zur Gegenwart: u. a. Sammlung von Karten aus der Kolonialzeit. Dokumentiert werden die haitianische Besatzung, der Freiheitskampf, die US-Besatzung sowie die Trujilla-Ära mit Gegenständen aus dem persönlichen Besitz des Diktators.
Di–So 9.30–16.30 Uhr. Eintritt 20 RD-$.

Museo del Hombre Dominicano (Museum der Dominikaner): Auf zwei Etagen werden archäologische und ethnologische Sammlungen gezeigt, u. a. Funde aus präkolumbischer Zeit. In Schaukästen findet man das Leben der Taínos dokumentiert, es gibt Exponate über Sklaventransporte, nachgebaute Häuser mit Inventar und Karnevalsmasken zu sehen.
Di–So 10–17 Uhr. Eintritt 100 RD-$ (Kinder 20 RD-$). ✆ 809/687-3622.

Museo de Historia Natural (Naturgeschichtliches Museum): Hier sieht man ein Modell des Universums und der Erde, ausgestopfte Tiere sowie Modelle von verschiedenen Landschaftszonen der Insel.
Di–So 10–17 Uhr. Eintritt 50 RD-$ (Kinder 25 RD-$). ✆ 809/689-0106.

Galería de Arte Moderno: Das Museum für moderne Kunst zeigt auf vier Stockwerken ständig wechselnde Ausstellungen dominikanischer Künstler.
Di–So 9–17 Uhr. Eintritt 50 RD-$ (Kinder 5 RD-$). Eingang Calle Pedro Henriquez Ureña, ✆ 809/685-2154.

Palacio Nacional de Bellas Artes (Palast der Schönen Künste): Dieser neoklassizistische Prachtbau ist nachts durch die Scheinwerfer-Illuminierung besonders beeindruckend. Die Räumlichkeiten werden für klassische und moderne Theaterstücke und eine Kunstschule genutzt und sind u.a. Sitz des National-Balletts, -Theaters und -Chors.
Di–So 10–18 Uhr. Av. Máximo Gómez/Esqu. Av. Independencia (südl. der Plaza de la Cultura), ✆ 809/682-1325.

Kunstgalerie Cándido Bidó: Hier werden in einer Dauerausstellung die Werke des Malers Cándido Bidó (1936–2011) präsentiert, die leuchtend und farbintensiv sind und meist die Sonne als Markenzeichen haben. Er zählte zu den bedeutendsten Malern der Dominikanischen Republik. Seine Werke sind in Museen der USA, Europa und im Nahen Osten zu betrachten.

Di–So 10–18 Uhr. Eintritt frei. Stadtteil Gazque, Calle Dr. Baez No 5 (zwischen Av. 30 de Marzo und Av. Delgado), ☎ 809/685-5310.

Parks

Es gibt einige Parks in Santo Domingo, von denen sich allerdings keiner direkt im Zentrum befindet.

Parque Enriquillo: Dieser kleine Park an der verkehrsreichen Av. Duarte, Ecke Calle Ravelo liegt im Viertel der Straßenmärkte und Geschäfte und damit dem Zentrum am nächsten. Hier kann man sich wunderbar vom Einkaufen ausruhen.

Parque Mirador del Sur (auch **Paseo de los Indios**): Die rund 5 km lange, grüne Lunge liegt im Westen der Stadt, es gibt viele Wege, einen kleinen See, eine Höhle und den Aussichtspunkt Mirador del Sur, zudem die bekannte Tropfsteinhöhlen-Diskothek *La Guacara Taína*.

Anfahrt: Av. George Washington, die in die Autopista de Mayo übergeht, immer westwärts bis Kreuzung Av. Núñez de Caceres; dann nach Norden. Der Park liegt zwischen Av. Mirador del Sur und Av. Anacaona.

Des Weiteren gibt es an großen Parks noch den **Parque Mirador Norte,** die große grüne Lunge nördlich des Zoos und nördlich des Flusses Río Isabela, und den **Parque Mirador del Este** (→ Parque Los Tres Ojos) im Osten der Stadt in Richtung Flughafen.

Jardín Botánico (Botanischer Garten)

Über eine Fläche von 180 Hektar erstreckt sich dieses nach dem dominikanischen Botaniker Rafael Moscoso benannte Gelände, das zu den schönsten seiner Art in der Karibik zählt. Man muss die großen Entfernungen nicht zu Fuß bewältigen, sondern kann die Pferdekutsche oder das Bähnchen nehmen (20 RD-$). Es gibt über 200 verschiedene Palmenarten, großflächige Orchideenpflanzungen, Wasserpflanzen, einen japanischen Garten und eine Schlucht mit Urwaldpflanzen zu besichtigen. Mehr Informationen über Pflanzen hält das Museum bereit. Auch für Nicht-Botaniker eine herrliche Oase der Ruhe.

Strelizie

Öffnungszeiten Tägl. 9–18 Uhr. Eintritt 5 US-$ (Kinder 2 US-$). ℡ 809/385-2611.

Anfahrt   Auto: Vom Zentrum die Av. George Washington westwärts bis Kreuzung Av. Abraham Lincoln, dann in nördlicher Richtung über die Av. J. F. Kennedy und weiter in die Av. de los Proceres, an der Kreuzung Av. Jardín Botánico einbiegen und nach Norden bis zum Eingang fahren.

Metro: Linie 2 (Station Lincoln), dann noch 1 km nordwärts.

Parque Zoológico Nacional (Zoo)

Das 160 Hektar große Gelände grenzt an den Río Isabela. Die meisten Tiere hier können sich in ihren Freigehegen bewegen. Interessant sind auch die begehbaren Vogelhäuser, das Reptilienhaus und der Krokodilteich. Zudem gibt es einen Kinderzoo. Über das schön gestaltete Areal fährt eine kleine Bahn (im Eintrittspreis enthalten).

Öffnungszeiten Di–So 9–17 Uhr. Eintritt 10 US-$ (Kinder 6 US-$). ℡ 809/562-3149.

Anfahrt   Auto: Über Av. George Washington bis zur Av. Máximo Gómez, dann fast 5 km nordwärts bis Kreuzung Av. Paseo de los Reyes Católicos und westwärts bis zum Eingang in der Av. Zoológico.

Bus: Per Bus Nr. 32 direkt ab Station La Feria (Centro Herores) über die Av. Churchill bis zum Eingang.

Parque Infantil

Wer seinen Kinder etwas Gutes tun möchte, geht in diesen Vergnügungspark mit Karussells, Autoscooter und sonstigen Fahrgeschäften.

Anfahrt: Av. George Washington bis Av. Máximo Gómez, dann westwärts in die Av. Bolívar und nordwärts bis zum Eingang an der Av. Alma Mater.

Sehenswertes außerhalb des Zentrums

Faro a Colón (Leuchtturm des Kolumbus)

Dieses monumentale, mit weißen Marmorplatten verkleidete Bauwerk, einem übergroßen Steindampfer auf dem Trockendock nicht unähnlich, befindet sich östlich des Stadtzentrums fast gegenüber dem Alcázar de Colón. Geblendet wird man bereits, wenn man die vielen Stufen aus weißem Marmor erklimmt, bis man endlich zum Kassenhäuschen und dann ins Innere gelangt, wo weiß uniformierte Marinesoldaten das Grabmal von *Christoph Kolumbus* (Cristóbal Colón) bewachen. Seine Gebeine wurden aus der Kathedrale Santa María la Menor anlässlich der Einweihung des Faro a Colón hierher überführt. Im Streit zwischen Spaniern und Dominikanern, ob nun Kolumbus in Sevilla oder in Santo Domingo begraben liegt, gibt es viele Varianten, von denen eine besagt, dass anscheinend in beiden Gräbern Körperteile des Kolumbus gefunden wurden.

An der Außenfassade des Bauwerks sind als Symbol des Dankes an den Entdecker der Neuen Welt die Namen aller lateinamerikanischen Staaten angebracht. Etliche dieser Länder hatten sich schon einmal um 1920 an der Diskussion um das Bauvorhaben beteiligt. Trujillo veranlasste 1929 eine Ausschreibung unter rund 2000 Architekten aus rund 50 Ländern. Ein völlig unbekannter Engländer, der 23-jährige *Joseph Gleave,* gewann. 1948 wurde die Baugrube ausgehoben, um den Sockel zu gießen, der fast die gesamte Zementproduktion des Landes verschlang. Erneuter Stillstand trat ein durch Weltkrieg, Wirbelstürme und politische Stagnation, bis der damalige Präsident *Joaquín Balaguer* dieses Projekt 1987 erneut aufgriff. Knapp vor den angesetzten Einweihungsfeierlichkeiten am 12. Oktober 1992, zu denen sämtli-

che Staatsmänner Amerikas, Lateinamerikas und Spaniens sowie kirchliche
Würdenträger eingeladen waren, konnte das Bauwerk beendet werden. Aus
der großen Feier wurde jedoch nichts,
da die meisten Gäste absagten, was
Balaguer sehr kränkte. Die Unsummen,
die dieser Bau kostete, kann niemand
genau beziffern, man munkelt zwischen
50 und 70 Millionen US-Dollar – vielleicht zu viel für einen Eroberer, dessen
Ruhmestaten heute umstritten sind, aber
eine Summe, die Glanz in die Elends-
viertel gebracht hätte. Der als giganto-
manisch verschriene Auftraggeber Joaquín Balaguer suchte wie auch Trujillo
(→ „Samaná") besondere Zeichen zu
setzen, die er selbst mit Weltwundern
verglich: Vom Dach des ohnehin bom-
bastischen „Leuchtturms" (240 m lang,
34 m breit, 46 m hoch), der von oben
betrachtet ein liegendes Kreuz darstellt,
strömten abends bis vor wenigen Jahren
aus 146 Scheinwerfern weithin sichtbare Laserstrahlen, die ebenfalls ein Kreuz

Das Grabmal von Kolumbus

in den Himmel zeichneten – dieses Licht sollte den gesamten karibischen Raum
erhellen. Ein Wahnwitz war dies für ein Land mit massiven Energieproblemen, wo
ständig irgendwo den Leuten der Strom abgedreht wurde. Heute denkt man ener-
giebewusster und die Laser werden nur noch zu wenigen Anlässen im Jahr ein-
geschaltet. Dennoch sind die Dominikaner stolz auf dieses Bauwerk, und auch für
andere lateinamerikanische Staaten, die es mitfinanziert haben, symbolisiert es
über den Dank an Kolumbus hinaus das Ringen um ihre eigene Identität.

Außer dem Grabmal gibt es eine Sammlung mit Mariendarstellungen aus ganz Lateinamerika und ein Kolumbus-Museum zu besichtigen: Es werden seine Schriften
und sein Testament gezeigt, Modelle von Schiffen des Kolumbus sowie von weiteren berühmten Schiffen, außerdem Pläne zum Bau des Faro. In den anderen Räumen präsentiert das Museo de Rescate Submarino Funde aus gesunkenen Schiffen
und traditionelle Gegenstände; des Weiteren zeigen lateinamerikanische, aber auch
europäische Länder in kleinen Schaukästen ihre Besonderheiten.

Öffnungszeiten Di–So 9–17.30 Uhr. Eintritt 100 RD-$ (Kinder 20 RD-$). Av. Mirador
del Este, ☎ 809/591-1492.

Anfahrt Die Av. 27 de Febrero oder die Av.
Las Américas in östlicher Richtung stadtauswärts fahren und dann (2. große Kreuzung nach der Flussüberquerung) in die Av.
Faro a Colón südwärts abbiegen.

Parque Los Tres Ojos

An den Park Mirador del Este, östlich des Leuchtturms, grenzt der Parque Los Tres
Ojos (Drei Augen). Attraktion ist ein großes unterirdisches Höhlensystem mit drei
Seen. Zu zwei Höhlen kann man über in den Stein gehauene Treppen hinabsteigen,
die dritte erreicht man mit einem per Seil geführten Floß über den zweiten See.

Der Süden → Karten S. 144/145, 167 und 182/183

Diese beeindruckende Tropfsteinhöhle mit ihrer üppigen Vegetation ist die Fahrt wert. Es soll auch noch einen vierten, sagenumwobenen See geben.

Öffnungszeiten Tägl. 8–17.30 Uhr. Eintritt 100 RD-$ (Kinder 50 RD-$). Av. Mirador del Este, ✆ 809/472-4204.

Anfahrt über die Av. Las Américas, dann den Schildern in Richtung Mirador del Este und Los Tres Ojos folgen.

Acuario Nacional

Hier kann man in verschiedenen Aquarien Meerestiere beobachten, u. a. tropische Fische, Schildkröten, aber auch Haie, denen man sich im sicheren Glastunnel nähert. Nebenan wurde ein **Wasser-Fun-Park** (Aqua Splash Caribe) angelegt (Eintritt 200 RD-$).

Öffnungszeiten Di–So 9.30–17.30 Uhr. Eintritt 3 US-$ (Kinder 2 R-$). Av. España 77, ✆ 809/766-1709.

Anfahrt südlich des Parque del Este, kurz vor der Kreuzung Av. Las Américas und Av. España.

Museo Ceremonial La Caleta

Auf dem Weg zum Flughafen findet man hier in Ufernähe freigelegte Taíno-Gräber. In dem kleinen Museum werden die dazu gehörigen Funde ausgestellt. Zudem ist hier der *Parque Nacional Submarino La Caleta*, ein beliebtes Tauchrevier (→ „Tauchen" und „Nationalparks"). Wer schnorcheln will: Die Fischer nehmen Interessierte mit hinaus aufs Meer, einfach fragen.
Tägl. 10–17 Uhr. Eintritt 30 RD-$.

Villa Mella – Cofradía de los Congos del Espíritu Santo de Villa Mella

In dem ärmlich wirkenden, aus bunten Holzbauten errichteten Dorf im Grünen beim ca. 16 km nördlich von Santo Domingo gelegenen Stadtteil Villa Mella (ca. 45 Autominuten) leben Nachfahren von Sklaven aus dem Kongo, die sich zwischen dem 16. und 19. Jh. hier niederließen. Das Besondere ist, dass die Bewohner neben der Sprache ihrer Vorväter auch deren spirituelles afrikanisches Erbe weiterpflegen; dazu zählen u. a. rituelle Volkstänze und vor allem das Trommeln. Wegen dieser außergewöhnlichen Form der Traditionspflege steht die Dorfgemeinschaft auf der Weltkulturerbe-Liste der UNESCO. Der langjährige, überaus bekannte Vorsitzende Sixto Minier starb 88-jährig Ende April 2008 und erhielt sicherlich ein glanzvolles Totenritual. Seine Gebeine sollen ins Museo del Hombre Dominicano überführt werden. Sein Amt übernahm der Rey de los Congos, Pío Brazobán, der Anfang Februar 2010 112-jährig verstarb. Die *Cofradía de los Congos del Espíritu Santo de Villa Mella* verfügt über eine kleine Kirche, eine Schule, ein Museum (Trommeln, rituelle Gegenstände etc.) und einen überdachten Treffpunkt für Versammlungen, der auch Tanzplatz ist. Das höchste Fest ist *Espíritu Santo* (7 Wochen nach dem Osterfest), im Rahmen dessen 9 Tage lang die Trommeln geschlagen werden. Die alten Traditionen und Rituale spielen auch bei der Totenbestattung eine herausragende Rolle: 21 Lieder werden litaneiartig wiederholt, dazu wird getrommelt und getanzt. Die Verwandten des Toten trauern, der Rest des Dorfes tanzt.

Information Wer sich über das Projekt informieren möchte, kann sich mit Fr. Elsa Catalina Ramirez in Verbindung setzen. Sie zeigt gerne das Gelände: ✆ 809/333-6372 oder 809/420-7231 (mobil), ritualesmilenarios@hotmail.com.
Anfahrt Auto: Über Av. Máximo Gómez nach Norden, dann über den Río Ozama, und weiter auf der Av. El Manos Mirabál bis Kreuzung Av. Charles de Gaulle. Geradeaus wenige Meter weiter, dann links in die Carretera Yamasa abbiegen. Bis Monte Plata weiterfahren, bei Club Joseph links (hier weiß jeder über das Dorf Bescheid).
Bus: nach Punta, bis Calle 30, bei Mata Los Indios aussteigen und ca. 1 km zu Fuß.
Metro: Linie 1, bis Endhaltestelle (Mama Tingo).

Bayahibe – der schöne neugestaltete Fischerhafen

Der Südosten

Die vierspurige *Autopista Las Américas* führt von Santo Domingo stadtauswärts, vorbei am internationalen *Flughafen Las Américas Dr. José Francisco Peña Gómez* und weiter als *Autovía del Este* (auch Autopista El Coral genannt) in Richtung Osten über La Romana nach Punta Cana – seit August 2012 ist sie nun durchgängig befahrbar (Fahrzeit rund 2 Std. für 220 km). Wer in Richtung Halbinsel Samaná möchte, zweigt kurz nach der Flughafenabfahrt gen Norden auf die 2010 eröffnete mautpflichtige (370 RD-$) rund 120 km lange Schnellstraße *Carretera de Samaná* ab. Um die touristischen Orte **Boca Chica** und **Juan Dolio** mit ihren Sandstränden gibt es rege Bautätigkeit in der ansonsten flachen und sehr einsamen Landschaft, wo außer Zuckerrohr meist nur Gestrüpp wächst. An der Küste ragen oft scharfkantige Felsen auf. Wer nach Juan Dolio möchte, muss die Autobahnabfahrt „Boulevard" nehmen. Um **San Pedro de Macorís** hat sich sehr viel Industrie angesiedelt, neben Zuckerindustrie auch Freihandelszonen, danach zeigt sich die Gegend wieder fast verlassen, Zuckerrohrfelder erstrecken sich bis zur Stadt La Romana. Einen Stopp lohnt auf dieser Strecke die große Höhle *Cueva de Las Maravillas*. Wer gen Norden nach Sabana de la Mar oder Miches möchte, zweigt hinter San Pedro de Macorís ab oder bei La Romana. Die größere Stadt **La Romana** mit Flughafen, der Luxusferienanlage **Casa de Campo** und dem Künstlerdorf **Altos de Chavón** lohnt ebenfalls einen Stopp. Zum Baden eignen sich die Strände bei Boca Chica und Juan Dolio, oder man lässt sich von La Romana auf die **Insel Catalina** schippern, ansonsten fährt man weiter bis zum herrlich gelegenen Fischerdorf **Bayahibe** und dem am weißen Palmenstrand gelegenen Hotel- und Badeort **Dominicus**, am Rande des **Parque Nacional del Este** mit der **Insel Saona**. Diese Insel ist sehr beliebt für Schnorchel- oder Tauchausflüge.

Von La Romana aus erreicht man nach einer Fahrt durch mit Zuckerrohr bepflanzte weite Ebenen **Higüey,** wo die Marienverehrung eine wichtige Rolle spielt. Südlich liegt **Boca de Yuma** in der gleichnamigen Bucht, das Zentrum der Hochseefischerei. Von Higüey führt die Straße durch üppiges Grün und ausgedehnte Zuckerrohranbaugebiete nach **Punta Cana,** einer großen Tourismusregion mit noblen Hotels, zahlreichen Golfplätzen und internationalem Flughafen an der 60 km langen Kokosnussküste und ihren herrlich weißen Sandstränden. Diese Strecke kann nun auch über die neue Autobahn zurückgelegt werden, die an Higüey vorbeiführt. Von Punta Cana aus bietet sich ein Abstecher nach Norden zu den an der Bucht von Samaná gelegenen Orten **Miches** und **Sabana de la Mar** an – eine reizvolle Strecke durch das hügelige Land der Cordillera Oriental. Interessant ist auch ein Besuch der Höhle Fun Fun bei Hato Mayor. An der seit Jahren nötigen Autobahnan-

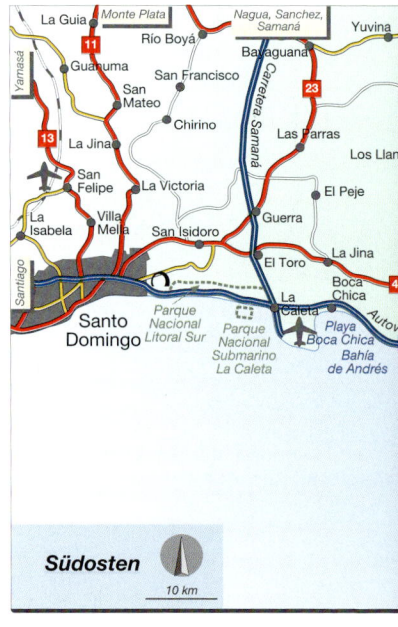

bindung wird immer noch gebaut, lediglich um den Flughafen gibt es ein paar Kilometer Schnellstraße und gute Asphaltstraßen ohne Achsenbrecher.

Boca Chica

Der Badeort nahe Santo Domingo ist für die Hauptstädter ein beliebtes Wochenendziel, aufgrund der Flughafennähe auch für Touristen attraktiv. Anziehungspunkte sind die große, türkisfarbene Meeresbadewanne mit ihrem schützenden Riff und die am Strand sich reihenden Restaurants, aus denen neben Küchendüften auch lautstarke Merenguemusik dringt.

Boca Chica mit seinem kilometerlangen, weißen Sandstrand und den beiden leicht zu erreichenden vorgelagerten, von Mangroven geschützten Inselchen liegt nur 30 km von Santo Domingo und 6 km vom internationalen Flughafen entfernt. Der Ort war einst ein wichtiger Zuckerexporthafen und befand sich in Besitz der Trujillo-Familie. Heute herrscht hier reges Treiben am Strand. Bars, Imbissbuden und Restaurants werben um die Gunst der Gäste, Musikcombos bringen ein Ständchen oder animieren zum Tanzen. Die Kinder können unbeaufsichtigt im seichten Wasser planschen oder einer der zahlreichen Wassersportaktivitäten nachgehen, und man hat immer etwas zu gucken: ein Platz, an dem sich Jung und Alt wohl fühlen, besonders die Hauptstädter, die gerade am Wochenende mit der ganzen Familie den Strand bevölkern. Zudem ist hier der Jachtclub *Santo Domingo*, bei Tauchern beliebt ist der nahe *Unterwasserpark La Caleta*. Dem Strand vorgelagert und in Sichtweite die beiden Inselchen *Matica* und *Los Pinos*, ein beliebtes Kajakanlaufziel.

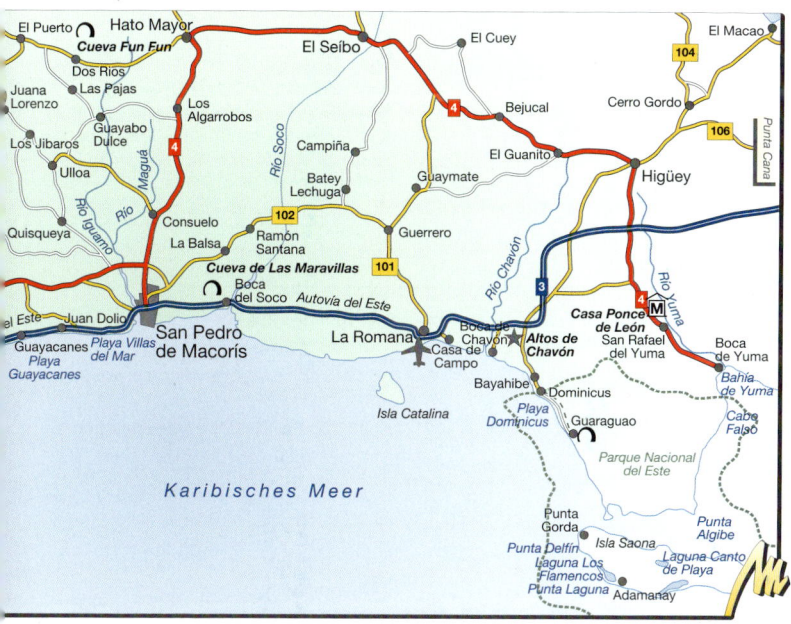

Parallel zum Strand verläuft die Hauptstraße und Flaniermeile Boca Chicas, die Calle Duarte, wo sich Restaurants, Souvenirshops, Bars und auch einige Hotels reihen und das Nachtleben garantiert ist. Man sollte auf seine Wertsachen achten. Der Ort zählt zu den Hochburgen der Prostitution – beiderlei Geschlechts, und so darf man sich in einigen Lokalen über nichts wundern, seit Jahren wird versucht, ein anderes Ortsimage zu erhalten. Wer Amusement und Kontakte sucht, ist hier richtig. Das lebensfrohe Örtchen mit karibischem Flair lohnt aber zumindest einen Kurzbesuch.

Basis-Infos

Verbindungen Expressbusse: sehr gute Direktverbindungen von/nach Santo Domingo von 6 bis 21 Uhr (Abfahrt in Santo Domingo an der Nordseite des Parque Independencia, ca. 90 RD-$). Preiswerter fährt man mit den **Guaguas** (Abfahrt in Santo Domingo am Parque Enriquillo oder an der Ostseite vom Parque Independencia), jedoch nur bis Sonnenuntergang, 45 RD-$.

Busstopp in Boca Chica ist der kleine Park zwischen Calle Duarte und Calle San Rafael; von hier gehen Guaguas bis zum Busterminal in San Andrés. Oder per Motoconcho nach San Andrés. Direktbusse (s. o.) findet man oberhalb des Ortes am Busstopp an der Shell-Tankstelle (Richtung Osten) oder gegenüber (Richtung Santo Domingo).

Entfernung: Santo Domingo 30 km (über die mautpflichtige Schnellstraße Las Américas, 30 RD-$).

Taxi: An der Calle Duarte/Esqu. Calle Caracol, ℘ 809/523-5325; oder weiter westlich in der Calle Duarte, Nähe Hotel Don Juan, ℘ 809/523-4797. Eine Fahrt zum Flughafen Las Américas (10 Min.) kostet rund 20 US-$.

Apotheke Farmacia Boca Chica, Calle Duarte (neben Post), ℘ 809/523-4208.

Autovermietungen In den großen Ho-
tels; zudem **Auto Mc**, Calle Duarte/Esqu.
Pedro Mella, ✆ 809/523-4414; **Florida**, Calle
Duarte, ✆ 809/523-6403; **Rent-a-Car**, Calle
José Fco. P. Gómez 8, ✆ 809/523-9074

Bank Banco Popular, Calle Duarte (beim
Park). Mo–Fr 8–16 Uhr.

Feste San-Rafael-Tag, 24. Okt. Jedes Jahr
1 Woche vor Ostern Fest im kleinen Park.

Krankenhaus Centro de Especialidades,
San Andrés, ✆ 809/523-5546 und -5504.

Post Calle Duarte, nach dem Park (gegenüber Tricom). Mo–Fr 8–15 Uhr.

Telefon Codetel, Plaza del Sol/Esqu. Calle
San Rafael, ✆ 809/220-7912; **Tricom**, Calle
Duarte 36 und 65, Mo–Sa 8–20/22 Uhr. Tele-
fonläden in der Calle Duarte.

Ⓤ Übernachten

Das Übernachtungsangebot reicht von teuren Anlagen bis hin zu ganz einfachen
Zimmern. Eine kleine Auswahl:

★★★★ Hotel Be Live Hamaca ▉**4**, riesiger Al-
Komplex im Osten des Ortes. Etwas klein
ist nur der hauseigene Strand, dafür gibt es
Poollandschaft, Kinderspielplatz, Sportcen-
ter und Spa-Bereich, Casino, Disco, Gour-
met-Restaurants und Bars. Gut ausgestattete Zimmer mit Garten- oder Meerblick. Al
ab 150 US-$ für 2 Pers. im DZ. Calle 20 de
Diciembre,   ✆ 809/523-4611,   www.belive
hotels.com.

★★★★ Hotel Don Juan Beach Resort ▉**17**,
große Al-Anlage direkt am Strand, besonders bei Sportbegeisterten beliebt, breites
Programm, angeschlossen ist eine Tauchschule (franz. Ltg.). Mit Bar und Animation.
221 gut ausgestattete Zimmer und Studios.
Am Strand Liegestühle etc. Al 120 US-$/
Pers. im DZ. Calle Abraham Núñez, ✆ 809/
687-9157, www.donjuanbeachresort.com.

Hotel Coco Playa (Ex Boutique Don Emilio)
▉**15**, kleines 25-Zimmer-Boutiquehotel mit
Restaurant direkt am Strand (Liegestühle
etc.). DZ/F mit Balkon zum Strand 70 US-$
(Straßenseite billiger). Parkplätze vor dem
Hotel; für einen Stopp auf jeden Fall o. k.
Calle Duarte 74, ✆ 809/523-4992.

≫ Mein Tipp: Hostal Batey ▉**10**, erst Anfang 2012 eröffnet mit 10 modernen weißen
Zimmern mit LED-TV und schönem Bad.
Zudem 2 Studios mit Miniküche und einer
kleinen grünen Oase mit Hängematten;
alles modern und ansprechend, zentral
und trotzdem ruhig. Es gibt einen großen
bewachten und abgeschlossenen Parkplatz; Prostituierten-Zutritt verboten. EZ
35 US-$, DZ 45 US-$, Studio 55 US-$. Ltg.
Raúl Valette (Besitzer von Disco und Souvenirladen am Eck – er gibt auch gute
Infos!). Calle Juanico García Nr. 35, ✆ 809/
523-5986, 829/797-3147 (mobil), hostalbatey@
hotmail.com. ≪≪

Hotel Zapata ▉**18**, kleines, ordentliches, fa-
miliengeführtes 22-Zimmer-Hotel mit Restaurant, Bar, Wifi und Yogakursen; direkt am
Strand westlich Hotel Don Juan Beach. Leider
sind die Zimmer, meist mit Balkon, etwas

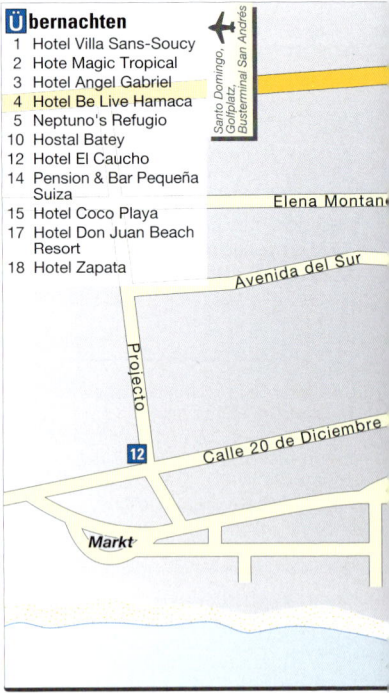

Ⓤ **bernachten**
1 Hotel Villa Sans-Soucy
2 Hote Magic Tropical
3 Hotel Angel Gabriel
4 Hotel Be Live Hamaca
5 Neptuno's Refugio
10 Hostal Batey
12 Hotel El Caucho
14 Pension & Bar Pequeña
   Suiza
15 Hotel Coco Playa
17 Hotel Don Juan Beach
   Resort
18 Hotel Zapata

klein. EZ/F 70 US-$, DZ/F 80 US-$, alle mit AC/Fan/TV ausgestattet. Calle Abraham Nuñez 27, ✆ 809/523-4777, www.hotelzapata.com.

Neptuno's Refugio 🔢5, ganz im Osten von Boca Chica (noch hinter dem Hotel Hamaca). Hübsche, luftige Holzbauweise in tropisch überwuchertem, kleinem Garten mit kleinem Pool. Nette Zimmer mit AC und TV zu 45 US-$, Apartments 50 US-$; das Objekt soll verkauft werden. Prolongación Calle Duarte, ✆ 809/523-9934, neptunosrefugio@hotmail.com.

Hotel Angel Gabriel 🔢3, als sauber und sicher wird die Anlage von den Gästen beschrieben. Das Hotel liegt im Osten, oberhalb vom Neptuno's Refugio und über dessen Parkplätze zu erreichen; Wifi. Es gibt EZ/F (50 US-$), DZ/F (60 US-$) und Fam.-Zimmer (70 US-$). In rund 10 Min. erreicht man den Strand. Prolongación Calle Duarte 27, ✆ 809/523-9209, www.hotelangelgabriel.com.

Hotel El Caucho 🔢12, kleine 27-Zimmer-Anlage (ital. Ltg.) im ruhigen Westen der Stadt (und oberhalb des Strandes) mit Pool, Restaurant und Bar. Angenehme Zimmer mit AC/Balkon/Terrasse ab 45 US-$. Calle 20 de Diciembre 5, ✆ 809/523-5102.

Hotel Magic Tropical 🔢2, kleine Anlage (dtsch. Ltg.) mit Pool, kleinem Restaurant (auch Frühstück) und Bar. Internetzugang 24 Std. gratis! Einfache Zimmer und Apartments mit Fan/AC von 35 bis 45 US-$. Calle José de Jesús Lutrino/Esqu. Arismendy Valenzuela, ✆ 809/523-4254, www.magic-tropical.com.

Hotel Villa Sans-Soucy 🔢1, nördlich des Zentrums. Klein, ordentlich geführt, mit Pool, einfache Zimmer mit Fan. Nebenan kleines Restaurant mit Snack- und Frühstücksmöglichkeit. DZ 35–40 US-$. Calle Juan Bautista Vicini 48, ✆ 809/523-4461, lynna83@hotmail.com.

Pension Pequeña Suiza 🔢14, in der Ortsmitte mit Bar und nettem Innenhof. 5 gemütliche, aber sehr kleine Zimmer von 20 (Fan) bis 25 (AC) US-$. Calle Duarte 56, ✆ 809/523-4619.

Der Süden → Karten S. 144/145, 167 und 182/183

Essen & Trinken/Nachtleben

Das Angebot im Ort ist groß, und jeder findet garantiert das passende Lokal. Bestens isst man hier frischen Fisch wie Loro (Papageienfisch), Mero (Barsch) oder auch Chillo (Red Snapper), dazu Tostones (gebackene Bananen) oder auch Yuca-Plätzchen.

Essen & Trinken **Restaurant Boca Marina 7**, im Osten des Ortes, romantisch mit in Pfahlbauweise errichteter Terrasse auf dem Meer. Spezialitäten sind Fischgerichte, Schalentiere, Meeresfrüchte und leckere Filets, aber auch Paella – allerdings hohes Preisniveau. 11–24 Uhr. Prolongación Calle Duarte 12A, ✆ 809/688-6810.

Restaurant Neptuno's 6, nach Renovierung wieder mit neuem Besitzer eröffnet. Ebenfalls in Pfahlbauweise neben Boca Marina errichtet. Im Prinzip das gleiche Angebot an Seefisch und Schalentieren, ebenso traumhafte Sitzplätze am Meer. 9–22.30 Uhr. Prolongación Calle Duarte 12, ✆ 809/523-4251, 829/688-6810 (mobil).

Restaurant El Pelicano 8, exklusives Restaurant, das zum Hotel Hamaca gehört und auch über diesen Eingang betreten werden muss. Liegt direkt am Meer und ist ebenfalls in Holzbauweise auf Stelzen erbaut. Spezialitäten sind Fischgerichte, Lobster, Tintenfische, Oktopus. Calle Duarte 1/Esqu. Caracol, ✆ 809/523-4611.

Restaurant-Pizzeria Italy & Italy 9, hier gibt es Pizza, Nudel- und Fischgerichte. Ab 17 Uhr. Calle Duarte.

Restaurant Puerco Rosado 19, eines der wenigen verbliebenen guten Strandrestaurants mit ital.-karib. Küche; auch hier isst man am besten Fisch und Schalentiere. Bei Verzehr von Speisen sind die Strandliegen mit Schirm inklusive. Tägl. 7.30–19.30 Uhr. Calle Pedro Mella 1, ✆ 809/523-4307.

Nachtleben Bars und Musikkneipen gibt es jede Menge in der Calle Duarte: **Diskothek Batey 11**, mit überdachter, aber offen gehaltener Bar und Tanzfläche, alles in schöner Holzbauweise und gut geführt. Sraßenbeginn Calle Duarte/Esqu. Juanico García.

Beliebt sind u. a. **Route 66 13**, **Bar Pequeña Suiza 14** und **Diskothek La Noria 16**. Ebenso verfügt das große **Hotel Hamaca** über Diskothek und **Casino**.

Boca Chica – ein beliebter, flach abfallender Familienstrand

Sport

Die Palette der Wassersportmöglichkeiten umfasst u. a. Tretboot, Wasserski, Segeln, Surfen, Tauchen. Wassersportcenter am Strand beim Hotel Don Juan, weitere Verleiher entlang des Strandes.

Baden/Wassersport Am 4 km langen Sandstrand. Liegestühle mit Sonnenschirm vermieten die Restaurants – wenn man etwas isst, sind sie kostenlos. Einige Palmen spenden Schatten. Zudem gibt es vor dem Don Juan Beach Resort Kajak- und Tretbootvermietung.

Golf San Andrés Caribe Golf Club, Km 27 Carretera Las Américas, ✆ 809/545-1278. Relativ günstiger und unkomplizierter Golfclub mit Schule und Ausrüstungsverleih.

Tauchen Aufgrund des nahen Unterwasserparks La Caleta mit dem Hickory-Wrack gibt es einige Tauchschulen im Ort.

Caribbeandivers (dt. Ltg. Markus Hämmerle), zu empfehlen und beliebt, am Strand neben Plaza Isla Bonita. Ausbildung vom Anfänger bis Instructor möglich, PAIDI, PDIC, SSI, CMAS; Wracktauchen, Höhlentauchen und Ausflüge u. a. nach Catalina. Tauchgang 29 bzw. 32 € ohne eigenes Equipment. Calle Duarte 44, Markus Hämmerle, ✆ 809/854-3483 (mobil), über Deutschland +49/9429-8612, www.caribbean divers.de.

Treasure Divers (franz. Ltg.), auch deutschsprachige Guides, werden ebenfalls gelobt; am Strand von Don Juan Beach Resort. Angeboten wird Wracktauchen, Höhlentauchen, Nachttauchen. Ausflüge wie oben. ✆ 809/687-9157, contact@treasure-divers.eu.

Juan Dolio

Die Nähe zu Santo Domingo und zum internationalen Flughafen ließ auch hier eine touristische Ansiedlung entstehen. Zahlreiche Hotels, zu denen sich jährlich neue gesellen, reihen sich auf mehreren Kilometern entlang dem schmalen Streifen zwischen Meer und Autopista Las Américas. Hier wurde kräftig „gesäubert", moderne Apartmenthäuser und Luxushotels wurden errichtet, leider gibt es dadurch auch nur noch drei offizielle Zugänge zum Meer ohne schützende Mauern und Hecken – einerseits hat man natürlich dem Diebstahl entgegengewirkt, andererseits aber eine abgeschirmte, nüchterne Touristenenklave entstehen lassen. Joggen kann man an diesem teils breiten und festsandigen Küstensaum über zig Kilometer. Die meisten Hotels sind als All-inclusive-Anlagen fest in der Hand der Reiseveranstalter. Jüngst wurde Juan Dolio von europäischen und amerikanischen Investoren entdeckt, die exklusive riesige Apartmenthochhäuser am Meer errichten. Das Publikum ist international, neben jüngeren Touristen kommen wegen der guten Golfanlagen natürlich Golfer. Zum Baden locken die gepflegten Strände der Hotels, zudem der schöne Strandabschnitt bei der Plaza Ramada (Ortsmitte); im Westen ist das Meer teils zu flach und wegen Riffs nicht zum Schwimmen geeignet. Schön ist die *Playa Esmeralda*, ca. 4 km westlich vom Zentrum.

Einen typischen Ortskern gibt es nicht, was die Orientierung sehr erschwert, lediglich ein paar Plätze, um die sich Hotels, Souvenirshops und Restaurants gruppieren. Hauptplatz ist die *Plaza Ramada*.

Basis-Infos

Verbindungen Autobahnausfahrt ist Av. Boulevard. **Guaguas** halten an der Hauptstraße; weitere Verbindungen von den Terminals in San Pedro de Macorís oder Santo Domingo. Anfahrt von Santo Domingo (Parque Independencia) → Boca Chica.

Der Süden → Karten S. 144/145, 167 und 182/183

Entfernung: Santo Domingo 50 km.

Taxis: An der Plaza Ramada oder vor den großen Hotels, ℡ 809/526-3110.

Apotheke Farmacia Böni (dtsch. Ltg.), an der Hauptstraße am Ortsbeginn (von Santo Domingo kommend), ℡ 809/526-2609.

Ausflüge Cigua Tours, im Osten des Ortes beim Hotel Metro, Calle Boulevard (Plaza Hispaniola), ℡ 809/526-2077. Preiswerter mit **Faenza-Tours** (s. u.). Im Angebot sind u. a. Isla Saona und N.P. Los Haitises (80 US-$), Isla Catalina (50 US-$), Rafting in Jarabacoa (ca. 100 US-$), Jeep-Safari (60 US-$).

Autovermietungen Metro Tours, im Hotel Metro, ℡ 809/526-1706; Budget, im Hotel Capella Beach, ℡ 809/526-1907; Faenza Rent-a-Car, Plaza Boulevard (kurz vor Hotel Melia), ℡ 829/292-5000 (mobil). Kleiner Mittelklassewagen ab 45 US-$/Tag, Scooter 35 US-$/Tag, 4-Wheel-Safari 60 US-$/3 Std.

Einkaufen Supermarkt Naido, neben Plaza Ramada; hier gibt es fast alles und günstig.

Kliniken Medical Center, Av. Boulevard/Plaza Real, ℡ 809/200-6814; Clínica Caspas (Dr. Galvez), Plaza Hispaniola, ℡ 809/526-1061.

Telefon Telefonläden an der Plaza Ramada und Plaza Quisqueya.

Übernachten

**** Hotel Barceló Capella Beach Resort, sehr schön gestaltete und überschaubare Al-Anlage am Meer zum Wohlfühlen. Eingehüllt in einen tropischen Park gibt es eine große Poollandschaft, 5 Restaurants, vielfältige Sportmöglichkeiten, u. a. Tauchclub, guten Spa-Bereich (große Auswahl an Massagen, zudem Lifting), nette kleine Open-Air-Diskothek und gutes Show-Animationsprogramm. Trotz 497 Zimmern familiäre Atmosphäre. Ab 80 US-$/Pers./Al. ℡ 809/526-1080, www.barcelo.com.

**** Hotel Coral Costa Caribe Beach & Spa Resort, 416-Zimmer-Al-Anlage im Osten von Juan Dolio und direkt am Meer. Fitness- und Spa-Bereich, Poollandschaft, 4 gute Restaurants und Bar. Komfortable Zimmer verschiedener Größe, auch Familienzimmer. Al ab 75 US-$/Pers. ℡ 809/526-2244, www.coralhotels.com.

**** Talanquera Beach Resort, schöne Al-Anlage am südlichen Ende des Ortes. Etliche Restaurants/Bars, auch am Meer, subtropischer Park, großzügige Poollandschaft, Diskothek, Tauchclub, schöner Strandabschnitt. Komfortable Zimmer im Rattanstil, pro Pers. ab 70 US-$. ℡ 809/526-1510, www.talanqueraresort.com.

*** Hotel Coop Marena Beach Resort, preiswerte Al-Anlage mit 213 Zimmern an der Costa Linda mit großem Animationspro-

gramm für jüngeres Publikum. Sportaktivitäten, u. a. auch Tauchclub. Al 73 US-$/Pers. Nichthotelgäste können sich für 10 US-$ am guten Buffet laben. Av. Boulevard, ℡ 809/526-2121, coopmarena@hotmail.com.

»» Mein Tipp: Hotel Fior di Loto (ital. Ltg. Mara Sandri), nette, kleine Frühstückspension in Meeresnähe. 25 einfach ausgestattete Zimmer, alle unterschiedlich und liebevoll im indischen Stil, auch der Café-Bar-Bereich gleicht mit seinen Sitzkissen und Nischen einem kleinen Tempel. Es gibt einen großen Meditationsraum, angeboten werden Yoga, Tanz, Massagen, Naturmedizin. Mara unterhält eine Stiftung in Indien und hilft damit vielen Kindern. Zimmerpreis 15–40 US-$, im Schlafsaal 5 US-$. Auch beste Infos hier; Taxi zum Flughafen 30 US-$. Calle Central 517 (Ortsbeginn von Sto. Domingo kommend), ℡ 809/526-1146, www.fiordilotohotel.com. **««**

Außerhalb **** Playa Esmeralda Beach Resort, ca. 5 km westlich von Juan Dolio an der gleichnamigen schönen Bucht im Ortsteil Guayacanes. Einfaches, preiswertes Resort mit palmwedelgedeckten Gebäuden und 42 Zimmern (AC/Fan/TV), teils mit Meerblick. Wifi, Tauchschule. Pro Pers. ca. 60 US-$. Via Paseo Vicini, Guayacanes, ℡ 809/526-3434, www.playaesmeraldaresort.com.

Essen & Trinken/Nachtleben

Essen & Trinken   An der Plaza Ramada gibt es etliche gute Restaurants: **Restaurant El Suenō**, mit Blick von der lauschigen

Terrasse aufs Meer, sehr gute italienische Küche, vor allem Fischgerichte, es gibt auch Pizza. Calle Princípal, ℡ 809/526-3903.

Am Strand von Juan Dolio – fein gesäubert und gut zum Joggen

≫ Mein Tipp: **Restaurant Mesón Español** (Ex Maximus), ganz im Osten im Ortsteil Villas del Mar, kurz nach der Plaza del Sol (gegenüber dominieren die neu erbauten Hochhausapartments Marbella). Beste spanische Küche (Fischgerichte wie Red Snapper oder Dorada, Paella, Tacos) und netter, guter Service. Geöffnet ab 17 Uhr, So ab 12 Uhr, Di Ruhetag. Av. Boulevard, ✆ 809/526-2666. ≪

Restaurant Oasis, kurz nach Plaza Ramada, ganz idyllisch mit Bambusbestuhlung unter Palmen, sehr gute ital.-dom. Küche. ✆ 809/526-2151.

Restaurant Cala, an der Westfront von Cappela Beach Resort; im asiatischen Stil mit int. Küche.

Nachtleben Alle Hotels verfügen über Diskotheken und Bars. Netter Treffpunkt ist **Giulia's Café**, ein Restaurant mit Bar und ab und zu Livebands zum Tanzen; Av. Boulevard an der Plaza Hispaniola. Zudem am Meer und sehr beliebt **Wood Madera Café** mit Livemusik, südl. der Plaza Marbella.

Café-Bar del Sol, am westlichen Ortsende am Meer; weiße Segeltücher spenden Schatten. Die aufgestellten Diwane mit Vorhang und Baldachin locken zum Ruhen oder nachts zu sonstigen Vergnügungen.

Sport

Baden Achtung: es gibt nur noch 3 offizielle Hauptzugänge zum Meer, an der Plaza Ramada, bei Villas del Mar und nahe Hotel Fior di Loto. Die besten Bademöglichkeiten gibt es ganz im Westen des Ortes an der Playa Vicini mit Palmenhain oder am östlichen Ortsrand nach den Hotels; ansonsten bei den Hotels Talanquera und Capella an der Costa Caribe.

Beachvolleyball Alle großen Hotels bieten diese Sportart an.

Golf Auf den beiden Greens toben sich v. a. die Hauptstädter beim Abschlag aus:

Metro Country Club Los Marlins, ✆ 809/526-1200, www.metrocountry.com.

Guavaberry Golf & Country Club, ✆ 809/333-4653, www.guavaberrygolf.com.do.

Motorsport Am Ortsende von Juan Dolio ist eine **Gokart-Bahn** mit 630 m langer Piste und 10 Gokarts. Angeschlossen ist ein Restaurant. 9–21 Uhr. ✆ 809/223-0777.

Reiten Alle großen Hotels bieten Ausritte am Strand oder ins Hinterland, ca. 15 US-$/Std.; zudem über die **Ranch Crazy Horse**, Ortsende, ✆ 809/526-2729.

Tauchen Neptuno Dive, bei den Hotels Barceló Capella Beach Resort und Talanquera (dtsch. Ltg. Jörg Degenkolb), PADI. Tauchexkursionen nach Catalina, Wracktauchen, Höhlentauchen etc. Tauchkurse für Anfänger bis hin zu Profis. ✆ 809/526-2005, 829/697-5104 (mobil), www.neptuno dive.com.

Wassersport Die Hotels bieten alle erdenklichen Wassersportarten an.

San Pedro de Macorís

Die Stadt wurde aufgrund ihres Zuckerreichtums als „Sultanin des Ostens" bezeichnet. In der Altstadt kann man noch etwas von ihrem ehemals herrschaftlichen Glanz bewundern. Heute ist die von Freihandelszonen umgebene Industrie- und Hafenstadt mit rund 140 000 Einwohnern die viertgrößte Stadt der Dominikanischen Republik. Hier hat die Universität Central del Este ihren Sitz, und von hier kommen angeblich die besten Baseballspieler.

Der quirligen Stadt an der Flussmündung des Río Higuamo sollte man auf der Durchreise einen Besuch abstatten. Ihr Wahrzeichen ist sicher die *Kirche San Pedro Apostol*, 1910 im neoklassischen Stil erbaut und gut restauriert. Für die Renovierung der alten Herrenhäuser und Paläste rundum, ebenfalls im neoklassischen und viktorianischen Stil, war bisher kein Geld vorhanden, so dass sie zu verfallen drohen. Prachtstraße ist der *Malecón*, die Av. G. F. Deligne. Die Stadt wurde Anfang des 19. Jh. von arabischen und europäischen Einwanderern gegründet, viele davon kamen von der britischen Kronkolonie-Insel Tortula (s. u.). Zwischen 1870 und 1920 kam es dann zu einer Einwanderungswelle aus Kuba, mit der die hiesige Tradition des Zuckerrohranbaus begründet wurde. Bald schon wimmelte es von Zuckerfabriken, der Absatz in die USA war enorm, man sprach von einem „Tanz der Millionen".

Momise-Tänzer vor der Kathedrale

San Pedro de Macorís war nicht nur wegen der Zuckerindustrie bekannt, hier gab es auch die erste Telefonstation. Das erste Gespräch nach Santo Domingo soll im Juni 1884 zwischen Präsident Ulises Heureaux Lilís und General Francisco Gregorio Billini stattgefunden haben. Ein weiteres Highlight bildeten die Landungen des damals größten Wasserflugzeugs American Clipper der Pan American Airways in der Higuamo-Mündung, die sich zum Wasserflughafen via USA entwickelte.

Der wirtschaftliche Ruin kam auch hier durch die Verschlechterung der politischen Verhältnisse und durch den Verfall des Zuckerpreises. Die neu geschaffenen Freihandelszonen brachten wieder

Leben in die Stadt, ebenso die jüngeren Leute, die hier an der Universität Central del Este (sehr guter Ruf im medizinischen Bereich) studieren. Viele bekannte Baseballspieler, die in den obersten Ligen der USA spielen oder spielten (u. a. Samy Sosa mit seinem legendären Trikot Nr. 66), kommen aus dieser Stadt, und wer möchte, kann im *Estadio Tetelo Vargas* Spiele des bekannten Vereins *Estrellas Orientales* verfolgen (→ „Sport"). Aber auch eine überall gerne gegessene kulinarische Spezialität hat ihren Ursprung in San Pedro de Macorís: *Pastel en Hoja* (→ „Essen & Trinken").

Die Einwanderer von der britischen Antilleninsel Tortula (= Torto Guloyas) – man nannte sie auch *Cocolos* – brachten vor allem ihre Instrumente und Tänze mit, die bis in die heutige Zeit erhalten blieben, darunter der *Momise-Tanz*, der im altenglischen Mummers Drama seinen Ursprung hat.

Die Stadt selbst hat als Industriestandort keine guten Strände, am besten fährt man Richtung La Romana oder Juan Dolio. In der Umgebung gibt es einige Höhlen, die eine Besichtigung lohnen (s. u.).

Verbindungen Bus: Busterminal Astrapú, Av. Circunvalación (Nähe Baseballstadion), ✆ 809/529-4846.

Entfernungen Hato Mayor 40 km, Sabana de la Mar 85 km, Sto. Domingo 70 km.

Apotheken Farmacia Milagrosa, Av. Circunvalación 115, ✆ 809/529-2375; **Farmacia Miramar**, Calle Sanchez 68, ✆ 809/529-3161; **Farmacia Olga**, Av. Independencia 53, ✆ 809/529-3448.

Autovermietung Nelly Rent-a-Car, Av. Circunvalación 9, ✆ 809/529-6768.

Bank Calle General Cabral.

Einkaufen Cigar-Shop, wer sich eindecken möchte, findet hier einen ursprünglichen Laden (südlich der Kathedrale am Malecón).

Klinik Universitätskrankenhaus Dr. George, Av. Presidente Henrique 3, ✆ 809/529-6111.

Post 8–17 Uhr, Calle Duarte/Esqu. Av. General Cabral.

Übernachten *** Hotel Macorix, angenehmes 170-Zimmer-Hotel. Der Komplex gruppiert sich um einen großen Pool, es gibt Tennisplätze, eine Diskothek, ein Internetcafé und 3 Restaurants. 100 US-$/2 Pers. inkl. Frühstück. Calle Gastón F. Deligne, ✆ 809/339-2100, www.hotelmacorix.com.

***** Hotel Gran Bahía Príncipe La Romana, in Alleinlage, ca. 15 km in Richtung La Romana (Abzweig Richtung Meer bei El Soco). Das Hotel ist hübsch gestaltet und hat eine große Poollandschaft, eingehüllt in tropische Pracht und ausgestattet mit Wasserspielen und Brückchen. Mehrere Restaurants warten auf die Gäste. Dazu ein großes Animations- und Sportprogramm (Surfen, Tauchen, Wasserski, Tennis, Rei-

ten, in der nähe Golfplätze). Etwas abseits im Pueblo sind Läden, Diskothek und Bars. Al ca. 90 US-$/Pers. ✆ 809/472-1010, www.bahia-principe.com.

Essen & Trinken Die Spezialität der Stadt heißt Pastel en Hoja: Kochbananenblätter, gefüllt mit Hühner- und Schweinehackfleisch – eine leckere Zwischenmahlzeit. Kaufen kann man sie z. B. in der **Pastelería Amable** beim Parque Central (Calle General Cabral), 8–23.30 Uhr.

Restaurant-Bar El Apolo, ansprechendes Interieur, chinesische und kreolische Küche, u. a. Huhn, Camarones. Guter Service. 11.30–23 Uhr. Av. Independencia 53 (gegenüber Parque Central), ✆ 809/529-3749.

≫ Mein Tipp: Restaurant Robbi Mar, am Meer und beste Adresse für spanische Gerichte. Ab 10 Uhr morgens bis nachts geöffnet. Calle Dominguez Charro 35, ✆ 809/529-4926. **≪**

Restaurant El Taquito, hier isst man vorzüglich mexikanische Gerichte. Calle Sánchez 20, ✆ 809/529-2253.

Nachtleben In einer Universitätsstadt gibt es natürlich auch ein reges Nachtleben. Beliebte Diskotheken sind: **Sammy Club**, Av. Independencia und die Diskothek im **Hotel Howard Johnson**.

Feste/Veranstaltungen Patronatsfest **San Pedro** (auch Cocolos-Fest genannt), 29. Juni. Im Rahmen des Patronatsfestes (und des Karnevals) wird auf dem Kirchplatz wild getrommelt und getanzt: Hauptakteure des Spektakels sind die Nachkommen der Einwanderer von der Insel Tortula, die Guloyas, die in farbenprächtigen

Gewändern und mit glas- und perlenge-schmücktem Kopfputz auf den Häuptern ih-ren Momise-Tanz zelebrieren.

Sport Estadio Tetelo Vargas, das Base-ballstadion der Estrellas Orientales; wer zwischen Okt. und Jan. in der Stadt ist, soll-te sich ein Spiel ansehen. Die Tickets gibt es von 2 (Stehplatz) bis 20 US-$. Av. Cir-cunvalación, ✆ 809/246-4077, www.estrellas orientales.com.do.

San Pedro de Macorís/Umgebung

Von San Pedro de Macorís führt eine schmale und kurvige Straße malerisch über *Hato Mayor* (N 4) nach Norden zum Hafenstädtchen *Sabana de la Mar* (N 103). Dabei überwindet man die Cordillera Oriental und genießt herrliche Weitblicke auf die Landschaft (→ „Nach Miches, Sabana de la Mar und Hato Mayor" auf S. 178). Unterwegs lohnt für Sportliche ein Stopp bei der großen **Cueva Fun Fun.** Wer die Höhle individuell besichtigen möchte, muss sich vorher im Büro in Hato Mayor an-melden (s. u.; keine Besichtigung ohne Führung möglich!). Die Höhle liegt abseits der Rancho Capote in einsamer Gegend, die Landschaft ist mal versteppt, mal wie-der üppig grün. Von der Ranch geht es per Pferd in ca. 20 Min. zur Höhle. Dort angekommen, steigt man zunächst hinab zur Höhlenöffnung, um sich danach noch einmal ca. 18 m tief abzuseilen (mit Höhlenlampen), wo man in die faszinierende Unterwelt mit Stalagmiten und Stalaktiten und einem unterirdischen Fluss stößt. Ca. 3,5 Std. werden alleine für die Höhle veranschlagt, die gesamte Tour dau-ert etwa 6 Std. Nach dem Höhlenbesuch reitet man zur Ranch zurück, wo eine le-ckere Stärkung wartet.

Cueva Fun Fun: Ausgangspunkt Rancho Capote, ✆ 809/299-0457. Die Höhle liegt westlich von Hato Mayor und Yerbabuena (ca. 15 km entfernt). Das Büro befindet sich in Hato Mayor, Calle Duarte 12, Info-Tel. 809/553-2812. Eintritt inkl. „Anritt" und Essen ca. 80 US-$.

Cueva de las Maravillas: Diese Tropfsteinhöhle liegt ca. 16 km östlich von San Pedro de Macorís bei Boca de Soco (ausgeschildert) und kann individuell (mit Füh-rer) oder auch organisiert besichtigt werden. Ihren Namen „die Wunderbare" er-hielt sie nicht umsonst – die faszinierende dominikanische Unterwelt mit Stalagmi-ten, Stalaktiten, Gängen, Überhängen, Säulen und Höhlenmalereien der Ureinwoh-ner liegt knapp 9 m tief in der Erde und verteilt sich auf 840 qm Fläche. Bereits 1926 wurde sie entdeckt, seit 2002 ist sie mit einem 240 m langen Fußweg verse-hen, zudem behindertengerecht mit Rampen und einem Fahrstuhl.

Di–So 9–17.15 Uhr, an Feiertagen ebenfalls geöffnet. Information unter ✆ 809/951-9009, 390-8183, www.cuevadelasmaravillas.com. Eintritt 200 RD-$, Kinder 3–12 Jahre 50 RD-$. An eine Regenjacke und an rutschfeste Schuhe denken (im Innern feucht)!

La Romana

Die Stadt mit der vorgelagerten Insel Catalina ist aus zwei Gründen be-kannt: wegen der nahe gelegenen Luxusferienanlage Casa de Campo und wegen des im mediterranen Stil erbauten Dorfes Altos de Chavón hoch oberhalb des gleichnamigen Flusses, wo Künstler arbeiten und im Amphi-theater international bekannte Musiker auftreten. Außerhalb der Stadt be-findet sich der große Anlegehafen für Kreuzfahrtschiffe.

Die Stadt am Rio Dulce, die bereits 1502 von *Juan de Esquivel* angelegt wurde, zählt heute rund 155 000 Einwohner und ist als wichtige Industrie-, Hafen- und Ein-kaufsstadt die Metropole des Ostens. Den einstigen Wohlstand begründete die noch immer größte Zuckerfabrik des Landes, Central de la Romana (Tochterunter-

Marina Casa de Campo – hier ankern die prachtvollen Jachten der Prominenz

nehmen der amerikanischen Gulf & Western Company). In den letzten Jahren schuf man auch hier durch Freihandelszonen zahlreiche Arbeitsplätze. Aufgrund der herrlichen Landschaft rings um den Ort verlagerten die Stadtväter ihr Interesse etwas in Richtung Tourismus und bauten in diesem Zusammenhang auch den oben erwähnten Anlegehafen für Kreuzfahrtschiffe aus, der leider nur für die Passagiere zu besichtigen ist.

Die vorgelagerte, unbewohnte **Insel Catalina** kann man täglich mit einem Ausflugsboot in rund 20 Min. erreichen. Sie bietet herrliche weißsandige und von Palmen gesäumte Strände zum Schwimmen, wenige Meter vom Strand bestes Schnorchelrevier – man fühlt sich wie im Aquarium mit all den bunten Fischen – und durch die steilen Felswände auch ein optimales Tauchrevier. Die Insel wird gerne von Kreuzfahrtschiffen angelaufen.

Casa de Campo: Diese exklusive Ferienanlage wurde 1974 für die amerikanischen Golffans von Gulf & Western erbaut, ging 1984 an die Control Romana Cooperation über und erstreckt sich wenige Kilometer östlich der Stadt über 2800 Hektar und stellt damit das wohl größte Resort der Karibik dar. Bereits 1971 kreierte der Stararchitekt *Pete Dye* den Golfplatz „Teeth of the Dog" in traumhafter Lage oberhalb des Meeres und verhalf mit seinem Meisterwerk der Dominikanischen Republik dazu, die Golfelite ins Land zu holen. Weitere Greens entstanden innerhalb weniger Jahre, zuletzt 2007 in imposanter Lage oberhalb des Flusses Chavón „La Estancia" (→ „Diverses/Golf"). Auch Polospieler schätzen die Anlage mit den vier großen Feldern und den hier speziell fürs Polospielen gezüchteten Pferden, es sollen rund 2500 sein.

Auf dem verkehrsmäßig voll erschlossenen Gelände liegen ein eigener Flughafen (Privatjet oder American Airlines und American Eagle) und ein Jachthafen. Es verkehren ein Shuttlebus und Bähnchen. Die Verbindung in die Stadt oder nach Altos de Chavón ist ebenfalls gesichert. Auch sonst bleiben keine Wünsche offen: Es gibt 14 Tennisanlagen, man badet am Sandstrand oder an einem der 15 Swimmingpools und hat die Wahl unter sämtlichen Wassersportmöglichkeiten wie Tauchen (PADI Dive Center), Segeln, Surfen, Kajakfahren etc., dazu kann man Hochseefischen,

Sportschießen auf 60 Schießständen oder Mountainbiking betreiben. Ein großes Fitnesscenter und ein Beautybereich sowie sämtliche Serviceleistungen sind selbstverständlich. Beim Unterhaltungsprogramm, bei der Animation mit speziellem Kinderprogramm und mit Kinderversorgung fehlt es ebenfalls an nichts. Das Gleiche gilt für den Abend: Es warten zig Restaurants mit internationalen Köchen und für Nachtschwärmer Unterhaltungsshows, Bars und Diskotheken.

Die Unterbringung erfolgt in Exklusiv-Suiten, Bungalows oder einfacheren Zimmern zu gehobenen Preisen. Übrigens: Sämtliche Sonderleistungen, außer Übernachten und Essen, müssen selbstverständlich bezahlt werden! Selbst Kaffee ist Luxus, obwohl er nicht danach schmeckt und anscheinend die hauseigenen Kühe gerade keine Milch gaben … Die Anlage und der Strand Minitas können gegen US-$ besichtigt werden.

Kurz vor dem Jachthafen reihen sich die Villen von Stars wie Madonna und auch viele Präsidenten mieten sich hier prächtige Villen, um zu entspannen und Golf zu spielen.

Altos de Chavón: Rund 7 km östlich von La Romana, in Richtung Casa de Campo, begann man 1976 oberhalb des Chavón dieses Dorf im italienischen Stil des 16. Jh. zu errichten. Es wurde aus Steinquadern und Ziegeln erbaut. Die Gassen wurden mit Kopfstein gepflastert, auf Plätzen sprudeln Brunnen und die Häuser sind mit Erkern, Wappen und üppigen Pflanzen geschmückt. Etwas vertieft liegt das 5000 Personen fassende Amphitheater, in dem Shows und Konzerte von internationalen Stars veranstaltet werden, auch Julio Iglesias oder Frank Sinatra sangen hier. Mehrmals im Monat findet hier die Kandela-Folklore-Show statt. Die Idee, ein Künstlerdorf und ein Kulturzentrum zu kreieren, stammte vom Präsidenten der Gulf & Western Company *Charles Bludhorn* und wurde vom dominikanischen Architekten *Tony Caro* und dem Italiener *Roberto Copa* in die Tat umgesetzt. Maler und Bildhauer fanden sich ein, leben und arbeiten hier und versuchen, ihre Werke in

Das Amphitheater in Altos de Chavón

den Läden zu verkaufen. Ein wichtiger Bereich ist die *Designerschule* (Escuela de Diseño), die der New Yorker Parsons School of Design angeschlossen ist. Wer möchte und die nötige Begabung mitbringt, kann sich für Kurse bewerben. Zudem gibt es hier ein sehenswertes *Archäologisches Museum* mit Funden aus der Umgebung, Galerien mit wechselnden Ausstellungen und Souvenirshops. Für kulinarische Genüsse sorgen Cafés und mehrere noble Restaurants wie *Giacosa* und *Casa del Río*, wo angemessene Kleidung bei einem Besuch obligatorisch ist.

Information Altos de Chavón, La Romana, Info-✆ 809/523-3165 oder -3166; La Escuela de Diseño, ✆ 809/523-3333.

Eintritt Nichthotelgäste müssen für die Besichtigung der Anlage 25 US-$ bezahlen; Tickets sind am Info-Häuschen mit Parkplätzen vor der großen Einfahrt erhältlich.

Río Chavón: Der Fluss, der dem Künstlerdorf seinen Namen gab, mündet bei Boca de Chavón ins Meer. In seinem Verlauf schneidet er Canyons in die Berge, wird von Mangroven gesäumt, in denen eine Vielzahl von Vögeln nisten, oder auch von Königspalmen und Kapokbäumen. Zudem ist er ein ergiebiges Revier für Angler. Von La Romana, Bayahibe und den umliegenden Hotels aus bieten Reiseagenturen organisierte Bootsfahrten an.

Verbindungen

Busse Express-Bus nach Santo Domingo, Abfahrt Camino Avenue, fast stündl. von 5–21 Uhr zur vollen Stunde, ca. 6,50 US-$. Nach Higüey (ca. 80 RD-$) von der Calle Eugenio Miranda (nördlich des Parks) mit **Expreso Bávaro**, ✆ 809/682-9670.

Flug Aeropuerto La Romana/Casa de Campo International Airport – LRM, www.centralromana.com.do, ✆ 809/813-9000. Flüge u. a. in die USA und viel genutzt von Cruiser-Urlaubern; zudem tägl. Inlandsflüge z. B. nach Santiago, Punta Cana, Puerto Plata, El Portillo.

Helidosa, www.helidosa.com, ✆ 809/689-1986. Ab Flughafen werden Helicopter-Rundflüge verschiedener Längen angeboten, 89 US-$)/10 Min.

Taxis Calle Duarte (beim Park) und Av. Libertad (breite Ausfallstraße nach Osten), bzw. am Busstopp Camino Avenue. Preise: nach Casa de Campo ca. 20 US-$; Dream Resort/Bayahibe ca. 25 US-$; Flughafen Sto. Domingo ca. 80 US-$, Fahrtzeit 2 Std.

Entfernungen Santo Domingo 130 km, Higüey 45 km, Bayahibe 22 km.

Diverses

Apotheken Farmacia Central, Calle Teniente Amado García 12; **Farmacia Diana**, Calle Castillo Marques/Esqu. Dottor Hernandes. 8–19 Uhr.

Ausflugsagenturen Buchen kann man fast alles – Insel Catalina, Insel Saona, Altos de Chavón, Santo Domingo, Nationalpark Los Haitises etc. – z. B. über: **Tropical Tours**, Casa de Campo, ✆ 809/523-2028, www.tropicaltoursromana.com.do.

Autovermietungen Europcar, La Romana Airport, ✆ 809/813-9222; **Avis Rent-a-Car**, Calle Castillo Marquéz 35, ✆ 809/550-0600; **Nelly Rent-a-Car**, Av. Santa Rosa 61, ✆ 809/556-2156. Weitere Anbieter sowie Zweigstellen im Casa de Campo.

Banken Banco León, Calle Duarte; Banco Popular, Av. Santa Rosa de Lima.

Einkaufen Großer **Markt** in der Calle Eugenio Miranda westlich des Parks. Supermärkte wie **Romana**, **Duco** und **Asturia** in der Calle Francisco Ducoudrey; meist 8–20 Uhr.

Fest Patronatsfest Santa Rosa de Lima, am 30. Aug., das wichtigste Stadtereignis.

Golf Um Casa de Campo die schönen Golfplätze, kreiert vom Stararchitekten Pete Dye: The Links, Teeth of the Dog, Dye Fore – alle mit herrlichem Blick aufs Meer und der auf der Klippe des Canyons und Flusses Chavón errichtete Platz La Estancia. Infos unter www.casadecampogolf.com, bzw. www.laestancia.do.

Der Süden → Karten S. 144/145, 167 und 182/183

Korbflechter in den Straßen von La Romana

Kliniken Centro Medico Dr. Canela, Av. Libertad 44/Esqu. Calle Benito Monción, ☎ 809/556-3135 und 556-2665; **Hospital Aristides Fiallo Cabral**, Calle Teniente Amado García, ☎ 809/556-2345, -2344.

Post Calle Duarte (beim Park) und Calle Castillo Marquéz.

Sport Die Palette des Sportprogramms in der Casa de Campo ist groß (allein 4 super Golfplätze, s. o.; Polo, Reiten, Sportschießen, Tennis). Wer sich dafür interessiert, sollte sich den hauseigenen 30-seitigen Prospekt mit Preisliste ansehen. Vorabinformationen: www.casadecampo.com.

Übernachten/Essen & Trinken/Nachtleben

Angesichts der Größe der Stadt sind die Übernachtungsmöglichkeiten eher bescheiden, da die meisten Touristen sowieso außerhalb nächtigen.

Übernachten Hotel Olimpo, an der verkehrsreichen Straße. Kleines Hotel mit AC, TV, eigenem bewachten Parkplatz und Restaurant. Zimmer, zum Teil ohne Fenster, für 25–35 US-$ inkl. Frühstück (Eier mit Reis und Bohnen). Av. Padre Abreu/Esqu. Calle Pedro A. Lluveres, ☎ 809/550-7646.

Hotel Frano, kleines Hotel oder besser Motel westlich vom Hotel Olimpo. Winzige, meist fensterlose Zimmer mit TV. 20–25 US-$. Av. Padre Abreu 9, ☎ 809/550-4744.

Hotel River View, kleines 38-Zimmer-Hotel mit Restaurant. Zimmer ca. 35 US-$. ☎ 809/556-1181, 813-0984, hotelriverview@hotmail.com.

Resort Casa de Campo, (s. o.). Al-Verpflegung ab 150 US-$, 2-Bett-Villa ca. 700 US-$, De-luxe-3-Zimmer-Villa ca. 1200 US-$. Auch Golf-Komplett-Arrangements.   ☎ 809/523-8698, -3333, www.casadecampo.com.do.

Essen & Trinken Restaurant La Casita, nobles Restaurant mit ital. und int. Küche. Calle Francisco Richiez 57, ☎ 809/556-5932.

Restaurant Borgatta, hier werden mediterrane Gerichte und Steaks serviert. Calle Enriquillo 15, ☎ 809/813-2058.

Restaurant Andaluz, beliebtes Lokal für spanische wie internationale Küche. Calle Francisco Richiez/Esqu. Altagracia, ☎ 809/813-5219.

Restaurant Luz Mar Deli, beliebt bei Einheimischen für Fischgerichte. Calle Francisco Richiez 54, ☎ 809/813-0778.

Restaurant Shish Kebab, für Liebhaber der arabischen Küche. Es gibt auch dom. Essen. Calle Castillo Marquez 32, ☎ 809/556-2737.

Essen/Altos de Chavón Hier gibt es auch einige Lokale, allerdings hohes Preisniveau: u. a. Gourmetrestaurant La Piazzetta, serviert in exklusivem Ambiente mediterrane Gerichte, gratis dazu ein herrlicher Blick über den Río Chavón; ✆ 809/523-3333, -2186 (Reservierung erforderlich).

Restaurant Gino in Trastevere, hier gibt es Pasta und Pizzen. Preiswerter und wenig stilsicher sind die Hamburger bei **One Burger**.

Essen/Marina Casa de Campo Das exklusive Ambiente und die Lage am Meer muss bezahlt werden: u. a. **Peperoni Marina**, serviert ital./inter. Gerichte, ✆ 809/523-2227. **Restaurant La Casita del Mar**, nobel, sehr gute spanische Küche, ✆ 809/523-2509.

Nachtleben Bei den Dominikanern beliebt sind **Club & Loungebar Babylon**, Francisco Castillo Marquéz 23 und zwei Häuser weiter die **Divino-Bar**. Ansonsten gibt es in der **Casa de Campo** Bars und eine Diskothek sowie in **Altos de Chavón** die Onno's-Bar und die Diskothek Papa Jack's Bar.

Bayahibe

Das kleine, von üppiger Landschaft umgebene Fischerdorf kurz vor dem Parque Nacional del Este ist eine der wenigen verbliebenen Oasen für Individualreisende, obwohl der Bauboom auch hier einsetzte. Die Einwohner sind mit etlichen Restaurants und Übernachtungsmöglichkeiten auf Touristen eingestellt, es gibt die schöne, weißsandige Playa Bayahibe und es werden Ausflüge zur Insel *Saona* und

der Miniinsel *Catalinita* (sie liegt südlich der Landzunge, nicht zu verwechseln mit der großen Insel Catalina) oder eine Flusstour angeboten, zudem locken Tauchgänge in die herrliche Unterwasserwelt – gute Tauchschulen sind hier ansässig. Der groß angelegte Parkplatz weist aber auch darauf hin, dass Bayahibe mittlerweile zur Massenabfahrtsstelle für die Insel Saona geworden ist. Dennoch verspricht die Gegend noch immer einen geruhsamen Urlaub und wer den Ort nicht von früher kennt, findet ihn auch heute noch beschaulich ...

Das Ortszentrum

Information Zum Ort Bayahibe und Umgebung in den Hotels oder in Dominicus.

Parque National del Este, die Nationalparkverwaltung hat am großen Parkplatz in Bayahibe einen Stand; Infos nur in Spanisch (→ Dominicus).

Verbindungen Am Hauptplatz (Colmado Billy) Abfahrt der **Guaguas** halbstündlich nach La Romana (Fahrtzeit 20 Min., 60 RD-$) und Higüey (nur 2-mal tägl.). Etwas teurer sind die **Públicos**, die direkt u. a. nach La Romana fahren; Abfahrt am großen Parkplatz. **Taxis** nach La Romana (45 US-$), Altos de Chavón (38 US-$) und zum Flughafen (ca. 50 US-$).

Entfernung La Romana 22 km.

Ausflüge U. a. bei **Agentur Seavis**, am Beginn der Playa Bayahibe, hier auch gute

Infos erhältlich. ✆ 829/714-4947 (mobil), www.seavisbayahibe.com. Ab 50 US-$ nach Saona, Catalinita, Río Chavón; nach Altos de Chavón 40 US-$; Cueva de las Maravillas inkl. La Romana 60 US-$.

Einkaufen in ein paar kleinen Läden, allerdings kein Obst. Darüber hinaus gibt es eine **Ambulanz**, **Post** und **Telefonzentrale**.

Übernachten **** Dreams Resort La Romana, riesige Al-Anlage ca. 4 km vor Bayahibe. 751 Zimmer, 7 Restaurants, etliche Bars und Diskothek, großer Sport- und Freizeitbereich, Beauty- und Spa-Center, Wassersportverleih, Tauchclub (Gri Gri Divers), Jachthafen etc. Über den Strand gelangt man in 5 Min. nach Bayahibe – wer außer Al noch etwas Dorfidylle möchte, ist hier richtig. Pro Pers. je nach Zimmerlage 100–150 US-$. Carr. Bayahibe, ✆ 809/221-8880, www.dreamsresorts.com.

Hotel Bayahibe, im Ortszentrum. Rund 20 geräumige und nett eingerichtete Zimmer, z. T. mit Balkon. Kleiner, offener Frühstücksraum. Auch Ausflüge u. Transporte werden organisiert; es gibt Liegestühle an der Playa Bayahibe. 2-Bett-Zimmer 82 US-$, 1-Bett-Zimmer 41 US-$ inkl. Frühstück. ✆ 809/833-0159, www.hotelbayahibe.net.

»» Mein Tipp: Villa Iguana, im Zentrum, liebevoll renoviertes und gepflegtes Haus. Wer mag, bekommt Frühstück. Es gibt 9 Standardzimmer mit AC, Kühlschrank, Safe zu 49 US-$ (39 US-$ mit Fan) und 5 Apartments mit komplett ausgestatteter Küche (Zusatzbett möglich) zu 79 US-$; zudem die Dachsuite mit eigenem Whirlpool, Terrasse und Gratisblick bis La Romana für 120 US-$. Ltg. Werner & Martina Marzilius, Calle 8, ✆ 809/833-0203, 809/757-1059 (mobil), www.villaiguana.com. **««**

Hotel Llave del Mar, im Ortszentrum. Gepflegter türkis- und pinkfarbener Bau mit Balkonen. Verschieden große Zimmer mit Fan und großem Bett 25–30 US-$ (1 oder 2 Pers.), mit AC 35 US-$. ✆ 809/833-0081.

Cabañas Trip Town, einfache Zimmer mit Fan und kleiner Terrasse für 30 US-$. ✆ 809/833-0082, 833-0080.

Casa Fransisca, neben Hotel Bayahibe. Einfache Zimmer mit Fan (20 US-$) oder AC (30 US-$), alles nett. ✆ 809/833-0016 (mobil).

Essen & Trinken El Cafecito de la Cubana, schöner Platz unter schattenspendenden Bäumen am Südende der Playa Bayahibe (nördl. vom großen Parkplatz); hier speist man Hühnchen, Fisch etc., genießt die Drinks und relaxt. 11 bis ca. 23 Uhr.

»» Mein Tipp: Mare Nostrum, direkt am Meer im 1. Stock des netten offen gehaltenen Holzhauses. Hier wird bei gutem Service beste spanische Küche geboten, höheres Preisniveau. Es gibt u. a. Fisch, Krusten- und Schalentiere, Meeresschnecken-Carpacchio, Paella und Rinderfilets. Juan Brito 1 (an der Uferstraße, gegenüber Tauchschule Daniel), ✆ 809/833-0055. **««**

Restaurant La Punta, überdachtes Lokal am kleinen Fischerhafen. Empfehlenswert sind frische Fische und Schalentiere.

Restaurant La Bahía, einfaches Restaurant direkt am Meer – nette Lage und sehr gute Fisch- und Fleischgerichte.

Cafébar de la Marina, gegenüber von Mare Nostrum an der Uferstraße. Großzügig mit bequemen Stühlen; hier gibt es u. a. eine große Auswahl an frischgepressten Fruchtsäften, leckeren Kuchen, knackige Salate und Snacks. Bestens zum Lesen und Schreiben, da abends gutes Licht.

Nachtleben/Trinken Colmado Billy, der Platz in der Ortsmitte vor dem Supermarkt (7.30–22 Uhr, So nur bis 19 Uhr) ist „der" Treff. Aus Boxen erschallt die Musik, hier gibt es aber auch Livemusik, sein Getränk holt man sich preiswert im Supermarkt. An Ständen werden Tacos mit Hühnchenfleisch

Playa Bayahibe – ein schöner Badestrand zwischen Ort und Hotel

oder Gemüse gebraten. Hierher geht man zum Plauschen und Tanzen, hier trifft man Einheimische, Segler und Al-Gäste.

Sport PADI Dive Center Scubafun (amerik. Ltg. John C. Sack Jr.), auch Deutsch sprechende Instructors; zudem Verkauf von Wassersportartikeln. Tauchgänge im Bereich des Parque Nacional del Este, an den Steilwänden der Insel Catalina und am Außenriff der Insel Saona; zudem Wrack- und Nachttauchen. 4-Tages-Anfängerkurs ca. 300 US-$ (mit Ausrüstung); 2 Tauchgänge 75 US-$, Equipment 10 US-$; es werden auch Schnorchel-Ausflüge organisiert, z. B. nach Saona für 59 US-$ oder nach Catalina für 69 US-$; für Nimmersatte beides zusammen für 59 US-$. ℘ 809/833-0003, www.scubafun.info.

Tauchschule Casa Daniel (Inh. russische Fa.; jedoch weiterhin vor Ort Schweizer Ltg. Daniel Ruegg u. Susanne Witting), bietet ebenfalls Tauchkurse nach PADI-Ausbildung an, zudem Nacht- und Wracktauchen sowie Touren nach Catalina und Saona. Hier ist man bestens aufgehoben. Basis an der Bay Bayahibe, ℘ 809/833-0050, 809/875-5518 (mobil), www.casa-daniel.de.

Gri Gri Divers (dtsch. Ltg. Uwe Rath), ℘ 829/423-3771 (mobil), www.grigridivers.net. Sehr beliebt und in den Resorts „Dreams La Romana" und „Catalonia Gran Dominicus" tätig. Z. B. auch Tauchgänge in der Höhle Chicho.

Wandern Ein schöner ca. 40-minütiger Spaziergang bietet sich entlang der Küste von Bayahibe nach Dominicus an. Zuerst der Uferstraße, dann dem Uferweg folgen.

Wanderung 1:
Sendero Ecológico y Arqueológico de Padre Nuestro

Charakteristik: Der ökologische Pfad und das umgebende große Gelände, das bereits zum Bereich des Parque Nacional del Este gehört (→ „Nationalparks"), wird von der Gemeinschaft Padre Nuestro verwaltet und gepflegt und auch einige Familien leben hier. Das hügelige Gelände wird auf einem ca. 2,5 km langen Rundweg (Sendero) durchlaufen, ab dem Infopunkt erklären Schautafeln in Kurzform alles Wichtige zur Geschichte der Taínos und zu Flora und Fauna. **Länge/Dauer:** 6,5 km, 2 :30 Std. (wer im Ortszentrum startet, hat weitere 2 km zu gehen; wer per Motoconcho/eigenem Fahrzeug bis zum Infopunkt fährt, kann 4 km einsparen). **Ausrüstung/Verpflegung:** gutes Schuhwerk (felsiges Gelände), reichlich Trinkwasser und Sonnenschutz. **Eintritt:** inkl. Führer (nur Spanisch) 300 RD-$. **Ausgangspunkt:** Hauptstraße Bayahibe - La Romana, gegenüber dem Abzweig zum Ortsbeginn von Bayahibe.

Wegbeschreibung: Kurz nach dem Startpunkt **1** an der Hauptstraße (ausgeschildert Padre Nuestro) passiert man eine **Schranke 2** und folgt dem Makadam knapp 2 km bis zum **Parkplatz mit Info-Punkt 3**, wo nette Führer warten. Eine Schautafel sorgt für den ersten Überblick. Gleich am Anfang des Sendero präsentiert sich die im Aussterben begriffene endemische

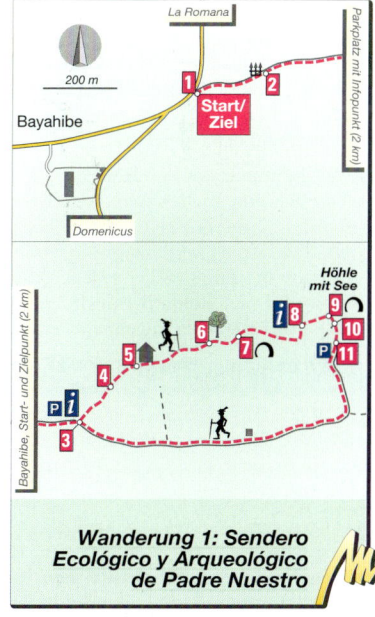

Wanderung 1: Sendero Ecológico y Arqueológico de Padre Nuestro

Der herrliche Lehrpfad Padre Nuestro führt auch durch Kakteenwald

Rosa de Bayahibe (Pilajaya) – ihre Blütezeit ist im Juni/Juli. Der Weg führt über Felsen und üppige roséfarbene Blumenpracht der Dickblattgewächse (Bryohyllum delagoense) leicht bergan, vorbei am Aloe-Vera-Baum und einem Holzkohleplatz **4**. Weiter geht es zum schönen palmwedelgedeckten **Infohäuschen 5** am Hügel mit Salamandern. Wir wandern durch niedrige Palmfarngewächse (Zamia debilis, Z. pumila), die sog. Guayigas, aus deren Wurzeln die Taínos ihr nahrhaftes Brot herstellten (die Wurzeln wurden getrocknet, gerieben, mit Wasser zu Brei verarbeitet und dann gebacken).

Wir folgen immer der Beschilderung. Zum üppigen Grün der Blumen und Bäume gesellen sich nun auch Agaven und Säulenkakteen, die für diese trockene Gegend typisch sind. Interessant ist auch der mächtige hohe Baum Almacigo **6** (Bursera simaruba), ein Weißgummibaum, aus dessen Holz die Taínos ihre Schiffe bauten und damit auch bis Puerto Rico segelten. Sein Stamm kann bis 90 cm Durchmesser betragen und sein Gomarthaz wird zur Herstellung von Firnissen verwendet. Die Früchte sind beliebt bei Vögeln und Schweinen.

Wir treffen auf die **Höhle Chicho 7**, die den Taínos als Versteck und Wohnort diente. Danach bewegen wir uns zwischen 3 m hohen Säulenkakteen, ein Infostand **8** gibt Auskunft über diese Überlebenskünstler, deren Blüte Anfang Februar ist. Der Weg führt uns zu einer weiteren **Höhle 9** mit See und Quelle, die auch von Tauchern besucht wird (nur mit lizenzierten Tauchclubs) und einst der Trinkwasserversorgung diente.

Wir folgen dem Pfad bis zu einer Gabelung **10**, nehmen dort den Pfad leicht rechts und wandern weiter bis zum Ende des Lehrpfads bei einem **Parkplatz 11**, der meist von Tauchern genutzt wird. Auf dem Fahrweg laufen wir dann in rund 0:15 Std. zurück zum **Infopunkt 3** und von dort weiter bis zur Hauptstraße **1**.

Dominicus

Einst nur von einem kleinen Resort bebaut, findet man heute einen schicken Badeort mit einem Straßengewirr und an der weißsandigen Palmenküste reihen sich die All-inklusive-Resorts, die sich bis zum Nationalpark Este erstrecken. Innerhalb weniger Jahre entstanden zahlreiche großflächige AI-Luxushotels samt dazugehöriger Infrastruktur. Vom einst prächtigen, zum Spazierengehen lockenden Strand ist nur noch ein winziger Streifen ohne Hotelsonnenliegen übrig geblieben. Die unberührte Natur findet man hinter der Schranke des Nationalparks, allerdings ohne Badevergnügen, da hier eine scharfkantige Felsenküste folgt – schade um dieses einst herrliche Stück Land, das durchaus seinen sanften Tourismus hatte.

Parque Nacional del Este: Am Eingang (Eintritt 100 RD-$, Kinder 2–12 Jahre 20 RD-$) steht ein kleiner Pavillon, für Schautafeln, Karten etc. ist leider kein Geld vorhanden. Von hier aus kann man auf einem Pfad etwas abseits der herrlichen Küste in etwa 2 Std. bis zu den Taíno-Höhlen von *Guaraguao* wandern, ein Guide (Ranger) ist ratsam. Die mit Taíno-Zeichnungen besonders schön verzierte *Cuvea José Maria* ist für die Öffentlichkeit nicht zugänglich. Ausflugsziel Nummer eins ist aber die *Insel Saona*, die täglich mit Schnellbooten von allen Hotels aus angelaufen wird.

Information Clúster Turistico (Tourismusverband), Plaza Montecarlo, ☎ 829/520-7390. Mo–Fr 9–12.30/15–19.30, Sa 9.30–12.30, So 15–19.30 Uhr.

Ausflüge Agentur Seavis Watersport, (Ltg. Alexander Tilmes), Calle Eladia, ☎ 809/714-4947, www.seavisbayahibe.com. Gut organisierte Ausflüge, auch in deutscher Sprache, u. a nach Saona (VIP oder Catamaran) ab 85 US-$, Catalina & River Cavón 50 US-$, Catalinita & Saona Inseln 100 US-$ (alle inkl. Imbiss und Getränke); Cueva Maravillas, La Romana & Altos de Chavón, zudem Jan.–März Walbeobachtung.

Rancho El Paso, Reitausflüge entlang der Küste, zudem zur Cueva Chicho. Calle Maguey (Westen, nahe Viva-Resort), ☎ 809/833-0197.

Einkaufen Minimarkets und viele Shops, auch Telefonladen.

Übernachten **** Viva Wyndham Dominicus Beach Resort, hier war einst die erste kleine AI-Anlage an diesem Küstenabschnitt, heute ausgebaut mit 604 Unterkünften, 4 Restaurants, Bars; Tauchschule mit großem Wassersportprogramm. Ab 120 US-$/Pers., ☎ 809/686-5658, www.vivaresorts.com.

**** Viva Wyndham Gran Dominicus Palace, diese komfortable AI-Anlage erstreckt sich mit 330 Unterkünften in Bungalows direkt am Meer, mit tropischem Garten, 7 Restaurants,

Der Süden → Karten S. 144/145, 167 und 182/183

Playa Domenicus – hier reihen sich inzwischen nahtlos die Resorts

Bars, Poollandschaft. Zudem Tauchschule, kleiner Bootsanlegehafen mit markantem Leuchtturm, großes Wassersport- und Animationsprogramm. Geschmackvolle Zimmer für 180–200 US-$ pro Pers. ✆ 809/686-5658, www.vivaresorts.com.

**** **Be Live Canoa Hotel**, große, exklusive Al-Anlage in stilvoller Bauweise am Ende des schönen, langen Strandes und in vorderster Reihe. Riesige Poollandschaft, Diskothek/Nachtclub. Restaurants und Bars, großes Wassersportprogramm, Wellness. Komfortable, geschmackvolle Zimmer ab 150 US-$/Pers. ✆ 809/682-2662, www.belivehotels.com.

Villaggio Cabana Elke, kleine Apartmentanlage mit Pool (westl. Dominicus-Hotels). Angeschlossen eine Bar und das kleine Restaurant Chez Rachel, in dem man gut Langusten, Pizzen und Pasta isst. Zimmer ohne Frühstück 80 US-$, Apartments (2 Räume

und überdachte Veranda mit Moskitoschutz) 100 US-$. ✆ 809/689-8249, www.viwi.it.

Hotel und Bungalowanlage Eden, 29 komfortable Zimmer, Pool, gutes Restaurant Italia und Diskothek. Die Gäste kommen meist aus Italien. Zimmer mit Balkon und Frühstück 70 US-$/Pers., für 2 Pers. 106 US-$. Av. La Laguna 10, ✆ 809/833-0856, www.santodomingovacanze.com.

Essen & Trinken   Einige Restaurants, meist von Italienern geführt, z. B.: **Italia Restaurant** (Hotel Eden) mit großer Terrasse und sehr guter Küche (Antipasti, gute Salate, sogar mit Rucola, Fleisch und Fisch. Im Café/Bar daneben gibt es frisch gepresste Säfte, Eis und Espresso und natürlich beste Cocktails. Av. Laguna, ✆ 809/833-0856.

Empfohlen werden zudem **Restaurant El Mundo** (Peatonal) und die **Pizzeria El Rancho** (Los Corales).

🏃 Wanderung 2: Im Parque Nacional del Este – zur Cueva del Puente

Charakteristik: leichte und kurze Streckenwanderung (hin und zurück) durch die Trockenzone des Nationalparks und zur beeindruckenden Höhle Cueva del Puente. **Länge/Dauer**: hin und zurück rund 6 km, ca. 2 Std. **Ausrüstung/Verpflegung**: gutes Schuhwerk, ausreichend Wasser, Sonnenschutz, Mückenmittel und/oder lange Hosen und Taschenlampe. **Infos**: Die Rangerstation des Nationalparks ist von 8 bis 15 Uhr geöffnet (Infos gibt es eigentlich nicht), N.P.-Eintritt 100 RD-$; Führer, den man nehmen sollte, ca. 200 RD-$ (oder mehr, wer mag – die Ranger verdienen so gut wie nichts!). **Anfahrt**: Hauptstraße in Dominicus bis Ende der Hotels (das letzte heißt bisher Residencia Cadaquez), dann durch das Tor und rechts der Piste entlang der Hotelmauer bis zum Meer folgen. Parken beim Ranger-/Info-Haus. Achtung, nicht erschrecken, es sind teils Marine-Soldaten und alle bewaffnet.

N.P. Este – die Cueva del Puente

Wegbeschreibung: Ein Sandweg führt vom **Ranger-Haus** parallel zum Meer in Richtung Osten. Die Küste ist hier nicht zum Baden geeignet (nur zackiges, spitzes Lavagestein). Nach rund 0:15 Std. wird eine Kreuzung erreicht, wo wir nach links in einen Waldpfad abbiegen. Es wachsen Farne und Säulenkakteen, der Pfad wird steinig, dann führt er über Baumwurzeln. Unterwegs

Insel Saona per Katamaran – beliebtes Ausflugsziel vieler Touristen

treffen wir auf kleine Schlangen, Culebras (grün und rot und auch die giftige schwarze). Aber keine Angst, der Ranger gibt Acht und erklärt.

Nach ca. 1 Std. Gehzeit führt der Weg über Felsen und bald erreichen wir den Höhleneingang der **Cueva del Puente**. Zuvor kann man sich noch an einem Unterstand ausruhen. Nun heißt es die Taschenlampen auspacken und in das riesige Märchenschloss vordringen: Herrliche Säle tun sich auf, verziert mit Stalagmiten, Stalagtiten und jeder Menge Fledermäuse.

Zum Ausgangspunkt müssen wir den gleichen Weg nehmen – aber Langeweile kommt nicht auf, man betrachtet alles anders und vielleicht entdeckt man auch noch andere Tiere.

Isla Saona

Die nur 120 km² große und bis zu 50 m hohe Insel aus Korallenkalk gehört zum Parque Nacional del Este und ist dem südlichen Festlandszipfel vorgelagert. Etwa 35 km liegt Saona von Bayahibe entfernt. Hier gibt es herrliche Sandstrände und Palmenwälder und zwei Fischeransiedlungen. Die meisten Besucher, und das sind nicht wenige, kommen Tag für Tag mit organisierten Touren per Motorboot oder Katamaran. Die Reiseveranstalter bieten auch für Taucher Ausflüge in die faszinierende Unterwasserwelt. Die vielfältige Fauna umfasst seltene Arten (→ „Nationalparks"). Kolumbus soll ebenfalls hier gelandet sein.

Higüey

Der betriebsame Ort zählt zu den ältesten Ansiedlungen der Insel, ist mit seinen Geschäften und Rumfabriken wirtschaftliches Zentrum des Ostens. Die Einwohner haben Geld, das sie in den Hotels im nahen Punta Cana (s. u.) verdienen und am

Boulevard mit seinen zahlreichen Läden wieder ausgeben können. Bekannt ist Higüey vor allem als Zentrum der dominikanischen Marienverehrung. Schon in früherer Zeit war Higüey für Wunderheilungen bekannt und so baute man der Heiligen

Die Wallfahrtskirche in Higüey

Jungfrau der Hohen Gnade ein Kirchlein, das allerdings mehrmals durch Erdbeben zerstört wurde. Die heutige moderne Wallfahrtskirche, die *Basilica de Nuestra Señora de la Altagracia,* wurde zwischen 1954 und 1972 errichtet, und jedes Jahr am 21. Januar, dem Día de Altagracia, füllen sich der Ort und der riesige Kirchenvorplatz mit tausenden von Pilgern. Die Wallfahrtskirche, ein Betonbau mit weithin sichtbarem halbkreisförmigem offenem Bogen statt eines Kirchturms, besitzt eine schöne bronzene Eingangspforte, Mosaiken stellen die Entstehungsgeschichte der Kirche dar. Higüey wurde bereits 1494 von *Juan de Esquivel* gegründet und von 1502 bis 1508 durch den Seefahrer und Eroberer *Juan Ponce de León* von San Rafael del Yuma aus verwaltet.

In der Stadtmitte um den Zentralplatz gruppieren sich neben einer hübschen weißen Kirche sämtliche wichtige Einrichtungen der Stadt, zudem Restaurants und Hotels.

Ca. 5 km in Richtung Punta Cana (an der Straßenkreuzung nach Bonao und Miches) liegt das von Emigranten von den Kanarischen Inseln gegründete Straßendorf **La Otra Banda.** Wegen seiner kulinarischen Spezialitäten lohnt es einen Stopp: in den Straßenbuden hängen Schweineschwarten und die beliebten *longanizas* (salamiartige Würste), für Vegetarier gibt's viele Früchte.

Verbindung Direktbusse nach Santo Domingo, ℡ 809/554-4260. **Guagua-Station** für Punta Cana und Miches Calle Luperón und Av. Libertad.

Entfernungen Santo Domingo 170 km, La Romana 45 km, Punta Cana 50 km, Bávaro 43 km.

Bank Banco Popular, am Parque Central.

Einkaufen Täglich großer **Markt**.

Post Am Parque Central.

Übernachten Wer auf der Durchreise ist: Hotel Don Carlos, mit Restaurant. Zimmer mit AC und TV ca. 45 US-$. Calle Ponce de León, ℡ 809/554-2713.

Hotel El Topacio mit Restaurant, Calle Duarte/ Esqu. Cambronal, ℡ 809/554-5892 und -5909.

Südlich der Kathedrale findet man die einfachen, aber sauberen **Hotels Buli** (℡ 809/554-4405) und **Casablanca** (℡ 809/554-6121), Calle Mella/Esqu. Beller.

Essen & Trinken Gut isst man im **Restaurant Centro de Mariscos Julio** (alles, was das Meer bietet) nördlich vom Parque Central, ℡ 809/554-6010. Beliebt ist auch das ebenfalls nahe dem Parque Central gelegene Fischlokal Canonico Montás (Lambi, Langusten und Fisch).

Des Weiteren: **Restaurant Delicios del Mar** und **Restaurant La Fama** am Parque Central. Außerhalb (ca. 1 km in Richtung El Seíbo) liegt das Lokal **El Español Original** mit empfehlenswerter span. Küche.

San Rafael de Yuma

In dem rund 24 km von Higüey entfernten Ort errichtete der Eroberer und Seefahrer *Juan Ponce de León* im 16. Jh. ein Fort. Heute ist darin ein kleines *Museum* mit Einrichtungsgegenständen und persönlichen Dingen des Eroberers untergebracht.

Information/Anfahrt Casa Ponce de León, Mo–Sa 9–17 Uhr, ☎ 809/687-7664. Anfahrt (nicht ausgeschildert!) kurz vor dem Ort beim Friedhof (vor der Kurve) links ab und weitere gute 2 km, mitten am Land; wird leider oft nur noch nach Anmeldung für Gruppen geöffnet. Wer per Bus kommt, fragt am besten den Fahrer.

Von San Rafael de Yuma erreicht man nach weiteren 7 km **Boca de Yuma** an der Bahía de Yuma, von wo aus Ponce de León 1508 in See stach, um Puerto Rico und ein paar Jahre später Florida zu erobern. Der Fischerort, der heute zu den wenigen des Landes zählt, ist Treffpunkt von Hochseefischern und Sportanglern, auch werden internationale Wettbewerbe ausgetragen. Der lauschige Ort liegt oberhalb der hier steil abfallenden Felsenküste, von den netten, baumbestandenen Restaurants genießt man einen herrlichem Blick aufs Meer und auf ein paar vorgelagerte Inseln. Östlich des Ortes mündet der Río Yuma ins Meer, hier ankern gut geschützt die vielen kleinen Fischerboote. Südwestwärts gelangt man in einer knapp halbstündigen Wanderung an der Küste entlang zur Karsthöhle *Cueva de Berna*. Jugendliche oder Motoconchos weisen gegen etwas Entgelt den Weg (geöffnet 8–14 Uhr). Ge-

Boca de Yuma – ruhiges Fischerdorf mit lauschigen Restaurants

badet wird u. a. an der *Playa Borinquen*, östlich der Flussmündung, Fischerboote schippern einen in rund 10 Minuten hinüber (ca. 35 RD-$/einfach), dann folgt ein kurzer Fußweg (rutschfestes Schuhwerk).

Übernachten/Essen Hotel El Viejo Pirata, an der Westseite des Orts liegt das kleine, nette 9-Zimmer-Hotel mit Restaurant und Pool. Zimmer für ca. 37 US-$. ✆ 809/780-3236, 804-3151, hotelviejopirata@hotmail.com.

Die netten Lokale oberhalb der Steilküste liegen nebeneinander im Ort. Hier isst man bestens und preiswert frischen Fisch und Krustentiere.

Punta Cana

Der erst rund 25 Jahre alte Touristenort zählt inzwischen zum wichtigsten Feriengebiete des Landes. Die 60 km lange Kokosnussküste mit ihrem puderfeinen, weißen Sandstrand lockt vor allem Al-Urlauber. Der nahe internationale Flughafen lässt den Fremdenverkehr boomen, und es entstanden hier viele Hotels der oberen Kategorie. Die exklusiven Anlagen mit Wassersport-, Fitness- und Spa-Programmen sowie einer Vielzahl sehr guter Golfplätze sind teilweise so weitläufig, dass man dort sein Marathontraining absolvieren könnte …

Die Strandabschnitte dieser Region ziehen sich von Punta Cana im Süden, mit der neuen Luxusdestination *Cap Cana* südlich vom Flughafen, nordwärts über *Cabeza de Toro* nach *El Cortecito* mit dem Tourismuszentrum *Bávaro*, dann weiter nach *Macao* und von dort bis zur momentan letzten Hotelbucht *Uvero Alto*. Ab Macao ist die Landschaft sehr reizvoll mit den Bergen der Cordillera Oriental, allerdings gibt es hier nur wenige wellengeschützte Strandabschnitte, z. T. auch gefährliche Strömungen – so baden die meisten Gäste in ihren luxuriös gestalteten Hotelpools und nutzen die Strände zum Spazierengehen. Wer mit Kindern reist, wählt am besten die riffgeschützten Strände um Bávaro. Wegen der doch sehr isolierten Lage im äußersten Osten verbringen die meisten Touristen die Ferien in ihren AI-Hotels, die ihre Gäste mit großem Animationsprogramm und allabendlichen Shows unterhalten, so dass ein Verlassen der Anlage bis auf Strandspaziergänge unnötig erscheint. Die Exkursionsangebote sind vielfältig: zu den Inseln Saona und Catalina, nach La Romana oder in das entlegene Santo Domingo sowie dem Nationalpark Haitises. Wer hier bucht, möchte sich mit gutem Essen und Service verwöhnen lassen und relaxen, daneben vielleicht noch etwas sportlich tätig werden: segeln, surfen oder joggen an der endlosen Küste. Highlights sind das Tauchen wegen der nahen Riffe und einigen Schiffswracks sowie die neue Zip-Line.

Manatí-Park: Der Vergnügungs- und Tierpark auf rund 80 000 m^2 liegt etwa 7 km von Bávaro entfernt in Richtung Higüey. Ein Museum zeigt auf Bildtafeln Geschichte und Gegenstände der Taíno-Kultur, es gibt traditionellen Tanz mit einer Musikgruppe, Shows mit tanzenden Pferden und mit dressierten Papageien, und man kann mit Delfinen schwimmen (s. u.). Zudem existiert ein Becken, wo Seekühe (Manatís) gezüchtet werden, und ein Becken mit Krokodilen. Was von Tierschützern sehr beanstandet wird, sind die viel zu kleinen Becken für die Tiere. Die Nähe zu den teuren Hotels macht sich auch in den hohen Eintrittspreisen bemerkbar.
Tägl. 9–18 Uhr, freier Bustransfer von den Hotels. Erwachsene 30 US-$, Kinder von 5–12 Jahre 15 US-$, Schwimmen mit Delfinen (nach Reservierung) inkl. Eintritt 105 US-$. ✆ 809/552-6100, 221-9444, www.manatipark.com.

Delfin-Insel: Wer diese Tiere hautnah erleben und auch mit ihnen schwimmen möchte, kann Touren auf die im Meer schwimmende Plattform, durch Netze abgehängt, unternehmen (nahe Barceló Bávaro Beach de Lux). Die Schnorchelausrüstung wird gestellt, geschwommen wir mit den Delfinen ca. 40 Min. Zudem kann man auch Haie und Mantarochen betrachten und es gibt eine Show mit Seelöwen. Der Spaß kostet stolze 145 US-$ (teils auch preiswerter); über die Hotelagenturen buchbar. www.dolphinislandpark.com.

Ökologischer Naturpark: Abseits des Punta Cana Resorts liegt zwischen Lagunen, tropischer Vegetation und angesiedelten Heilpflanzen dieser Naturpark mit seiner vielfältigen Flora und Fauna. Schön angelegte Wege führen hindurch, die Hotelgästen zur Verfügung stehen. Ansonsten muss man sich organisierten Führungen anschließen. Infos unter www.puntacana.org oder bei den Hotels.

Punta Cana Zip-Line: Der neueste Spaß – die Gäste werden bei dieser Ganztagestour in die Anumaya-Berge (nördl. von Punta Cana) gebracht. Dort warten in den Baumwipfeln 16 Plattformen mit Zip-Lines. Auch für Jüngere ein Spaß. Wird von etlichen Agenturen angeboten (→ „Sport").

Basis-Infos

Information Vor Ort in den Hotels; oder u. a. www.puntacana-information-guide.com, www.guidepuntacana.com.

Verbindungen Der **Busbahnhof** (Sitrabapu) ist in Bávaro und bietet Direktverbindungen (u. a. um 7, 10, 14 und 16 Uhr) nach Santo Domingo; ca. 3 Std. Fahrtzeit, ca. 5 US-$/250 RD-$, ✆ 809/552-0771. **Expresso Bávaro**, Plaza Bávaro, ✆ 809/562-3436 – 4-mal tägl. Direktbusse nach Sto. Domingo. **Guagua-Stopp** u. a. gegenüber der Texaco-Tankstelle; innerhalb von Punta Cana 35 RD-$, nach Higuey 100 RD-$. **Motoconchos**, überall – je nach Fahrt ca. 20 RD-$.

Der Süden → Karten S. 144/145, 167 und 182/183

Flug: Aeropuerto Punta Cana (PUJ), ✆ 809/688-4749, 686-8790. **Taxi** von Bávaro zum Flughafen 35 US-$.

DominicanShuttles (Ex Takeoff), Las Américas, Santo Domingo, ✆ 809/481-0707, www.dominicanshuttles.com. Linien- und Charterflüge zu allen Flughäfen der Insel, sowie auch nach Haiti und zu weiteren karibischen Inseln, auch Busshuttle. U. a. mehrmals tägl. Flüge nach Sto. Domingo 99 US-$. Flug Punta Cana–Puerto Plata 149 US-$.

Helidosa, Helipuerto (Hubschrauber-Flughafen), Carretera Arena Gorda, ✆ 809/552-6069, 829/345-7236 (mobil), www.helidosa.com. Geboten werden Helikopterrundflüge, Abholung etc. Pro Pers. ca. 89 US-$/10 Min., 159 US-$/20 Min.

Entfernungen   Santo   Domingo   ca. 220 km, La Romana 95 km, Higuey 50 km.

Autovermietungen   u. a.   **Pilot Rent-a-car**, Av. España, Bávaro, ✆ 809/818-0401; weitere auch an der Plaza Palma Real. **Alamo/National**, ✆ 809/466-1083. **Dollar**, ✆ 809/688-6517.

Ausflüge   (→ „Sport/Organisierte Ausflüge") u. a. Dolphin-Island, Zip-Line-Adventure, Buggy-Touren, Insel Saona, N. P. Haitises. Agenturen u. a. **Turi Adventure**, Plaza La Solera No 3, Pueblo Bávaro, www.turiadventure.com.

Bank   u. a. **Scotiabank**, Plaza Bávaro; **Banreservas** und **Popular**, Plaza Palma Real.

Einkaufen   In Cortecito gibt es viele kleinere Shoppingcenter, zudem **Supermarkt**, **Apotheke** und **Souvenirshops**. In den verschiedenen größeren Einkaufsmeilen wie **Plaza Palma Real**, **Plaza Bávaro** gibt es **Telefonläden Orange** und **Claro** (für Sim-Karten und Telefone). Daneben viele kleine Einkaufscenter wie Plaza El Dorada mit Supermärkten etc. Jedes große Hotel bietet Läden und Shoppingcenter. **Zigarren- und Rumshop** an der Plaza Bávaro und nördlich des Hotels Meliá Caribe Tropical. **La Javilla** (nahe Schule), ein preiswerter Laden für Rum etc.; ortsauswärts von Cortecito in Richtung Plaza Bávaro. **Zigarrenladen & Lounge Lucas de Meester**, in südlicher kleiner Seitenstraße nach Hotel Barcelo Dominican Beach (Richt. Plaza El Dorada), ✆ 809/415-3952, www.lucaspremiumcigars.com.

Gesundheit   Apotheken und Ärzte in allen großen Hotels. **Centro Medico Punta Cana**, Av. España (Bávaro), ✆ 809/552-1506; **Hospiten**, 24-Std.-Bereitschaft, Bávaro (Veron), ✆ 809/686-1414. **Farmacia** (Apotheke) **El Dorado**, Plazo El Dorado (Cortesito), ✆ 809/552-0476.

Telefon   u. a. **Orange** und **Claro**, Plaza Bávaro.

Luxus pur und Golf satt

Das jüngste, teils noch in Bau befindliche Luxusparadies des US-Milliardärs Donald Trump für Golffreunde und Betuchte entsteht am Cap Cana bei Punta Cana. Binnen Stunden verkaufte 2006 der Baulöwe und Immobilienmogul Teilstücke an namhafte Luxushotelketten, zudem soll hier die größte Marina in der gesamten Karibik entstehen, zwei kleinere gibt es inzwischen. Edle Anlagen (u. a. Sanctuary, Tortuga Bay) mit Gourmetrestaurants im mediterranen Stil sind fertig gestellt und lassen kaum Wünsche offen. 6 weitere Luxushotels namhafter Exklusivketten (wie Ritz Carlton, Four Seasons etc.) mit Boutiquen, Sportanlagen, Boulevards und Paseos werden in den nächsten 15 Jahren bezugsfertig sein, alle mit Focus auf Entspannung und Intimität, also keine AI-Anlagen. Breite Avenues führen bereits zum Neubau- und Baugebiet, was um Bávaro in 20 Jahren nicht passierte. Für die Hotelgäste gibt es auch einen eigenen ökologischen Park. Der Golfplatz Punta Espada, 2006 eröffnet, mit u. a. vom Stararchitekten Jack Nicklaus gestalteten Fairways, auf dem sich 2008, 2009 und 2010 bereits die Elite beim Cap Cana Championship der PGA Tour gemessen hat, ist einer von 5 weiteren teils noch im Bau befindlichen. Das gesamte Gebiet von Punta Cana und Cap Cana hat sich zu einer außerordentlichen Golfdestination mit exzellenten Fairways und Golfschulen entwickelt. Luxus wird hier nochmals neu definiert. Informationen unter www.capcana.com.

Wie in „Tausend und einer Nacht", aber unter karibischen Palmen

Übernachten

→ Karte S. 172/173

Das Übernachtungsangebot in Punta Cana ist riesig, exklusiv und sehr teuer, zumindest für den, der vor Ort und nicht pauschal zu Hause bucht – dies sollte man in diesem Gebiet unbedingt tun. Verwöhnprogramm ist oberste Priorität der Hotels, ein 24-Std.-Service inkl. Getränkeauffüllung bei *****-Kat. üblich. Hier eine kleine Auswahl:

***** **Meliá Caribe Tropical Resort 28**, an der ruhigen Playa Bávaro auf einem riesigen Gelände mit Schluchten, Mangrovenwald sowie Flamingos, Papageien und Pfauen, die man aus der Nähe betrachten kann. Großes Sportprogramm, u. a. Tauchschule. Unterkunft (insg. 1128 Zimmer) in von tropischen Pflanzen umgebenen einstöckigen Bungalows mit teils separatem Schlaf- und Wohnraum, TV, AC, Minibar und Terrasse. Ein Bähnchen fährt über das weitläufige Gelände. Al ab 200 US-$/Pers. ✆ 809/221-1290, www.solmelia.com.

***** **Paradisus Punta Cana 8**, im Norden der Playa Cortecito liegt diese große, exklusive Al-Anlage mit rund 40 Bungalows, rund 500 Suiten, De-luxe-Suiten etc. Fitness-, Sport und sonstige Animation für Kinder und Erwachsene, großer Spa-Bereich. Angeschlossen sind der Cocotal Golf & Country Club und ein Tauchclub; 11 verschiedene Restaurants verwöhnen den Gaumen, 6 Bars die Kehle; Theater, Casino und Diskothek. Alles eingehüllt in üppige Tropenpracht und mit Wasserlandschaften – ein Paradies eben. Pro Pers. im DZ 250–360 US-$. ✆ 809/687-9923, www.paradisus-puntacana.com.

***** **Hotel Excellence Punta Cana 3**, an der Uvero Alto in Alleinlage mit 454 Zimmern; sehr schön gestaltete, kinderfreie Anlage (es soll der Ruhe dienen!) mit großem Freizeit- und Sportprogramm, Spa-Bereich, Diskothek, etlichen Restaurants, Bars etc. Pro Pers. im DZ 258 US-$. ✆ 809/689-6263, www.excellence-resorts.com.

***** **Hotel Occidental Grand Punta Cana 14**, zählt mit 852 Zimmern zu den großen Al-Anlagen und liegt am nördlichen Rand der Playa Cortecito. Riesige Poollandschaften, Joggingparcours, 10 Restaurants, 5 Bars, Pueblo mit Shops, Boutiquen, Bars, Bühne, Diskothek, riesiges Freizeit- und Sportprogramm. Al ca. 160 US-$/Pers. Playa Cortecito,

Bávaro,   ℡ 809/221-8787,   www.occidental hotels.com.

***** **Hotel Grand Paradise Bávaro Beach Resort & Spa** ▣, mit 1029 Zimmer zählt die farbenfrohe Anlage direkt am Strand zu den großen und ist mit allem Erdenklichen ausgestattet – um die Auslastung sicherzustellen, gibt es hier inzwischen auch manchmal preiswerte Unterkünfte. Ein Bähnchen fährt über das Gelände zum 3 km entfernten Club Gran Paradise. Schöne Zimmer, zum Teil mit offenem Jacuzzi. Unzählige Restaurants und Bars, Pueblo mit Läden und Diskothek. Al ab 150 US-$/Pers. ℡ 1/888/774-0040 oder 305/774-0040 (Hotlines), www.grand paradisebavaro.com.

***** **Ríu Palace Punta Cana** ▣, an der Playa Arena Gorda, 600-Zimmer-Al-Anlage. Ein Märchenschloss mit Türmchen, Hochzeitstempel, Fontänen und großem Pool im Palmenhain; zudem zig Restaurants und Gourmettempel und reichlich Bars; großes und gutes Animations-, Sport- und Showprogramm; Fußwege zu den angrenzenden anderen Ríu-Hotels (je nach Buchung ist die Nutzung der Einrichtungen der anderen Hotels möglich); Hotelpueblo mit Casino und Diskothek Pachá. 24-Std.-Service. Al ca. 180 US-$/Pers. ℡ 809/687-4242, www.riu.com.

***** **Hotel Sanctuary Cap Cana Golf & Spa** ▣, südlich vom Flughafen in Cap Cana. Luxushotel ohne Al mit ca. 170 Suiten von 75 bis 350 qm mit Ausblick auf feinsten weißen Strand und türkisblaues Meer. Betonung auf Individualität. 5 verschiedene Gourmetrestaurants und Bars verwöhnen den Gaumen. Zentrum bildet ein nachgebautes mittelalterliches italienisches Dorf mit Piazza, in der Nähe Jachthafen. Hier ist auch die Fishing Lodge, ein buntes Dörfchen mit Suiten und Boutiquen. Suiten ab 238 US-$. Cap Cana, ℡ 809/562-9191, www. capcana.com.

***** **Grand Bahía Principe Punta Cana** ▣, große Anlage (708 Zimmer) am südlichen Rand von des Arena Gorda Beach, die sich ins Inland zieht und nur per Bahn abgefahren werden kann. Im Festungsstil mit Türmchen erbaut, es dominieren Terrakotta-Töne. Die preiswerteren Zimmer liegen an der Landseite. Ebenfalls mit allem, was man sich vorstellen kann (Restaurants von ital. bis jap., Pueblo etc.). Nebenan die weiteren Hotels dieser Principe-Kette. Al 160 US-$/ Pers. ℡ 809/552-1444, www.bahiaprincipe.com.

Nachtleben

- 4 Diskothek & Loungebar Oro
- 7 Disco Pachá
- 11 Diskothek Imagine
- 12 Punta Cana Bar-Disco
- 13 Disco Arieto
- 14 Discothek Mangú
- 16 Photo Bar-Rest.
- 23 Rest.-Bar-Café Huracán
- 25 Rest.-Beachclub Soles

Essen & Trinken

- 2 Rest. El Navegante
- 16 Photo Bar-Rest.
- 17 Rest. Capitán Cook
- 19 Rest. Pulpo Cojo
- 21 Restaurant & Lounge-Jazzbar El Rincón Mágico del Mar
- 22 Rest. Los Corales
- 23 Rest.-Bar & Diskothek Huracán
- 25 Rest.-Beachclub Soles
- 27 Rest. La Yola
- 29 Rest. Jelly Fish

Übernachten

- 1 Boutiquehotel Sivory Punta Cana
- 3 Hotel Excellence Punta Cana
- 4 Hard Rock Hotel & Casino Punta Cana
- 5 Hotel Gran Paradise Bávaro Beach Resort & Spa
- 6 Grand Bahía Principe Punta Cana
- 7 Ríu Palace Punta Cana
- 8 Hotel Paradisus Punta Cana
- 9 Hotel Natura Park
- 10 Dreams Punta Cana Resort & Spa
- 14 Hotel Occidental Grand Punta Cana
- 15 Hotel Cortecito Inn
- 18 Hotel Carabela Beach Resort Bávaro
- 20 Bavaro Hostel
- 21 Guesthouse El Rincón Mágico del Mar
- 24 Villas Los Corales
- 26 Punta Cana Resort & Club
- 28 Meliá Caribe Tropical Resort
- 30 Hotel Sanctuary Cap Cana & Spa

El Macao
Golf Roco Ki (in Bau)
alado
Cana Bay Palace Golf Club
Punta Blanca Golf Club
Iberostate Bávaro Golf Club
Arena Gorda Beach
Fruisa
BUS
Polizei
Delphininsel
Heliopuerto (Helikopter-flugplatz)
Barceló Golf de Bávaro
Laguna Bavaro
Cabeza de Toro Beach
Veron
Laguna Mala Punta
Cabo Engaño
106
La Romana, Santo Domingo
Autopista del Coral
3
Punta Cana International Airport
Los Corales
La Cana Golf Club
Punta Cana
Bávaro Beach
Eco Park
Punta Cana Beach
Playa Bávaro
Juanillo Beach
Cap Cana Punta Espada Golf Club

Punta Cana

2,5 km

Punta Cana – endloser riffgeschützter weißer Strand vor den Hotelanlagen

***** Hard Rock Hotel & Casino Punta Cana 4, momentan das „In-Hotel" für Rockfans, erst 2011 in Alleinlage am nördlichen Strand von Arena Gorda eröffnet. Schon in der riesigen Empfangshalle dominieren die Rockstars und Gitarren. Riesig in allem: 1790 Zimmer, 11 verschiedene Themen-Pools, 12 sehr gute Restaurants, ebensoviele Bars, u. a. mit riesigen Plasma-Bildschirmen. Riesige Spa-Anlage für 2000 Gäste, 18-Loch-Golfplatz, Casino mit dem größten Spielsalon des Landes und die riesige mit technischen Raffinessen ausgestattete Disko Oro. Natürlich fehlt auch das große Sport- und Wassersportprogramm nicht, sowie die Animation für Groß und Klein fast rund um die Uhr. ℡ 809/687-0000, www.hardrockhotelpuntacana.com.

**** Hotel Carabela Beach Resort Bávaro 18, überschaubare, schattige, mit tropischen Pflanzen bewachsene und relativ preiswerte Al-Anlage (470 Zimmer), in der man auf Wunsch auch nur Frühstück oder Halbpension bekommt. Die Anlage liegt direkt am ruhigen Strand von El Cortesito. Geboten werden den drei Pools, Sport- und Freizeitprogramm, Spa-Bereich, Tauchclub, Diskothek (extra Eintritt) und Casino. Gutes und vielfältiges Buffet, 3 weitere gute Restaurants. Geräumige Zimmer mit Balkon. Al im DZ 172 US-$/Pers. ℡ 809/221 2728, www.vistasolhotels.com.

🌿 ***** Hotel Natura Park – Eco Resort & Spa 9, Anlage mit 12 Bungalows kurz vor Cabeza de Toro am Rande des Naturparks Bávaro mit seinen zahlreichen Lagunen. Für den Bau und die Ausstattung des Hotels mit seinen 510 Zimmern wurden nur einheimische Materialien verwendet, die Betreiber achten auf ökologische Verträglichkeit. Komfortable Zimmer. Zahlreiche Sportmöglichkeiten wie Reiten und Tauchkurse. Al 120 US-$/Pers. ℡ 809/221-2626, www.blau-hotels.com. ∎

***** Punta Cana Resort & Club 26, große Luxusanlage nahe dem Flughafen und am Ende des langen Strandabschnittes Punta Cana; es gibt eine Marina und Golfanlage, eingebettet in das üppige Grün der Bäume, zudem gibt es hier das Ökologische Reservat mit angelegten Pfaden und einer Segway-Strecke. Neben Suiten kann man auch eigene Villen am Strand mieten. Betuchte wie der Designer Oscar de la Renta haben hier gleich nebenan, an der Tortuga Bay, ihr Urlaubsdomizil. Alle erdenklichen Sportarten. Gourmetlokal La Yola (→ „Essen & Trinken"). Al ab 150 US-$ (große Preisspannen!). ℡ 809/959-2262, www.puntacana.com.

***** Dreams Punta Cana Resort & Spa 10, am südlichen ruhigen Ende vom Bávaro-Strand liegt diese riesige Al-Luxusanlage, die kaum Wünsche offen lässt. Mit Poolbereich, der sich entlang der Gebäude erstreckt. Das Angebot ist sehr vielfältig und groß: 7 Restaurants (auch Romantikdinner für Zwei!) und 10 Bars stehen zur Auswahl, daneben Casino, Theater für abendliche Shows, großer Spa, auch Open-Air-Anwendungen, Fitness-Center, Sport- und Wassersportgeräteverleih und natürlich Animation für Groß und Klein. Die Kinder haben ihren eigenen Club, es gibt auch spezielle Camping-Nächte oder Kinder-Abendessen, Teenager-Area und Babyphones. Stolz ist auch der Preis: 300 US-$/Pers./Al. Punta Cana, ℘ 809/682-0404, www.dreamsresorts.com/drepc.

**** **Boutiquehotel Sivory Punta Cana** ∎, am nördlichsten Teil von Uvero Alto, also entfernt vom Geschehen und in Alleinlage, befindet sich diese edle kleine Anlage für Zahlungskräftige. Absolute Ruhe- und Wellengarantie! Schöner Pool und Spabereich, großer Weinkeller und Gourmetrestaurant. Verschiedenste geschmackvolle Suiten. Ab 567 US-$/2 Pers. mit lediglich einem Minifrühstück in der Suite. ℘ 809/468-0005, 552-0500, www.sivorypuntacana.com.

**** **Villas Los Corales** ∎, einstöckige Apartmentanlage (ital. Ltg.) mit Pool im Palmenwald und nahe dem Meer beim gleichnamigen Strand. Wassersportverleih, Liegestühle etc. am Strand. Unterschiedlich große, hübsch eingerichtete Wohnungen. Es gibt inzwischen mehrere Lokalitäten, darunter das Cacao

Café zum Frühstücken und Internet-Surfen, die hübsche Sky Lounge mit italienischen Gerichten am Pool und den ebenfalls guten Italiener Il Pizzino. Bungalow für max. 4 Pers. (z. B. Eltern u. 2 Kinder). 130 US-$/2 Pers. ℘ 809/552-1262, www.los-corales-villas.com.

*** **Hotel Cortecito Inn** ∎ in der Ortsmitte von Cortecito. Kleine, einstöckige Anlage mit gutem Restaurant Framboyán rund um einen Pool. 2 Pers. inkl. Frühstück 60 US-$. ℘ 809/552-0639, rest.cortecito@codetel.net.do.

Bávaro-Hostel ∎, kaum zu glauben, dass man hier preiswerte Mehrbettzimmer (20–70 US-$) findet. Der Neubau mit 14 Ein-, Zwei- und Mehrbettzimmern, Küche, Aufenthaltsraum, Internet, liegt im Shoppingcenter Plaza El Dorada, 3 Min. vom Strand entfernt. Ein EZ kostet 35 US-$, 2-Bett-Apartment 70 US-$; im Mehrbettzimmer 20 US-$; alle Preise inkl. Frühstück. Bávaro, Plaza El Dorada, ℘ 809/931-6767, www.bavarohostel.com.

Weitere Übernachtungsmöglichkeiten (→ „Essen & Trinken").

⟨Essen & Trinken/Nachtleben   → Karte S. 172/173

Essen & Trinken   Restaurant **Capitán Cook** ∎, bekanntes, gutes Lokal am Strand El Cortecito. Neben Vorspeisen wie Langustencocktails u. Serrano-Schinken gibt es frischen Fisch, Hummer, Langusten u. Paella; dazu süffige Weine aus Spanien und Chile. ℘ 809/552-0646, -0645.

Restaurant Pulpo Cojo ∎, gleich in der Nähe, in schöner Strandlage mit palmengedeckten Sitzgruppen. Spezialitäten sind auch hier Früchte des Meeres wie Langusten, Hummer, Fisch. ℘ 809/552-0909.

Restaurants Los Corales ∎, in der Anlage einige Lokale (→ „Übernachten"). Es gibt feine ital. sowie kreolische Küche und natürlich Pizzen. ℘ 809/221-0801.

Restaurant Jelly-Fish ∎, in Alleinlage am südlichen Bávaro-Strand, 2-stöckig mit luftigen Terrassen und Bambusbestuhlung, etwas südlich vom Hotel Meliá Caribe Tropical. Die leckeren Spezialitäten kommen aus dem Meer. Tägl. ab 11 Uhr. ℘ 809/307-0743.

Restaurant El Navegante ∎, das gute Lokal liegt abseits im Norden nahe Hotel Exellence an der Uvero Alto. ℘ 809/444-2469.

🍃 **Restaurant La Yola** ∎, der Name bezieht sich auf die alten Yolas (Schiffe); das

Gourmetlokal gehört zum Punta Cana Resort und liegt in seiner herrlichen offenen Bauweise mit palmgedecktem Dach direkt an der Marina. Die Küche offeriert internationale Gerichte; angemessene Kleidung ist hier Voraussetzung, ebenso Reservierung. Tägl. (außer Di) 11–15/19–22 Uhr. ℘ 809/959-2262. ∎

Restaurant-Pension Lounge- & Jazzbar El Rincón Mágico del Mar ∎, am Meer mit Loungebar und nettem Inneren für verregnete Abende (→ „Nachtleben"); die Gerichte sind spanisch angehaucht, dazu ertönen Jazzklänge. Es werden 3 große Zimmer (zur Landseite) vermietet, der große überdachte Aufenthaltsraum hat Meerseite. 70 US-$/2 Pers. mit Frühstück. Los Corales, ℘ 829/354-5111 (mobil).

Nachtleben/Bars   Jedes Hotel verfügt über nette Loungebars. Außerhalb der Hotels u. a. sehr beliebt:

Restaurant/Bar/Café Huracán ∎, am Strand Los Corales mit netten Strandliegekojen, guter Musik – an Wochenenden von angesagten DJ's; guter Service und gute italienische Küche; sehr beliebt auch bei den Einheimischen. Ganztägig geöffnet. ℘ 809/552-1046.

Photo Bar-Restaurant ∎, liegt in El Cortecito und ist in der kleinen ehemaligen „Posada de Pietra" (Pension) untergebracht. Be-

Der Süden → Karten S. 144/145, 167 und 182/183

stückt, wie schon der Name verrät, mit Fotos der Gegend; nette Atmosphäre bei Live-musik. Gute Snacks und herrliche Strand-lage; beliebter Treff der Residenten und Einheimischen. ☎ 809/442-9363.

Restaurant/Lounge- & Jazzbar El Rincón Mágico del Mar 21, am Meer mit Loungebar und nettem Inneren; hier ertönt fast aus-schließlich Jazzmusik – d. h. Liebhaber dieses Musikstils kommen hier bei den samstäg-lichen Konzerten (u. a. Maria Postell) bei Saxo-phon- und Pianoklängen auf ihre Kosten. Los Corales, ☎ 829/354-5111 (mobil).

⧉⧉⧉ Mein Tipp: Restaurant-Beachclub Soles **25**, am Strand Los Corales und im Sand; der nette Familienbetrieb bietet dominikanische Küche und oft auch Livemusik – ganz be-quemes Zuhören auch von den Liegen. Hier gratis Wifi. Beliebter Treff der „Langzeitur-lauber" und Residenten. Tägl. 10–1/2 Uhr. ☎ 809/910-4371. ⧉⧉⧉

Nachtleben/Diskotheken   Viele große Hotels verfügen über Diskotheken, hier die beliebtesten.

Diskothek & Loungebar Oro 4, im Hard-Rock-Hotel; riesiger Raum mit beeindru-ckender Technik, Lasershows. Hier gibt es neben internationalem Sound, gemischt von angesagten DJ's, auch Konzerte – für Nicht-Rockfans auch andere Musik. www. hardrockhotelpuntacana.com.

⧉⧉⧉ Mein Tipp: Diskothek Imagine **11**, sie ist an kein Hotel angeschlossen, liegt kurz vor dem Helikopter-Flugplatz und ist in vier Höhlen untergebracht, die verschiedenfar-big angestrahlt werden und unterschiedli-ches Ambiente bieten – ein paar Fleder-mäuse gibt es auch – eine beeindruckende Atmosphäre. Gespielt wird angesagte inter-nationale und dominikanische Musik. Ein-tritt 20 US-$ (inkl. 1 Freigetränk); oder 55 US-$ (1 Abend freie Getränkewahl, zu-dem 1 Woche gratis Eintritt und Transport). Für das Taxi zahlt man von Bávaro/Cor-tesito ca. 15–20 US-$, ca. 15–30 Min. Trans-fer. www.imaginepunta cana.com. ⧉⧉⧉

Diskothek Mangú 14, im Hotel Occidental Gran Punta Cana; riesig, bis zu 1800 Leute fassend, über zwei Stockwerke mit 5 Bars. Gespielt werden alle Musikrichtungen. 23–5 Uhr, Eintritt 10 US-$ (Hotelgäste gratis). www.mangudiscobar.com.

Beliebte weitere Diskotheken sind u. a.: **Disco Pachá 7**, im Pueblo der Ríu-Hotels; freier Eintritt; lockere Atmosphäre, normale Getränkepreise; gespielt wird auch viel domi-nikanische Musik – ein guter Platz; ab 23 Uhr.

Disco Arieto 13, beim Hotel Tropical Prin-cess (in Bávaro, neben Hotel Occidental Grand); ab 23 Uhr, freier Eintritt. **Punta Cana Bar-Disco 12** in Plaza Bávaro.

Casinos   u. a. im Hard-Rock-Hotel, hier ist das landesweit größte! Zudem Meliá-Paradisus **8**, tägl. 18–3 Uhr; im **Hotel Carabela Beach Resort Bávaro 18**, tägl. 21–5 Uhr bei freiem Eintritt; ebenso bei **Ríu Hotels Palace Punta Cana 7**.

⌒ Sport/Ausflüge

Die Hotels bieten die ganze Palette: Tauchen, Surfen, Segeln, Hochseeangeln, Pa-rasailing, Tennis, Reiten, Golf etc., zudem jede Menge Animation – ob Tanz-, Mal-oder Spanischunterricht oder Aerobik, Pilates, Yoga.

Golf   Die Gegend um Punta Cana und Cap Cana ist bestens bestückt mit Golfplätzen – viele wurden in den letzten Jahren gebaut: Die Reservierungen können in den Hotels vorgenommen werden, zudem gibt es Ho-tel-Golf-Pauschalpakete. Auch Golfkurse für Einsteiger sind üblich, Abholung obligato-risch. Je nach Golfanlage unterschiedliche Preise (inkl. Steuern, Abholung etc. ab ca. 150–400 US-$. Infos unter www.golfreservation center.com und www.tee-off-times.info.

Cocotal Golf & Country Club, drei 9-Loch-Plätze kreiert vom fantasievollen Jose „Pepe" Gancedo liegen im natürlichen Gelände na-he der Resorts Melia Caribe und Tropical.

Die abwechslungsreichen Fairways bieten Herausforderungen für jedes Niveau. Bá-varo, ☎ 809/687-4653, www.cocotalgolf.com.

Iberostate Bávaro Golf Club, die weitläu-fige 18-Loch-Anlage im Landesinneren ist ein Werk von P. B. Dye und liegt beim Ibe-rostar Resort. Eine Herausforderung für je-den Golfspieler. Bávaro, ☎ 809/552-1359, www.iberostar.com.

Barceló Golf de Bávaro, der 18-Loch-Platz wurde vom Architekt Juan Manuel Gordillo 1991 entworfen und zählt zu den ältesten in dieser Region. Zur Modernisierung legte 2009 dann nochmal mit 9 weiteren Löchern P. B. Dye Hand an. Die Anlage zieht sich entlang der Bávaro-Lagune beim gleichnamigen Resort. ☎ 809//686-5797, www.barcelo.com.

La Cana Golf Club, beim Punta Cana Resort mit 18 Löcher (72-Par), geplant von P. B. Dye und im Jahr 2001 mit 14 Bahnen eröffnet, vier davon direkt am Strand. Die Par-3-Löcher sind einmalig, ebenso die Landschaft und die gepflegten Fairways. Für Golfer aller Niveaus. ☎ 809/959-4653, www.puntacana.com.

Catalonia Cabeza de Toro Golf Club, im Catalonia Bávaro Resort. Anspruchsvoller Platz des Architekten Arberto Sola entlang dem Meer mit Wasserläufen und schönen Aussichten. Ausrüstungsverleih, Golfkurse etc. ☎ 809/412-0000, www.cataloniacaribbean.com.

Catalonia Caribe Golf Club, der 18-Loch-Platz (72-Par) ist Teil der oben erwähnten Cabeza de Toro-Anlage und wurde von Alberto Sola und Jack Corrie gestaltet. Weitläufiges Gelände mit See, Lagunen und Bahnen, die ans Meer grenzen – es bietet damit für jegliches Spielniveau Herausforderungen. Infos s. o.

Punta Blanca Golf Club, 18-Loch-Platz (72-Par) von Stararchitekt und Golfspieler Nick Price, 2007 eröffnet. Es ist sein Erstlingswerk in der Karibik. Die Anlage liegt nahe der Punta Blaca-Wohnanlage in Bávaro und bietet Seen und dichte Vegetation. ☎ 809/468-4734, www.punta-blanca.com.

Corales Golf Course, 2010 nahe dem Flughafen beim Puntacana Resort eröffnet und von Tom Fazio entworfen; die 18-Loch-Anlage (72 Par) auf den Klippen ist imposant, ebenso die sich hier erholende Prominenz wie der Designer Oscar de la Renta oder Julio Iglesias. ☎ 809/959-4653, www.puntacana.com.

》》》 Mein Tipp: Cap Cana Punta Espada Golf Course, bei Cap Cana, 2006 eröffnetes 18-Loch-Highlight von Jack Nicklaus mit PGA Champions Touren. Der Platz mit herrlicher Meeres- und Lagunenlage, zudem mit Abschlag über eine Bucht, führte seit 2009 die jährlichen Golfplatzlisten an und wurde vom „Golfweek Magazine" zum besten Platz der Karibik und Lateinamerikas ausgewählt. ☎ 809/469-7767, www.capcana.com. 《《

Cana Bay Palace Golf Club, der 18-Loch-Platz, seit 2010 in Betrieb, ist die jüngste Kreation von Nicklaus und liegt beim ebenfalls neu eröffneten Hard Rock Hotel Punta Cana. Jedes Loch soll für den Spieler eine Herausforderung sein. Die Anlage windet sich mit ihren Fairways durch eine herrliche

Wassersport an der Pl. Bávaro

Pflanzenwelt. Zudem wartet ein Gourmettempel am 19. Loch. ☎ 809/687-0000, www.hardrockhotelpuntacana.com/amenities/golf.

Las Iguanas, der neueste Platz, ebenfalls Cap Cana.

Hochseefischen Z. B. bei Guachinango, Strand von Cortecito oder Blue Sky. ☎ 809/552-0789 oder 809/688-6881 (mobil).

Joggen Der Küstenabschnitt bietet optimale Bedingungen für diesen Sport, man läuft am Meer entlang. Einige Hotels wie z. B. das Occidental Grand haben eigene Parcours angelegt.

Tauchen Viele große Hotels haben Tauchschulen angeschlossen, u. a.:

Scuba caribe, im Hotel Paradisus Punta Cana. www.scubacaribe.com.

Coral Divers, Basis beim Hotel Carrabela. Tauchausflüge zur Insel Catalina.

Global Divers, Basis beim Hotel Barceló Dominican Beach. El Cortecito, ☎ 809/805-5382,

829/376-3544 (mobil), www.globaldiverspunta cana.com.

Pelicano Water Sports – Dive Center (im Hotel Princess Caribe Club), hier kann man nicht nur tauchen oder tauchen lernen, sondern sich auch mit einem sog. Unterwasserhund (an einem Boot und Seil befestigt) durch die Unterwasserwelt ziehen lassen. ℡ 809/445-1616, www.pelicanosport.com.

Surfen Macao-Surf-Camp, an der Brandung des Macao Strandes kann man Surfen lernen oder sich auf einem Board austoben; auch Ausrüstungsverleih. ℡ 809/430-9017 (Rafael), 809/882-2231 (Armando), www.macaosurfcamp.com.

Organisierte Ausflüge Vom Strand aus fahren mehrmals täglich Glasboote hinaus

zum Riff – dann kann man die herrliche Unterwasserwelt, die uralten Korallen und Schiffswracks betrachten; meist werden Schnorchel und Tauchmasken angeboten, damit man selbst tauchen kann.

Agenturen bieten über die Hotels (dort nachfragen) organisierte Ausflüge an: u. a. zum Manatí-Park, zur Delfin-Insel, zu den Inseln Saona und Catalina, nach Altos de Chavón, zum Nationalpark Haitises und nach Santo Domingo. Beliebt sind zudem Buggy-Touren nach Macao (2 Pers. 140 US-$); Reitausflüge am Strand.

Punta Cana Zip-Line (s. o.), Ganztagestour 97 US-$, Kinder (bis 12 Jahre) 49 US-$; angeboten u. a. über www.caribbeandreamto. com oder www.bavarorunners.com.

Nach Miches, Sabana de la Mar und Hato Mayor

Um zum kleinen Touristenort **Miches** zu gelangen, kann man das reizvolle Sträßchen nahe dem Meer von Higüey über *Laguna Nisibón* nehmen oder von **El Seíbo** die schmale Straße über die üppig bewachsene Cordillera Oriental fahren und die herrliche Aussicht auf die Berge und das Meer genießen. Am höchsten Punkt eine Radarstation, hinab führt die Straße vorbei an bunten einfachen Hütten. Tief unten liegt an einer großen Bucht Miches. Von dort führt die Straße nach **Sabana de la Mar,** dem Fährort nach Samaná de la Barbara auf der Halbinsel Samaná. Die Gegend ist sattgrün und üppig, es gibt Kakaoplantagen und Reisfelder. Die Fahrt von Sabana de la Mar zurück nach **Hato Mayor** verläuft auf einer mit Löchern übersäten, schmalen und kurvenreichen Asphaltstraße über die Ostkordillere (Weiterfahrt z. B. in Richtung San Pedro de Macorís). Die Landschaft ist verschwenderisch grün, von den Bäumen hängen und ranken Lianen, und ins Auto dringt der Duft der Zitrusplantagen. Immer wieder herrliche Ausblicke auf die Berglandschaft (dazu auch → San Pedro de Macorís/Umgebung).

Miches

Der kleine Fischerort mit seinen bunten Holzhäuschen liegt an einer großen Bucht und wird hauptsächlich von Individualreisenden oder Einheimischen besucht und dient als Abfahrtshafen zu Walbeobachtungen. Es gibt ein paar einfache Hotels und Restaurants, ansonsten herrscht karibische Melancholie. Kilometerweit kann man entlang dem palmengesäumten, durch ein vorgelagertes Riff geschützten Strand laufen und die herrliche Landschaft und Ruhe genießen.

Umgebung von Miches: Östlich von Miches erstrecken sich die Naturreservate der Lagunen, *Reserva Científica Lagunas Redonda y Limón* (→ „Nationalparks") zu denen ebenfalls Ausflugstouren angeboten werden. Zudem liegt dort auch der kleine Ort **El Cedro**, von dem man über schlechten Makadam zum Meer an die Playa Limón (→ „Übernachten") gelangt. Die Playa Limón ist noch einer der wenigen, völlig unbebauten und mit Kokospalmen bestandenen Strände, teils mit Brandung, teils gibt es auch geschützte Ecken – eine herrliche Gegend für geruhsame Spaziergänge.

Die große Bucht von Miches

Verbindungen   Guaguas nach Higüey (alle 30–60 Min.), sowie nach El Cedro und direkt nach Sto. Domingo. Haltestelle (Parada) ist Hauptplatz am Meer. In der Nähe fahren Pick-ups nach Sabana de la Mar.

Von El Cedro (über Miches) direkt nach Sto. Domingo Abfahrt um 7 Uhr (Sto. Domingo Ankunft 11 Uhr), tägl. außer So; der Busfahrer heißt Ramón und ist aus El Cedro, ✆ 809/855-7662.

Motoconchos von El Cedro an die Playa Limón 150 RD-$.

Entfernungen   El Cedro 22 km, El Seíbo 37 km, Higüey 40 km, Sabana de la Mar 38 km.

Ausflüge   Miches ist Abfahrtshafen für Walbeobachtungsausflüge (ca. 150 US-$, Kinder 6–12 Jahre 90 US-$). Ausflüge zum N. P. Hatíses, Cayo Levantado oder die oben erwähnten Lagunen, Reit- oder Buggyausflüge am Strand. Vor Ort **Agentur Eden Tours** (Hr. Jumbo, schweiz. Ltg., ✆ 849/207-1005 (mobil); mehr → Playa Limón. Auch das **Hotel Rancho La Cueva** (österr. Ltg.), ebenfalls an der Playa Limón (s. u.) bietet verschiedene, gute Ausflugstouren an.

Übernachten   Hotel **Bahía del Este**, Ortsmitte. Einfache, saubere Zimmer mit AC, schöner Blick aufs Meer. Zimmer ca. 25 US-$. Calle San Antonio 50, ✆ 809/553-5834.

Hotel **La Loma** (schweiz. Ltg., Esther), auf einem Hügel mit großer Terrasse, Pool, gutem Restaurant. Schöne Zimmer mit Meerblick für 35 bzw. 43 US-$. ✆ 809/553-5562, hotel.laloma@yahoo.es.

Cabañas Coco Loco (Ltg. ebenfalls Esther), einfache, nette Hütten (2–4 Betten) und kleines Restaurant am Meer an der Playa Miches gelegen. 2 Pers. inkl. Frühstück 40 US-$. ✆ 809/886-8278, cocolocomiches@yahoo.de.

Hotel & Comedor Orfelina, kleines, ordentliches Hotel mit gutem Restaurant. Einfache Zimmer mit AC und großem Bad für knapp 20 US-$. Calle Duarte 71, ✆ 809/553-5233.

Übernachten an der Playa Limón   Ca. 22 km östlich von Miches, Abzweig bei El Cedro in Richtung Playa Limón/Playa Tortuga, über schlechten Makadam ca. 3 km nach Norden Richtung Meer (→ „Verbindungen"). Mobil-Netzempfang geht hier unten nur über Claró (nicht Orange!).

»» Mein Tipp: Hotel **Rancho La Cueva**, benannt nach dem Gebiet. Walter aus Tirol führt, im Einklang mit seinem dominikanischen Team, dieses kleine, hübsche 8-Zimmer-Hotel ca. 400 m oberhalb der Playa Limón. Es gibt ein schönes Restaurant mit guter dominikanischer Küche (u. a. Langusten, Lobster, Fisch, Wein). Ausflüge werden per Pferd und Boot u. a. zur Laguna Limón (ganztägig 60 US-$) angeboten. Schöne große 1- bis 4-Bett-Zimmer (mit TV); EZ 30 US-$, DZ 40–45 US-$; Wifi. ✆ 809/941-2829, www.rancholacueva.com. ❮❮❮

❯❯❯ Mein Tipp: Hotel Limón (Ex Harleys Heaven, dtsch.-schweiz. Ltg., Jumbo, Andy & Leo), das nette Hotel liegt hinter obigem Hotel direkt am Fluss El Cedro und ca. 500 m vom Meer entfernt. Es gibt einen Pool, Bar und auf Wunsch wird gekocht (auch Spätzle …). Man kann sich Kajaks und Tretboote ausleihen und auf dem Fluss durch Mangroven in ca. 20 Min. zum Meer gelangen. Auch von hier werden Ausflüge organisiert (→ „Ausflüge"/ Agentur Eden). Übernachtet wird in 12 netten Zimmern im Haupthaus oder am Hügel in den Bungalows mit Terrasse (2 Pers. mit Frühstück 56 US-$). Hier tummeln sich meist Europäer. ✆ 809/282-1005, 809/980-7903 und 849/207-1005 (mobil, Jumbo), www.hotel-limon.com. ❮❮❮

Essen & Trinken In Miches gibt es die beliebten Restaurants **Orfelina** und **El Marinero** mit guten Fischgerichten.

Sabana de la Mar

Der Ort ist Fährhafen für Personenschiffe nach *Santa Barbara de Samaná* auf der Halbinsel Samaná und zieht sich mit seinen einfachen Häusern entlang der beiden Einbahnstraßen Calle Duarte zum Hafen und Calle Diego de Lira ortsauswärts. Touristen sind rar, die touristische Infrastruktur ist entsprechend nicht sonderlich entwickelt. Belebt wird der schmucklose Ort nur zu Fährabfahrts- und -ankunftszeiten. Das Meer ist am Hafen so seicht, dass die Passagiere von der Fähre in Booten zum Hafenkai gebracht werden müssen. Ein nettes Spektakel zum Zusehen.

Verbindungen Busbahnhof an der großen Kreuzung vor dem Ort; **Guaguas** nach Miches und Hato Mayor. **Fährabfahrtszeiten** tägl. u. a. 10.30, 13.30, 15 Uhr; 1 Std. Überfahrt, Preis 250 RD-$.

Entfernungen Miches 38 km, Hato Mayor 45 km, Santo Domingo ca. 132 km.

Information/Ausflüge Sabana Tours, Av. de los Héroes 43, ✆ 809/974-1753. U. a. Walbeobachtungen (ca. 99 US-$), Haitises-Wanderungen (70 US-$).

Übernachten/Essen Hotel Riverside, nettes kleines, sehr einfaches Hotel direkt an der Hauptstraße ortsauswärts Richtung Hato Mayor. Am besten die Zimmer (15 US-$ mit AC, ohne 10 US-$; mit Morgenkaffee) zur straßenabgewandten Seite nehmen. ✆ 809/556-7465.

🐚 Ecolodge Paraíso Caño Hondo, diese Hotelanlage mitten im Grünen zählt weltweit zu den zehn besten und interessantesten. Sie liegt 10 km westlich vom Ort in völliger Alleinlage kurz vor dem N. P. Haitises. Das gut ausgestattete Hotel mit mehreren Gebäuden am Hang ist eingebettet in tropischen Pflanzen, umgeben von 10 natürlichen Pools, gebildet durch Wasserfälle des Flusses Jivales; ein Ökotrail führt durch das große Gelände, frühmorgens kann man den zahlreichen Vögeln lauschen. Die zwei Restaurants bieten rund um die Uhr hervorragende Küche. Abholung nach Vereinbarung am Kai möglich. Angeboten werden 28 nette Zimmer und 16 neu gestaltete mit Weitsicht über den Nationalpark und die Samaná-Bucht (hierfür nochmals ein Aufschlag von 15 US-$). EZ/F 55 US-$. DZ/F 90 US-$, mit HP 140 US-$. Wer möchte, kann hier mit seinem Zelt campen, 5 US-$/Pers. Ausflüge in den N. P. Haitises, Reitausflüge, Vogel- und Walbeobachtung, Kajaktouren etc. werden angeboten. Carretera Los Haitises (Abzweig kurz vor dem Hafen, Anfahrt über Makadam), ✆ 809/248-5995, 809/889-9454 (mobil), www.paraisocanohondo.com. ∎

Hotel Lomas Lindas, es liegt ca. 3 km östlich abseits an der Straße Richtung Miches und bietet 4 Zimmer (18 US-$) mit eigenem Bad und ein kleines hübsches offenes Restaurant – alles auf einem großen Gelände. In rund 15 Min. Fußweg erreicht man die kleine geschützte Badebucht Playa Lomas Linda. Transfer möglich. Carretera Miches, ✆ 809/932-7678, 809/994-7438 (mobil), www.lomaslindas.piczo.com.

Restaurant Sabana del Mar, westlich vom Hafen, rosafarbenes Haus; hier gibt es preiswertes, gutes Essen.

Comedor, für den Hunger zwischendurch, (Straße Richtung Miches, ein paar Meter nach der Straßenkreuzung), frische Hühnchenteile und Plátanos.

Los Patos – Bademöglichkeit im Fluss oder Meer …

Der Südwesten

Der Südwesten bietet Individualurlaubern genau das, was sie suchen: einsame Gegenden, sattgrün oder ganz trocken, Berge und Täler, Seen, Flüsse und herrliche, riffgeschützte Strände, aber auch wild tosende, hohe Wellen. Der Kontakt mit den Einheimischen kommt hier schnell zustande.

Dieses Gebiet der Dominikanischen Republik besuchen vorwiegend einheimische Urlauber, Ausnahmen sind z. B. von Santo Domingo aus gebuchte Ausflüge zum Lago Enriquillo. Eine 4-spurige Schnellstraße führt nach **San Cristóbal**, danach geht es weiter auf der *Carretera Sánchez* (gut ausgebaut bis Baní) Richtung Westen. Das Blickfeld begrenzen immerzu die Gebirgsausläufer der *Cordillera Central*, zahlreiche Flüsse durchqueren die üppig grüne Landschaft, und paradiesisch wächst und gedeiht es fast überall: zwischen Bananen, Mangos und Zitrusfrüchten stehen stattliche Palmen, rote Farbtupfer setzen Flammenbäume (Flamboyants), afrikanische Tulpenbäume, dazwischen leuchtet das Gelb der Cassia-Bäume. Hinter San Cristóbal bietet sich die Möglichkeit, an die Südküste zu den Badeorten **Najayo** und **Palenque** zu fahren.

Ab dem Ort **Yaguate** wächst schlagartig nur noch Zuckerrohr. Dann wird der breite Fluss *Río Nizao* überquert. Hier werden Autos und Wäschestücke gewaschen, Pferde, Hunde und Menschen nehmen ein erfrischendes Bad. Die Landschaft zeigt sich wieder üppiger, ehe sie hinter **Baní** karg und steppenhaft wird, wo Säulenkakteen in den tiefblauen Himmel ragen und Dornensträucher das hügelige, staubige Land durchziehen; in der Ferne erheben sich dunkel und blaugrün die hohen Berge der Cordillera Central. Hier lohnen sich Abstecher zu den Badeorten **Las Salinas** oder **Palmar de Ocoa.** Nordwärts führt ein Sträßchen nach **San José de Ocoa,** anschließend auf Makadam (nur bei guter Witterung befahrbar!) durch die grandiose Gebirgswelt der Zentralkordillere nach **Constanza.**

Die Hauptstraße Calle Sánchez verläuft fast schnurgerade weiter, ehe vor **Azua** der Blick frei wird auf die Bucht *Bahía de Ocoa.* Die Gegend ist ärmlich, die einfachen, mit Palmwedeln gedeckten Lehm- und Holzhütten heben sich kaum von der Umgebung ab. Um kleine Ortschaften stehen jedoch immer wieder oasenhaft grüne Plátanos-Stauden, Palmen und Mangobäume. Ein Abstecher nach Norden führt zum Städtchen **San Juan de la Maguana** inmitten fruchtbaren Ackerlandes.

Die Hauptstraße windet sich nun durch Schluchten, die Landschaft wirkt öde und verlassen. Dann geht es hinab zur Bucht *Bahía de Neiba* und zur großen Stadt **Barahona;** das Grün der Landschaft und der blühenden Flamboyants schmeichelt den Augen. Hier und wenige Kilometer südlich der Stadt gibt es schöne, riffgeschützte Strände.

Von Barahona aus kann man zum **Lago Enriquillo** fahren, der zwischen Bergen eingebettet in einer Senke liegt, und Krokodile, Flamingos und Leguane besichtigen.

Weiter südlich wird die Vegetation immer üppiger, es gibt nur noch wenige Orte. Die grün bewachsenen Berge der zum Nationalpark erklärten *Sierra de Bahoruco* fallen fast ins Meer, das nun ungebremst und in hohen Wellen an Land donnert; gebadet wird in einem der zahlreichen Flüsse, die sich hier zu schönen Wasserbecken stauen. Um den Ort **Bahoruco** wird der begehrte hellblaue Stein *Larimar* abgebaut. Grandios ist der Blick von der Küstenstraße aus auf das scheinbar unendliche grüne Ufer und das blau leuchtende Meer mit seinen weißen Schaumkronen. Ab dem Ort **Oviedo** führt die Straße in Richtung Pedernales ins Landesinnere und schneidet den Südzipfel, den *Parque Nacional Jaragua* mit der vorgelagerten *Insel Beata,* ab. Auf der gut ausgebauten Asphaltstraße trifft man Kühe, Schafe und Esel, die Vegetation ist schlagartig wieder trocken und von Agavenfeldern, Kakteen in allen Formen sowie Zwergpalmen bestimmt. Bald wird die Grenzstadt zu Haiti, **Pedernales,** erreicht. Hier an der Südseite leuchtet das Meer in allen Blautönen, es gibt herrlich weiße und grandios einsame Korallenstrände in gleißender Sonne, übersät mit Muscheln in allen Größen.

Der Süden → Karten S. 144/145, 167 und 182/183

San Cristóbal

In dieser Stadt mit heute ca. 40 000 Einwohnern wurde 1892 Rafael Leóni-das Trujillo geboren. Zudem wurde im prunkvollen Rathaus am 6. November 1844 die erste Verfassung der Dominikanischen Republik unterzeichnet.

Trujillo machte seine Heimatstadt zur Provinzhauptstadt und verlieh ihr den Ehrentitel „Verdienstvolle Stadt". Die meisten Besucher suchen inzwischen jedoch vergeblich Relikte aus der Trujilla-Ära (1930–1961). Das Familiengrabmal befindet sich in der Kirche *Nuestra Señora de Consolación*. Der neoklassizistische Bau steht im Zentrum nahe dem Parque Central und entstand 1946 auf Trujillos Auftrag hin. Sehenswert sind der Altar und die Deckengemälde. Trujillo selbst wurde in Paris begraben, wo die Familie Asyl fand, ehe sie weiter nach Spanien emigrierte. Südwestlich der Stadt liegt auf einer Anhöhe mit Weitblick der *Palacio del Cerro,* den Trujillo so gut wie nie bewohnte, angeblich war er ein Geschenk seiner Anhänger. Das riesige, unattraktive Betongebäude ist stark verfallen, beherbergt eine Militärstation

und soll renoviert werden. Als Regierungssitz und Landhaus diente die ca. 6 km nördlich der Stadt am Rande der Cordillera Central auf einem Hügel gelegene *Casa de
Caoba*. Das wegen seiner Inneneinrichtung so genannte Gebäude („Mahagoni-Haus")
mit Wandmalereien von José Vela Zanetti (1940er- und 1950er-Jahre) ist inzwischen
verschlossen, Trujillos einst hier untergebrachte Privatsammlung weggeschafft. In
der Nähe, bei **La Toma,** liegt die von Trujillo kreierte und ehemals private Badean-
lage *Balneario La Toma,* heute öffentlich zugänglich. Die Gegend hat ein mildes
Klima und üppige Vegetation. Kleine Bäche durchziehen die Landschaft, Bananen,
Kakao und Kaffee gedeihen, und überall blühen die prachtvollen Flamboyants.

Die Stadt verdankt ihren Namen angeblich der um 1496 unter *Bartolomé Colón* errichteten Festungsanlage, die zum Schutze der nach Gold suchenden Siedler am
Ufer des Flusses Haina errichtet wurde. Die eigentliche Stadtgründung erfolgte allerdings erst im 19. Jh. Heute ist San Cristóbal eine quirlige Handelsstadt.

Umgebung von San Cristóbal: Südöstlich von San Cristóbal kann man am Meer bzw.
am Río Haino die Zuckerrohrmühle *Ingenio de Engombe* besichtigen (Anfahrt über
die Verlängerung der Av. 27 de Febrero,
im Ort Engombe links; nach „ruinas" fragen). Zu sehen sind die Überreste der aus
dem 16. Jh. stammenden und damit angeblich ältesten Zuckerrohrmühle Amerikas mit stattlichem Herrenhaus und
Kapelle. An der Playa Nigua stehen die
Überreste zweier weiterer alter Zuckerfabriken: die Ruinen der aus dem 18. Jh.
stammenden *Boca de Nigua* (mit Hinweis-
schildern zum Ablauf der Zuckergewin-
nung) und etwas weiter westlich die malerische Mühle von *Diego Caballero* aus
dem 16. Jh. An diesem Küstenabschnitt,
der *Ruta del Azúcar,* wurde bereits sehr
früh Zuckerrohr verarbeitet – ein Be-
weis dafür, dass nicht erst die Holländer
im 17. Jh. die entsprechenden Kenntnisse ins Land brachten.

Bei San Cristóbal – Diego Caballeros
Zuckerrohrmühle, 16. Jh.

Für Touristen interessant ist vor allem die **Playa Palenque** (s. u.), ein kleiner ruhiger Ort an der riffgeschützten, goldsandfarbenen Bucht mit zahlreichen netten Restaurants direkt am Meer; Unterkünfte gibt es allerdings sehr wenige.

Strände: Die Städter fahren am Wochenende entweder zum *Balneario La Toma*
oder zu den Stränden *Playa Najayo* (einstiger Privatbesitz Trujillos, Felsbadebe-
cken im Meer), *Playa Nigua, Playa Palenque* (s. o.) und *Playa Nizao* (teils Brandung) mit braunem Sand. Für Taucher gibt es hier gute Reviere – u. a. das Wrack
der 1806 gesunkenen „Diómedes Imperial".

Verbindungen   Direktbusse (ca. 50 Min.
zum Parque Enriquillo, ca. 2 US-$) und **Gua-
guas** nach Santo Domingo am Parque Central. **Taxis** oder **Motoconchos** zu den Stränden und zur Ruta de Azúcar.

Entfernungen   Santo Domingo 35 km,
Baní 31 km, Barahona 165 km.

Bank   Banco de Reserva, Av. Constitución
128; Banco Popular, Av. Constitución 97. In
Nizao ebenfalls Bank und Bankomat.

Apotheken   Farmacia Cristiana, Av. Constitución 74, ✆ 809/528-3323, 528-7752; **Farmacia Santa Ana**, Av. Constitución 124, ✆ 809/
528-3279.

Ärzte Hospital San Pablo Pina, Santomé, ℡ 809/528-3516. **Hospital Palenque**, ℡ 809/243-2377 (→ Hotel Playa Palenque).

Übernachten/Essen in San Cristóbal
Instituto de Formación Turística del Caribe, 13-Zimmer-Hotel mit vorzüglichem Restaurant und sehr gutem Service. Eigene Konditorei und Bäckerei, Bar, Pool. Die gut ausgestatteten Zimmer kosten 20–40 US-$. Av. Libertad/Esqu. Padre Borbón, ℡ 809/476-84444, -45, 528-1646, iftc_dr@yahoo.com.

Übernachten/Essen an der Playa Najayo Hotel Beach Club Najayo, die Playa Najayo ist ca. 15 km von San Cristóbal entfernt. Bei Einheimischen beliebtes 18-Zimmer-Hotel (dom. Ltg., gehört der Zementfabrik Domicen) direkt am palmenbestückten Strand mit Pool, Park und gutem Restaurant, Spezialitäten sind Meeresschnecken und Fischgerichte. Für einen Zwischenstopp beste Wahl. Große DZ mit AC 56 US-$. Carretera Najayo, Palenque, ℡ 809/850-5508, 374-4010, hotelnajayo@yahoo.com.

Restaurants: Einige kleine, nette Lokale am Strand, hier isst man besten frischen Fisch.

Übernachten/Essen an der Playa Palenque 》》 **Mein Tipp**: Hotel Playa Palenque, in Puerto de Palenque ca. 200 m zum Meer und Strand, ca. 13 km von San Cristóbal entfernt. Kleines 8-Zimmer-Hotel (schweiz.-dom. Leitung Peter Wegmüller und Frau Elexia) mit Pool, üppig wucherndem Park und sehr gutem Restaurant mit Bar. Peter Wegmüllers Frau ist Ärztin und Direktorin des Hospitals in Palenque, medizinische Ver-

An der Playa Palenque

sorgung direkt vor Ort ist also kein Problem. Der Expressbus nach Santo Domingo hält vor der Tür. Große Zimmer mit Balkon/Küche 35–40 US-$. ℡ 809/243-2525, 809/757-9191 (mobil), www.hotel-playa-palenque.net. 《《

Pensionen: Außer obigem Hotel gibt es nur wenige weitere, sehr einfache Unterkünfte.

Restaurants: Am schönen goldfarbenen Sandstrand mit schattigen Palmen und Laubbäumen gibt's einige hübsche Lokale mit bunten Schaukelstühlen und Tischen. Insgesamt herrscht eine freundliche Atmosphäre.

Baní

Die hübsche Stadt mit bunten Holzhäusern im Kolonialstil wird „Stadt der Dichter" genannt. Sie hat 38 000 Einwohner, ist Provinzhauptstadt von Peravia und wichtiges Zentrum der Kaffeeverarbeitung.

Sehr einladend und schön bepflanzt ist der Parque Central mit Pavillon und Büsten u. a. von *Marco Antonio Cabral* und *Juan Pablo Duarte*. Außen herum stehen die bonbonfarbenen Kolonialhäuser und die hübsche weiße Kirche *Virgen de Regla*. Die Stadt Baní wurde am 3. März 1764 gegründet und ist Geburtsort von *Máximo Gómez*, der am 18. November 1836 das Licht der Welt erblickte. Er starb 1905 im Kampf für die Unabhängigkeit Kubas. Ihm ist ein *Museum* gewidmet, das gegenüber dem Parque Central im 1. Stock des Rathauses untergebracht ist und persönliche Gegenstände zeigt. Etwas außerhalb des Zentrums, an der nach Gómez benannten Straße, wo einst sein Geburtshaus stand, gibt es einen kleinen *Park* mit seiner Büste.

Ihren Namen verdankt die Stadt, die zum Häuptlingsgebiet von Maguana gehörte, dem Kaziken *Baní*, einem Untergebenen Caonabos; in der Taíno-Sprache heißt Baní so viel wie Wasserreichtum. Bis vor wenigen Jahren wurde hier noch viel Zuckerrohr angebaut, aber durch den Verfall der Zuckerpreise konzentriert man sich heute auf andere Wirtschaftszweige. Die größte Bedeutung hat die Verarbeitung von Kaffee, der aus den nahen Bergen kommt und zu den besten der Welt zählt. Berühmt ist Baní aber auch für seine Mangos. Die hiesigen Früchte sind groß und saftig und sollen die besten des Landes sein. Sie schmecken wirklich vorzüglich und werden zur Erntezeit überall an der Straße verkauft. In kulinarischer Hinsicht erwähnenswert sind auch die *húngaros,* in einer Fabrik bei Paya (3 km östlich vor Baní) aus Ziegenmilch hergestellte Süßigkeiten. Unbedingt probieren sollten Sie aber auch *dulce de leche,* eine Art Karamellaufstrich. Zu den pikanten Gaumengenüssen zählen die *codornices* (Wachteln), eine regionale Spezialität, die man gut in den Straßenrestaurants *(paradas)* essen kann.

Das kleine *Historische Museum* (Museo Archivo Histórico de Baní) im Rathaus dokumentiert die Geschichte der Stadt, präsentiert Gemälde des spanischen Künstlers Español Zureda, zeigt persönliche Gegenstände und Möbel des einstigen Präsidenten Francisco Gregorio Billini etc. (Mo–Fr 8–12/14.30–17 Uhr). Der Eingang des Rathauses und die gegenüberliegende Betonwand an der Straße sind zum Gedenken an den Unabhängigkeitskampf Kubas mit großen Porträts kubanischer Freiheitskämpfer bemalt (u. a. *Máximo Gómez, José Martí* und *Eugenio María de Hostos*).

Strand: Im Süden von Baní, über *Boca Canasta,* kann man an der *Playa de Baní* baden, allerdings muss man mit hohen Wellen rechnen. Oder man fährt in östliche Richtung zur *Playa Nizao* (ebenfalls hohe Wellen) und weiter nach *Playa Palenque* oder nach *Las Salinas.*

Verbindungen Großer Busbahnhof im Westen der Stadt. **Guaguas** in alle Richtungen (nach Sto. Domingo 1 Std. Fahrtzeit).

Entfernungen Santo Dominigo 65 km, Barahona 135 km.

Apotheke Farmacia Sandra, Calle M. Gómez 60, ✆ 809/522-3300.

Ärzte Clínica Peravia, Calle Mella 56/Esq. 16 de Agosto, ✆ 809/522-3846; **Clínica Dra. Argentina Feliz de Leon CXA**, Calle Sánchez 35, ✆ 809/522-6276.

Bank Banco Popular, Calle Duarte/Esq. Calle M. Gómez; **Banco León**, Calle Sánchez 19.

Obst und Gemüsestände bei Baní, v.a. leckere Mangos gibt's …

Übernachten/Essen Hotel Caribani, die abgewohnten, kleinen Zimmer mit TV, Fan/AC und Bad kosten ca. 40 US-$; angeschlossen ein Restaurant. Trotz der Mängel die beste Adresse in Baní. Calle Sánchez 12 (nördlich des Parque Central), ✆ 809/522-3871.

Essen & Trinken *Dulce de leche* gibt's auténtico oder mit Cashewnüssen (cajuil); gefertigt wird die Nascherei bei **Las 3 Rosas**, Calle Duarte 18 (östlich des Parque Central).

Restaurant/Pizzeria Yarey, neben dem Hotel Caribani, mit großer offener Terrasse. Es gibt wahre Wagenräder von Pizzen, zudem Fleisch- und Fischgerichte. Calle Sánchez 10.

Las Codornices de Paya, ca. 5 km vor Baní, an der Hauptstraße. Einfaches, aber gutes und für seine Wachteln bekanntes Lokal.

Parada Cruce de Ocoa, Straßenlokal an der Kreuzung in Richtung San José de Ocoa, bekannt für gute einheimische Küche. Hier kann man auch all die Spezialitäten dieser Region probieren.

Im Parque Central (Baní)

Umgebung von Baní

Las Salinas: Der kleine Ferienort, der seinen Namen nach den Salinen erhielt, liegt ca. 25 km südwestlich von Baní malerisch an einer Landzunge an der Bucht *Bahía Las Calderas*, im Hintergrund ragen die mit Grün überzogenen Berge auf. Las Salinas ist bei den Städtern beliebtes Ziel für Wochenendausflüge, zudem haben gut Betuchte in dieser Gegend ihre Ferienhäuser. Wenige Kilometer vor Las Salinas, am Buchtbeginn, passiert man **Las Calderas** und seinen wichtigen *Marinestützpunkt*. Dieser Hafen ist auch Verladestation für das Salz, das sich an der Landspitze von Las Salinas in weißen Bergen türmt – angeblich würde das Vorkommen ausreichen, um den gesamten karibischen Raum mit Salz zu versorgen.

Zum Baden gibt es etliche schöne Strände rund um die Landzunge, einerseits zum offenen Meer hin und andererseits zur Las-Calderas-Bucht, wo am Nachmittag die Kitesurfer mit Wind versorgt werden. Man kann mit einem Boot hinausschippern und mit etwas Glück Kormorane und Flamingos über die Bucht ziehen sehen. Leider gibt es aufgrund der Salinenbecken und des flachen Wassers abends auch viele Stechmücken.

Dunas de Las Calderas – Monumento Natural: zwischen Las Calderas und Las Salinas fallen links der Straße die Sandberge auf; das 17 qkm große Gebiet ist geschützt, vom erhöht gelegenen Beobachtungshäuschen bietet sich ein herrlicher Überblick, wer mag kann auch umherwandern. Geöffnet täglich 8–18 Uhr.

Übernachten Hotel Las Salinas, schöne Lage an der Las-Calderas-Bucht. Es ist das einzige gut ausgestattete Hotel (insg. 73 Zimmer) in dieser Gegend, bietet einen Pool, Strand mit grüner Liegewiese, Anlegestelle für 27 Boote (10 RD-$/Feet). Angeschlossen sind ein gutes Restaurant und eine Bar, hier finden auch Events statt. Zudem gibt es über der Straße ein weiteres Hotelgebäude (2012 eröffnet) mit großen komfortablen Zimmern. Wer hier am Wochenende übernachten möchte, sollte unbedingt reservieren. Große Zimmer für 76 US-$/Pers. und 89,50 US-$/2

Las Salinas – ein malerischer Platz bei den Salinen

Pers. (in beiden Gebäuden preisgleich). Ltg. Jorge Domenech, Puerto Hermoso 7, ✆ 809/866-8141, 849/220-8141 (mobil), www. hotelsalinas.net.

Essen & Trinken Neben dem **Hotelre-staurant Salinas** gibt es einige kleine Im-bissstuben; am Buchtende (nördlich der Salinen) ein gutes großes **Strandrestaurant** mit Schranke versehen.

Palmar de Ocoa: kleiner, gemütlicher Ferienort am gleichnamigen schönen Fein-kiesstrand. Von Baní kommend zweigt man ca. 5 km südlich von Matanzas an der Straßenkreuzung gen Norden ab und fährt über Sabana Buey nach Palmar de Ocoa. Hier werden jedes Jahr internationale Angelturniere durchgeführt. Nördlich des Orts reihen sich entlang der Küste und auch schon auf den Hügeln über etliche Kilometer hübsche und teils sehr komfortable Villen mit eigenen Bootsstegen – d. h. ans Meer gelangt man hier erst einmal nicht mehr. Wer gen Azua oder Baní möchte, fährt diese Straße im Gebiet *Corbanito* weiter nordwärts, zuerst noch auf Asphalt, dann auf Makadam (mit Jeep machbar) über die Hügel, rechts die Berge (→ Corbanito) und links die Meeresbucht *Bahía de Ocoa* in Sichtweite, um dann nach rund 10 km den Ort **Hatillo** an der Schnellstraße (Nr. 2) erreichen.

Übernachten/Essen Hotel-Restaurant **Vista Bahía**, am Strand in der Ortsmitte von Palmar de Ocoa, ✆ 809/243-7215 (war wegen Renovierung 2012 geschlossen).

Hotel d' Keison Amanecer, am Strand, bie-tet 8 Zimmer (Bad/Dusche, Kabel-TV und AC/Fan) für 1200 RD-$. ✆ 809/243-9701.

Hotel-Restaurant **Biyeya**, ortsauswärts von Hatillo (in Richtung Azua), abseits der Schnell-straße direkt am Meer. Vom Straßenlärm hört man wenig. Die Zimmer sind sehr einfach, das Essen ist gut und der Wirt Leo sehr hilfsbereit und freundlich – auf jeden Fall einen Bade- und Essensstopp wert.

Corbanito: Diesen Namen erhielt das gesamte Strandgebiet (s. o.) von ca. 10 km zwischen Schnellstraße Nr. 2 bei Hatillo und Palmar de Ocoa. Im Hintergrund der knapp 630 m aufragende *El Número* und der gleichnamige Ort, wo am 19. März 1844 die siegreiche Schlacht gegen die Haitianer, die so genannte Unabhängigkeitsschlacht, stattfand. Der weißsandige Strand von Corbanito geht sehr flach ins Meer. Nur wenige Stellen sind gut zugänglich, d. h. nicht bebaut oder von Dornengebüsch zugewachsen.

Ins Landesinnere nach San José de Ocoa und Constanza: Rund 20 km westlich von Baní, kurz vor Las Carreras, zweigt eine schmale Asphaltstraße nach **San José de Ocoa** auf 450 m ab. Der hübsche Ort und seine wasserreiche Umgebung sind seit 2004 ausgewiesene Ökotourismus-Zone, die einen Aufenthalt lohnt. Das Aktionsprogramm im nahen *Reserva Científica Natural Valle Nuevo* ist groß: man kann wandern, mountainbiken, Kanu- und Kajaktouren auf dem Fluss Río Nizao unternehmen und sich in den Stauseen oder Wasserfällen erfrischen. Ein wundervoller Kontrast zum Meer. Um das nette Städtchen wird Gemüse und Obst kultiviert, und es gibt einige sehr gute Kaffeefarmen.

Die knapp 30 km lange Strecke weiter in Richtung Constanza ist landschaftlich wunderschön, es geht durch den erwähnten Nationalpark Valle Nuevo. Ab San José de Ocoa ist die Piste nur mit gutem Geländewagen zu befahren. In beeindruckender und kurvenreicher Fahrt gelangt man zwischenzeitlich auf über 2400 m Höhe. Dabei passiert man den geografischen Mittelpunkt der Insel, der mit vier kleinen Pyramiden, *Las Pirámides*, gekennzeichnet ist. Hier gibt es inzwischen auch ein *Besucherzentrum* (s. u.). Weiter geht es vorbei an den Wasserfällen *Saltos de Aguas Blancas*. Nach etwa 65 km ist dann der auf 1164 m Höhe liegende Ort **Constanza** erreicht. Für die gesamte Strecke (95 km) mit kleinen Stopps und bei schönem Wetter sollte man mindestens 6 Stunden einkalkulieren. Die Straße ist weder bei Regen noch zwischen Januar und März befahrbar (das Thermometer kann bis auf -10 °C fallen). Am besten, man erkundigt sich vorher im gut organisierten Tourismusverband in Constanza oder in San José de Ocoa.

Information Touristinformation, San José de Ocoa, Calle Alcantara 12, ✆ 809/558-2557, 809/890-2332 (mobil), www.ocoa.info. Gute Auskünfte!

Centro Visitantes Las Pirámides (Besucherzentrum), das Infozentrum liegt bei den Pyramiden (s. o.), zudem werden hier 2 Zimmer vermietet (unbedingt vorab reservieren!), ✆ 809/539-1212.

Verbindungen Direktbusse (Guaguas) von Santo Domingo, ab Parque Independencia, Fahrtzeit 1:45 Std.

Diverses In San José de Ocoa ist von Bank bis Post und Telefon alles zu finden.

Mountainbiken 800 km Radwege stehen zur Verfügung, wer sein eigenes Mountainbike mitbringt, kann sich austoben.

Wassersport/Wandern U. a. Wandertouren durch die Berge und Kanu- bzw. Kajaktouren auf dem Río Nizao.

Übernachten/Essen An der Straßenkreuzung (von Baní kommend) nach San José de Ocoa **Parador Cruce de Ocoa**, gut für einen Imbiss.

Hotel Marién, einfaches, aber ordentliches 10-Zimmer-Hotel mit sehr gutem Restaurant, das einheimische Küche anbietet. Zimmer mit Fan oder AC zu 18–25 US-$. Calle A. Pimentel, ✆ 809/558-2086.

》》 Mein Tipp: ** Rancho Francisco**, eingebettet in üppiges Grün und rund um einen großen Pool stehen die Bungalows mit palmwedelgedeckten Dächern und 30 netten Zimmern. Das Restaurant bietet leckere Küche. Am Wochenende finden hier sehr oft Konzerte von dominikanischen Topgruppen statt, d. h. es wird laut bzw. es muss unbedingt reserviert werden. Carretera Padre Billini Km 1, ✆ 809/558-4099. **《《**

** Rancho Cosita Rica** (österr. Ltg. Konrad Kracher), abseits und mitten in den Bergen bei Las Avispas und direkt am Fluss Nizao. Es gibt 2 einfache, aber saubere Cabañas mit Fan, ein Gemeinschaftsbad (Dusche/WC), zudem gibt es Essen. Von hier aus kann man wandern oder mehrtägige Touren ins Valle Nuevo unternehmen. Anfahrt: ab San José (insg. ca. 30 km) in Richtung Sabana Larga; an der Kreuzung nicht Richtung Constanza, sondern rechts in Richtung Nizao, dann links nach Las Avispas. Man kann auch über Piedra Blanca anreisen (ca. 35 km und 1,5 Std.). ✆ 829/392-0765 (mobil).

Monte Río – beschauliche Badebuchten

Azua de Compostela

Das hübsche Städtchen mit 75 000 Einwohnern ist seit 1845 Hauptstadt der gleichnamigen Provinz und gehört zu den ersten spanischen Kolonialstädten. Azua liegt zwischen der Bucht Bahía de Ocoa und den Bergen Sierra de Ocoa in einer trockenen, mit Kakteen und Dornensträuchern bewachsenen Landschaft.

Der Ort wurde bereits 1504 durch den späteren Kuba-Eroberer *Diego Velázquez* im heutigen Pueblo Viejo gegründet und immer wieder durch Brandschatzung verheert, ob durch französische Piraten oder den Haitianer *Jean Jacques Dessalines,* der 1805 dieses Gebiet überfiel und danach die Stadt anzünden ließ. Der haitianische Präsident *Faustin Soulouque* reihte sich nach den verlorenen Schlachten von El Número und Las Carreras beim Rückzug ebenfalls unter die Brandschatzer ein. Ein großes *Denkmal* erinnert im Parque Central an die Unabhängigkeitsschlacht von El Número am 19. März 1844. Um Azua wurden nach dem Frieden von 1533 auch die letzten Taínos angesiedelt. Sie hatten unter ihrem Anführer *Enriquillo* den Spaniern jahrelang Widerstand geleistet. Dem Kaziken wurde im Osten der Stadt ein Denkmal errichtet.

Einen kleinen Einblick in die Geschichte der Stadt und die der Taínos bekommt man im *Stadt-Museum* (Museo Archeológico e Histórico de Azua – Dr. Estrada Torres), das in der Bibliothek (Biblioteca Municipal) nordöstlich vom Parque Central in der Calle Emilio Prud' Homme untergebracht ist (Mo–Fr 8.30–15–18 Uhr (evtl. Mittagspause 12–15 Uhr).

Rund 8 km südlich von Azua können in **Pueblo Viejo** die Ruinen der alten Stadt besichtigt werden. Azua ist übrigens für sein *Bier* bekannt, das, eiskalt getrunken, zu den besten des Landes zählt.

In der Umgebung, an der *Bahía de Ocoa,* gibt es schöne Strände: Ca. 8 km vor Azua, wenn die Bucht sichtbar wird (fast in Straßennähe), trifft man auf die *Playa Caracoles.* Im Süden von Azua liegt der Ort **Monte Río** mit dem braunsandigen Strand *Playa Monte Rio* und zahlreichen Restaurants, dahinter erstrecken sich weitere Badestrände mit weißem Sand und schönem Blick auf die Bucht und die Berge. Hier gefiel es schon *Hernán Cortés* (1505–1511), der noch als azuanischer Amtsschreiber zusammen mit Gouverneur *Diego Velázquez* in Monte Río seine Freizeit verbrachte. Später halfen beide im kubanischen Freiheitskampf, dann eroberte Cortés Mexiko und zerstritt sich heillos mit Velázquez.

Schön ist auch ein Abstecher nach **Puerto Viejo,** das 17 km südwestlich in einer mangrovenbewachsenen Bucht mit zahlreichen Inselchen liegt. Von hier aus sollen die Gebeine des Kolumbus 1798 nach Havanna gebracht worden sein.

Verbindungen Guaguas nach Santo Domingo (2 Std.) und Barahona.

Entfernungen Santo Domingo 120 km, Barahona 80 km, Pedernales 215 km.

Apotheken Farmacia Minerva, Calle J. P. Duarte 4, ℡ 809/521-3222.

Ärzte Clínica Dr. Pelletier, Calle 19 de Marzo 99, ℡ 809/521-3841.

Bank Banco Popular, Av. Duarte; **Banco de Reservas,** Calle E. Prud'homme.

Essen/Übernachten Die meisten guten Restaurants sind in der Calle Francisco del Rosario Sánchez: u. a. **Francio** (Nr. 104) oder **Diloné** (Nr. 77).

Restaurant Gran Segovia, sehr gutes und beliebtes Fischlokal am Abzweig nach Monte Río; mit AC und hübsch mit Meeresgetier dekoriert.

Für einen Zwischenstopp eignen sich die einfachen Hotels: **El Dorado**, Calle Santomé 50; **San Ramón**, mit gutem Restaurant, Calle Francisco del Rosario Sánchez, Km 1,5, ℡ 809/521-3529.

Abstecher ins Landesinnere nach San Juan de la Maguana: Rund 15 km westlich von Azua, bei El Cruce del Quince (hier ist auch der gut für einen Zwischenstopp geeignete Parador 15), führt wieder ein kurvenreiches Asphaltsträßchen in Richtung *Parque Nacional José del Carmen Ramirez* (→ „Nationalparks"). Die Strecke ist eine wichtige Verbindung nach Haiti zum Grenzort **Comendador** (120 km), auf Karten wird allerdings meist der kleinere Ort **Elías Piña** erwähnt. Rund 66 km nach dem Abzweig erreicht man **San Juan de la Maguana** inmitten fruchtbarer Felder, wo Bananen, Reis und Mangos wachsen. Das Städtchen bietet alle Versorgungsmöglichkeiten. Von hier aus kann man Abstecher in die Berge machen oder den knapp 10 km nördlich der Stadt (Richtung Juan de Herrera) gelegenen alten Indianer-Kultplatz **Corral de Los Indios** besuchen. Rund um eine mit einem Gesicht verzierte Säule liegen Findlinge.

Apotheke Farmacia Kirssis, Calle Anacaona 110, ℡ 809/557-2111.

Ärzte Centro Médico Dr. Mora, Calle Anacaona 88, ℡ 809/557-4045.

Bank Banco Popular, Calle Anacaona 49; Banco León, Calle Anacaona/Esqu. Trinitaria.

Übernachten Aufgrund der Hauptzufahrtsstraße in Richtung Haiti gibt es in San Juan de la Maguana einige Hotels, die für einen Zwischenstopp geeignet sind. Die hier aufgeführten verfügen alle über ein kleines Restaurant, und die Zimmer sind

mit Fan oder AC ausgestattet. **Hotel Gallery**, Av. Independencia 7, ℡ 809/557-1007. **Hotel Areíto**, Calle Capotillo 4, ℡ 809/557-5322. **Hotel Taíno**, Av. Mella/Esqu. Diego Velásquez, ℡ 809/557-6112. **Hotel Maguana**, Av. Independencia 72, ℡ 809/557-2244.

Essen & Trinken Es gibt in San Juan de la Maguana einige gute Restaurants: z. B. **Mesón Dorado**, Carretera Sánchez 2, und in der gleichen Straße weiter außerhalb **La Bella Cascada**, Carretera Sánchez, km 1 (Straße in Richtung Comendador).

Barahona

Die Stadt mit ihren rund 80 000 Einwohnern hat ein nettes, kleines Zentrum und eine breite Avenida am Meer und ist wichtiges Wirtschaftzentrum des Südwestens. Sie liegt in einer sattgrünen Landschaft. In der Nähe locken zahlreiche Strände und man kann wunderbare Wanderungen im Regenwald unternehmen.

Obwohl hier 1996 der internationale Flughafen María Montéz eröffnet wurde und es an der nötigen Infrastruktur nicht mangelt, es überdies südlich von Barahona traumhafte weißsandige Strände gibt, bleiben die gewünschten Touristen, zumindest die „Massen" aus. Zu weit ist dieses Gebiet anscheinend von der Hauptstadt entfernt. Es wurden sogar Hinweisschilder wie „Zentrum" aufgestellt, die andernorts fehlen. In der quirligen Innenstadt reihen sich die prall gefüllten Läden, stadtauswärts führt die breite Av. Enriquillo, gesäumt von kleinen Hotels und netten Restaurants. Barahona wird gerne von Einheimischen besucht, die am Wochenende und in den Ferien die umliegenden Strände bevölkern. Zudem hat sich südlich und im Hinterland von exklusiver *Ökotourismus* angesiedelt, der weiter im Ausbau begriffen ist. Im Programm natürlich auch schöne organisierte Wanderungen (→ „Ausflüge").

Das heutige Stadtgebiet gehörte zum Häuptlingsbezirk von Jaragua, der Region des unbezähmbaren *Kaziken Enriquillo*. Namensgeber soll der Spanier *Juan Santa Cruz de Barahona* gewesen sein, der hier 1801 monatelang sein defektes Boot reparierte. Barahona selbst wurde erst 1802 durch den französischen *General Toussaint L'Ouverture* gegründet und 1907 Provinzhauptstadt. Lange Zeit war diese einsame Gegend Schlupfloch für Piraten (→ „Küste von Barahona bis Pedernales"). Immerhin wurden hier auch zwei Berühmtheiten geboren: die bekannte und beliebte Folkloresängerin *Casandra Damirón* und *María Montés,* die als erste dominikanische Schauspielerin in Hollywood-Filmen agierte.

Bereits 1927 bestand in Barahona die erste Transportgesellschaft der Antillen, die Fährverbindungen nach Santo Domingo, St. Croix, St. Thomas, San Juan, Port-au-Prince und nach Santiago de Cuba unterhielt. Wirtschaftlich dominiert heute immer noch der große Hafen mit seinem großen Umschlagplatz für Zuckerrohr – die riesige Zuckermühle fällt zuerst ins Auge –, für Steinsalz, Gips, Kaffee, Holz und Honig. Im Hinterland bei Bahoruco wird der begehrte hellblaue Stein *Larimar* abgebaut. An kulinarischen Spezialitäten kann Barahona nur mit seinen Kochbananen *(plátanos)* aufwarten – die aber sollen die besten des Landes sein!

Ausflüge in die Bergwelt: Von Barahona aus kann man einen schönen Abstecher in die Bergwelt des Nationalparks *Sierra de Bahoruco* und zum Gebirgsdorf **Polo** unternehmen. Die 15 km bis **Cabral** (Stadt der Teufelsmasken im Karneval) fährt man auf Asphaltstraße, dann Abzweig nach Polo auf 700 m Höhe über die *Carretera Polo Magnetico:* ganz magisch und magnetisch wird man den Berg, ohne dass man auf das Gaspedal tritt, hinaufgefahren. Hier wuchert es an den Hängen und in den Senken üppig: Kaffee, Bananen, Mangos, Kakao und blühender Hibiskus. Polo ist das Zentrum für *biologischen Kaffeeanbau*. Das Erntefest „Celebrando la Cosecha" wird jährlich Anfang Juni ausgiebig gefeiert. Es empfiehlt sich auch ein Ausflug zum *Nationalpark Lago Enriquillo.*

Strände: Die Strände nach Süden hin sind traumhaft, je weiter südlich man fährt, desto wilder kommen die Wellen an Land und desto weitläufiger wird die Land-

Barahona – mit der für den Südwesten wichtigen Universität

schaft. Im Norden sind die Strände durch ein Riff geschützt. Noch zur Stadt zählen *Playa Punta Inglesa* (beim Hotel Riviera) – weißer Strand, der flach ins Meer abfällt –, dann *Playa Saladilla.* Nach etwa 10 km folgen *Playa Quemaíto, Playa San Rafael, Playa Bahoruco, Playa La Ciénaga,* bis nach knapp 30 km der Ort Paraíso erreicht wird. Sie sind fast alle ausgeschildert, es gibt teilweise Übernachtungsmöglichkeiten und kleine Restaurants (→ „Küste von Barahona bis Pedernales").

Basis-Infos

Information Touristeninformation, Av. Enriquillo (neben Restaurant Brisas Caribe), nur Spanisch sprechendes Personal. Mo–Fr 9–17, Sa 9–13 Uhr.

Clúster Barahona, Carr. Azua–Barahona/Esqu. Carr. de Cabral, www.gobarahona.com. Infos für die Umgebung.

Verbindungen Flughafen María Montés (BRX), der für den internationalen Verkehr ausgerüstete Flughafen wird derzeit von den großen Maschinen wegen mangelnder Nachfrage nicht angeflogen. Seit kurzem unterhält Air Century eine Flugverbindung nach Santo Domingo (→ „Unterwegs in der D. R.").

Air Century, ganz neu; offeriert 3-mal wöchentlich Flüge nach Sto. Domingo (JBQ; La Isabela, El Higüero). Flugzeit 25 Min., 75–85 US-$. Buchung unter ✆ 809/826-4333, 829/259-5014 (mobil), www.aircentury.com, zudem über Ecotour Barahona.

Bus: **Caribe Tours**, Calle Padre Billini, Nähe Hotel Isabel, ✆ 809/524-2113; nach Sto. Domingo 3-mal tägl., knapp 3 Std., ca. 260 RD-$ (wurde angeblich eingestellt!). **Guaguas** nach Sto. Domingo in 3,5 Std. Zudem fährt **Sinchomiba-Tours**, Calle Luís E. del Monte (neben Banco Intercontinental), ✆ 809/524-2149. Nach Paraíso (nicht Bus Enriquillo nehmen!): Guagua 100 RD-$, Taxi 1100 RD-$. Abfahrtsstelle ist Ferretería Medina (Parada Raffael).

Entfernungen Santo Domingo 205 km, Pedernales 135 km, Paraíso 30 km.

Apotheke Farmacia Mendez, Calle María Montéz 26, ✆ 809/2318-5281.

Ärzte Centro Médico Regional Magnolia, Calle Uruguay 71, ✆ 809/524-2470 und -2607; **Hospital Jaime Mota**, Av. Casandra Damirón, ✆ 809/524-2441.

Ausflüge Die Gegend südlich von Barahona ist v. a. auch ein wunderbares

Nachtleben
4 Bar Las Robles
6 Diskothek Lotus
8 Diskothek Atelanti
14 Diskothek Costa Sur

Übernachten
2 Hotel-Café Loro Tuerto
3 Gran Hotel Barahona
7 Hotel María Montés
9 Hotel Caribe
11 Hotel Magnolias
13 Hotel Costa Larimar
15 Hotel El Gran Marquís

Essen & Trinken
1 Rest. Brisas Caribe
4 Rest. Las Robles
5 Rest. El Curro
10 Rest. María Montés
12 Rest. La Roca
14 Rest. Costa Sur

Wandergebiet, es gibt organisierte Angebote. Agenturen (→ Paraíso und Pedernales). Zudem **Agentur DomRepWorld** (→ „Wissenswertes von A–Z/Ausflüge").

Bank Banco Popular, gegenüber vom Park, nur hier werden Schecks angenommen. Mo–Fr 8.30–15, Sa 8–13 Uhr. Besten Wechselkurs und höchste Auszahlungs-summe gibt es bei **Western Union** (nahe Caribe Tours).

Einkaufen Interessant ist der **Fischmarkt** direkt am Meer hinter dem Hotel Guarocuya (nicht beschrieben).

Post Am Parque Central (neben Codetel).

Telefon Telefonläden wie Orange und Claro in den Hauptzufahrtsstraßen.

Übernachten

Achtung: am Wochenende teilweise um 20 % höhere Preise!

Hotel Caribe **9**, an der Avenida stadtauswärts gen Süden. Angeschlossen ist das Restaurant Punta Inglesa. Gut geführt, 32 schöne, saubere Zimmer mit AC, TV, Telefon und Frühstück; für 2 Pers. 1400 RD-$ (am Wochenende Preis ohne Frühstück). Av. Enriquillo, ☎ 809/524-4111, hotelcaribe@gmail.com.

Hotel Costa Larimar **13**, kleine Al-Anlage (auch nur mit Frühstück mögl.) mit 108 Zimmern am Südende der Stadt und direkt am Meer, das hier aber sehr seicht ist. Zimmer meist mit Balkon, Blick aufs Meer. Kleiner Pool, Tennisplatz, Schnorchelkurse. 2 Pers. mit Frühstück ca. 90 US-$. Av. Enriquillo 6, ☎ 809/524-1111, www.costalarimar.com.

Gran Hotel Barahona **3**, großes, angenehmes 39-Zimmer-Haus in ruhiger Seitenstraße. Zimmer mit AC/TV 800–1000 RD-$. Jaime Mota 5, ☎ 809/524-2415, -3442.

Hotel El Gran Marquís **15**, schönes, angenehmes, kleines 27-Zimmer-Hotel mit Restaurant und Terrasse in ruhiger Seitenstraße am Ortsende von Barahona. DZ mit AC, TV, inkl. Frühstück (nicht am Wochenende) für ca. 37 US-$. Carretera Paraiso 3, ℡ 809/524-6736, -5030.

Hotel María Montés 7, westlich vom Parque Central, preiswertes kleines, gepflegtes Hotel; gegenüber der Straße das hauseigene gute Restaurant. 21 US-$/1 Bett bzw. 28 US-$/2 Betten. Calle Jaime Mota 48, ℡ 809/524-6503.

Hotel-Café Loro Tuerto 2, direkt an der Hauptstraße mit einladender künstlerisch gestalteter Café-Bar. Im ruhigen Hinterhaus gruppieren sich um den Innenhof die sauberen, großen Zimmer für 1500 RD-$. Calle Luís F. Delmonte 33, ℡ 809/524-6600, www. lorotuerto.com.

Hotel Magnolias 11, beim gleichnamigen Hospital, 16 ordentliche Zimmer, teils Balkon. DZ 28 US-$. Calle Anacaona 13, ℡ 809/ 524-2244, -5311.

Essen & Trinken/Nachtleben

Essen & Trinken Restaurant El Curro 5, immer gut besuchtes Lokal mit Sitzgelegenheiten innen (sehr kalt und etwas düster) und auf der Terrasse. Das Essen ist sehr gut, es gibt mediterrane und dom. Küche – Fisch, Fleisch, Paella, Pizza –, gute Weine und sehr guten Service. Av. Luperón 1 (beim Kreisverkehr gleich rechts), ℡ 809/524-3111.

》》 Mein Tipp: Restaurant Brisas Caribe 1, schöne, große Terrasse mit Schaukelstühlen, oberhalb der Straße, Blick aufs Meer – guter Service. Sehr gutes Essen, spezialisiert auf Fisch und Schalentiere; es gibt auch Fleischgerichte. Nördliche Verlängerung der Av. Enriquillo (beim Hafen), ℡ 809/524-2794. 《《

Restaurant La Roca 12, neben Hotel Caribe, beliebt bei Einheimischen; dom. Küche. ℡ 809/524-4111.

Restaurant María Montés 10, hübsches und gutes Lokal (gehört zum gleichnami-

gen Hotel), Spezialitäten sind Fleischgerichte. Calle Jaime Mota 48, ℡ 809/524-5122.

Restaurant Costa Sur 14, gehört zur Diskothek und daher am Wochenende gut besucht. Große, mit Palmwedeln überdachte Terrasse. Gut für einen Drink und kleinen Imbiss. Av. Enriquillo (stadtauswärts), ℡ 809/524-3828.

Restaurant Las Robles 4, beliebtes Esslokal für den Abend bei Einheimischen; Sitzgelegenheiten unter schilfgedeckten Überdachungen, es gibt u. a. Fisch und Mofongo, Fleisch vom Grill und gute Drinks. Nur abends geöffnet. Nebenan ist die Bar, beliebt für Karaoke. Av. Enriquillo/Esqu. Nuestra Señora del Rosario, ℡ 809/524-1629.

Nachtleben Einige Diskotheken, darunter: Lotus 6, Nähe Parque Central; etwas südlich vom Parque Central Atelanti 8; Costa Sur 14, schräg gegenüber vom Hotel Costa Larimar.

Küste von Barahona bis Pedernales

Südlich von Barahona verläuft die Straße nahe dem Meer, der Pflanzenbewuchs wird immer üppiger, und die mit Bäumen bestandenen Berge rücken näher. Die Gegend ist sehr einsam. Dieser erst im 19. Jh. erschlossene Küstenabschnitt bot mit seiner Nähe zum Gebirge ein optimales Schlupfloch für Piraten. Einer von ihnen war der berüchtigte *Cofresí*, der hier angeblich seine Schätze vergrub – man fand bei La Ciénaga Münzen und Edelsteine, und es sind längst nicht alle ans Tageslicht gekommen. Die gut ausgebaute Straße verläuft bis kurz vor *Oviedo* entlang der Küste und bietet ein grandioses Panorama. Es gibt einige kleine Ortschaften, aber man ist fast alleine unterwegs. Aufpassen sollte man allerdings auf Tiere: Kühe, Schafe und Ziegen weichen auch vor ankommenden Fahrzeugen kaum zurück. Ab Oviedo wird es menschenleer, die Straße führt durch eine trockene Kakteenlandschaft, ab und an mit Agavenanbau, bis die Grenzstadt Pedernales erreicht wird. Bei jedem Ort an diesem Küstenabschnitt sollte man auf „schlafende Polizisten" (Bodenschwellen!) aufpassen, wegen der Nähe zur Grenze kommen hier auch immer

Der Süden → Karten S. 144/145, 167 und 182/183

Fischerhafenidyll – Strand bei Barahona

wieder Militärposten. Für Mobiltelefonbesitzer ist zu beachten, dass ab Barahona bis Paraíso nur das *Claró-Netz* funktioniert. In jedem kleinen Ort gibt es Colmados und auch Comedores, die einen mit dem Nötigsten versorgen.

Die **Playa Saladilla**, ein kleiner, riffgeschützter Strand, und die offenere **Playa Azul** folgen ca. 7 bzw. 8 km südlich von Barahona.

Übernachten Hotel Playazul, kleine, hübsche und ruhige Anlage in Alleinlage, oberhalb der Klippen. Die Bungalows (mit TV, AC und Fan) mit kleiner Terrasse und Schaukelstühlen reihen sich um den Pool; Pfaue schlagen ihr Rad und vom netten und guten Restaurant genießt man einen herrlichen Blick aufs Meer; auch Wifi. Gebadet wird unten an der Bucht (leider oft hoher Wellengang). Es gibt 12 Standard- (Kingsize-Betten) und sechs 2-Bettzimmer. Preise inkl. Frühstück und je nach Lage für 1 Pers. 43 bzw. 61 US-$, für 2 Pers./F 82 bzw. 102 US. Es gibt auch Al-Verpflegung. Calle Enriquillo Km 7, ☎ 809/204-8010, 424-5375, www.playazulabrahona@hotmail.com.

Südlich des Straßendorfs **Juan Estebán**, ca. 10 km von Barahona entfernt, ist der Abzweig zur **Playa Quemaíto**, einem schönen, weißsandigen, großen und riffgeschützten Strand mit Süßwasserquellen, jedoch fast schattenlos; nur am Parkplatz, wo auch ein Kiosk ist, gibt es ein paar Palmen.

Übernachten Hotel El Quemaíto (dom. Ltg. Maria), komplett renovierte große Anlage ca. 1 km abseits der Hauptstraße (Zufahrt über Makadam) in schöner Lage oberhalb des Meeres mit 14 Zimmern (für 1–6 Pers.) mit AC, Wifi; zudem 4 Casitas für 2 Pers. Es gibt ein großes Schwimmbecken, Kinderpool, Palmengarten und gutes Restaurant. 5 Min. läuft man zu einer kleinen Badebucht hinab ans Meer, 15 Min. zur Playa Quemaíto. 50–58 US-$/Pers./Frühstück, 70–90 US-$/2 Pers./Frühstück. Juan Estebán, Km 10, ☎ 809-649-7631 (mobil), mariasan06@hotmail.com.

≫ Mein Tipp: Hotel Casablanca (schweiz. Ltg. Susanna Knapp), kurz vor Hotel Quemaíto zweigt die Einfahrt zu dieser tropisch wuchernden Oase mit Palmenhain und herrlicher Klippenlage mit Blick über das Meer und auf die oft tosende Brandung ab. Die kleine 6-Zimmer-Anlage in Bungalows wird von Susanna familiär und freundlich geführt, ihre kreative Kochkunst sollte man sich nicht entgehen lassen – beste und frische Zutaten vom Markt werden ausschließlich verwendet! Baden unterhalb der Klippen bei ruhiger See oder an der Playa Quemaíto. Nette Zimmer mit Fan und reichhaltigem Frühstück für 45 US-$/Pers., 70 US-$/2 Pers., 80 US-$/3 Pers. Das leckere Abendessen bzw. 3- bis 4-Gänge-Menüs gibt es nach Reservierung. Juan Esteban, Km 10, ✆ 829/740-1230, 829/794-1230 (mobil), www.hotelcasablanca.com.do. ◀◀◀

Die Küstenlandschaft wird immer grüner und üppiger. Es folgt das winzige Straßendorf **El Arroyo** und ein Schotterwegabzweig ins bergige Hinterland, wo der herrlich hellblaue *Larimar* (→ Kasten) abgebaut wird – weltweit das einzige Fundgebiet des Halbedelsteins. Juweliere fassen den Larimar in Gold oder Silber zu hübschen Schmuckstücken. Wer sich die *„Salvador Mine"*, die *Cooperativa Larimar de Bahoruco*, gegründet 1987, ansehen möchte, biegt bei El Arroyo ab und fährt ca. 10 km auf einem teils steilen Schotterweg (nur mit gutem Jeep möglich) hinauf in die Berge nach **Filipinas**. Dort oben leben inzwischen rund 20 Familien in einfachen Holzhütten und es gibt sogar eine Kapelle. Die Frauen bekochen am Holzfeuer ihre Männer. Bis zu 600 Arbeiter bergen in verschiedenen Gruppen in Schwerstarbeit bei sengender Sonne aus ihren meist primitiven Minen per Schlagbohrer oder mit dem Hammer den Larimarstein aus der grau-roten Gesteinserde.

Einkaufen Larimar-Shop, an der Straßenkreuzung und Auffahrt zur Mine; ganztägig geöffnet.

Übernachten Aparthotel Pontevedra, ca. 15 km von Barahona entfernt kurz vor El Arroyo. Kleine Anlage in Alleinlage mit großem Pool und Blick aufs Meer, zudem Restaurant. Apartments für 2 Pers. mit Frühstück/Abendessen ca. 75 US-$, 65 US-$/1 Pers. Carretera a Pedernales Km 15, ✆ 809/341-8462, -4698, www.pontevedracaribe.com.

Weiter südwärts folgen die Orte **Bahoruco** und **La Ciénaga** mit ihren schönen, aber ungeschützt Stränden *Playa Bahoruco* und *Playa La Ciénaga* mit Flussläufen, die als Badebecken dienen. Das bergige Hinterland bietet sich für organisierte Wandertouren (keine Beschilderung) an.

Einkaufen/Infos/Ausflüge Agentur **Guan Aventuras**, dieses nette Team (dom. Ltg. Feliz & Ivia Scot) bietet gut organisierte, preiswerte Wandertouren in die Umgebung (bisher jedoch nur in Spanisch, evtl. vorab noch einmal informieren) und arbeitet mit der Cooperative (s. u.) zusammen. Auch um einfache Unterkünfte kümmert man sich. Fährt man gen Süden, links bei der Tankstelle. La Ciénaga, ✆ 829/560-3560 (mobil), www.guanaventuras.com.

Artesanías de mi Siembra, diese Cooperative bietet Handwerkskunst, selbstgemachte Marmeladen (u. a. Guanábana, Mango), Seifen etc.; neben Agentur Guan Aventuras, www.demisiembra.com.

Noch ruhig und beschaulich – die Playa Quemaito

Larimar und schwarzer Jade

In der Sierra de Bahoruco fand man erst in jüngster Zeit die zwei Halbedelsteine Larimar und schwarzer Jade.

Larimar soll zwar bereits den Taínos als Glücksbringer und Heilstein gedient haben, doch der modernen Welt war er lange unbekannt. Erst 1974 fanden der Amerikaner

Geschliffener Larimar ...

Norman Reilly und der Dominikaner Miguel Mendez einige blank polierte Exemplare des Steins am Strand von Bahoruco und gaben ihnen den Namen *Larimar* – nach Mendez' Tocher *Larissa* und ihrer meerblauen Farbe (span. *mar*). Wie Mendez schon bald herausfand, waren die Steine von ihrem Entstehungsort in den Bergen über Wildbäche in den Fluss Bahoruco gelangt, der sie geradewegs in die Karibik gespült hatte, von wo sie durch Wellenschlag wieder an Land gekommen waren. Juweliere, die sich den Stein anschauten, zeigten sich begeistert von seiner Schönheit und seiner Härte (Ritz- bzw. Mohshärte 6), und schon bald machte man sich an seine kommerzielle Nutzung als Schmuckstein. Mineralogisch betrachtet ist der Laminar ein Pektolith, der in verschiedenen Blau- bis Türkistönen leuchtet (deswegen auch blauer Pektolith) und seine Entstehung der vulkanischen Vergangenheit der Insel verdankt. Der Fundort hier in der Sierra de Bahoruco ist bisher der einzige weltweit. Im Jahr 2012 kostete ein Pfund Larimar 2000 RD-$ (I. Wahl, reiner Stein), 1000 RD-$ (II. Wahl) bzw. 500 RD-$ (III. Wahl) – die Nachfrage verdoppelte den Preis innerhalb von 3 Jahren. Die Ausfuhr von ungeschliffenem und unverarbeitetem Larimar ist streng untersagt! Wer mehr über den Stein erfahren möchte, geht in das Larimar-Museum in Santo Domingo.

... und die Larimarminen

Schwarzer Jade ist bisher noch unbekannter als Larimar. Im Gegensatz zum Onyx hat er einen schwarzen, aber weich-samtigen Ton. Die Eigenschaft zur Schmuckverarbeitung durch seine Härte 7 ist neben der schönen Farbe ebenfalls hervorzuheben. Schmuckhersteller in der Dominikanischen Republik ist bisher nur Harrison. Auch Jade gibt es in mehreren Farben, am bekanntesten ist der grüne, es gibt aber auch violetten und gelben Jade. Schwarzer Jade wurde von vielen Völkern gemieden, und es hieß, man solle die Finger von ihm lassen, da er einen direkten Zugang zur Unterwelt besitze. Grüner Jade hingegen wird bei den Arabern als Schutzstein benutzt, bei den Majas diente er als Liebesstein. Nun, wie auch immer, die Farbe ist himmlisch oder höllisch schön.

Übernachten Casa Bonita, hübsche ca. 20-Zimmer-Bungalowanlage (AC, LED-TV's, Wifi) kurz vor Bahoruco auf einem Hügel und riesigem Gelände, eingebettet in tropische Gewächse. Vom offenen, großzügig und hübsch gestalteten Restaurant und dem großen geschwungenen Pool zur Frontseite genießt man einen traumhaften Weitblick auf das Meer. Von Barahona ca. 17 km entfernt, wenige Meter vor einem Brückchen (und vor dem Ort Bahoruco)

rechts die Schotterpiste bergauf. Die Besitzer haben noch weitere Cabañas in Planung. Das Ambiente muss bezahlt werden: 195 US-$/2 Pers. mit Frühstück. Carretera de la Costa Km 17, ℡ 809/476-5059, 540-5908, www.casabonitadr.com.

Die Resorts Bahoruco und Coralsol Barahona haben inzwischen geschlossen! Es gibt neben Casa Bonita in den beiden Orten nur noch sehr einfache Unterkünfte, am besten in der Cooperative nachfragen.

Beim Straßendorf San Rafael wartet die Playa San Rafael, ein weißer, ungeschützter Kieselstrand mit hohen Wellen, aber schönen, Schatten spendenden Bäumen. Ein Fluss mündet in kleinen Kaskaden ins Meer. Ein aufgestautes Becken, Balneario, dient den Einheimischen zum Baden und Erfrischen. Es gibt Imbissbuden und ein Restaurant. Am Wochenende wird es hier voll.

Paraíso: ein kleiner Ort, ca. 30 km von Barahona entfernt, mit bunten, 2-stöckigen Betonhäusern im Reihenhausstil mit Balkonen. Es gibt Läden, Restaurants, etliche gute Übernachtungsmöglichkeiten, eine Tankstelle und einen langen, palmengesäumten Strand, der allerdings nur bei Windstille zum Baden geeignet ist. Zudem kann man ein- oder mehrtägige organisierte Wanderungen ins schöne Hinterland unternehmen, zum Beispiel in den Regenwald Cachote oder einfach nur dem Fluss Nizaito aufwärts folgen (→ Wanderbeschreibung S. 202).

Flussbad in San Rafael

Verbindungen (→ Barahona).

Gesundheit Hospital, Calle Arzobispo Meriño 14, ℡ 809/243-1305.

Ausflüge Eco-Tour Barahona, (schweiz. Inhaber, dtsch.-franz. Ltg.) Paraíso, Malecón 207, ℡ 809/856-2260, 809/682-2454 (Büro Sto. Domingo), www.ecotourbarahona.com. Gute Ausflüge u. a. in die Sierra de Bahoruco, Laguna Oviedo (75 US-$), N. P. Lago Enriquillo (85 US-$), Bahia de Las Águilas (85 US-$), Larimar-Mine, Wandertour Cachote. Preise gelten für 6-Pers.-Gruppe (weniger zahlen mehr). Auch Unterkunftsvermittlung in Hotels.

Übernachten Hotel Pirátas del Caribe (franz. Ltg., Esther & Philippe), an der Zufahrtsstraße zum Meer, am Beginn des Malecons, liegt hinter hohen Gartenmauern die komfortable Oase (2011 eröffnet) mit schönem Pool, hübschem Garten und überaus freundlichen und hilfsbereiten Besitzern. 5 große, kreativ gestaltete und bestens ausgestattete Zimmer mit Mahagoni-Holz aus Paraíso, zudem mit Terrassen, stehen zur Auswahl. DZ/F 100 US-$. Calle Arzobispo

Playa Paraíso – nur bei gutem Wetter zum Baden

Nouel Nr. 1, ☏ 809/243-1140, ☏ 829/742-6429 (mobil), www.hotelpiratasdelcaribe.com.

🌿 **Rancho Platón**, weitläufiges Gelände 8 km westlich von Paraíso mitten im Tropenwald, oberhalb vom Fluss Nizaito. Die Öko-Ranch verfügt über Wasserfälle, große Wasserbecken und Kaskaden und es gibt sogar eine 80 m lange Wasserrutsche – also bestens auch für Kinder. Gewohnt wird geschmackvoll u. a. in Bungalows, im Baumhaus oder im Bambushaus – alles eingebettet im Tropenwald und mit üppigen Parkpflanzen bestückt. Der höchste Wasserfall dient zur eigenen Elektrizitätsgewinnung, daneben ist die Wasseraufbereitungsanlage. Die Zimmer mit Terrassen sind bestens und mit Naturmaterialien ausgestattet. Das Restaurant (nur für Gäste nach Voranmeldung u. Gruppen) wird ebenfalls sehr gelobt. Zudem werden Ausflüge organisiert: u. a. Reiten, Mountainbiken, Trekking, Kajak, Tubing. Zimmer für 2 Pers. inkl. Frühstück 180 US-$, im Baumhaus 220 US-$; für 10 US-$/Pers. mehr gibt es 2 Mahlzeiten pro Tag. Transfer wird organisiert. Eine schlechte Wegstrecke (nur mit Jeep befahrbar) führt oberhalb des Flusses Nizaito dorthin, vor der Brücke und vor Ortsbeginn Abzweig nach rechts (ausgeschildert). El Platón, ☏ 809/383-1836, 829/886-1836. ∎

Rancho Don César, schöne Lage am Fluss Nizaito westlich vom Ortsbeginn (nach Brücke rechts und erste Abfahrt wieder rechts). Ein weitläufiges Gelände mit üppig wuchernden Pflanzen und Blütenpracht und freundlicher, familiärer Atmosphäre. Im hübschen Haus gibt es 8 gut ausgestattete große Zimmer mit Frühstück zu 80 US-$/2 Pers., 65 US-$/1 Pers. Es gibt leckeres Abendessen, auch Ausflüge werden organisiert. ☏ 809/909-7456, 829/804-7973 (mobil), drcmatos@gmail.com, www.ranchodoncesar.com.

Hotel Kalibe, in der Ortsmitte neben dem Hospital mit Restaurant, Bar und Pool. Es gibt 7 saubere Zimmer, allerdings Bad/WC separat; ab 1035 bis 2185 RD-$ (teure Zimmer mit Küche). Calle Arzobispo Meriño 16, ☏ 809/243-1192, -1023, www.hotelkalibe.com.

Wandern → Wanderung 3, S. 202.

Eine Ganztagestour im Regenwald ab Paraíso rund um Cachote wird von ansässigen Agenturen (s. o.) angeboten. Per Jeep geht es von Paraíso gen Westen und bergan, durch üppiges Grün, ehe an einer Gabelung die Wanderung beginnt. Ein guter Makadam führt hier immer wieder gibt es schöne Ausblicke u. a. in Richtung Polo, aber auch nach Norden auf die herrlichen sattgrünen Hügel mit blühen Flammenbäumen. Die Vegetation wechselt von üppig bis trocken. Man trifft unterwegs auf Kulturpflanzen und Früchte, die bestens erklärt werden, u. a. Kakao, Mangos, Bananen, Maniok und Zapote. Ein kleiner Rundweg führt über

La Caoba und Pueblo Antonio, ein Mittag-essen in einer Bananenplantage mit ein-fachem Holzhüttchen folgt. Dann geht es hinab in Richtung Fluss Nizaíto, vorbei an der Rancho Platón und Ville Nizao. Unten angekommen, wird der Fluss durchquert. Es folgt ein weiteres Stück schönen Wegs, der Rest wird per Jeep zurückgelegt.

Los Patos: Der nächste kleine Ort liegt ca. 37 km südlich von Barahona an der *Playa Los Patos*. Der weiße bis goldgelbe Strand ist ebenfalls ungeschützt, gebadet wird meist im Fluss, der kurz hinter der Hauptstraße entspringt, ein baumbestan-denes Ufer hat und ein hübsches Becken bildet, bevor er ins Meer mündet – angeb-lich der kürzeste Fluss der Karibik. Einige nette Comedores laden zum Niederlas-sen auf ein kühles Bier oder leckeren Fisch ein. Am Wochenende ist viel Betrieb.

Übernachten/Essen Hotel Oasis Italia-no (ital. Ltg. Giordano Mettifogo), einfach, aber o. k.; 6 Standard- und 3 Familienzim-mer, Restaurant und kleiner Pool. 35 €/2 Pers. mit Frühstück. Es werden auch Aus-flüge und Jeeps angeboten. Calle Carr-rasco, ☎ 829/926-9796 u. 829/918-6969 (beides mobil), www.lospatos.it.

Um den Ort **Enriquillo** wird Ackerbau und Viehzucht betrieben. Kurz vor dem Ort **Oviedo** liegt die von hellgrün bis gelblich changierende **Laguna de Oviedo** am nordöstlichen Beginn des *Parque Nacional Jaragua*. Am Nationalpark-Häuschen gibt es Informationen, zudem wird hier für denjenigen, der die Lagune besichtigen möchte, der N. P.-Eintritt von 100 RD-$ fällig. Man kann sich mit einem Holzboot umherschippern lassen und die zahlreichen Wasservögel und Flamingos beobach-ten, nur ein kurzes Stück Weg durch trockene Vegetation trennt diese Lagune vom Meer. Die 27 qkm große Lagune birgt 24 Inseln, 70 verschiedene Vogelarten wer-den gezählt, meist jedoch werden bei Ausflügen nur die Vogelinseln Cayo Puerto Rico und Cayo Iguano, wo viele dieser Tiere umherschleichen und auf Futter war-ten, angelaufen. Auf dem Besichtigungsprogramm steht auch die *Cueva La Poza* mit Höhlenzeichnungen der Taínos.

Eine weitere Taínohöhle, *Cueva Mongó,* liegt ca. 4 km südlich von Oviedo nahe dem gleichnamigen Kap, wird allerdings bei Ausflügen nicht angefahren. Die Fundstücke der Taíno-Kultur sind in Museen in Santo Domingo ausgestellt. Die einsame Straße verlässt nun endgültig die Küste und führt nach Pedernales.

Einkaufen: In Enriquillo wie auch in Oviedo gibt es etliche Läden. In dieser Gegend, wie schon oben erwähnt, gibt es Viehzucht und den guten „Queso blanco", eine Art Mozzarella.

N.P. Lago Oviedo – nur barfuß geht's ans Land ...

Der Süden → Karten S. 144/145, 167 und 182/183

🎿 Wanderung 3:
Von Paraíso entlang dem Fluss Nizaíto bis Rancho Platón

Charakteristik: einfache Streckenwanderung (hin und zurück) durch ein landschaftlich schönes, üppig bewachsenes Flusstal. **Länge/Dauer**: hin und zurück
14 km, 4 bis 5 Std. (Abkürzung von 6 km durch Motoconcho oder eigenes Auto,
wenn man an der Kreuzung **2** startet und endet). **Ausrüstung/Verpflegung:** gutes
Schuhwerk, Trinkwasser, Proviant, evtl. Badesachen. **Ausgangspunkt:** Hauptstraße in Paraíso .

Wegbeschreibung: Startpunkt in **Paraíso** ist die Hauptstraße N44 (Pedernales–
Barahona) gegenüber dem Laden Colmado Leger **1**. Wir gehen geradeaus gen
Westen in das Asphaltsträßchen mit Namen „Piensa en Grande" und laufen dann
weiter durch den Ort mit seinen bunten Häusern. Nach rund 2 km wenden wir
uns an einer Kreuzung **2** nach rechts (ausgeschildert Ville Nizao und Rancho
Platón) in den Makadam (nach links verläuft eine Ganztagestour über La Caoba
→ Ausflüge).

Wir folgen dem steinigen Makadam bergab. Er bringt uns nach **Ville Nizao**, vorbei
an Häusern, einer evangelischen Kirche aus Stein und kurz darauf erreichen wir die
palmwedelgedeckte **Holzkirche 3** der Haitianer. Unser Weg bringt uns nach einigen weiteren Metern zum Fluss hinab.

Dort schlagen wir den Weg **4** links des Flusses ein (der Fluss bleibt rechts von
uns). Wir blicken auf eine halb verfallene Holzbrücke und den malerischen

**Wanderung 3: Von Paraíso
entlang dem Fluss Nizaíto
bis Rancho Platón**

Nizaíto. Nun wird es romantisch -
der Pfad schlängelt sich an Felsen
entlang durch das üppige Grün der
Pflanzen. Entlang des Flusses, ab
und an etwas oberhalb, wandern wir
weiter. Bald wird der Weg kiesig und
etwas breiter und wir treffen direkt
auf das breite Flussbett **5** des
Nizaíto. Die Stelle bietet sich für
eine schöne Rast an.

Dann heißt es Schuhe ausziehen. Wir
durchqueren den flachen Fluss (nicht
bei Regenzeit und Hochwasser!) und
steigen auf der anderen Seite etwas
bergauf, wenden uns nach links **6**
und folgen einem Makadam durch
immer üppigere tropische Vegetation
mit riesigen Laubbäumen, Palmen
und Schlingpflanzen.

Wir treffen nach weiteren 10 bis
15 Min. auf die Ökolodge **Rancho
Platón 7** mitten im Wald in Alleinlage (→ Paraíso/„Übernachten"). Leider ist das Restaurant meist geschlossen (nur für Gäste nach Anmeldung)
und wir treten den Rückweg an.

Sierra de Bahoruco – herrliche Wandertouren durch üppige Vegetation

Wer mag, folgt dem Makadam noch weiter in Richtung Westen immer am Fluss entlang, den es ab und an zu kreuzen gilt. Es ist eine herrliche Flusslandschaft, wo man immer wieder schöne Plätze zum Rasten findet!

Pedernales

Die etwas schmucklose, aber quirlige Grenzstadt zu Haiti liegt schön am Meer und am Fuße der Berge des Parque Nacional Sierra de Bahoruco in einer trockenen Kakteenlandschaft.

Auch während des bis 1995 geltenden Embargos gegen das haitianische Militärregime blühte hier der Handel, und die durch ein Flussbett verlaufende Grenze wurde ständig in beide Richtungen passiert, meist schwer bepackt zu Fuß oder mit Eseln. Das ist auch heute noch so, und man gelangt ohne Probleme zum kleinen Ort Anse-à-Pitre. Leider mangelt es in Pedernales an netten, komfortableren Unterkünften für einen längeren Aufenthalt. Die Gegend ist beliebt bei Tauchern.

Ausflüge locken in die hübschen Bergdörfer, z. B. nach *Las Mercedes* (bereits auf 800 m Höhe) und weiter zum fast höchsten Punkt der Sierra de Bahoruco bei *Aceitillar* inmitten von Pinien und anderen üppig wuchernden und blühenden Gewächsen. Auf der 40 km langen Strecke (Vía Panorámica) von Pedernales bieten sich wunderschöne Ausblicke auf die Ebene, das Meer und die Hügelkette. Um Pedernales wurde einst im großen Stil Bauxit gewonnen, u. a. von amerikanischen Firmen wie Alcoa, die auch die Straßen in die Berge und den Hafen Cabo Rojo bauten; viele Minen sind nun stillgelegt. Überall wird Holzkohle gemacht. Neben Travertin bauen vor allem europäische Firmen Kalkstein ab. Eine weitere Attraktion für Naturliebhaber ist die nahe Halbinsel Bahoruco mit dem Nationalpark *Parque*

Nacional Jaragua (→ „Nationalparks"). Von Pedernales aus erreicht man den herrlichen Strand *Bahía de las Águilas,* wo es wieder einige Höhlen wie die *Cueva Arriba* zu besichtigen gibt.

Strand: Baden kann man am Stadtstrand mit feinem, weißem Sand, wo Fußball ge-spielt und herumgetobt werden darf. Schöner ist es allerdings weiter südlich. Rund 12 km vor Pedernales biegt ein Sträßchen, das bald zum Makadam wird, Richtung Meer ab, vorbei am kleinen Flughafen, der jedoch nur für die Kalkfirma geöffnet ist. Der Strand hier bei *Cabo Rojo* hat herrlich weißen Sand, durchsetzt mit schö-nen großen, weißen Muscheln. Gegenüber am Hafen türmen sich die roten Bauxit-und die weißen Kalkhügel malerisch im Kontrast zum blauen Meer. Der Makadam führt weiter zu einer großen Höhle, in der unter sehr ärmlichen Verhältnissen Menschen wohnen. Wer kein robustes Allradgefährt hat, parkt sein Fahrzeug hier und geht ca. eine halbe Stunde durch ausgedörrte Landschaft mit Kakteen in allen Formen – rund, säulen- und blattförmig –, vorbei am Nationalpark-Häuschen mit Radarstation (Eintritt 50 RD-$), bis sich die herrliche milchig-türkisfarbene Bucht *Bahía de Las Águilas* ausbreitet. Weit und breit kein Baum, nur niedriges, dorniges, stacheliges Gestrüpp. Versteinerungen und Muscheln übersäen den Strand. Wer möchte, kann sich im Restaurant Tipico (✆ 809/753-8058) bei der Ansiedlung vor den Höhlen direkt nach Booten erkundigen, die für ca. 45 US-$/Pers. (!) zum Strand schippern, oder man schließt sich einer der angebotenen Ausflugstouren an (inkl. bequemer Hotelabholung und nur unwesentlich teurer). Der nächste schöne und große Strand ist die *Playa Larga,* zu der ebenfalls Boote fahren.

Information/Ausflüge Hispaniola Tours (Inh. Irene Rondon Perez), Calle Belarminio Fernandez 52 (Barrio Los Cayacos), ✆ 829/ 206-3780 (mobil), 809/490-4105, www.hispaniola tours.com. Ausflüge zum Markt nach Haiti, nach Bahia Águilas (10 US-$), Las Mercedes (12 US-$), Lagune Oviedo (15 US-$), Los Patos & San Rafael (22 US-$). Zudem in ent-legene Gebiete, zum Birdwatching; Rund-reisen, je nach politischer Situation auch nach Haiti, etc. Mietwagenverleih und Un-terkunftsvermittlung.

Die große Bucht Bahía de Las Aguilas

Kormorane besiedeln die einsame Küste zwischen Capo Rojo und Bahía de Las Águilas

Apotheke Calle Duarte 42.

Ärzte **Dr. Elio Fiallo**, Av. Duarte 38, ✆ 809/524-0147 und -0319.

Einkaufen Viele Marktstände mit allem, was die Umgebung und Haiti zu bieten haben.

Post Calle Duarte (beim Parque Central).

Telefon José Telecomunicaciones, Calle 2da No. 5.

Übernachten Hotel Olio Mendez, einfache Zimmer mit AC für 25 US-$/2 Pers. Zudem gutes Restaurant mit preiswerten Fischgerichten. Antonio Duverge 8, ✆ 809/524-0416.

Gegenüber davon **Hotel Doña Chava**, einfache Zimmer mit AC 20 US-$/2 Pers., lauschiger pflanzenumrankter Innenhof. Es gibt auch eine Café-Bar, wo man Frühstück erhält. Antigua Calle Segunda 10 (Barrio Alcoa).

Hotel Carolina, einfache Zimmer mit Fan und TV für ca. 15 US-$. Calle Gaston F. Deligne 11, ✆ 809/524-0181.

Hotel Villas del Mar, schöne gelbe Villa mit Pool und 19 Zimmern (42 US-$/2 Pers., 30 US-$/1 Pers.) – bestausgestattete Unterkunft im Ort. Infos auch über Hispaniola Tours. Calle Cacique Enriquillo 2, ✆ 809/524-0448, ferreras_victor@yahoo.es.

Essen & Trinken Comedor Marie Federal, einfaches Restaurant. Man sitzt gemütlich, von Kübelpflanzen umringt, die Köchin bemüht sich, den Gast zufriedenzustellen. Hier kann man leckere, traditionelle Hausmannskost essen. Calle 16 de Agosto.

Restaurant Jalicar, nettes und sauber geführtes Lokal, alles wird frisch zubereitet, Spezialität sind Meeresfrüchte. Calle Libertad 10, ✆ 809/524-0350, den ganzen Tag von früh bis nachts geöffnet.

Weiterfahrt in Richtung Lago Enriquillo: Eine landschaftlich reizvolle, jedoch sehr kurvenreiche und zeitaufwendige Strecke führt von Pedernales entlang der haitianischen Grenze über die Gebirgsdörfer *Banano* und *Los Arrojos* auf knapp 2400 m durch den *Parque Nacional Sierra de Bahoruco* (→ „Nationalparks"), dann wieder hinab in die Enriquillo-Senke nach *El Aguacate, El Naranjo* und weiter zu dem Ort *La Florida,* schon nahe dem Lago Enriquillo. Die knapp 80 km lange Strecke (ca. 6 Std.) bis El Naranjo ist ebenfalls nur mit einem guten Geländewagen und während der Trockenzeit zu empfehlen, zudem gibt es immer wieder Militärkontrollen. Von El Naranjo sind es bis nach *Jimaní* noch rund 35 km auf sehr guter Asphaltstraße, oder man fährt 23 km weiter bis nach *La Descubierta*, wo man zur *Isla Cabritos* übersetzt.

Nationalpark Lago Enriquillo

Der milchig-hellgrüne See liegt in der Enriquillo-Senke, umgeben von hohen Bergen, in einer trockenen Karstlandschaft, der Heimat des berühmten Kaziken Enriquillo. Zur Isla Cabritos kann man nur mit organisierten Touren übersetzen, um dort Krokodile, Flamingos und Leguane zu beobachten.

Die Enriquillo-Senke, die sich in Haiti fortsetzt, ist ein ehemaliger Meeresarm (durch Ablagerungen aufgefüllt), von dem nur noch der Salzsee Lago Enriquillo zeugt. Der seichte See besitzt eine Länge von 42 km und eine Breite von 12 km, er liegt an der tiefsten Stelle der Senke zwischen der Sierra de Neiba und der Sierra de Bahoruco und damit 40 m unter dem Meeresspiegel. Der See hat den doppelten Salzgehalt des Meeres (Meer 4 %, See 9 %). Forscher fanden heraus, dass die Mineralien in ihrer Zusammensetzung (allerdings in einer niederen Konzentration) denen im Toten Meer gleichen. Im See liegt die etwa 12 km lange und 3 km breite Isla Cabritos (Ziegeninsel), die in den letzten zehn Jahren immer mehr versandete, sich mit dem Festland verband und so zu einer Halbinsel wurde (→ „Nationalparks").

Die Gegend zählt zu den heißesten der Dominikanischen Republik, nicht selten klettert das Thermometer auf über 40 °C. Zum Teil wirkt die Landschaft sehr öde, da der Gewinnung von Holzkohle reichlich Baumbestand geopfert wurde, ansonsten wachsen Kakteen. Vor allem an der Nordseite des Sees gibt es jedoch viele Quellen und kleine Flüsse, die für Badebecken (balnearios) genutzt werden, und an denen es oasenhaft grün wuchert.

Der Kazike Enriquillo Guarocuya (1498 bis 27. Sept. 1535)

Seine Lebensgeschichte ist heldenhaft und reich an Legenden. Man sagt, er wuchs am Hofe der *Kazikin Anacaona* auf und war 4 Jahre alt, als sie in Santo Domingo hingerichtet wurde. Gütigerweise nahm ihn die *Familie Diego Colóns* auf, er erhielt eine gute Ausbildung im Franziskanerkloster in Santo Domingo und wurde auf den spanischen Namen Enriquillo getauft. Später diente er bei einem spanischen Edelmann und heiratete eine Enkelin Anacaonas. Als er mit ansehen musste, wie der feiste Sohn des Edelmanns über seine Frau herfiel, verließ Enriquillo Santo Domingo und ging zurück in das Stammesgebiet Bahoruco, seine alte Heimat. Er kümmerte sich um die Belange der Taínos und wurde deren Kazike (Häuptling). Das wiederum gefiel den Spaniern nicht, und sie versuchten, ihn gefangen zu nehmen. Jahrelang fand Enriquillo gute Verstecke, leistete den Spaniern erfolgreich Widerstand, wie im letzten Kampf bei Azua, zudem entwaffnete er spanische Soldaten und ließ sie gedemütigt zurückkehren. Enriquillo wurde auf der Insel Cabritos verhaftet. Sein Verhandlungsgeschick war enorm, und er focht 1533 mit den Spaniern einen Friedensvertrag aus. Er durfte sich ein Gebiet wählen, um dort mit seinem Stamm zu leben (in der Gegend um Azua), und als krönenden Abschluss erhielt er sogar den Titel Caballero (Edelmann).

Lago Enriquillo – leider fährt heute kein Ausflugsboot ...

Ausflug zum Enriquillo-Nationalpark: Die Schiffe legen 3 km östlich von La Descubierta ab, Treffpunkt ist das Häuschen der Nationalparkverwaltung (die Tour dauert von ca. 8 bis 11 Uhr). Am besten ist es jedoch inzwischen, die Tour organisiert zu buchen, da kaum Individualgäste da sind, und es daher nicht sicher ist, ob überhaupt ein Boot fährt. Zuerst fährt man zur Westseite des Sees, wo das Schiff stoppt, damit die Flamingos in der Ferne und die schwimmenden Krokodile beobachtet werden können. Danach geht es zur Isla Cabritos, die eine sehr trockene und mit Kakteen und Dornengestrüpp überwucherte Vegetation aufweist. Hier kann man ganz aus der Nähe die verschiedenen Leguane besichtigen. Als Erfrischung zum Schluss lohnt ein Bad im schattigen Balneario nahe der Anlegestelle – aber Achtung, es wimmelt von Leguanen, die Futter möchten (Weiteres → La Descubierta)!

Orte rund um den Lago Enriquillo

Von Barahona zum Lago Enriquillo: Die Straße führt über *Cabral* zur *Laguna del Rincón*, einem 5 m tiefen und rund 30 km² großen Süßwassersee, der Tummelplatz zahlreicher Flamingos, Kormorane und Schildkröten ist. Wer möchte, kann sich bei Cabral Boote mieten. Hinter Cabral folgt das Straßendorf *La Lista,* hier werden Stühle und Schaukelstühle aus der endemischen Palme Guano hergestellt, die an der Straße präsentiert werden. Danach gelangt man nach *Colonia Mixta,* wo an der Straßenkreuzung ein großes Monument an den *Kaziken Enriquillo* erinnert, der aufgrund seines unbeugsamen Willens und Mutes gegenüber den Spaniern zum ersten Helden Amerikas wurde und für die Dominikaner auch heute noch als Freiheitskämpfer und Leitfigur gilt. Hier muss man sich entscheiden, ob man eine Rundtour um den See machen oder direkt zur Abfahrtsstelle der Boote nach *La Descubierta* möchte. Die Strecke entlang dem südlichen Ufer über Duvergé

(5 km hinter Duvergé gibt es das *Balneario La Zorza*) nach Jimaní geht vorbei an Strommasten und bewaldeten Bergen; Kakteen und Dornenbüsche bedecken den trockenen Boden. Aber auch Aloe vera wird hier kultiviert und daraus der Schnaps *Cleren* gebrannt.

Fest Osterfest in Cabral, wer sich Ostern in dieser Gegend aufhält, sollte es nicht versäumen, sich das weit bekannte Fest der Haitianer anzusehen. Am Gründonnerstag beginnen die ersten Umzüge, Karfreitag tanzen dann die *cachúas* mit ihren bunten Kostümen, bestehend aus Overalls mit Fledermausflügeln, und Masken durch die Straßen. Der Montag bildet hier mit der symbolischen Verbrennung des Judas auf dem Friedhof den Höhepunkt des Osterfestes.

Jimaní liegt am Westufer des Sees, wirkt geschäftig und bunt, und man findet hier alles. Von Jimaní aus besteht reger Handelsverkehr zum Markt im nächsten haitianischen Städtchen, und nach *Port-au-Prince*, bereits wieder am Meer gelegen, sind es nur noch 58 km. Die niedrigen Preise in Haiti locken viele zum Einkaufen. Man sollte aber gerade auf den Märkten auf seine Wertsachen aufpassen. Hier sieht man auch die schön bemalten *Tuc-Tucs*, die haitianischen Busse, die u. a. haitianische Tagesarbeiter zur Grenze bringen. Die Einreise für Touristen nach *Haiti* ist nur mit gültigem Reisepass erlaubt, zudem unterliegt sie dem ständigen Wechsel der politischen Situation und ist sehr gefährlich. Organisierte Touren werden angeboten, die Veranstalter wissen genau, wohin sie ihre Gäste ohne größeres Risiko fahren können.

Verbindungen Busse: Gute Verbindungen von/nach Santo Domingo, zum Teil stündl. Wer nach Haiti reisen möchte, sollte sich eingehend informieren!

Entfernungen La Descubierta 23 km, Port-au-Prince (Haiti) 58 km, Barahona 105 km, Santo Domingo 280 km.

Übernachten Hotel-Restaurant Jimaní, am Ortsende in Richtung La Descubierta etwas abseits der Hauptstraße. Kleines Hotel, umgeben von Bäumen und mit großem Parkplatz. Einfache Zimmer mit AC, 25 US-$/2 Pers. Calle 19 de Marzo 2, ✆ 809/248-3139.

Essen & Trinken Restaurant Paradis, die einheimische Küche soll sehr schmackhaft sein. Calle 19 de Marzo 1.

La Descubierta: Der Ort an der Nordwestseite des Sees ist das touristische Zentrum am Lago Enriquillo. Doch dies heißt lediglich, dass es ein paar sehr einfache Pensionen und ebenso einfache Comedores gibt, zudem kleine Lädchen. Zur Erfrischung lädt ein von großen, Schatten spendenden Bäumen umgebenes *Balneario Las Barias* (neben Restaurant Brahman's) ein, das aus unterirdischen Quellen gespeist wird. Im Hintergrund ragen die kahlen Berge auf, man kann Ausflüge dorthin machen und von oben einen fantastischen Blick auf den See genießen. An der gesamten Strecke von Boca de Cachón (zwischen Jimaní und La Descubierta) bis Neiba gibt es zahlreiche schwefelhaltige Balnearios, wie z. B. **Las Acuas** und **La Azufrada**. Das Nationalpark-Häuschen und die Abfahrtstelle der Boote zur Isla Cabritos liegen ca. 3 km in Richtung Neiba ortsauswärts (großer Parkplatz).

Verbindungen Busse: Gute Verbindungen von/nach Santo Domingo, zum Teil stündl., Weiterfahrt nach Jimaní. Terminal in Santo Domingo: Calle Juan B. Vicini, Nahe Huscalito/Esqu. 27 de Febrero. Guaguas nach Jimaní teils alle 30 Min. Nach Barahona: mit Guaguas bis Neiba, dann umsteigen und weiter bis Barahona.

Lago-Enriquillo-Tour: Buchung beim Nationalparkeingang oder unter ✆ 809/472-7170. Es ist sehr sinnvoll, vorher anzurufen, ob das Boot auch wirklich fährt und ob eines vorhanden ist! Da die meisten Gäste organisiert kommen (Ausflugstour ab Barahona ca. 75 US-$), stellt man sich auf Individualgäste kaum mehr ein, zudem auch sehr

Die Taíno-Höhle von Las Caritas

teuer: Das Boot für max. 8 Pers. kostet 3500 RD-$ zzgl. 100 RD-$/Pers. N.P.-Eintritt. Die Touren dauern ca. 3 Std., Abfahrt meist um 9 Uhr (je nach Tour). Viele Gäste kommen von Santo Domingo oder aus anderen Städten und zahlen entsprechend mehr.

Entfernungen Neiba 61 km, Jimaní 23 km, Barahona 133 km.

Übernachten Hostal del Lago, einfache, große Zimmer mit Nasszelle, gemütliche Terrasse und Garten. Pro Zimmer 15 US-$. Calle Mella No. 2, ✆ 809/374-1603.

Hotel Iguana, rot-weißer Bau, einfache Zimmer an der Hauptstraße für 12 US-$. Calle Gastón Deligne, ✆ 809/301-4815.

Essen & Trinken Restaurant Brahman's & Cabañas, mit großer Terrasse und Sitzgelegenheiten im Schatten. Hier kann man in die Töpfe gucken und sich sein Essen aussuchen; Hausmannskost. Es werden auch ganz einfache Bungalows vermietet. Nebenan befindet sich das große Balneario. Calle Gastón Deligne No. 1, ✆ 809/224-9525.

Noch etwa 7 km weiter, bei **La Azufrada,** kann man die Taíno-Höhlen von **Las Caritas** (die Gesichtchen) besichtigen. Die Höhlen liegen oberhalb der Straße, und man sieht in den Stein geritzte Gesichter und gehauene Skulpturen. Da man von Las Caritas aus die ganze Gegend gut überblicken konnte, suchte der Taíno-Häuptling Enriquillo mit seinem Stamm hier Zuflucht vor den Spaniern.

Die nächst größere Stadt am nordöstlichen Ende des Sees in einer wieder grüner werdenden Landschaft ist **Neiba,** die Stadt der Weintrauben und eines süßen Weines. Als geschäftiges Zentrum dieser Gegend verfügt der Ort über Banken, Post, Telefon, Läden und alles, was man sonst so braucht. Zur Erfrischung gibt es das *Balneario Las Marias.*

Übernachten/Essen Hier finden sich ebenfalls einfache Unterkünfte (ca. 10 US-$), die für einen Stopp genügen: Hotel-Restaurant Babey, Calle Apolinar (gegenüber Parque Central) und **Hotel Comedor Carmencita,** Calle Cambronal 45, ✆ 809/527-3888. Wer Hunger bekommt, geht ins **Cáctus,** Calle Rodoli 8.

Blick auf die Bergwelt und das fruchtbare Hochtal bei Constanza

Das Landesinnere

Das Landesinnere zeichnet sich aus durch das bis auf über 3000 m ansteigende Gebirge mit dem Pico Duarte und die Nationalparks sowie die beiden Touristenorte Jarabacoa und Constanza. Des Weiteren liegt hier das schon früher bedeutende und überaus fruchtbare Valle Cibao, das Hauptanbaugebiet des Landes.

Die zur Autobahn ausgebaute, vierspurige **Carretera Duarte** führt von Santo Domingo ins fruchtbare, bergige und kaum besiedelte Landesinnere. Sie stellt die wichtige Nord-Süd-Verbindung dar, verläuft durch Dörfer und Städte, und man sollte vorsichtig fahren, da Fahrzeuge, Menschen und Tiere die Straße kreuzen. Landschaftlich sind die 150 km bis Santiago de los Caballeros herrlich: Berge, Königspalmen, riesige rot blühende Flamboyants und natürlich die weithin leuchtenden, sattgrünen Reisfelder oder die Felder mit Gemüse- und Obstanbau. Schon von fern zeigt sich die *Cordillera Central* mit den höchsten Bergen der Karibik wie dem *Pico Duarte* (3087 m). Über **Bonao** gelangt man nach **La Vega,** Zentrum des fruchtbaren **Valle Cibao,** das im Norden durch die Cordillera Septentrional begrenzt wird. Im Osten von Bonao liegt der große Stausee **Presa de Hatillo,** der zum Angeln und Relaxen lockt. Noch weiter östlich folgt das Wirtschaftszentrum **San Francisco de Macorís** und nördlich davon das hübsche, zum Wandern geeignete Naturreservat *Reserva Loma Quita Espuela.* Von La Vega führt ein Sträßchen hinauf in die grandiose Bergwelt der Cordillera Central mit dem *Parque Nacional José del Carmen Ramírez.* Hier finden sich auch die einzigen etwas touristisch ausgebauten Gebirgsorte der Dominikanischen Republik: Auf 630 m liegt **Jarabacoa** mit seinen Wasserfällen und im höchstgelegenen Tal auf 1164 m Höhe **Constanza.** Die Gegend gleicht dem Garten Eden.

Von La Vega führt die Carretera Duarte weiter ins nördliche Cibao-Tal. Über das hübsche Städtchen **Moca** kann man zur Nordküste (bei Cabarete) fahren oder ei-

nen kleinen Abstecher nach **Salcedo** machen, dem Geburtsort der Schwestern Mirabal (→ „Geschichte" und „Literatur"), die wegen ihres Mutes in die Geschichte eingingen. Die Carretera Duarte führt noch wenige Kilometer weiter und endet im Zentrum des Tabakanbaus, der wirtschaftlichen Metropole des Nordens, **Santiago de los Caballeros.** Von hier gelangt man zur Nordseite der Cordillera Central mit dem *Parque Nacional José Armando Bermúdez* und nach **San José de las Matas,** das touristisch allerdings nicht ausgebaut ist. Ein asphaltiertes Sträßchen geht über die Cordillera Septentrional direkt nach Puerto Plata an der Nordküste. Das fruchtbare Valle Cibao kann man ab Santiago de los Caballeros bequem weiterfahren, bis nach 115 km der trockene Nordwesten bei Monte Cristi erreicht ist (→ „Nordwesten").

Von Santo Domingo nach Bonao

Sicher ist jeder froh, der Santo Domingos Straßengewirr über die Verlängerung der Av. Kennedy in nordwestlicher Richtung verlässt und sich auf der *Carretera Duarte* beim Fahren etwas erholen kann. Links und rechts blickt man auf hügelige, grüne Landschaft, Farbtupfer setzen Flamboyants, Trompetenbäume und gelb blühende Tabebuias. In der Ferne zeichnen sich die hohen Berge der Cordillera Central ab. In der regenreichen Zone bei **Villa Altagracía** wird Obst und Gemüse angebaut und an Ständen entlang der Carretera Duarte verkauft: Die kleinen bunten Hüttchen bieten vor allem die zuckersüßen kleineren Ananas an, die hier überall auf Plantagen wachsen, zudem Bananen, Mangos, Melonen, Kartoffeln, Zitrusfrüchte und jede Menge Gemüse.

Abstecher von Piedra Blanca nach Nagua: Über Villa Altagracía erreicht man nach rund 55 km ab Santo Domingo (Autobahnauffahrt) **Piedra Blanca.** Von hier besteht die Möglichkeit, auf schmalen, aber gut ausgebauten Straßen durch eine landschaftlich sehr reizvolle und abwechslungsreiche Gegend an die Nordküste bei *Nagua* zu fahren. Es geht in das Gebiet der Minen und des Goldes, das schon die Spanier anlockte. Die Strecke verläuft 10 km weit zum quirligen Städtchen **Maimón**

(Hotel, Bank, Tankstelle) und weiter nordwärts entlang dem Stausee *Presa de Hatillo* zum gleichnamigen kleinen Ort **Hatillo**.

Übernachten/Essen Rancho del Lago, kurz hinter Hatillo (7 km nach Maimón) und direkt am Ostufer des Stausees, mit Bootssteg, schönem offenem Restaurant, das dom. Hausmannskost (teils nur am Wochenende) bietet. Es werden auch Bootstouren rund um den See angeboten. Übernachtungen in den einfachen Cabañas möglich (durch neue Leitung ungeklärt) oder im eigenen Zelt. ✆ 809/850-1330 (Lago Hatillo).

Presa de Hatillo
Der Hatillo-Stausee (1987), der größte Süßwassersee der Karibik, wird gespeist vom Río Yuna, der südlich von Sánchez in die Bucht von Samaná mündet. Er ist 17 km lang, bis zu 34 m tief, dient u. a. der Bewässerung von Reisfeldern, ist fischreich und Lebensraum vieler Wasser- und Zugvögel.

Durch hügeliges Terrain mit üppig wuchernder Vegetation und verlassenen Minen gelangt man nach weiteren 45 km in die schmucklose Goldgräberstadt **Cotuí**. Wenige Kilometer vorher befindet sich die *Mine Pueblo Viejo* (Tagebau), wo bereits 1533 die ersten Spanier nach Gold gruben. Rund 1000 Menschen lebten um Cotuí, der damals zweitgrößten Stadt des Landes. Seit Ende August 2012 herrscht nach langem Ruhen hier wieder Goldgräberstimmung: Das weltgrößte Goldförderungsunternehmen, die kanadische *Barrick Gold Corporation*, hat hier ihre Produktion aufgenommen. Es wird eine jährliche Ausbeute von rund 650 000 Feinunzen Gold erwartet, bei einer Lagerstätte von insg. 15 Millionen. Dass Goldabbau große Umweltschäden mit sich bringt, weiß man – ob das Unternehmen ein Fair-Trade-Siegel erhält, wird sich zeigen, investiert wurden 4 Mrd. US-$.

Von hier sind es über La Mata rund 18 km nach **Pimentel** in der vom Reisanbau beherrschten grünen Landschaft. Die gut ausgebaute Straße führt 15 km weiter zu der großen Stadt **San Francisco de Macorís** oder 53 km an die Nordküste bei **Nagua**.

Von **Piedra Blanca** gelangt man ab dem Ort Ranchitos über Makadam in die Bergwelt bei Rancho Arriba und weiter nach San José de Ocoa (mehr dazu siehe dort).

16 km entfernt von Piedra Blanca liegt **Bonao** (mehrere Hotels mit Restaurants an der Autobahn wie *Hotel Bonao Inn* oder *Hotel Jacaranda* mit gutem Restaurant, ✆ 809/525-3090, -3011). Entlang der Straße stehen riesige Verkaufsstellen mit Keramik, denn hier ist das Zentrum der Keramikindustrie und des Töpferhandwerks. In der Ferne sieht man die kanadische Falconbridge-Mine (5 km südlich von Bonao) mit den rauchenden Schornsteinen ihrer Nickelschmelze – bis Ende der 1990er-Jahre die zweitgrößte Mine der Welt. Um Bonao gibt es sehr viele Flüsse (u. a. Masipedro, Acapulco und Fula) und zahlreiche Balnearios. Bekannt ist der Ort allerdings durch den Maler *Candido Bidó* (1935–2011), einer der besten des Landes. Seine Werke kann man in Santo Domingo in seiner Kunstgalerie besichtigen.

Von Bonao nach La Vega

Von Bonao führt die Carretera Duarte 40 km weiter nordwärts nach La Vega.

Wer nach **Constanza** (siehe dort) möchte, kann ca. 23 km hinter Bonao die erst 2011 breit ausgebaute Gebirgsstraße nehmen, und erreicht nach 52 km den höchstgelegenen Ort der Karibik. Nach ca. 30 km, in **El Río**, kreuzt die von Jarabacoa kommende Straße, inzwischen ebenfalls bestens ausgebaut. Bis dorthin führt die Straße kurvenreich durch üppig grüne Landschaft sehr steil und stetig bergan, kaum ein Haus ist zu sehen – Farne, Bambus, mit Lianen behängte, immergrüne

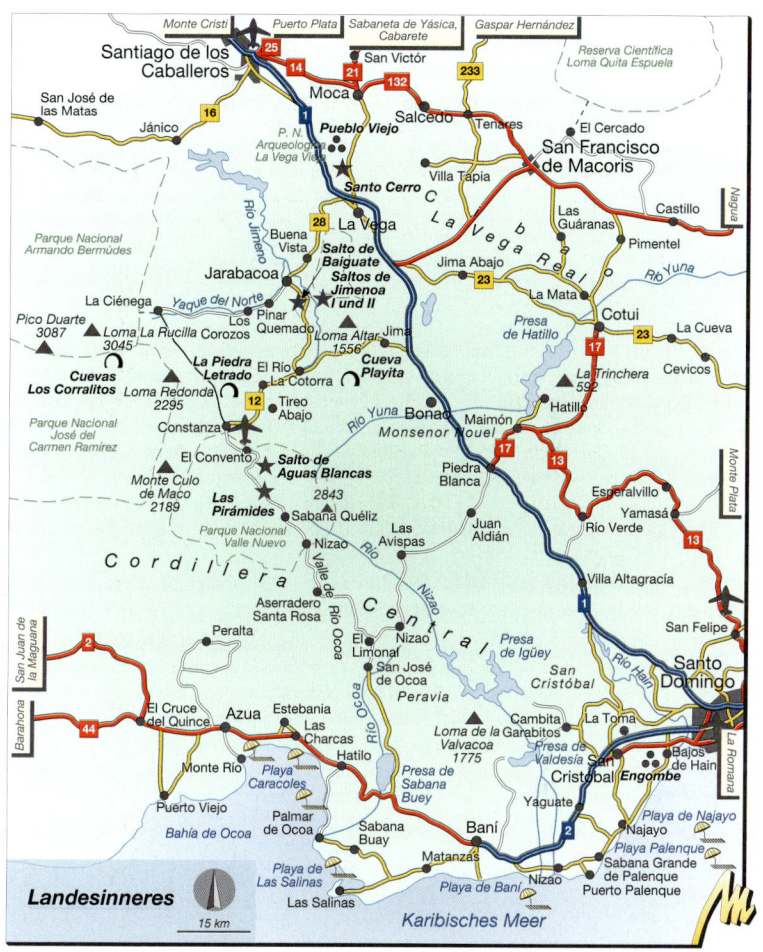

Bäume, Hibiskus und wunderschöne Ausblicke auf das Valle Cibao und den Stausee Rincón. Allmählich bedecken Heide und Pinien die Hügel, und langsam zeigen sich in den Längsfurchen die ersten Kaffeeplantagen. Ab und zu ragen Königspalmen in die Höhe.

Essen & Trinken Parador Típico Bonao, Raststätte hinter Bonao (kurz vor dem Abzweig nach Constanza), beidseitig der Autobahn, schilfgedeckt und leuchtend rot gestrichene Bestuhlung; guter Service, gutes Essen, sauber. 6–23 Uhr.

Rund 12 km vor La Vega kann man nach **San Francisco de Macorís** abbiegen (31 km entfernt), um von dort weiter in Richtung Nordküste (Nagua) oder über *Salcedo* und *Moca* nach Cabarete zu fahren. Wer Lust auf Spanferkel hat, am Autobahnabzweig gibt es viele Stände!

Das Valle Cibao (Cibao-Tal)

Das Tal ist ca. 230 km lang und zwischen 15 und 40 km breit. Es zieht sich von *Monte Cristi* bis zur *Bucht von Samaná* und wird im Norden von der Cordillera Septentrional und im Süden von der Cordillera Central begrenzt. Zwischen Monte Cristi, wo das Tal am trockensten ist, und der Wasserscheide bei *Santiago de los Caballeros* speist der *Río Yaque del Norte* das Tal. Weiter

Reisanbau im fruchtbaren Cibao-Tal

östlich, zwischen *La Vega* und *San Francisco de Macorís,* verwandeln viele kleine Flüsschen und Kanäle sowie die Flüsse *Río Camú* und *Río Yuna* das Tal in ein fruchtbares Becken. So wird der trockenere Nordwesten *Valle Cibao* und der fruchtbare Südosten *La Vega Real,* das königliche Tal, genannt.

Das Cibao-Tal war noch Anfang des 20. Jh. unbedeutend, die dürre Savannenlandschaft diente nur als Weideland. Erst als Ende der 1940er-Jahre die große amerikanische Firma Fruit Company den Hafen *Pepillo Salcedo* an der Manzanilla-Bucht ausbaute, wurden Bewässerungsanlagen gebaut, wo heute Bananen und Reis gedeihen. Im Gegensatz dazu war der östliche Teil, La Vega Real, schon zur Zeit der Taínos stark besiedelt und wurde landwirtschaftlich genutzt. Während der Kolonialherrschaft siedelten hier die meisten Spanier (sie gaben dem Tal seinen Namen). Auch heute lebt, trotz zunehmender Stadtflucht, noch über ein Drittel der Dominikaner hier. Angebaut werden – wie schon früher – Kakao, Mais, Tabak (vor allem an den Hängen um Santiago), Maniok und Süßkartoffeln, Reis, Zuckerrohr, Bananen und an den Berghängen Kaffee.

La Vega, auch **Concepción de La Vega** genannt, hat rund 190 000 Einwohner und ist eines der wirtschaftlichen Zentren des Cibao-Tales. Die Stadt wurde im 17. Jh. angelegt, die ältere Siedlung *La Vega Vieja* liegt weiter westlich und zählt zu den ersten Orten der Neuen Welt. An den einstigen Reichtum, der sich auf den Zuckerrohranbau gründete sowie auf die Anbindung an die wichtige Eisenbahnlinie zwischen Santiago de los Caballeros und Sánchez, erinnern nur noch ein paar nette Kolonialbauten, das prachtvolle Theater und Gerichtsgebäude im viktorianischen Stil. Lediglich zu Karnevalszeiten füllt sich das Städtchen. Die hinkenden Teufel von La Vega (Diablos cojuelos), die kommen, um die Sünder zu bestrafen, ziehen das Karnevalspublikum an. Die aufwendig hergestellten, kunstvoll verzierten und bemalten Masken mit den großen Hörnern kann man außerhalb des Karnevals im

Museo del Hombre Dominicano in Santo Domingo bewundern. In La Vega wurde 1909 der Politiker und Schriftsteller *Juan Bosch* geboren (→ „Geschichte" und „Literatur"), ein langjähriger politischer Widersacher von *Joaquín Balaguer.*

Parque Nacional Arqueológico La Vega Vieja wurde um 1494 besiedelt und war nach La Navidad und La Isabela die dritte Siedlung von Kolumbus. Auch hier suchte man nach Gold. Durch das starke Erdbeben 1562 verloren die Bewohner ihre Bleibe und zogen weg. Noch heute kann man ca. 5 km nördlich von La Vega (ausgeschildert, erster Abzweig nach Moca) in Pueblo Viejo die Ruinen des 1502 errichteten Franziskanerklosters (eines der ersten) und eines Befestigungsturms sowie Teile eines Wasserleitungssystems besichtigen (→ Foto S. 63). Bei Ausgrabungen stieß man auf Grundmauern der Kathedrale und der Festung Nuestra Señora de Concepción (daher der Name des heutigen La Vega). Das im Ausbau befindliche kleine Museum zeigt Fundstücke aus der Zeit der Taínos und der Spanier. Die Anlage ist täglich 9–16 Uhr geöffnet.

Santo Cerro (Heiliger Berg): Der 465 m hohe Berg mit der prachtvollen Wallfahrtskirche *Virgen de las Mercedes* liegt 7 km nordwestlich von La Vega (auf kleines Schild achten!) und bietet einen herrlichen Weitblick ins Cibao-Tal. Hier wollte *Christoph Kolumbus* ein Holzkreuz aufstellen, das er als Abschiedsgeschenk von Königin Isabela I. erhalten hatte, was den Taínos gar nicht gefiel. Ihr Verhältnis zu den Spaniern war wegen der zu leistenden Abgaben auf Goldfunde ohnehin sehr schlecht, und es kam immer wieder zu Kämpfen, bei denen die schlecht ausgerüsteten Taínos schließlich den schwer bewaffneten Spaniern unterlagen. Einer Legende zufolge erschien den Spaniern in der Nacht vor dem letzten Kampf die Jungfrau Maria, die ihnen Hilfe zusicherte. Als Dank für den Sieg baute man 1495 ihr zu Ehren ein Kirchlein, das jedoch durch das Erdbeben ebenfalls zu Schaden kam. Die heutige Kirche entstand Ende des 19. Jh.; jährlich am 24. September findet hierher eine Wallfahrt statt (tägl. 7–12 und 14–18 Uhr geöffnet; Messen Mo–Fr 17 Uhr, Sa 16 Uhr und So 6.30 und 16 Uhr).

Die imposante Wallfahrtskirche Virgen de las Mercedes

Nach La Vega Vieja hinab verläuft der Prozessionsweg mit kleinen Kapellen und Heiligenfiguren.

Verbindungen La Vega ist wichtige Busstation für die Nord-Süd-Verbindung bzw. Umsteigebahnhof für Jarabacoa. **Caribe Tours,** Av. Pedro A. Rivera 37, ✆ 809/573-6806. Mehrmals tägl. nach Jarabacoa (ca. 80 RD-$).

Entfernungen Bonao 40 km, Santo Domingo 111 km, Santiago de los Caballeros 35 km, Jarabacoa 25 km, Constanza 65 km.

Bank Banco Popular, Calle J. Rodriguez 58.

Veranstaltungen Jeden So im Feb. **Karneval** in La Vega. **Wallfahrt** am 24. Sept.

Übernachten Für einen Zwischenstopp: **Hotel Rey,** wird von Reisenden gelobt, mit gutem Restaurant, Wifi; saubere Zimmer (ca. 45 US-$) mit TV; freundliches Personal. Calle Restauración 3, ✆ 809/573-9797.

Zudem noch die kleinen, sehr einfachen und preiswerteren Hotels: **Hotel San Pedro,**

Calle N. de Cáceres 87, ✆ 809/573-2844; **Hotel America**, Av. Pedro A. Rivera 16, ✆ 809/573-2909.

Essen & Trinken   Die bei den Einheimischen beliebtesten Lokale sind: **Portovalle**, Calle Restauración 71, ✆ 809/573-1115; **Induveca**, Av. Pedro A. Rivera, km 1, ✆ 809/573-3777; **Zaguán** (bekannt für gute Fisch-

gerichte), Autopista Duarte, km 2; zum Spanferkelessen geht man in das **Lechonera Braulio**, Carretera Duarte 72, ✆ 809/570-6459.

Nachtleben   Wenige Kilometer nördlich von La Vega an der Autopista Duarte liegt der riesige Tanzpalast **Astromundo** (vor allem Livemusik, Eintritt je nach Gruppe).

Jarabacoa

Der Gebirgsort mit seinen 20 000 Einwohnern zieht neben Einheimischen, die in der angenehmen, kühleren Luft ihre Wochenenden oder Ferien verbringen, immer mehr Urlauber an. Attraktionen sind die Wasserfälle und für Wassersportler Raftingausflüge auf den nahen Flüssen, zudem ist Jarabacoa Ausgangspunkt für Touren auf den höchsten Berg der Karibik, den Pico Duarte.

Wiesen, Täler, Flüsse, Pinienwälder – manche sagen, es sei wie in den Alpen. Auf jeden Fall ist der Kontrast zum Rest der Insel groß, und selbst Merengue schallt nicht überall. Hier, auf 629 m Höhe, herrschen das ganze Jahr über angenehme Temperaturen um 20–25 °C am Tage. Im Ortszentrum, dem Parque Central, steht die Kirche mit einem sehenswerten, großen Fresko eines hier ansässigen, bekannten Künstlers. In und außerhalb von Jarabacoa gibt es gute Übernachtungsmöglichkeiten in Hotels und sogenannten Ranchos, die sich auf Aktivsport spezialisiert haben: an erster Stelle stehen die beliebten Raftingtouren auf dem Yaque del Norte, zudem Canyoning, Reit- und Mountainbikeausflüge. Immer beliebter werden Trekkingtouren, ob nur wenige Stunden oder die 3-Tages-Tour hinauf zum Pico Duarte auf 3087 m. Langweile, außer man vermisst das Meer, kann hier so schnell nicht aufkommen – etwas Zeit sollte mitgebracht werden.

Jarabacoa – Salto de Jomenoa II

Die Landschaft mit Pinienwäldern ist herrlich und durchzogen von vielen Flüssen wie dem *Río Yaque del Norte* und dem *Río Jimenoa*. In der Nähe liegt die kleine, private *Reserva Científica Ebano Verde* mit dem Berg *Loma Altar*, 1556 m, einem regenreichen, üppig grünen Waldgebiet, das große Bestände an Ebenholz aufweist. Es gibt ca. 100 Wasserfälle (saltos), ca. 17 große führt der Río Baiguate und 15 der Rió Jimenoa, wovon die meisten allerdings kaum zugänglich sind. Nicht weit von

Jarabacoa befinden sich auch die höchsten Wasserfälle *Salto de Jimenoa I und II* sowie *Salto de Baiguate* (→ Wanderungen 4 und 5); zum Baden lockt das große Becken *Balneario La Confluencia* am Zusammenfluss von Río Yaque del Norte und Río Jimenoa, ca. 2 km westlich der Stadt.

Salto de Baiguate (ca. 6 km entfernt): Straße in Richtung Constanza, rechter Abzweig ca. 1 km nach dem Hotel Piñar Dorada, dann weitere 5 km. Am Straßenende parken und zu Fuß weitere 500 m auf einem schmalen Weg mit üppiger Vegetation abwärts – ein idyllischer Platz, vor allem unter der Woche. Der Wasserfall stürzt 20 m in die Tiefe und ergießt sich in ein herrlich erfrischendes Badebecken. Er wird gerne für Canyoning und zum Springen benutzt (→ Wanderung 5).

Salto de Jimenoa I (ca. 8 km entfernt): Straße in Richtung Constanza. Der Wasserfall stürzt 25 m in die Tiefe und ergießt sich in ein Becken, eingerahmt von hohen Felswänden, großen Felsen und tropischer Vegetation – ein herrlicher Platz. Auf einem bequemen Weg kann man von der Hauptstraße (ausgeschildert, gegenüber von Paso-Alto-Zu-

Lauschig – Salto de Jimenoa I

fahrt) hinablaufen auf einem gut präparierten Lehrpfad. Auch mit Kindern geeignet; gutes, rutschfestes Schuhwerk erforderlich. Eintritt 50 RD-$ (→ Wanderung 4).

Salto de Jimenoa II (ca. 10 km entfernt): Der größte Wasserfall mit Wasserkraftwerk und Hängebrücken. 3 km vor Ortsbeginn links (Schild Escuela Nacional Forestal) und immer geradeaus (vorbei am Abzweig zur Rancho Jarabacoa) bis Pistenende an einem Parkplatz. Hier befinden sich das Restaurant Salto und ein Getränkekiosk. Der Weg führt über waghalsige Hängebrücken und viele Betonsockel. Der Wasserfall ist sehr beeindruckend, stürzt gewaltig ca. 42 m in die Tiefe und benetzt die Objektive. Eintritt 50 RD-$. Auf einem sehr schmalen, teils auch sehr rutschigen Pfad kann man, bevor man zur Aussichtsplattform zum Wasserfall steigt, oberhalb der Schlucht zum Wasserfall Jimenoa I laufen – *aber*: nur in der Trockenzeit möglich, absolut nichts für Kinder und auch nur für trittfeste und schwindelfreie Wanderer mit gutem Schuhwerk geeignet (keine Experimente!) (→ Wanderung 4).

Salto Las Guazaras: sehr schöner Wasserfall und Badebecken, von üppiger Vegetation und idyllischer Natur umgeben; nahe Los Corozos in Richtung La Cienaga.

Pico-Duarte: Sicherlich das Wanderhighlight in dieser Gegend. Der Weg steigt kontinuierlich an und führt durch den hier vorherrschenden Pinienwald zum Gipfel auf 3087 m. Ausgangspunkt ist in dieser Region der kleine Ort La Ciénaga

(→ „Nationalparks" und „Sport/Wandern") ca. 35 km von Jarabacoa entfernt. In **La Ciénaga** gibt es ein Visitorcenter, das gerne Auskunft über Touren gibt, die „Permiso" (Erlaubnis) erteilt, den N. P.-Eintritt von 150 RD-$ kassiert und bei der Suche nach Führern (Pflicht!) behilflich ist.

🥾 Wanderung 4: Zu den Wasserfällen Jimenoa II und I

Charakteristik: schöne Wandertour durch Dörfer, üppige Vegetation und entlang von Flüssen zu den Wasserfällen Jimenoa II und I. Nur in der **Trockenzeit** begehbar! Weg zum **Salto Jimenoa I nur für Schwindelfreie** und nicht für Kinder! Die Wanderung kann erweitert oder verkürzt werden und ist individuell, d. h. nicht organisiert, machbar (auf jeden Fall immer zu zweit laufen). **Länge/Dauer:** ca. 8 km, ca. 4 Std. **Abkürzung:** Von Rancho Baiguate nur bis Wasserfall Jimenoa II, diesen Weg wieder zurück nehmen. Oder: per Motoconcho/Auto zum Hauptzugang von Jimenoa II und dann Lehrpfad hinab zum Wasserfall. **Ausrüstung/Verpflegung:** rutschfestes Schuhwerk, Sonnenschutz, ausreichend Wasser und Proviant, keine Versorgung unterwegs. **Ausgangspunkt:** Rancho Baiguate (→ Jarabacoa/„Übernachten").

Wegbeschreibung: Wir starten an der **Rancho Baiguate** ❶ und folgen dem Makadam ca. 100 m ostwärts bis zum Fluss ❷, der hier noch Yaque del Norte heißt und sich in Sichtweite gabelt: Südwestlich verläuft der Río Baiguate, östlich der Río Jimenoa, dem wir auf unserer Tour folgen werden. Erst einmal heißt es Schuhe ausziehen und durch das steinige Niedrigwasser waten (nicht bei Hochwasser und Starkregen!) – in der Ferne erhebt sich der Paso Alto. Am anderen Ufer folgen wir einem Sträßlein (von der Hauptstraße, Abzweig Golfplatz kommend) und laufen durch den Ortsteil Sabaneta. In der Kurve folgen wir dem Makadamweg nach rechts zum Fluss. Unser Weg verläuft nun immer links des **Río Jimenoa** – die Vegetation wird immer üppiger. Wir durchqueren nochmals einen schmalen Flusszulauf, der unseren Weg kreuzt.

Wir erreichen die Häuser des Ortsteils **Los Corrales**, laufen vorbei an einer Hahnenzucht, an hübschen bunten Häusern und dazugehörigen Gärten – unter uns rauscht der Jimenoa, in der Ferne blicken wir auf Berge. Der Makadam passiert das edle Restaurant Altos de La Ribera ❸ (→ Jarabacoa/„Essen") und steigt nun etwas an, vorbei an einer im Bau befindlichen Hotelanlage. Weiter folgen wir dem steinigen Makadam bergauf. An der nächsten Gabelung ❹ halten wir uns rechts. Nobel wird es – wir passieren einige hübsche Villen. Nach wenigen Minuten gehen wir an der nächsten Gabelung ❺ wieder rechts und laufen weiter auf Makadam, nun entlang einer schattigen Allee, bis wir nach gut 1 Std. gemütlicher Laufzeit auf die Asphaltstraße ❻ (vom Golfplatz über Piedra Blanca kommend) am Ortsteil **La Yagua** stoßen.

Hier gehen wir rechts in Richtung Wasserfall. Nach knapp 10 Min. erreichen wir das Straßenende und den Parkplatz, blicken auf das Wasserkraftwerk und gehen zum **Eingang** ❼ des **Salto Jimenoa II** (Eintritt 50 Pesos; weitere Infos s. o. Jarabacoa/Salto Jimenoa II). Ein gemauerter Weg führt uns oberhalb des Flusses entlang, über Hängebrücken mit Blick auf das Wasserkraftwerk – tief unten der Fluss (Achtung, Kinder an die Hand!). Hinweistafeln informieren über Bäume und Sträucher, u. a. die Pfefferverbenie. Dann erklimmen wir die Stufen, die uns auf gesichertem Weg (vorbei an einem kleinen Trampelpfad ❽ nach rechts in Richtung Salto Jimenoa I) zur Aussichtsplattform ❾ bringen. Je nach Kondition haben wir 1:30 bis 2 Std. Wanderzeit hinter uns. Wir blicken auf den 42 m hohen Wasserfall, der sich in ein Becken ergießt und unten in die Turbinen fließt.

Wanderung 4: Zu denWasserfällen Jimenoa I und II
Wanderung 5: Von Rancho Baiguate zum Salto Baiguate

400 m

Wenige Meter auf dem Weg zurück zweigt nach links **8** ein sehr schmaler Pfad ab, der uns bergauf Richtung Salto Jimenoa I bringt (Achtung: absolut nichts für Kinder und auch nur für **Schwindelfreie** und nur bei Trockenheit machbar, da **Abrutschgefahr** – es ist ein ungesicherter Pfad!).

Wer seine Wanderung einfach gestalten möchte oder mit Kindern unterwegs ist, bleibt auf dem Hauptweg und läuft ab hier wieder zurück zur Rancho Baiguate.

Wir aber gehen weiter zum Salto Jimenoa I. Der schmale Pfad ab dem Abzweig führt uns oberhalb der Schlucht, teils über Wurzeln, teils etwas glitschige und nasse Wegstellen, steil durch üppigen Tropenwald bergan. Es folgt ein etwas schwieriges Stück, da die einstige Holzbrücke, die über einen schmalen Einschnitt führt, kaputt ist – am besten geht man entlang der Wasserleitung **10** hinab. Auf der anderen Seite des Einschnitts steigen wir wieder hoch und folgen weiter dem Pfad.

Am Zusammenfluss von Río Yaque de Norte und Río Baiguate

Von unten ertönt die begleitende Musik des Flusses. Es geht beständig aufwärts, das Getöse von tief unten wird immer lauter, zudem verläuft hier auch die Trinkwasserleitung. Der Weg führt uns durch den schattigen Tropenwald, wo mächtige Bäume gedeihen, vorbei an einem Abzweig **11** mit Findlingen, wo wir uns zunächst links halten. Bald können wir einen freien Blick auf den rund 200 m tief unter uns liegenden Fluss und den Canyon erhaschen. Von unserem Pfad aus genießen wir nun immer bessere Ausblicke auf das von einer mächtigen Felswand eingerahmte Flussbett und den Wasserfall. Der Pfad führt nun hinab über Kaskaden, durch Sandsäcke geschützt (hier können die Schuhe nass werden!), bis wir nach etwa 0:50 Std. Gehzeit ab dem Abzweig **8** zu einer **Kiessandbank 12** kommen - riesige Felsbrocken auf der einen Seite, gegenüber die rotbraune, teils von Pflanzen begrünte Felswand und der herrliche Wasserfall **Salto Jimenoa I** – ein malerischer Platz zum Verweilen (Achtung: **Baden ausdrücklich verboten** – Strömung und Lebensgefahr!).

Für den Rückweg gibt es zwei Möglichkeiten: Man kann den gleichen Weg nehmen oder den gut präparierten Weg hoch zur Hauptstraße Jarabacoa – Constanza. Von dort bringt ein Motoconcho den Wanderer zurück zur Stadt. Eher eine schlechte Wahl wäre es, den Weg (ca. 5,5 km) entlang der Hautpstraße bis Pedregal (1,5 km vor Jarabacoa) zu Fuß zurückzulegen.

Wir wählen die zweite Möglichkeit. Vom Flussbecken führt bei den großen Findlingen **11** ein Pfad leicht links abzweigend bergan (Achtung, den Abzweig verfehlt man leicht). Der Pfad wird bald zum gut präparierten Weg bzw. zum **Lehrpfad**, der uns weiter bergauf zum Hauptzugang Salto Jimenoa I führt. Schautafeln informieren unterwegs über Geologie, Fauna und Flora dieses Gebietes. Es wachsen u. a. Magnolien und Kiefern. Nach ca. 0:15 Std. haben wir die Hauptstraße und den **Hauptzugang 13** Salto Jimenoa I erreicht. Wir lassen uns mit Motoconchos (ca. 100 RD-$), die meist hier warten, bis zur **Brücke 14** über den Río Baiguate (Ortsteil

Pedregal) bringen. Dort gehen wir rechts den Weg hinab und folgen diesem auf der rechten Flussseite, bis wir in knapp 10 Min. das breite Tor **15** zum Gelände der **Rancho Baiguate** erreichen. Wir gehen hindurch, am Fischteich vorbei und queren über die schöne Holzbrücke für heute ein letztes Mal den Río Baiguate, ehe wir die Rezeption **1** erreichen.

🥾 Wanderung 5: Von der Rancho Baiguate zum Salto Baiguate

Charakteristik: Ab der Rancho Baiguate bietet sich eine weitere nette, einfache Wandertour entlang dem Fluss Baiguate an. Mit lauffreudigen Kindern unproblematisch machbar. **Länge/Dauer:** hin und zurück ca. 14 km, ca. 3 Std. **Ausrüstung/Verpflegung:** rutschfestes Schuhwerk, Sonnenschutz, ausreichend Wasser und Proviant, keine Versorgung unterwegs. Bademöglichkeit.

Wegbeschreibung: Wir gehen innerhalb des Geländes der Rancho Baiguate über die Brücke des Río Baiguate. Dann wenden wir uns nach rechts, vorbei an den Fischteichen und durch das Eingangstor.

Wir wandern flussaufwärts – rechts von uns der Río Baiguate – bis zur Brücke in Pedregal. Wir überqueren die Brücke und zweigen kurz nach dem Brückengeländer nach links in einen Pfad ab, der uns südlich in rund 200 m zu Treibhäusern bringt. Wir umrunden diese, halten uns dann rechts und stoßen auf den Hauptweg Calle Baiguate. Diesem Makadam folgen wir nun, vorbei an vielen Gemüsefeldern, der Fluss bleibt immer links von uns. Wir gelangen zu einem **Parkplatz**. Dann führt ein schmaler Pfad von üppig grünen Pflanzen umgeben teils über Stufen hinab zu den erfrischenden Badebecken am **Salto Baiguate**. Hier kann man eintauchen ins kühle Nass – bestimmt sind auch schon ein paar Jungs da, die ihre Springkünste zeigen.

Zurück nimmt man den gleichen Weg.

Ⓒ Basis-Infos

→ Karte S. 223

Information Secretaría de Estado de Turismo (Tourismusbüro), Calle Nelson Galan (Plaza Ramírez), ☎ 809/574-7287, secturja@hotmail.com. Nur Spanisch.

Verbindungen Caribe Tours, Calle José Duran 3 (Ortsbeginn gegenüber Esso-Tankstelle), ☎ 809/574-4796; 4-mal tägl. über La Vega nach Sto. Domingo (285 RD-$).

Guaguas, fast stündl. bis spätnachmittags nach Constanza (Haltestelle bei der Shell-Tankstelle, Calle 16 de Agosto, im Südosten stadtauswärts nach Constanza); nach La Vega (Haltestelle nahe Caribe-Tours, s. o.) halbstündlich.

Taxis, u. a. Jaraba Taxi, Calle Independencia 33, ☎ 809/574-6464; Taxi El Salto, Calle Colón, ☎ 809/574-2909.

Motoconchos, stehen überall und fahren u. a. zum Balneario.

Entfernungen Constanza 45 km, La Ciénaga 35 km, La Vega ca. 30 km, San José de Ocoa 90 km, Santo Domingo 160 km.

Autovermietungen Francis Rent a Car, ☎ 809/574-2981 (Ortsbeginn rechts).

Bank U. a. Banco del Progreso mit Geldautomat, Av. Independencia (gegenüber Infokiosk).

Einkaufen Supermercado Jarabacoa, gut ausgestatteter Supermarkt; geöffnet Mo–Sa 8–22, So 9–13 Uhr. Av. Independencia 39 (Hauptzufahrtsstr, nach Calle Colón linker Hand).

Panadería 9 (Bäckerei), gegenüber Esso-Tankstelle (Ortsbeginn und neben Polizei); hier erhält man leckeren Kuchen, Brot, salzige Teilchen und Café. Av. Independencia.

Kaffeefabrik Monte Alto, Carretera Belarminio Ramírez, Altos de Yaque (im Westen der Stadt, Richtung Jumunucu), ☎ 809/574-2618, www.ramirezcoffee.com. Das Familienunternehmen Ramirez, das seit 1943 tätig ist, bietet etliche organische Kaffeesorten, zudem kann eine Kaffeetour gebucht werden. Geöffnet Mo–Fr 8–12/14–17 Uhr.

Gesundheit U. a. Farmacia (Apotheke) Independencia, Av. Independencia 44, ✆ 809/574-4264. Hospital, Calle José Durán. Hospital Dr. Octavia Gautier, Calle Mario Nelsón Galan, ✆ 809/574-2757. Clínica Dr. Cesar Terrero, Av. Independencia 2, ✆ 809/574-4597.

Post Am Ortsanfang.

Telefon Claró, Av. Independencia.

Veranstaltung Patronatsfest Nuestra Señora del Camen, 15. Juli; Prozession und Messe, danach Musik, Tanz und Pferderennen.

Übernachten

Hotel Brisas del Yaque II 15, mitten in der Altstadt, mit großem schönen Restaurant und beeindruckenden Lüstern. Großer Parkplatz hinterm Haus. Hübsche komfortable Zimmer ab 45 US-$ (franz. Bett) mit Frühstück (Wochenende teurer). Calle Independencia 13, ✆ 809/574-2100.

🌿 **Rancho Baiguate** 4, familiär geführtes Abenteuer- und Ökocenter der Familie Rodriguez in Alleinlage auf 110 000 qm am Fluss Baiguate; eingebettet in einen tropisch wuchernden Park mit vielen Orchideen, umgeben von Wald, es gibt einen großen Schwimmpool, Fischteiche, Pferdekoppel, eine Macadamia-Aufzucht (die größte in der D. R.), Schmetterlingsgehege, Gemüsegarten, schadstofffreie und ökologische Bauweise – für all das Engagement erhielt die Familie die „Grüne Plakette" vom Umweltministerium. Weitere Ökomaßnahmen sind in Arbeit. Insgesamt ein Platz zum Entdecken der Natur, zum Wohlfühlen und Entspannen. Es gibt 27 nette Zimmer in Bungalows (Bad und Fan) in unterschiedlicher Größe mit kleiner Terrasse oder Balkon; es kann auch gezeltet werden. Hervorragende Küche (Buffet), das biologisch angebaute Gemüse kommt aus eigenem Anbau oder aus der Umgebung; man speist auf der großen überdachten Veranda. Von hier aus kann man herrliche Spaziergänge unternehmen, zudem gibt es ein großes Sportangebot (→ „Sport") wie Reiten, Hochseilgarten. Vollpension (keine Drinks!) im DZ 43–52 US-$/Pers. (inkl. Steuer); auch hier am Wochenende Aufschlag von 10 US-$/Pers. Anfahrt: Ortsausgang von Jarabacoa (Schild) in Richtung Constanza. La Joya, ✆ 809/574-6890, -5940, www.ranchobaiguate.com. ∎

Hotel Piñar Dorado 3, komfortables, stilvolles Hotel in Holzbauweise, ebenfalls stadtauswärts in Richtung Constanza ruhig im Pinienwald gelegen. 43 schöne Zimmer mit AC/Fan; Pool, Tennisplatz, Restaurant, Piano-Bar. Das Hotel gehört zu Grupo Baiguate, das Exkursionsprogramm wird daher auch hier angeboten: geführte Touren in den Nationalpark und zu den Wasserfällen, Pferdevermietung etc. Komfortable Zimmer mit Balkon und Frühstück 47 US-$/Pers. Carretera Jarabacoa – Constanza km 1, ✆ 809/574–2820, www.ranchobaiguate.com.

Hotel Gran Jimenoa 2, direkt oberhalb des tosenden Flusses Jarabacoa in Alleinlage; mit dem schönen Neubau insg. 65 Zimmer mit verschiedenstem Standard. Restaurant mit schöner großer und mehreren idyllischen kleinen Terrassen. Zur Río-Bar auf der anderen Flussseite führt die nachts beleuchtete Hängebrücke. Ganz nahe schöne Flussbadestellen. Es gibt Pool, Sauna, Kinderspielplatz; freundliche, familiäre Atmosphäre. Moderne, geräumige Zimmer mit Balkon und Frühstück 74–120 US-$/2 Pers. (Wochenendaufschlag). Anfahrt: Ortsbeginn nach rechts, dem Hotelschild folgen, Straße in Richtung Confluencia, nach ca. 200 m Abzweig rechts in Makadam und weitere 400 m nochmals rechts. Av. La Confluencia, Los Corralitos, ✆ 809/574-6304, -4345, hotel.jimenoa@codetel.net.do, www.granjimenoahotel.com.

Rancho 2 Ríos 1, in ruhiger Alleinlage westlich der Stadt, oberhalb vom Fluss Jarabacoa; die Gäste werden im hübschen palmwedelgedeckten Restaurant verwöhnt (Spezialität ist Ziege oder Guinea Guisada). Es gibt 5 Villen für bis zu 6 Pers. im schönen Landhausstil, teils mit voll eingerichteter Küche, zudem gute, eigene Sportagentur (→ „Sport"). Ab 85 US-$/2 Pers. Av. Confluencia 2 (breite Hauptstraße nach Westen), ✆ 809/574-6080, 696-8694, www.rancho2rios.com.

Guesthouse Jarabacoa 5, schönes Haus mit Apartments (TV, Fan oder AC, Küche, Balkon) und netter Atmosphäre, ca. 10 Min. östlich vom Parque Duarte. Man kann Frühstück (7 US-$) und Getränke bekommen. DZ 36 US-$, EZ 25 US-$. Zudem werden Ausflüge organisiert. Fam. Horn-Sanchez, Calle 7 No 8, Urb. Medina 2, ✆ 809/365-9102, 809/848-5421 (mobil), www.guesthouse-jarabacoa.com.

Das Landesinnere → Karte S. 213

Ü bernachten

1 Rancho 2 Ríos
2 Hotel Gran Jimenoa
3 Hotel Piñar Dorado
4 Rancho Baiguate
5 Guest-House Jarabacoa
6 Hotel Jarabacoa River
   Club & Resort
11 Hotel Brisas del Yaque
12 Hostal Jarabacoa
15 Hotel Brisas del
   Yaque II

E ssen & Trinken

1 Rancho 2 Ríos
2 Rest. Gran Jimenoa
6 Rest. Jarabacoa River
   Club
7 Rest./Diskothek Vista
   del Yaque
8 Rest. Altos de La Ribera
10 Rest. El Rancho
13 Rest. Patio
14 Rest. Leña

C afés

9 Panadería-Cafe

N achtleben

7 Rest./Diskothek Vista
   del Yaque

E inkaufen

9 Panadería-Cafe

Jarabacoa und Umgebung

700 m

Hotel Brisas del Yaque 🔟, im Zentrum (nicht zu verwechseln mit Yaque II). Kein Restaurant. Einfache Zimmer mit Kühlschrank, TV und AC für 30 US-$. Calle Luperón/Esqu. Pelegrina Herrera, ✆ 809/574-4490.

Hostal Jarabacoa 🔢, sauber und nett mit einigen Zimmern für 1500 bzw. 1600 RD-$. Calle Colón/Esqu. Hernandes Mirabal (gegenüber Schule = Escuela). ✆ 809/574-4108.

Außerhalb 》》》 **Mein Tipp:** Hotel Jarabacoa River Club & Resort 🟥, großes Gelände am Fluss Yaque del Norte; mit schönem Restaurant oberhalb des Flusses, ebenso die Snackbar; die Bar und zwei der drei Pools erreicht man über die Hängebrücke am gegenüberliegenden Ufer, zudem gibt es einen großen Pool und Kinderspielplatz. Die schönen geräumigen Bungalows liegen in ruhiger Lage etwas oberhalb. U. a. großes 2-Kingsize-Betten-Zimmer, Balkon mit Flussblick und Frühstück 85 US-$ – bestens für Familien und zum Erholen nach der Pico-Duarte-Wanderung. Carretera Jarabacoa, Manabao Km 4, ✆ 809/574-2456, 849/863-9615 (mobil). 《《《

Essen & Trinken/Nachtleben
→ Karte S. 223

Essen & Trinken   Neben den oben erwähnten guten Hotelrestaurants und Ranchos u. a.:

Restaurant Leña 🔟, im Zentrum, östlich vom Parque Central; sehr gemütlich und gut. Hübsche offene Holzbauweise auf verschiedenen Ebenen mit bunten Tropfkerzen, offener Barbetrieb. Spezialitäten sind Gerichte vom Holzofengrill (Fleisch, Fisch, Eintopf, etc.). Calle Duarte, ✆ 809/574-6426.

Restaurant El Rancho 🔟, Ortsbeginn neben Polizei (gegenüber Esso-Tankstelle). Gute Gerichte, das Ziegenragout wird gelobt. Ltg. Rancho Baiguate. Calle Independencia, ✆ 809/574-4557.

》》》 **Mein Tipp: Restaurant Patio** 🔢, preiswertes, gemütliches Lokal, das vom Frühstück bis Abendessen und Servicio alles bietet. Offene Terrasse mit Weinfässern zum Sitzen; serviert wird u. a. Arroz con Abichuela und Carne y Enchiladas. Calle Mario Nelson Galan 28, ✆ 809/574-6039. 《《《

Essen/Außerhalb   Restaurant Altos de La Ribera 🟥, das beste Fischlokal liegt idyllisch, aber etwas versteckt 5 km außerhalb der Stadt am Fluss Jimenoa und gehört zum Ribera Country Club (mit Planung von exkl. Hotel). Großes gediegenes Gelände, bester Service, Wifi, schöne Terrasse und leckere Fischgerichte, auch Wildgerichte. Tägl. (außer Mo) ab 17 Uhr geöffnet. Los Corrales, ✆ 809/824-5537. Anfahrt: Vor der Stadt Abzweig zum Jarabacoa Golf Club nehmen, dann 4 km in Richtung Salto de Jimenoa II fahren, im Ortsteil Yagua rechts ab (ausgeschildert).

Hotel-Restaurant Jarabacoa River Club 🟥, 4 km von Jarabacoa entfernt (in Richtung Manaboa) am Yaque del Norte. 2 sehr schöne Restaurants, Barbecue, Bars, Hängebrücke über den Fluss. Bademöglichkeiten im Flussbecken, Kinderspielplatz (→ „Übernachten").

Restaurant/Diskothek Vista del Yaque 🟥, ca. 6 km von Jarabacoa entfernt in Las Guazaras (in Richtung Manaboa). Beliebtes Ausflugslokal direkt oberhalb des Flusses mit Bademöglichkeiten und natürlich zum Beobachten der Rafter. Tanzterrasse. Tägl. von früh bis spätabends geöffnet.

Nachtleben   Die meisten Gäste suchen hier sicherlich Ruhe. Wer sich dennoch mal nächtens austoben möchte, besucht die **Diskothek Galaxia**, Calle Duarte, nur innen und nur am Wochenende geöffnet.

Karaoke-River-Bar (→ Hotel Gran Jimenoa); mit offener Terrasse, schöne Lage, v. a. am Wochenende gut besucht.

Sport

Alle Hotels könnnen Auskünfte über Sportaktivitäten geben.

Agenturen Rancho Baiguate, ✆ 809/574-6890, -4940, www.ranchobaiguate.com (→ „Übernachten"). Angeboten werden Rafting, Reiten, Canyoning, Mountainbike-Touren, Exkursionen per Pferd oder Jeep, Mountainbiken, zudem Kletterseilgarten. Pico-Duarte-Touren werden organisiert. Gutes großes Team. Hotelgäste erhalten 20–50 % Rabatt.

Agentur Rancho 2 Ríos, Av. La Confluencia 2, ✆ 809/574-6880 (→ „Übernachten"). Rafting, Reiten, Mountainbiken, Pico-Duarte-Touren, Canyoning. Sehr angenehm.

Rancho Jarabacoa, 3 km vor dem Ortsbeginn (Schild Escuela Nacional Forestal) links ab und nach ca. 1 km nochmals links (ausgeschildert), ℡ 809/248-7909.

Orientierungspreise Rafting ca. 3,5 Std. mit Anfahrt ca. 50 US-$, ebensoviel zahlt man für Canyoning. Mountainbiketouren ab 25 US-$. Wandertouren in die Umgebung ca. 2 bzw. 4 Std. kosten 25 bzw. 50 US-$. Hotelgäste erhalten meist Rabatt.

Wandern → Wanderungen 4 und 5.

Pico-Duarte-Touren werden organisiert über die Agenturen angeboten, was den Vorteil hat, dass man mit ortskundigen englisch- oder auch deutschsprachigen Führern unterwegs ist und sich über die Essensbeschaffung etc. keine Gedanken machen muss. Gute Kondition und Ausrüstung sind obligatorisch. Der Preis bewegt sich bei der 3-Tages-Tour bei 2 Pers. um 380 US-$/Pers.; bei 5 Pers. 255 US-$/Pers. Angeboten wird diese 3-Tages-Tour von vielen Touristenorten, eine Nacht verbringt man in einem Hotel in Jarabacoa und wird dann frühmorgens nach La Ciénaga gebracht. Dann heißt es rund 18 km von 1100 m auf 2450 m bis zur Unterkunftshütte La Compartición laufen. Der nächste Tag beginnt ebenfalls frühmorgens, führt in rund 2 bis 3 Std. zum Pico-Duarte-Gipfel auf 3087 m. Bei der 3-Tages-Tour geht es komplett zurück bis zum Ausgangspunkt nach La Ciénaga – die meisten Wanderer sind danach aber ziemlich k. o. Beim sog. Relaxtrekking wird nochmals 1 Nacht in der Unterkunftshütte La Compartición eingelegt und erst am nächsten Morgen abgestiegen.

Es gibt auch noch die erweiterte 5-Tages-Wanderung zum Pico Duarte und noch hinüber in das Valle del Tetero, dann schläft man zweimal in der Unterkunftshütte La Compartición und die dritte Nacht im Valle del Tetero. Hier sind jeweils 2 Nächte bei An- und Abreise in Jarabacoa gedacht. Preis beträgt hier für 2 Pers. 665 US-$/Pers., bei 5 Pers. 415 US-$/Pers.

Individuelle Pico-Duarte-Wanderung: Wer sich auf eigene Faust auf den Weg machen möchte (s. o.; auch hier ist ein Führer Pflicht!), sollte einiges berücksichtigen: Beste Zeit ist Dezember bis März, Topmonat der Januar, allerdings ist es dann auch am kältesten mit Nachttemperaturen von -4 bis -14 °C, aber beste Sicht und Vegetation. Im Juni bis September ist es am wärmsten, die Tage sind am längsten, aber es kann auch regnen. Gebirgsmäßige Ausrüstung ist erforderlich, ebenso ein guter warmer Schlafsack. Informationen über Wetterverhältnisse und Weg einholen! Preise: Taxi ca. 300 RD-$/einfach (Jarabacoa – La Ciénaga), Führer ab 800 RD-$/Tag (2. Führer 600 RD-$) – für 3 Tage muss bezahlt werden; Muli ca. 450 RD-$/ Tag, N. P.-Eintritt 150 RD-$, Mietschlafsack 20 US-$. Zudem Essensvorrat besorgen und alles selbst schleppen! Mit Proviant sollte man sich bereits in den besser sortierten Läden in Jarabacoa eindecken.

Golf **Jarabacoa Golf Club**, 9-Loch-Platz, besonders die Hauptstädter spielen hier oben im hügeligen Gelände sehr gerne. ℡ 809/782-9883, www.jarabacoagolfclub.com.

Paragliden Beste Bedingungen rund um Jarabacoa. **Flying Tony**, Calle 2 No 5 (Barrio Don Bosco), ℡ 809/848-3479 (mobil, Tony), 809/915-5319 (mobil, Kim), www.paragliding tonydominicanrepublic.com. Transport etc. wird organisiert, ebenso Übernachtungen im Hotel oder Appartement. Info auch beim Hotel Gran Jimenoa.

Raftingspaß auf dem Yaque del Norte

Weiterfahrt nach Constanza: Die 20 km lange Straße nach **El Río** wurde bestens ausgebaut und die Hügel erdrutschgesichert. Sonntags ist dies nun eine beliebte und aussichtsreiche Motorradstrecke. Links und rechts sieht man die nun etwas ins Abseits gedrängten hübschen Dörfer wie *La Cotorra* und *Tireo*, die Ausblicke sind malerisch. Die Gegend wird lieblich, die Hügel werden sanfter, überall wächst Kaffee, die Straßen sind oft von Hibiskushecken gesäumt, in Treibhäusern und auf Feldern werden Blumen gezüchtet. Es geht kaum merklich bergan, mitunter ein Stück bergab. Man kann kaum glauben, dass sich so hoch oben und in einer so dörflich geprägten Landschaft die Stadt Constanza versteckt.

Constanza

Das Städtchen mit seinen rund 70 000 Einwohnern liegt auf 1164 m in einem großen, fruchtbaren Hochtal, in dem so gut wie alles angebaut wird. Dieser am höchsten gelegene Ort der Karibik ist ein idealer Ausgangspunkt für Touren in die Bergwelt und zu den Wasserfällen.

Die ruhige Stadt am Rande des *Reserva Científica Natural Valle Nuevo* (→ „Nationalparks") breitet sich in einem großen, breiten Kessel aus, umgeben von über 2000 m hohen Gipfeln wie *Monte Culo de Maco* und *Loma Redonda*, in der Ferne ragt der *Pico Duarte* in den Himmel. In dieser Gegend haben sich viele Farmer aus Europa (Spanien, Italien, Ungarn) niedergelassen, seit 1955 gibt es hier eine japanische und eine spanische Kolonie, die mit dem Mikroklima experimentierten. Was herauskam, mutet an wie der Garten Eden, es wächst und gedeiht fast alles: Apfelbäume, Aprikosen, Artischocken, Brombeeren, Erdbeeren, Kakis, Kiwis, Nüsse, Pflaumen, Zitrusfrüchte – ein Paradies für Obst- und Gemüsebauern. Die angenehmen Temperaturen betragen im Sommer 15–24 °C, im Winter 5–20 °C. Weiter oben allerdings erreicht das Thermometer leicht Minusgrade. Der Tourismus ist hier weniger ausgeprägt als in Jarabacoa.
Auf dem Rückweg zwischen El Río und Bonao liegen zwischen km 25 und 30 etliche Flüsse, in denen man auch baden kann, z. B. in den *Balnearios* von *Río Las Palmas*, *Río Jimenoa* und *Río Arrollazo*.

In der Umgebung haben Taínos ihre Spuren hinterlassen. Es gibt einige Höhlen mit Zeichnungen, wie z. B. *Los Corralitos* am Fuße des Berges *Monte Culo de Maco*. Nordwestlich der Stadt in Richtung La Ciénaga (ca. 20 km entfernt) kann man wieder Felszeichnungen sehen – *La Piedra Letrada*, 1851 von *Sir Herman Schomburg* entdeckt. Ca. 20 km im Osten schließlich noch die *Höhle Playita* (so gut wie nicht zugänglich).

Nach rund 16 km in Richtung San José de Ocoa (Makadam) gelangt man zu den **Saltos de Aguas Blancas.** Der Wasserfall befindet sich auf 1680 m Höhe und stürzt über zwei Stufen in die Tiefe, zunächst 53 m und dann 38 m. Er ist somit der höchste des Landes und der Antillen. Hier entspringt der Fluss *Río Grande*. Bis *El Convento* (13 km) kann man mit dem Jeep fahren, dann muss man noch 3,5 km zu Fuß gehen. Fährt man auf dieser Strecke weiter, kommt man zu den 4 kleinen, 1955 errichteten Pyramiden, *Las Pirámides*, die den geografischen Mittelpunkt der Insel markieren und zum kleinen *Besucherzentrum* (s. u.).

Achtung: Die teils schlechte Makadamstrecke (v. a. im ersten Teil) von Constanza nach San José de Ocoa (knapp 90 km) ist im Winter sowie in der Regenzeit nicht passierbar – eine glitschige Lehmstrecke nahe dem Abgrund! Auch in der

Die imposante Bergwelt oberhalb von Constanza

Das Landesinnere → Karte S. 213

Trockenzeit braucht man außer einem routinierten Fahrer ein gutes, geländegängiges Fahrzeug mit Vierradantrieb. Man sollte für diese Gesamtstrecke ca. 6 Std. einplanen! Dann allerdings hat man den puren Gebirgsgenuss (siehe auch unter „San José de Ocoa").

Außer ausgedehnte Mountainbiketouren und Wanderungen zu unternehmen, kann man sich auch im Paragliden versuchen (→ „Sport").

🚶 Wanderung 6: Von El Convento zu den Wasserfällen Aguas Blancas

Charakteristik: leichte Streckenwanderung (hin und zurück) auf guten Wegen mit Blick auf die beiden Wasserfälle Salto I und Salto II der Aguas Blancas. **Länge/Dauer:** hin und zurück ca. 11 km Gesamtlänge, davon 560 m auf dem angelegten Sendero/Rundweg um die Wasserfälle, insgesamt ca. 2:30 Std. Bei Trockenheit kann man per Jeep bis zum Rundweg fahren (→ Anfahrt). **Ausrüstung/Verpflegung:** Trinkwasser, Proviant und Sonnenschutz einpacken, wer mag, auch die Badehose (kleiner Erfrischungspool). **Anfahrt:** per Jeep oder auch Mountainbike (im Tourismusverband nach Verleih fragen) von Constanza ca. 14 km leicht und stetig bergan in Richtung Süden. Man folgt den Beschilderungen Colonia Japonese (ab hier Makadam), El Convento (nicht Richtung San José de Ocoa) und Aguas Blancas. Start der Wanderung ist das Restaurant La Perla mit Parkplatz am Ortsende von El Convento (→ Constanza/„Essen/Außerhalb"). Wer mit dem Jeep unterwegs ist, kann je nach Witterung und Wegbeschaffenheit auch bis zur Parkbucht **2** fahren und von dort nur den Rundweg um die Wasserfälle machen.

Wegbeschreibung: Wir starten am **Restaurant La Perla** **1** und folgen dem Makadamweg meist leicht bergauf. Der Blick fällt auf die Felder und das Hochtal rund um El Convento und die Bergkulisse in der Ferne. Bald wird der Blick frei auf die Wasserfälle, nur vom Makadam aus kann man beide sehen. Nach ca. 0:40 Std. erreichen wir zunächst eine **Parkbucht** ❷ und kurz darauf den ausgeschilderten Abzweig zum **Sendero Aguas Blancas**.

Wir folgen dem kleinen gut präparierten Pfad nach rechts bergauf. An einer Weggabelung ❹ halten wir uns rechts bergan und steigen über Holzstufen hinauf zur Aussichtsplattform ❺ am **Salto I** – hier oberhalb des Wasserfalls genießt man den Weitblick auf das Tal und zum Pico Duarte. Wer sich erfrischen mag, klettert hinter diesem Fels hinab zu einer kleinen üppig grünen Oase mit Erfrischungspool. Wir gehen wieder zurück zur Weggabelung ❹ und dann hinab, um den Salto I an einer weiteren Plattform ❻ besser von unten betrachten zu können.

Um zum zweiten Wasserfall zu gelangen, müssen wir den gleichen Weg zurückgehen zum Beginn ❸ des **Sendero**. Wir folgen dem Makadam für ca. 5 Min. nach Os-

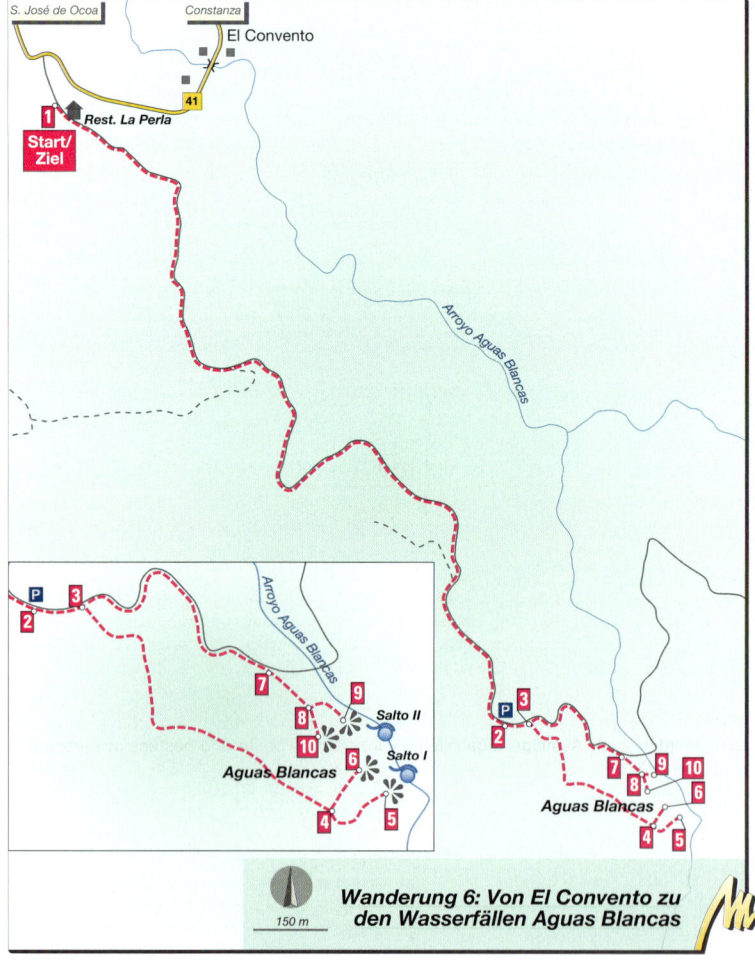

Wanderung 6: Von El Convento zu den Wasserfällen Aguas Blancas

Auf dem Weg zu den Feldern oder gen Salto Aquas Blancas ...

ten bis zum nächsten Tor und **Eingang** 🔟. Dort führt uns ein Steinweg und Stufen aufwärts. Auch an der folgenden Gabelung 🔟 gehen wir nach links weiter bergauf und gelangen zur Aussichtsplattform 🔟, die uns den Blick auf den Wasserfall **Salto II** ermöglicht. Um dem Salto näher zu kommen, geht man zurück zur Weggabelung 🔟 und dann über Stahl- und Steinstufen hinab zu einem weiteren Aussichtspunkt 🔟 – hier ergießt sich der Salto II prachtvoll in ein Becken.

Der Rückweg führt über den Beginn 🔟 des Sendero auf gleicher Route zum Ausgangspunkt am **Restaurant Perla** 🔟.

⌒ Basis-Infos

Information Secretaría de Estado de Turismo, Calle Matilde Viñas 30, ✆ 809/539-2900, 809/753-6330 (mobil), osito1415@hotmail.com (Dir. Mr. Tatuk), 809/426-7100 (mobil, Mr. Tatuk), www.constanza.com.do. Sehr gute Informationen, auch in Englisch. Mo–Fr 9–12/14–17 Uhr. Oder man erkundigt sich in der Pizzeria (s. u.).

Zudem werden auch Ausflüge organisiert, Infos unter: safari.constanz@hotmail.com.

Politur, am Ortsbeginn von Constanza, ✆ 809/539-3020 (24 Std.).

Centro Visitantes Las Pirámides (Besucherzentrum), das Infozentrum liegt rund 65 km entfernt im Hochgebirge des N. P. Valle Nuevo (→ San José de Ocoa, nur bei guten Wetterbedingungen und mit gutem Jeep erreichbar!) bei den Pyramiden (s. o.), zudem werden hier 2 Zimmer vermietet (unbedingt, vorab reservieren!), ✆ 809/539-1212.

Verbindungen Mit dem Auto über die gut ausgebaute Asphaltstraße von Bonao nach Constanza (53 km); von Jarabacoa kommend sind es 20 km nach El Río über eine inzwischen breite und bestens ausgebaute Straße. Es gibt zwei **Tankstellen** in der Stadt, am Ortsbeginn.

Kleine **Direktbusse** (Abfahrt Ortsbeginn, gegenüber Tankstelle Isla an der Straßenkreuzung), u. a. **Linea Junior** (✆ 809/539-2177), **Expreso Constanza**, **Linea Cobra** (✆ 809/539-2119) fahren meist 3- bis 4-mal tägl. für rund 300 RD-$, 3 Std. nach Sto. Domingo.

Entfernungen Jarabacoa 45 km, Bonao 53 km, Santo Domingo 140 km, San José de Ocoa 90 km, Santiago 90 km.

Apotheken Farmacia San Jose, Calle M. A. Abreu 87/Esqu. Calle Salomé Ureña, ✆ 809/539-2516; Farmacia Diaz Quezada, Calle Gratereaux/Esqu. 14 de Junio, ✆ 809/539-2020.

Ärzte Centro Médico Dr. Rodriguez, Calle Rufino Espinosa, ✆ 809/539-2696; Centro de Especialidades Médicas Titi, Calle General Luperón, ✆ 809/539-3345; Centro Médico del Valle, Calle Miguel A. Abreu 79, ✆ 809/539-2642.

Banken Banreserva, Calle Miguel Andrés Abreu; Banco León, Calle General Gregorio Luperón.

Einkaufen Gleich stadteinwärts in der Calle G. Luperón befindet sich der Markt, wo man Obst und Gemüse aus der Umgebung kaufen kann; zudem Supermärkte.

Feste Groß gefeiert wird hier oben das Patronatsfest Nuestra Señora de las Mercedes am 24. Sept. Auch der Karneval am 27. Feb. findet viele Anhänger.

Post Parque Municipal.

Sport Paragliden, organisiert von Rancho Guaraguao, ✆ 809/519-9090, www.vuelolibredominicano.com.do.

Reiten, u. a. bei Hotel Alto Cerro oder Rancho Guaraguao möglich.

Telefon u. a. Orange, in der Calle Luperón und Calle Sanchez.

Übernachten

》》 Mein Tipp: Altocerro Villas, Hotel & Camping, Hotelanlage auf großem Gelände ca. 2 km vor der Stadt (ausgeschildert) – bester Platz der Stadt mit etl. Unterkunftsvarianten. Zweistöckige Villen mit Balkon ziehen sich entlang dem Hang und bieten Blick aufs Tal und die Berge. Ein sehr gutes und hübsch gestaltetes Restaurant mit überdachter Terrasse bietet schmackhafte Küche, Vorspeise u. a. leckere Kürbissuppe, dann Ziege in Weißwein, Hase in Rosmarin, Filet oder nur gegrilltes Gemüse; zur Nachspeise Erdbeercreme, Käsekuchen oder Tres Leches. Es gibt eine Bar, Minimarkt und Spielplatz. Es werden Pferde und Fahrräder vermietet sowie Ausflüge angeboten. Auf der großen Wiese im Norden des Geländes kann man zelten, es gibt nette Häuser mit Spülen und Waschen, zudem ist hier ein Canopy, wo man sich per Seil von Baum zum Baum hangeln kann – alles ist hier möglich. Unterkünfte inkl. Frühstück in 30 Villen mit Standardzimmern oder Suiten (1, 2 oder 3 Schlafräume). EZ ab 1925 RD-$, DZ ab 2310 RD-$. Zu Feiertagen, v. a. Ostern, sehr voll. Colonia Kennedy, ✆ 809/539-1553, -1429, www.altocerro.com. 《《

Rancho de Constanza, einfache Bungalowanlage, ca. 2 km vor der Stadt am bewaldeten Hügel mit schönem Blick ins Tal (Abzweig gegenüber Politur, dann in Richtung Hotel Altocerro, dann rechts nach oben weiter). Geräumige Holzhäuser mit komplett eingerichteter Küche. Cafeteria, Kinderspielplatz und Pferdevermietung. Es gibt 8 Zimmer (1 Bett zu 1500 RD-$, 2 Betten 2000 RD-$), zudem 6 Cabañas für max. 4 Pers. mit Küche und Außengrill (4000 RD-$), 2 Cabañas für 2 Pers. Colonia Kennedy 12, ✆ 809/682-2410, 986-0798, www.ranchoconstanza.com.

Hotel Constanza – Villas & Club (Ex Mi Cabana-Resort), liegt ruhig ca. 1,5 km stadtauswärts in Richtung Colonia Japonesa und Valle Nuevo (San José de Ocoa). Es bietet auf einem etwas größeren Gelände etliche nette, aber teils etwas veraltete 2-stöckige Appartementhäuschen in verschiedenen Größen und mit Balkon oder kleiner Terrasse, einen großen Pool und ein Frühstücksrestaurant. Zimmer mit 1 Bett 1500 US-$/Pers. (Wochenende 2000 US-$), mit 2 Betten ab 2100 US-$/Pers. (WE ab 2600 US-$) inkl. Frühstück und Steuern. Carret. General Antonio Duvergé, ✆ 809/539-2930, 563-5048 (Sto. Domingo), www.constanza.com.do.

Hotel-Restaurant Mi Casa, kleines Stadthotel mit gutem Restaurant, netter Service. Gutes Frühstück. Saubere, einfache Zimmer für ca. 20 US-$. Calle Sánchez 2/Esqu. Luperón, ✆ 809/539-2764, 809/330-0360 (mobil).

Hotel Aquas Blancas, gehört zum gleichnamigen Restaurant (in der nächsten Parallelstraße gen Westen); es werden 7 ruhige, saubere Zimmer vermietet, zudem auch ein Haus mit 12 Zimmern. Calle Antonio Maria García 5 (zwischen Av. Gregorio Luperón u. Calle Enriquillo), ✆ 809/539-1561, -2683. Infos auch im Restaurant (s. u.).

Kleine hübsche Dörfer, nun abseits der neuen Straße gen Jarabacoa

Übernachten/Außerhalb Rancho Guaraguao, 7 km entfernt in den Bergen von Palero auf 1800 m Höhe, schöner Blick auf Constanza. Exklusive Anlage mit 35 Bungalows (2–7 Pers.) auf riesigem Gelände mit Balkons und Terrassen, z. T. offenen Kaminen. Restaurants, Hallenbad. Ortsbeginn links, dann ca. 4 km. Ab ca. 50 US-$/Pers. mit Frühstück und Abendessen. Las Nebelinas, ✆ 809/539-3333, www.ranchoguaraguao.com.

Rancho Macajo, die Ranch von Emma Almanzar liegt 4 km südwärts von Constanza in Richtung Aquas Blancas am Hang. Es gibt nette und gut eingerichtete Cabañas (2–9 Pers.) und wer Tiere liebt, findet diese hier zuhauf – u. a. Vögel, Schafe, Pferde. 1250 RD-$/ 2 Pers. (am Wochenende 2500 RD-$!). Auf Wunsch gibt es Frühstück (175 RD-$), auch leckere Abendessen nach Bestellung, u. a. Schwein, Ziege. Am Wochenende kommen die Dominikaner mit ihren Familien. ✆ 809/539-3947, 809/707-3850 (mobil), www.constanza.com.do.

Eco-Lodge Villa Pajón, seit 1950 ist das große Gelände in herrlicher Lage auf 2000 m Höhe im Valle Nuevo im Besitz der Familie Guzmán. Zur Übernachtung stehen 7 gut eingerichtete Bungalows (für 2 bis 9 Pers.) mit Terrasse, Grillplatz und teils Solarenergie zur Verfügung. Es werden auch Ausflüge organisiert: u. a. Reiten, Mountainbiken, Wandern. Ab 2125 RD-$/2 Pers. (Wochenende 2500 RD-$). Anfahrt: 20 km von Constanza in Richtung San José de Ocoa (Makadam, Jeep erforderlich). ✆ 809/334-6935, www.villapajon.do. ∎

Essen & Trinken/Nachtleben

Essen & Trinken Pizzeria Antojitos d'Lauren, überdachte Terrasse, flotte Merengue-Musik, sehr gute Pizza, frische Säfte. Calle Duarte 15, ✆ 809/539-2900, 539-2554, 809/426-7100 (mobil, Mr. Tatuk).

Restaurant-Hotel Aquas Blancas, gut geführtes Lokal mit guter und preiswerter kreolischer Küche, Sitzgelegenheiten im Innern. Westlich des Hauses, über Hinterhof erreichbar, das 7-Zimmer-Hotel (s. o.). Calle Rufino Espinosa 54, ✆ 809/539-1561, 829/712-7234 (mobil).

Restaurant Lorenzo, gut geführtes Lokal mit einheimischen Gerichten. Calle General Luperón 83, ✆ 809/539-2008.

Essen/Außerhalb ≫ Mein Tipp: Restaurant-Bar La Perla (Ltg. Paul Tempel u.

Das Landesinnere → Karte S. 213

Alexandra), auf dem Weg zu den Aquas-Blancas-Wasserfällen nach dem Ort El Convento. Aus Naturmaterial kreativ gestaltet, zudem leckere Küche. Fr–So 9–15 Uhr. Es gibt gute, gehaltvolle Sandwiches, Früchte, den Eintopf Sancocho, Rindfleisch mit Reis und Gemüse oder das saftige, im Erdloch gegrillte Schwein. ✆ 809/344-5180, 991-5530, www.laperlabar.com. «

Nachtleben Diskothek Evaldra, Calle General Luperón/Esqu. Rufino Espinosa.

Santiago – Kunst, Kultur und Gefängnis im Fortalezza Luís

Santiago de los Caballeros

Die wichtigste Stadt des Valle Cibao, Zentrum der Tabakindustrie und der regionalen Wirtschaft, liegt in einem großen breiten Kessel, eingerahmt von Bergen. Die sehenswerte Altstadt mit ihren hübschen Kolonialgebäuden und dem großen, bunten Markt wird überragt von dem Wahrzeichen Santiagos, dem mächtigen Marmordenkmal auf einem Hügel.

Santiago an der schützenden Flussbiegung des Río Yaque del Norte ist inzwischen mit rund 720 000 Einwohnern die zweitgrößte Stadt der Dominikanischen Republik und wichtiges Zentrum der florierenden Zigarrenherstellung. Die bekanntesten Firmen (u. a. Aurora und Davidoff/Kelner) haben hier ihren Sitz (→ „Wirtschaft/Zigarren"). Für einen weiteren wichtigen Industriezweig steht die hier ansässige Rumfabrik J. Bermúdez. Die Familie Bermudéz, heute in der 5. Generation tätig, hat ihr einstiges Hauptgeschäft mit Rum seit 1977 auf Bier verlagert. Die Brauerei Cerveceria Vegana stellt die Sorte Quisqueya her. Zudem hat sie auch Anteile im Fernsehbusiness.

Die Stadt konkurriert mit der Hauptstadt, aber es ist eine betriebsame Bürger- und Geschäftsstadt, zudem haben die Universitäten – vor allem die Institute für Natur- und Ingenieurwissenschaften (UTESA) – einen guten Ruf. Touristen gibt es eher wenige. So sagen die heutigen Caballeros: „Hier wird das Geld verdient, das in Santo Domingo ausgegeben wird".

Geschichte: Ihren Namen verdankt Santiago dem Schutzheiligen der spanischen Könige (St. Jakobus) sowie den 30 Edelleuten (caballeros, hidalgos) aus Santiago de Compostella (Spanien), die die Stadt 1495 wenige Kilometer nordöstlich des heutigen Standortes zusammen mit Kolumbus' Bruder *Bartolomé Colón* gründeten, um in den nahen Bergen nach Gold zu suchen. Das Erdbeben 1562 legte die alte Stadt in Schutt und Asche, und man erbaute Santiago am Ostufer des Río Yaque del Norte neu. Ein weiterer Rückschlag erfolgte 1660, als der französische Pirat *Fernando de la Flor* die Stadt plünderte und brandschatzte. 1842 hinterließ wieder ein Erdbeben eine Spur der Verwüstung, doch inzwischen war Santiago durch Tabak und Zuckerrohr reich geworden, und das ist bis heute so geblieben.

Basis-Infos

Verbindungen Jede Menge **Taxis**; Kollektivtaxen (carros públicos) im Stadtbereich gekennzeichnet, ca. 50 RD-$ – viele pendeln zwischen Parque Duarte und Av. Estrella Sadhalá und Autopista Duarte. Die Hotels bedient u. a. die preiswerte **Taxi-Queen**, ☎ 809/570-0000, 233-3333, eine Fahrt nach Sosúa kostet ca. 50 US-$. **Taxi-Tourismo**, ☎ 809/829-3007, komfortable Wagen, bedient den Flughafen Cibao (nach Sosúa 80 US-$).

Guaguas: Haltestellen Av. Imbert las Carreras/Esqu. 30 de Marzo (nach Puerto Plata), am Park Calle Restauración und Calle Restauración/Esqu. Calle Duarte; nach La Vega

und Moca Kreuzung Autopista Duarte/Av. Estrella Sadhalá; nach San José de las Matas vom Puente Hermanos Patiño (Esqu. Av. Mirador de Yaque am Fluss). Nach Samaná nur mit Guagua Transporte Samaná: tägl. 6 Uhr hin, zurück 14.30 Uhr ab Sanchez (120 RD-$).

Caribe-Tours, nach Santo Domingo (250 RD-$) und Puerto Plata (150 RD-$) fast stündl., Av. 27 de Febrero/Esqu. Calle 10, ☎ 809/576-0790, -0795, -0814, -0812. **Metro-Tours**, nur Zustieg der Route Santo Domingo – Puerto Plata; Av. Maimón/Esqu. Av. J. P. Duarte, ☎ 809/582-9111.

Flüge: Aeropuerto Internacional Cibao – STI (www.aeropuertocibao.com.do), ☎ 809/

Santiago – der Parque Central ist eine schattige, ruhige Oase

Ü bernachten

2 Hotel Hodelpa El Gran Almirante & Casino
3 Hotel Camp David Ranch
5 Hotel Ambar
10 Hotel Colonial de Luxe
14 Hotel Matúm & Casino
22 Hotel Hodelpa Centro Plaza
23 Hotel Aloha Sol
24 Hotel Hodelpa Garden Court
29 Hotel Platino

C afés

16 Pastisería Pinki

E ssen & Trinken

1 Rest. Casa Nostra
3 Rest. El Generalisimo
8 Rest. Paparazzo
11 Rest. Rancho-Steakhouse
12 Rest. Il Pasticcio
15 Rest. Arak
18 Oki Suhsi
19 Rest. Kukara Macura
20 Rest.-Bar Montezuma
21 Rest. Pez Dorado
23 Rest. D'Manon
26 Rest./Bar Puerta del Sol
27 Rest./Bar El Tablon

N achtleben

4 Bar Garach
6 Champion Palace
7 Disco-Club Monte Bar
8 Rest. Paparazzo
9 Bar Tribeca
13 5 Star American Sports Bar
14 Hotel Matúm & Casino
17 Bar & Dance-Club Ahi
20 Rest.-Bar Montezuma
25 Melao Bar
26 Rest./Bar Puerta del Sol
27 Rest./Bar El Tablon
28 Caña Bar

150 m

Santiago de los Caballeros

233-8000; ca. 10 km südwestlich der Stadt in Richtung La Vega (über Autopista Duarte). Flüge v. a. in die USA, aber auch nach Punta Cana. Taxi in die Stadt ca. 650 RD-$.

Entfernungen Santo Domingo 155 km, Puerto Plata 69 km, San José de las Matas 35 km, Monte Cristi 115 km.

Apotheken Farmacia Normal, Calle del Sol 83, ✆ 809/582-5488, 583-5579; Farmacia Restauración, Calle Restauración 51, ✆ 809/582-2434, -1488; Farmacia Metro, Av. J. P. Duarte, ✆ 809/581-0018.

Ärzte Clínica Dr. Pichardo, Calle Restauración 135, ✆ 809/582-4103, -0983; Clínica Dr. Bonilla, Av. J. P. Duarte 57, ✆ 809/247-3888, -3265; Clínica Santiago, Av. B. Colón 17, ✆ 809/582-6484, -8796.

Autovermietungen Avis-rent-a-car, Av. Estrella Sadhalá 19, ✆ 809/582-7007; Nelly-rent-a-car, Av. J. P. Duarte 106, ✆ 809/583-6695; Honda-rent-a-car, Av. Estrella Sadhalá/Esqu. B. Colón, ✆ 809/575-6077, -7900.

Banken U. a. Calle del Sol (Bankautomat).

Einkaufen Einkaufsmeilen Calle del Sol und Mercado Modelo; viele Läden auch in der Calle 30 de Marzo, Calle Beller, Calle Mella und Calle Sánchez.

Post Calle del Sol/Esqu. Calle Luís.

Veranstaltungen Santiago ist eine der Karnevalshochburgen. Jedes Wochenende im Feb. buntes Treiben auf den Straßen.

Jährlich **Jazzevent** Anfang Nov., mit Eröffnung im Gran Teatro Cibao.

ⓘ Übernachten

** **Hotel Platino** 29, im Osten, nahe der Altstadt, mit schönem Restaurant. 72 hübsche Zimmer mit Frühstück zu 60 US-$ (1 Bett), 97 US-$ (2 Betten), Pool und Parkplatz. Av. Estrella Sadhalá, ✆ 809/724-7576, ww.hotel platinord.com.

Das Landesinnere → Karte S. 213

*** Hotel Aloha Sol **23**, zentrale Lage mitten in der Altstadt, mit gutem Restaurant *D'Manon*. Gut ausgestattete Zimmer (AC, TV, Tel.) mit 1 großem oder 2 Betten ab 80 US-$/2 Pers. inkl. Frühstück. Parkplätze. Calle del Sol 50, ℡ 809/583-0090, www.alohasol.com.

**** Hotel Hodelpa Centro Plaza **22**, zentrale, aber ruhige Altstadtlage (gegenüber Hotel Sol. Im Hochhausstil erbaut. *Das Restaurant Altavista* bietet gute Gerichte und Service, zudem Panoramafenster, insg. aber etwas nüchterne Atmosphäre. 85 komfortable Zimmer mit AC, TV, Tel. 110 US-$ inkl. Frühstück (am besten die Zimmer im 6. Stock nehmen!). Guter Service: u. a. bewachter Gratisparkplatz, Gratis-Autowäsche; gegenüber ist das Casino. Calle Mella 54/Esq. Calle del Sol, ℡ 809/581-7000, www.hodelpa.com.

*** Hotel Matúm & Casino **14**, östlich des Monuments und mit Blick auf die Stadt. Gut geführtes, älteres Hotel (47 Zimmer), chinesisches Restaurant, Nachtclub, Diskothek, Casino, Pool. Gut ausgestattete Zimmer mit AC, TV und Tel. ab 70 US-$/2 Pers. mit Frühstück. Av. Imbert Las Carreras 1, ℡ 809/581-3107, www.hotelmatum.com.

Hotel Colonial de Luxe **10**, nettes 67-Zimmer-/Apartmenthaus, hübsche Zimmer mit AC/Fan und TV ab 34 US-$/Pers., ab 39 US-$/2 Pers; kleines Restaurant und Parkplatz. Calle S. Cucurullo 115/Esqu. 30 de Marzo (gegenüber Abfahrtsstelle der Guaguas), ℡ 809/247-3122, colonialdeluxe@ yahoo.com.

Hotel Ambar **5**, kleines, nettes 37-Zimmer-Hotel. Zimmer mit AC, TV und Tel. Ab 46 US-$/2 Pers. mit Frühstück. Av. Estrella Sadhalá (Straße nach Monte Cristi), ℡ 809/ 1957, 575-4811.

Außerhalb des Zentrums **** Hotel Hodelpa Garden Court **24**, 6 km außerhalb des Zentrums in Richtung Santo Domingo nahe der Autopista. 134 komfortable und gut ausgestattete Zimmer, Restaurant, Bar, Casino, Spa-Bereich, Pool. Ab 100 US-$/2 Pers. mit Frühstück. Ebenfallls guter Service,

Santiagos Altstadt ist die Einkaufsmeile des Cibao-Tals

Gratis-Flughafentransfer, Parkplätze, Autowäsche, etc. Carretera Duarte km 6, ✆ 809/612-7000, www.hotelpa.com.

**** **Hotel Hodelpa El Gran Almirante & Casino** ❷, großes komfortables 155-Zimmer-Hotel, beliebt bei Geschäftsleuten; Restaurant, Casino, Fitness u. Schwimmbad. Das *Gourmetrestaurant Don Cristóbal* ist vorzüglich und gemütlich. Ab 1100 US-$/2 Pers. mit Frühstück. Av. Estrella Sadhalá (Straße nach Monte Cristi) 10, Los Jardines, ✆ 809/580-1992, www.hodelpa.com.

»» Mein Tipp: Hotel Camp David Ranch ❸, 37 gut ausgestattete Zimmer in aussichtsreicher Lage, *Gourmetrestaurant El Generalisimo* (→ „Essen & Trinken"). Ab 105 US-$Pers. U. Frühstück. Carretera Luperón Km 7,5, ✆ 809/276-6400, www.campdavidranch.com. **««**

Essen & Trinken/Cafés/Nachtleben
→ Karte S. 234/235

Essen & Trinken Neben oben erwähnten guten Hotelrestaurants gibt es in der Stadt viele Restaurants und Imbissstuben.

Restaurant Pez Dorado ㉑, gut geführtes Traditionslokal mit chin. und intern. Küche. Tägl. 11–24 Uhr. Calle del Sol 43, ✆ 809/582-2518.

Restaurant-Bar Puerta del Sol ㉖, beliebt bei Einheimischen für Grillgerichte, preiswert; nebenan die v. a. am Wochenende gut besuchte große Bar Calle de Sol 12.

Restaurant Arak ⓯, neu renoviert, schöne Einrichtung und gute span.-arabisch gewürzte Gerichte. Calle del Sol 123 (gegenüber Palacio Consistorial), ✆ 809/581-5720, 241-1101.

Restaurant Rancho Steak-House ⓫, ein Edeltempel mit Loungebar, Zigrarrenraum. Sehr beliebt bei Geschäftsleuten. Angeboten werden verschiedene Rindersteaksorten und Saucen, Lamm, daneben auch Kuchen und leckere Desserts, große Weinkarte. Oberes Preisniveau. Av. Rep. de Argentina 27 (östlich vom Monument), ✆ 809/226-3039.

Restaurant-Bar Montezuma ⓴, gegenüber Monument. Hier speist man auf den offenen Holzbalkonen gute Grillgerichte. Calle Francia/Esqu. Beller.

»» Mein Tipp: Restaurant Paparazzo ❽, gemütlicher, gut geführter Gourmettempel, Theke als Treffpunkt, Sitzmöglichkeiten auch im Freien, gute Musik. Raffinierte und äußerst delikate dom. Küche mit italienischen und thailändischen Einflüssen. Vielfältige Fisch- und Fleischgerichte sowie Nachspeisen. Calle Mauricio Alvarez 6, Los Colegios, ✆ 809/587-6578. **««**

Restaurant Kukara Macura ⑲, sehr touristisch, sehr beliebt, die Gerichte wie Steaks, Fisch oder Tacos werden gelobt. Av. Francia Nr 7 (gegenüber Monument).

Restaurant-Bar-Grill El Tablón ㉗, beliebt zum Essen und für einen Drink. Offene Terrasse, Fleisch vom Grill und Tapas. Calle del Sol 12 (gegenüber dem Monument), ✆ 809/581-3813.

Restaurant Oki Sushi ⑱, kleines, nettes Sushi-Lokal für gute Happen zwischendurch. Calle Cuba, ✆ 809/226-2007.

»» Mein Tipp: Restaurant Il Pasticcio ⑫, im östlichen Stadtteil Cerros de Guarabo. Sehr gute und kreative ital. Küche (versch. Nudel- und Reisgerichte, Antipasti, Salate, leckere Nachspeisen) zaubert Paolo Modolo; ebenso kreativ und farbenfroh ist die Ausstattung, die Wände einer schöne Gemälde – hier treffen sich gerne Künstler und Literaten. Di–Fr 12–15.30/19–23, Sa/So 12–23 Uhr, Reservierung empfehlenswert. Av. El Llano 3 (hinter Supermarkt Nacional), ✆ 809/582-6061. **««**

Cafés Patisería Pinki ⑯, kleines einladendes Café schräg gegenüber des Parque Duarte; hier gibt es neben Kaffee Brot, Torten, Kuchen und salzige Teilchen. Calle del Sol/Esqu. Monción.

Essen/Außerhalb   Von Einheimischen gerne besucht werden die außerhalb liegenden Lokale:

Restaurant El Generalisimo ③, im Hotel Camp David Ranch untergebracht ist dieses Gourmetrestaurant. Es liegt auf einem Hügel mit herrlichem Weitblick auf die Stadt und die Berge. Gehobene intern. Küche und Zimmervermietung. Carretera Luperón, Km 7, Guarabo, ✆ 809/626-0587, 586-0584.

Restaurant Casa Nostra ①, ital. Küche. Calle Proyecto 3 No 1, Reparto Quet., ✆ 809/582-0070.

Nachtleben Santiago hat aufgrund seiner Universität ein ausgeprägtes Nachtleben. Die Bars haben alle offene Terrassen. Beliebt auf einen Drink oder eine Kleinigkeit zum Essen sind:

Im **Stadtviertel Fogón**: Gegenüber der Universität (stadtauswärts Richtung Autopista Duarte) reihen sich die gut besuchten Bars der Studenten, u. a. **Melao-Bar** ㉕ und **Caña-Bar** ㉘, Calle Primera de La Loteria.

Beliebte Bars für das Wochenende, aber edler und teurer sind: **5 Star American Sports Bar** ⑬, Calle Restauración 73. Schon nahe Monument **Bar & Dance Club Ahí** ⑰, hier kann man essen, tanzen und Cocktails schlürfen, auch auf der Open-Air-Terrasse, zudem gib es viele Events. Calle Restauracíon/Esqu. Tolentino, www.ahi-bar.com.

Tribeca-Bar ⑨, modernes Trendlokal, hier ist absolut der Bär los; das edle Publikum tummelt sich auch vor der Tür auf der Straße. Calle Mauricio Alvarez 8, Los Colegios.

Disco/Nightclubs: u. a. **Diskothek Champion Palace** ⑥, der größte Club fasst bis zu 2000 Menschen, v. a. die Jugendlichen tummeln sich hier am Wochenende. Es finden auch viele Konzerte statt. Carret. Santiago–Navarrete.

Disco-Club Monte-Bar ⑦, Av. 27 de Febrero (La Collina), rund 1 km nordwestlich stadtauswärts, nach Caribe Tours auf der rechten Straßenseite. Sehr beliebt zum Tanzen u. a. mit guten angesagten Live-Bands. Geöffnet Do–So.

Bar Garach ④, sehr beliebt, gespielt wird alles von Hard-Rock über Discomusik. Calle 12 No 13 (westl. der Av. Texas in Los Jardines).

In **Los Jardines**, also westlich der Av. Texas (bzw. südwestlich des Hotels Gran Almirante) und nahe Politechnikum gibt es viele kleine Restaurants und Jazzbars. Am besten selbst schauen, was momentan „in" ist und gefällt.

Sehenswertes

Bei der Einfahrt in die Stadt, gleich am Kreisverkehr, erhebt sich unübersehbar auf einem Hügel das 1940 unter Trujillo errichtete 67 m hohe Marmormonument mit Säule und obenauf einer Figur mit erhobenen Händen, das **Monumento a los Héroes de la Restauración de la República** (auch El Monumento), einem Leuchtturm nicht unähnlich. Das Erinnerungsdenkmal an die Helden der Restauration (1863–1869) birgt im Inneren Gemälde des zeitgenössischen spanischen Malers *Vela Zanetti* sowie Büsten aller wichtigen Männer des Landes. Man kann innerhalb der Säule mit einem Aufzug bis zur Aussichtsplattform hochfahren oder auch die

Das Landesinnere → Karte S. 213

El Monumento – das Wahrzeichen Santiagos und beliebtes Ausflugsziel

360 Stufen erklimmen und genießt einen weiten Blick ins Cibao-Tal. Den Außenbereich und Park zieren zeitgenössische Bronzeskulpturen zu Themen der Stadtgeschichte.

Das Stadtzentrum liegt westlich um den *Parque Duarte*. An der Südfront steht die 1868–1895 im neoklassizistischen und neugotischen Stil erbaute dreischiffige **Kathedrale Santiago Apóstol.** Ihr Inneres schmücken ein goldverzierter Mahagonialtar und bunte Glasfenster von *José Rincón-Mora*. Hier liegt der Diktator *Ulises Heureaux* begraben. Die Kirche wird aktuell wegen Einsturzgefahr komplett saniert und ist bis 2014 nicht zu besichtigen.

An der Nordfront des Parque Duarte steht das einstige Rathaus, der **Palacio Consistorial,** der Ende des 19. Jh. errichtet wurde und zu den gelungensten viktorianischen Gebäuden des Landes zählt. Heute dient es als Kulturhaus und Theater.

Nordwestlich des Parks lohnt vielleicht der Besuch der Folkloresammlung **Casa Tomás Morel** (Calle Restauración 174, Di–Sa 9.30–19.30, So 9.30–12 Uhr), die in einem alten, inzwischen baufälligen bunten Holzhaus untergebracht ist und hauptsächlich Karnevalsmasken (und ein paar -kostüme) zeigt – Santiago zählt zu den Karnevalshochburgen des Landes – ein Jammer, dass kein Geld für eine Haussanierung vorhanden ist und diese Sammlung zusehends verfällt.

Die **Calle del Sol** ist die Hauptachse der Innenstadt und Einkaufsmeile mit vielen Geschäften. Auch rund um die Querstraße, die Calle 30 de Marzo (nahe Parque Duarte) und Calle 16 de Agosto herrscht lebhaftes, buntes und geschäftiges Treiben – die Stände der Händler reihen sich, angeboten wird alles von Schuhen, Kleidung, Musik bis hin zu Obst und Gemüse, zudem ducken sich hier auch noch farbenfrohe Holzhäuser im viktorianischen Stil. Prächtig präsentiert sich der **Mercado Modelo,** ein bonbonfarbener Bau aus den 1940er-Jahren, der auf zwei Etagen Kunstgewerbe sowie Schmuck aus Bernstein, Larimar, Gold oder Silber präsentiert.

In südlicher Richtung stößt man auf die breite Av. Mirador del Yaque, die den Fluss säumt und den Blick erlaubt auf das neue Santiago und die oberhalb liegende Festung, die **Fortalezza San Luis,** einst ein Gefängnis, heute dient nur noch ein Trakt als eine Art U-Haft. Der andere Gebäudeteil ist Kulturzentrum und birgt das *Muséo Cultural*, mehr eine *Galerie*, mit großen Gemälden und Skulputuren von *Luís Checo Muñoz Etnaras*. Auch das große Freigelände wurde mit Kunstwerken ver-

Palacio Consistorial – das einstige Rathaus, die Zierde am Parque Central

schönert, zudem gibt es sehenswerte große Wandbemalungen – ein Spaziergang hinauf ist also durchaus lohnenswert.

Das **Centro Cultural Eduardo León Jimenes,** kurz auch nur **Centro León** genannt, liegt ca. 1,5 km nordöstlich der Altstadt auf dem großen Gelände der Zigarrenmanufaktur der Familie Jimenes (s. u.). Don Eduardo Léon Jimenes, ein Kunstliebhaber, unterstützte bereits 1964 dominikanische Künstler, 1999 ging seine Vision, den Dominikanern ihre Kunst und Kultur nahezubringen, in Erfüllung – das größte Kunst- und Kulturzentrum der gesamten Karibik wurde eröffnet. Fast die gesamte Finanzierung läuft bis heute über die Familie Jimenes. Der großzügige Neubau umfasst zwei Etagen. Hier wird die Geschichte der Taínos in der Dominikanischen Republik und auf anderen karibischen Inseln dokumentiert, es gibt eine Rekonstruktion der ersten Tabakfabrik, außerdem wechselnde Ausstellungen (Keramik, Gemälde, Fotografien und Skulpturen bedeutender dominikanischer Künstler, darunter Cándido Bido) oder auch themenbezogene Ausstellungen, wie 2008 zu Baseball. Mehrmals in der Woche finden u. a. Konzerte, Theater und Vorträge statt. Zum Ausruhen und Erfrischen gibt es ein Café.

Av. 27 de Febrero 146, ✆ 809/582-2315, www.centroleon.org.do. Di, Do–So 9–18 Uhr, Mi 9– 20 Uhr. Eintritt 100 RD-$, Kinder bis 12 Jahre 50 RD-$; hier können auch deutsch- oder englischsprachige Führer (auch für die Stadt) für 180 RD-$ bestellt werden.

La Aurora – Fábrica de Cigarros, die Tabakmanufaktur befindet sich im *Parque Industrial Tamboril,* in der Villa Progresso. 1903 gründete Eduardo León Jimenes hier in Santiago unter dem Namen „Aurora" die erste Zigarrenmanufaktur des Landes. Bis heute lebt das Erbe und die Zigarrenleidenschaft der Dynastie, nun unter *Guillermo León,* in der dritten Generation weiter und bis heute erfolgt die Herstellung in Handarbeit. Bei einer Führung kann man den 120 geschickten Tabakdrehern, den *Torcedores,* bei der Arbeit zusehen. 25 000 Zigarren werden hier pro Tag gedreht! Auch Frauen drehen und schneiden inzwischen eifrig am exquisiten

Rauchgenuss. Am Pult vorne sitzt oder steht der *lector,* der den Arbeitern morgens aus der Zeitung vorliest. Die schnellsten und besten Dreher (die Zigarren werden kontrolliert!) verlassen ihre Plätze schon ab 14 Uhr. Ein Video informiert auch über die Geschichte der Familiendynastie und im Shop kann man die verschiedenen Zigarrenmarken wie León Jimenes oder Aurora erwerben.

Parque Industrial Tamboril, Carretera Santiago–Tamboril Km 5, Guazumal ✆ 809/575-1903, www.laaurora.com.do. Führungen stündlich Mo–Fr 8–15 Uhr.

Wer möchte, kann noch die **Rumfabrik J. Bermúdez** besichtigen und anschließend eine Flasche erwerben. Erasmus Bermúdez kam 1852 von Venezuela nach Santiago. 1940 übernahm José Armando Bermúdez die Geschäfte. Seine Rumlabels hießen *El Torro* und *Roncidra.* Dann folgte Domingo Bermúdez, der die Firma mit den Sorten Blanco, Dorado und Anejo weltweit bekannt und populär machte. Heute liegt die Firma in der Rumherstellung mit 36 % Marktanteil auf dem zweiten Platz hinter Brugal. Als Erinnerung an frühere Zeiten gibt es die Spezialität *Don Armando, Aniversario 1982, Select.*

Calle J. Armando Bermúdez 1/Esqu. Av. 27 de Febrero (nordwärts), ✆ 809/276-1852, www.ronbermudez.com. Führungen stündlich Mo–Fr 9–11 Uhr.

Santiago de los Caballeros/Umgebung

Weiterfahrt zur Nordküste nach Puerto Plata: Diese wunderschöne Strecke zur Nordküste, die sog. *Carretera Turística Gregorio Luperón,* (Carret. No 25), nun auch unter dem Namen *La Ruta Panorámica Puerto Plata – Santiago* zu finden, führt von Santiago de los Caballeros (Abzweig nach rechts kurz nach Hotel Gran Almirante) über die rund 800 m hohe Cordillera Septentrional und die Dörfer Palo Quemado, La Cumbre, Sonador, Yásica und Camú nach Los Cicuelos bzw. Montellano (Gran Parada) an der Straßenkreuzung Sosúa–Puerto Plata. Diese 30 km lange Strecke ist

Harte Arbeit in den Bernsteinminen

immer noch durch u. a. von Unwettern verursachte Erdrutsche in einem sehr schlechten Zustand. Wer sich also auf den Weg macht, benötigt Zeit und sollte nicht bei Nacht fahren! Die Straße schlängelt sich die Berge hoch mit fantastischen Ausblicken auf das Valle Cibao und auf die üppig grüne Hügelkette, im Frühjahr orange-rot leuchtend durch die Korallenbäume. Unterwegs laden einige Lokale zur Rast ein, zudem gibt es viele Obst- und Gemüsestände. Bei **Yásica** z. B. auch Yogurt und Käse, zur Erfrischung dienen Schwimmbecken, durch den Río Yásica gebildet. Für Adrenalinfreudige gibt es hier eine *Zip-Line.*

Auf rund 725 m liegt **La Cumbre**, 14 km von Santiago entfernt; hier hat man fast den höchsten Punkt erreicht. Ein Monument am Felsen erinnert an den Tod der drei Geschwister *Mirabal* (→ „Geschichte"). Interessant ist der Besuch einer *Bernsteinmine* bei La Cumbre.

Führer zeigen gegen Entgeld die Minen, wo der Bernstein abgebaut wird, zudem kann man nette Mitbringel erwerben. Eine weitere Attraktion ist das *Coffee Ecological Center,* wo man alles über Kaffeeanbau und -verarbeitung erfährt; zudem steht hier ein Herrenhaus von Trujillo. Es wurden verschieden lange Wege, zwischen einer halben und einer Stunde, angelegt (La Cumbre, Carretera Santiago–La Cumbre Km 15, ✆ 809/583-9581).

Tropical Plantation: Der einst herrliche Botanische Garten (franz. Ltg.) auf dem Bergkamm zwischen Camú und Tubagua (Carr. Santiago–Tubagua Km 16) ist inzwischen komplett geschlossen. Es werden nur noch Blumen für den Verkauf gezüchtet. Entlang der Ruta Panorámica finden sich viele *Gärtnereien*, die gerne ihre exotische Blumenpracht zeigen.

🍃 **Übernachten**   Tubagua Plantation Eco Lodge (kanad. Ltg. Tim Hall), dieses Ökoprojekt des langjährigen kanadischen Honorarkonsuls wurde 2008 eröffnet und liegt am Bergkamm eingehüllt in die tropische Natur. Zum Übernachten gibt es 10 schöne palmwedelgedeckte Bungalows (1–4 Pers., insg. für 36 Pers.) mit Terrassen und Hängematten, errichtet aus Naturmaterialien. Je nach Ausstattung (mit eigener DU/WC oder davor) 2 Pers. 80–100 US-$, 1 Pers. 40–50 US-$ inkl. Frühstück. Sehr gutes Restaurant (Jacqui's Cuisine, nur nach vorheriger Anmeldung), das frische saisonelle Küche mit Produkten aus der Umgebung

Schön geschliffener Bernstein

liefert (u. a. Fruchtsäfte, Salate, Fisch in Kokosnuss, gegrillte Steaks, Gemüse). Es werden auch Touren angeboten (www.ruta panoramica.com). In der Nähe gibt es kleine Pools und ein Massage-Center (auch mit Weitblick. Carr. Santiago–Tubagua Km 19 (Carr. Luperón); wer von der Kreuzung Montellano kommt, bei Km 6, ✆ 809/696-6932, ecolodgetubagua@gmail.com, www. tubagua.com. ■

San José de las Matas: Der kleine, freundliche Ort liegt auf rund 600 m Höhe am Nordrand des *Parque Nacional José Armando Bermúdez* und ist ein guter Ausgangspunkt für Touren ins Gebirge, vor allem zum Pico Duarte. Außerhalb des Ortes hat man einen grandiosen Blick auf die Bergwelt. Die Landschaft ist von Hügeln und Wiesen bestimmt, auf denen Kühe weiden und Obstanbau betrieben wird – herrlich vor allem zur Blüte im zeitigen Frühjahr. Die landschaftlich reizvolle Strecke weiter nach **El Rubio** erweist sich als Makadam. Leider sind hier Unterkünfte rar. Einkaufsmöglichkeiten gibt es überall, zumindest in einem kleinen Colmado.

Essen/Übernachten   Gute einheimische Küche bieten **Terraza Tropicaribe**, Calle Mella 6, ✆ 809/578-8234 und **La Caoba**, Av. San Juan 8, ✆ 809/578-8912.

Hotel Ventana Río Lindo, mitten in der Natur, am Fuße des Berges Amino und mit Badebecken am Fluss Inoa. Wenige Kilometer außerhalb von San José de las

Hübsche Dörfer bei El Rubio, umgeben von fruchtbaren Gärten

Matas. Es gibt hübsche Holzbungalows für 2–7 Pers. zu mieten, ein gutes Restaurant, alles auf ökologischer Basis. Von hier kann man schöne Ausflüge unternehmen. Ab 35 US-$. ✆ 809/214-4430, 809/916-5122 (mobil).

Villa González: Nur ein kleiner Ort, aber bekannt, weil in den hiesigen Manufakturen weltweit beliebte Zigarren hergestellt werden, u. a. für Davidoff. Die begehrten Tabakblätter – eine Sorte, die wenig Nikotin enthält – wachsen in der Umgebung. Nördlich von Villa González führt ein schöner Wanderweg am Bach Arrenquillo entlang hinauf in die Berge zum **Pico Diego Ocampo** (1249 m). In 8 Std. erreicht man den Gipfel und hat einen fantastischen Ausblick auf Puerto Plata, Cabarete und bis ins Cibao-Tal. Der Regenwald ist u. a. Lebensraum für Papageien, Uhus und Reiher. Unterwegs kann man in einer Ranch essen und in sehr einfachen Cabañas übernachten. Diese Tour kann man organisiert buchen, dann wird man per Esel hinaufbefördert. Anfahrt von Villa González aus über die Straße El 42.

Zigarren Carbonell, nordöstlich von Villa González in Palmar Abajo. Familienbetrieb seit 1909, hier werden handgedrehte Zigarren hergestellt. Alle Tabakblätter, auch das Deckblatt, stammen aus der Dominikanischen Republik. Besichtigung des Produktionsprozesses Mo–Fr 9–17 Uhr. ✆ 809/580-0228.

In der Nähe gibt's noch eine kleine Herstellerfirma, die ebenfalls besichtigt werden kann. Hier sind die Deckblätter allerdings aus Sumatra. Calle Victor del Monte y Consuegra 25/Esqu. Clemente Silverio, ✆ 809/495-3732.

Von Santiago de los Caballeros nach Moca, Salcedo und San Francisco de Macorís

Moca: Rund 20 km östlich von Santiago de los Caballeros liegt das Städtchen Moca. Es hat ca. 50 000 Einwohner und ist Provinzhauptstadt von Espaillat. Am Ortsausgang in Richtung Salcedo erinnert an der *Plaza Viaducto* eine Lokomotive auf einer Schiene oberhalb an die *Eisenbahnverbindung* zwischen Santiago de los Caballeros und Sánchez. Übrigens sind die Manjoks von Moca angeblich die besten des Landes!

Von Moca an die Nordküste: Eine landschaftlich reizvolle Strecke (Carret. No 21), die die Cordillera Septentrional überwindet und in ca. 45 km Cabarete an der Nordküste erreicht. (Achtung: Aufpassen beim Ort San Victor, hier rechts halten in Richtung Jamao al Norte!) Die üppig grüne Landschaft wirkt wie ein großzügig angelegter Park: Neben Palmen wachsen hier *Saman* genannte Baumriesen und Amabolo-Bäume mit roten Blüten. Ausnehmend hübsch sind auch die Dörfer, die die Straße säumen. Unterwegs gibt es gute Ausflugslokale.

Essen & Trinken   Bäckerei am Abzweig von Moca nach Norden, leckeres Naschwerk.

»» Mein Tipp: Restaurant Caffeto, kurz nach dem höchsten Punkt bzw. zwei Kurven danach (noch vor El Camito). Auf Barhockern und der Terrasse kann man den Tag ausklingen lassen und auf das Valle Cibao blicken. Zu essen gibt es Fisch, Camarones, Krebse und Fleisch. Ab und an finden hier Jazzkonzerte statt. Regelmäßig ist momentan nur am Wochenende geöffnet. Carret. Moca–El Camito (No 21), ℡ 809/471-0015. **««**

Nebenan die **Rancho-Bar La Cumbre**, ebenfalls mit schöner Terrasse, Weitblick und gutem Essen. Tägl. 10–22 Uhr. Carret. Moca–El Camito (No 21), ℡ 809/656-1651, 631-3034.

Salcedo: 16 km östlich von Moca erreicht man das Städtchen der *Tres Hermanas Mirabal,* bereits am Stadtrand erinnert eine Eisenskulptur an die drei. Außerhalb der Stadt stand das Geburtshaus der vier Schwestern *Mirabal,* drei von ihnen (Minerva, Patria und María Teresa) wurden zu Nationalheldinnen und gingen durch ihre Tapferkeit in die Geschichte ein. Zusammen mit ihren Ehemännern hatten sie eine Gruppe unterstützt, die den Sturz des Diktators Trujillo plante. Der Umsturzversuch scheiterte, die Geschwister und ihre Männer wurden inhaftiert. Die Frauen kamen aber kurze Zeit später auf Druck der USA und der OAS wieder frei. Nach einem Besuch ihrer noch in Haft befindlichen Ehemänner am 25. November 1960 schlug das Trujillo-Regime erbarmungslos zurück und ließ die *Tres Hermanas Mirabal* kaltblütig erschießen. Die Empörung darüber, dass der Terror des Trujillo-Regimes nicht einmal vor den angesehensten Familien des Landes Halt machte, war sehr groß, selbst im Ausland (→ „Literatur"). Dedé Mirabal (geb. 1925), die noch lebende vierte Schwester, die sich damals aus den politischen Aktionen heraushielt, hat vor einigen Jahren eine kleine Gedenkstätte im Familienhaus eröffnet, das *Museo de las Hermanas Mirabal,* in dem persönliche Gegenstände der Familie gezeigt werden. Umgeben ist das Anwesen von einem herrlichen Park mit tropischer Blumenpracht, es liegt an der Hauptdurchgangsstraße, erkennbar an der langen lila-rot-weiß blühenden Bougainvillea-Hecke (geöffnet tägl. 9–17 Uhr, Ocho de Aqua, 5 km stadtauswärts in Richtung Tenares – San Francisco, ℡ 809/587-7075, Eintritt 20 RD-$).

Straßensperren, Demonstrationen

Achtung: In der Gegend um Salcedo und San Francisco de Macorís finden häufiger aggressive Demonstrationen statt, auch mit Straßensperren, teils Müll auf den Straßen oder zerbrochene Glasflaschen. Es passiert auch, dass bewaffnete Bürger hinter den Mauern sitzen – dann sollte man mit dem Mietwagen nicht hierher fahren! Am besten vorab immer Erkundigungen einziehen, ob die Lage ruhig ist.

Das Landesinnere → Karte S. 213

Essen/Übernachten   Wer Hunger be-kommt, geht in Salcedo ins **Casa Blanca**, Calle Restauración 37, mit guter Hausmanns-kost. **Restaurant El Druño**, gute dominika-nische Küche, hier findet man auch Ge-schäftsleute. Calle Goméz/Esqu. Buby Dhose.

Hotel La Casona Gran Imperial, nicht mehr „gran", aber für einen Stopp auf jeden Fall in Ordnung. Für 2 Pers. zahlt man rund 1200 RD-$. Calle Doroteo Tapia/Esqu. Fran-cisca Mollins, ✆ 809/577-4468.

El Sendero del Cacao (Der Weg des Kakao): Nur 3 km vor San Francisco de Maco-rís liegt die Kakaofarm Rizek, wo man anschaulich über die Pflanzen, die Rös-tung bis hin zur Schokoladenherstellung informiert wird – hier wird rein bio-logischer Anbau betrieben. Dazu gibt es Vorführungen in den alten Trachten sowie gutes Essen – im Preis inbegriffen (interessant, aber sehr teuer). Wer mag, kann im Shop leckere Schokolade und Pralinen erwerben. Eine Besichtigung ist nur nach

Sendero de Cacao

Voranmeldung möglich, meist kommen organisierte Ausflugsgruppen. Gegrün-det wurde die Kakaofarm im Jahr 1944 vom im Jahr 1905 aus Nazareth einge-wanderten Juden Nazario Rizek. Bereits 1961 wurden Kaffee und Kakao in die USA exportiert.

El Sendero del Cacao, Las Pajas, Av. Pro-longación 27 de Febrero Nr. 1762, ✆ 809/587-2166, www.cacaotour.com. Tägl. 6–12/14–17 Uhr (Anmeldung!), 35 US-$, Kinder 5 US-$. Anfahrt: Rund 3 km vor San Fran-cisco de Macorís (von Salcedo kommend) kurz vor La Pajas, zweigt der Weg (aus-geschildert) nach rechts ab, dann noch ca. 1 km durch Kakaoplantagen fahren.

San Francisco de Macorís: Das Wirt-schaftszentrum hat rund 170 000 Ein-wohner, lag einst ebenso wie La Vega an der Eisenbahnlinie und war für die Ver-arbeitung von Zuckerrohr bedeutend. Heute werden hauptsächlich Kakao und Bananen von den umliegenden Feldern verarbeitet. Große Firmen wie Nestlé sind hier ansässig. Außer für einen Einkauf oder zur Übernachtung lohnt die Stadt selbst einen Stopp eher nicht. In der Nähe, 15 km nordöstlich, liegt al-lerdings das lohnenswerte Naturschutz-gebiet *Reserva Loma Quita Espuela,* ein wunderschönes Wandergebiet. Zwei Wander- und Informationspfade wur-den bisher angelegt: „Der Weg zu den Wolken" (→ Kasten) und „El sendero del Cacao" (s. o.). Auf dem Gelände gibt es ein Restaurant, u. a. mit den frischen Produkten aus dem Wald. Es werden mit kompetenten Führern auch mehrtägige Wanderungen angeboten.

Übernachten Hotel Libano, im Zentrum, gegenüber ein Park, mit Cafeteria und Restaurant, etwas laut. Zimmer mit Fan/AC und TV 30 US-$. Calle Restauración 19, ✆ 809/588-2419, 588-3346.

≫ Mein Tipp: Hotel Las Caobas, bestes Hotel der Stadt, außerhalb des Zentrums gelegen. 50 Zimmer, sehr gutes Restaurant, Cafeteria, Shop und Schwimmbad (Nicht-Gäste zahlen 100 RD-$). Komfortable Zimmer ab 65 US-$. Calle Luís Enrique Carrón, Urbanización Almanzar, El Ciruelillo, ✆ 809/290-5858. ≪

Essen & Trinken Restaurant Patio, das beste und beliebteste Restaurant der Stadt mit kreolisch-intern. Küche, gemütlich und mit Sitzplätzen im Freien. Calle Castillo (nahe Polizei).

Restaurant Mi Rancho, hier gibt es gute Fischgericht; ebenfalls sehr beliebt bei den Einheimischen, Sitzgelegenheiten auch im Freien. Av. Presidente Antonio Guzmán Fernández.

Panadería Moya, diese Bäckerei bietet neben Brot, süßen wie salzigen Teilchen auch gutes deftiges Frühstück. Geöffnet 7–21/22 Uhr. Av. 27 de Febrero/Esqu. Calle Billini.

Gute Fischgeriche und Hausmannskost servieren zudem: Restaurant Ámbar, Calle Salcedo 100; Restaurant-Pizzeria El Arca, Calle Caonabo 223.

Markt: Wer sich mit frischem Obst und Gemüse eindecken möchte, geht in die Straßen Calle Castillo/Esqu. Calle Libertad.

Auf dem Weg zu den Wolken

Reserva Loma Quita Espuela – „Weg zu den Wolken"

Im Rahmen dieses Ökotourismusprojekts wurde ein 2,5 km langer Weg hinauf in den Regenwald auf den Berg Loma Quita Espuela (942 m) mit Aussichtsturm angelegt. Herrlicher Blick auf San Franisco de Macorís und die Umgebung. Die Wanderungen werden von Führern begleitet, die die vielfältige Pflanzen- und Vogelwelt erklären. Insgesamt 639 Pflanzen- und Tierarten sind hier heimisch, darunter eine Reihe endemische. Etwa eine halbe Stunde vom Eingang entfernt gibt es eine Badestelle am Fluss.

Auch für Familien mit Kindern ist der „Weg zu den Wolken" ein Erlebnis und machbar (Kleinkinder vielleicht nicht bis zum Gipfel!). Wegzeit insgesamt 5 Std., gutes Schuhwerk erforderlich. Das Projekt ist eine Stiftung in Zusammenarbeit mit dem Deutschen Entwicklungsdienst. Unterwegs bietet eine Teraza frische Produkte zur Stärkung an. Der Eingang befindet sich beim Ort El Cadillar (14 km in östliche Richtung nach Las Bracitas). Es muss zuerst die Stiftung kontaktiert werden (3 Tage im Voraus). Eintritt 100 RD-$, Führer 500 RD-$. Av. Libertad 44, ✆ 809/588-4156, www.flqe.org.do.

Puerto Plata – das Fortaleza San Felipe wacht über der Nordküste

Der Norden

Die Nordküste, gesäumt von den parallel verlaufenden Höhenzügen der **Cordillera Septentrional,** ist im Gegensatz zur Südküste sehr üppig bewachsen und grün. Hier regnet es öfters. Der Norden verfügt über herrliche, kilometerlange Sandstrände, die sich von der **Costa de Ambar** (kurz Costámbar), der sogenannten Bernsteinküste, bis zur Halbinsel Samaná hinziehen. Leider findet man am Strand keine Bernsteine – sie werden im gebirgigen Hinterland abgebaut.

Der Nordwesten um **Monte Cristi** ist im Gegensatz dazu trocken, hat ebenfalls schöne Badestrände, aber es herrscht Malariagefahr. Zentrum des Tourismus ist **Puerto Plata** mit seiner riesigen, östlich der Stadt gelegenen AI-Anlage **Playa Dorada.** Weitere Touristenzentren sind das quirlige **Sosúa** und das bei Surfern beliebte **Cabarete.** Ostwärts folgen der kleine touristische Ort **Río San Juan** und schließlich die mit tropischem Grün überzogene Halbinsel Samaná: Auf Urlauber eingerichtet sind **Las Terrenas** und das kleine **Las Galeras** sowie der Hauptort **Santa Bárbara de Samaná,** wo herrlich weiße Sandstrände locken.

Puerto Plata

Die große Hafenstadt mit 85 000 Einwohnern an der Bernsteinküste Costámbar ist Industrie- und Geschäftszentrum des Inselnordens, verfügt über einen internationalen Flughafen und zählt mit ihren schönen, langen Sandstränden zu den ältesten Touristenorten der Insel. Einen Überblick über die Stadt und die Umgebung kann man sich vom 800 m hohen Hausberg Isabel de Torres verschaffen.

Puerto Plata wurde 1502 von *Nicolás de Ovando* gegründet; der Name „Silberhafen" kommt angeblich von *Kolumbus,* den der silbrige Schimmer des Meeres begeisterte. Im 17. Jh. legten die großen, mit Gold und Silber beladenen Schiffe hier

an, um sich mit Wasser und Lebensmitteln einzudecken. Dies lockte zahlreiche Piraten herbei, so dass die Gegend um Puerto Plata bald als Piraten- und Schmugglernest verrufen war. Der spanische König befahl, den verruchten Ort dem Erdboden gleichzumachen und seine Bewohner nach Süden umzusiedeln. Erst im 18. Jh. wurde Puerto Plata wieder mit Emigranten aus aller Welt besiedelt, u. a. mit Einwanderern von den Kanarischen Inseln (→ Monte Cristi), und entwickelte sich zu einem bedeutsamen Umschlagplatz für Rum, Zucker, Tabak und Tropenhölzer, die nach Europa verschickt wurden. An die einstige Pracht und Blüte der Stadt erinnern schöne Kolonialhäuser mit Gingerbread-Verzierungen und der *Parque Central* mit seinem hübschen, 1880 errichteten Musikpavillon, dem *Glorieta Victoriana*. Gegenüber steht die weiße, neuzeitliche Kirche *San Felipe* – der Platz und die umgrenzenden Häuser wurden renoviert und sind nun ein Augenschmaus. Am Meer entlang verläuft die Uferstraße, der breite Malecón (Av. Gregorio Luperón), bis zur Festung *Fortaleza San Felipe*. Hier steht das Reiterdenkmal zu Ehren des Generals *Luperón*, der gegen die spanische Besatzung kämpfte. Ein Gedenkstein erinnert an den Absturz einer deutschen Maschine auf dem Rückflug am 6. Februar 1996, bei dem an diesem Küstenabschnitt 121 Menschen ihr Leben ließen. Der Malecón wurde vor allem im östlichen Bereich mit netten Café-Häusern und etlichen Badebuchten neu gestaltet. Auch der große Stadtstrand *Long Beach* am östlichen Ende des Malecón, der fast bis zur *Playa Dorada* reicht, wurde mit goldfarbenem Sand neu bestückt und gesäubert. Am Malecón und auf den Straßen der Innenstadt findet jährlich Mitte Oktober ein *Merengue-Festival* statt: Zahlreiche Gruppen treten auf, es wird getanzt und getrunken, kulinarische Köstlichkeiten werden geboten und Schönheitswettbewerbe veranstaltet. Neu sind die Surfmeisterschaften, das *Atlantic Surfing Festival*, die am Nordende beim Reiterdenkmal stattfinden und jährlich Anfang März vor allem die junge Sportszene anlocken.

Die meisten Touristen wohnen in der rund 15 km östlich gelegenen, größten AI-Anlage der Karibik, *Playa Dorada*. Die Anlage mit dem ersten Luxushotel am gleichnamigen goldfarbenen Sandstrand wurde 1980 eröffnet, den 18-Loch-Golfplatz

entwarf der Architekt *Robert Trent Jones*. Heute gibt es hier 13 luxuriöse AI-Resorts und ein Luxushotel mit einer Kapazität von 4500 Zimmern, sowie 35 Restaurants, darunter Spezialitäten- und Gourmetrestaurants, zig Bars und 5 Diskotheken, 3 Casinos, zahlreiche Einkaufscenter, den großen Playa Dorada Plaza mit Shoppingmeile und 3 Kinos, Internetcafés und natürlich ein enormes Sport- und Animationsprogramm, alles eingebettet in einen üppig wuchernden und gepflegten Park. Informationen unter www.playadorada.com.do.

Basis-Infos

Verbindungen Bus: Busse (mit AC, TV, WC) von Metro und Caribe fahren nach Santiago und Santo Domingo (330 RD-$). **Caribe Tours**, Calle Camino Real/Esqu. Av. Eugenio Kunhardt. ✆ 809/586-4544. **Metro Tours**, Calle Beller/16 de Agosto, ✆ 809/586-6062. Nach Sosúa mit Caribe Tours (40 Min.) oder Guaguas. Die Weiterfahrt gen Samaná erfolgt nur mit Guaguas.

Flug: Aeropuerto Gregorio Luperón (POP), der internationale Flughafen von Puerto Plata liegt ca. 20 km in Richtung Sosúa. ✆ 809/586-0408, 291-0000.

Helidosa, ✆ 809/732-5825, www.helidosa. com. Verschieden lange Helikopter-Rundflüge- und Charterflüge ab Flughafen, u. a. entlang der Playa Dorada.

Übernachten
7 Hotel Lomar
8 Hotel Puerto Plata
   Beach Club
12 Guesthose Portofino

Nachtleben
10 Diskothek El Orion
14 Diskothek Rancho
   Típico
16 Diskothek La Barrica

Essen & Trinken
1 Rest.-Cafébar Tam Tam
2 Rest. Aguaceros
3 Rest. Cosita Rica
4 Rest.-Terraza Las
   Almendras
5 Rest. Escape al Mar
6 Rest. La Parrillada Steak
   House
9 Acuarela Garden Café
11 Rest. Bella Italia
13 Rest. Esquina de
   Cachita
15 Rancho Steak House

Taxis: Überall in der Innenstadt von Puerto Plata findet man Taxis zum Zusteigen. ℡ 809/970-0560, 320-7000. Gut ist auch **Tecni-Taxi**, ℡ 809/320-7621. *Achtung*: Die Taxen am Flughafen sind immens übereuert! 40 US-$ nach Puerto Plata. Wer wenig Gepäck hat, läuft die 300 m entfernten Hauptstraße und hält dort ein Guagua an.

Ausflugsagenturen Turinter, Calle Ginebra 24, ℡ 809/586-3911, -2315. An der Plaza Turisol (gegenüber von Brugal) einige Touristenagenturen, u. a. **El Paraíso Tours** (dtsch.-Ltg. Gunter Mannl), Plaza Turisol Local 61, ℡ 809/320-7606, 809/710-0281 (mobil, Gunter), ℡ 809/612-8499 (Büro in Punta Rusia), www.cayoparaiso.rd.com. Ausflüge zu den Cascadas Damajagua, nach La Isabela und dann weiter per Speedboot oder Katamaran zum Schnorcheln zur Insel Cayo Paraíso (→ Punta Rucia).

Marysol Excursion (dtsch. Ltg. Hans Peter), Playa Dorada, Plaza, ℡ 809/404-2847.

Mo–Sa 9–18 Uhr. Angeboten werden u. a. Cayo Paraíso (Paradiesinsel), 75 US-$.

Apotheken Farmacia Scarlett, Circunvalación Sur 68, Hauptverkehrsstraße nach Luperón, ℡ 809/586-4364; Farmacia San Juan, Calle 12 de Julio 86, ℡ 809/586-2568, Mo–Sa 8–12 und 14–19 Uhr. Farmacia Sun Tropical, Playa Dorada Plaza, ℡ 809/320-3181.

Ärzte/Zahnarzt Clínica Dr. José Gregorio Hernandez, Av. 27 de Febrero 21, ℡ 809/586-1166; Clínica Dr. Bournigal, Av. Antera Mota, ℡ 809/586-2342, -3542; Dr. Ivan Rivera, sehr gut ausgestatteter Zahnarzt, Mo–Fr 9–12 und 15–17 Uhr, Av. 27 de Febrero 48, ℡ 809/586-3432. Unidad Médica, Playa Dorada, ℡ 809/320-2222.

Autovermietungen Vielfältige Preise, an der Playa Dorada am teuersten. Am Flughafen u. a. **Nelly**, ℡ 809/586-0505; Hertz, ℡ 809/586-0200; Adventure Rent-a-Car, ℡ 809/586-0601, www.adventurerentcar.com.

National Car-Rental, Carretera Luperón Km 2,5, ℡ 809/586-1366.

Avis, Carretera Luperón Km 4, ℡ 809/586-4436.

Budget-Rent-a-Car, Playa Dorada, ℡ 809/320-4888.

Banken Mehrere Banken nebeneinander in der Calle J. F. Kennedy, Mo–Fr 9–14.30 Uhr: Banco BHD, Banco Nacional de Credito, Banco de Reserva.

Einkaufen Casa Nelson, größtes Kaufhaus der Stadt, 8–19 Uhr, Calle Separación 28. Geschenk- und Souvenirläden in der In-nenstadt, vor allem um den Parque Central und in Richtung Av. Colón (handeln!).

Post Mo–Sa 8–12 und 14–17 Uhr; Calle 12 de Julio/Esqu. Prud'Homme.

Veranstaltungen   Merengue-Festival, meist von Mitte bis fast Ende Okt. Das zweite große Ereignis ist das internationale **Jazzfestival** im Okt., teils Anfang Nov. (teils zusammen mit Cabarete).

Kino, alleine 3 Kinos in der Playa Dorada Plaza, hier wird der Kultfilm *Sanky Panky* gezeigt (nur Spanisch), die Frauenverführer in der Touristenszene; zum Totlachen.

Übernachten

→ Karte S. 248/249

Malecón   ** Hotel Lomar 🔟, das Apartmenthaus mit kleinem Restaurant liegt direkt am Malecón. Dem Besitzer gehört auch das Guesthouse Portofino (s. u.). 17 Studios, AC, Tel. und Kühlschrank, jeweils 1500 RD-$, ca. 38 US-$ (franz. Bett), 1600 RD-$, ca. 41 US-$ (2 Betten). Zudem 4 Apartments (4 Betten) mit kleiner Küche und Wohnzimmer (50 US-$). Av. Malecón 8, ℡ 809/320-8555.

\>>> Mein Tipp: *** Hotel Puerto Plata Beach Club 🔠, wunderschön im viktorianischen Stil erbaute ältere, aber gepflegte Anlage (kein Al!) mit Restaurant in mehreren Gebäuden im Palmenhain. Gegenüber dem Malecón ist das Meer mit Strand. 216 große Zimmer (mit Schlaf- u. Wohnraum) mit Balkon, Kühlschrank und Fan für 2490 RD-$ (inkl. Steuern). Av. Gregorio Luperón, ℡ 809/586-4243, eventospopbeachclub@hotmail.com. \<<<

Guesthouse Portofino 🔢, nett und familiär, wenige Mintuen vom Long Beach entfernt. Einfache Zimmer mit AC/Fan inkl. Frühstück 900 RD-$ (franz. Bett) bzw. 1200 RD-$ (2 Betten); zudem gibt es eine Bar und einen kleinen Pool (mehr für Kinder). Av. Hermanas Mirabal No. 8, ℡ 809/586-2858.

Playa Dorada   Riesige, komfortable Anlage ca. 15 km östlich von Puerto Plata in einem schön gestalteten, üppig wuchernden, umzäunten Gelände mit Straßen, zwischen der Hauptstraße Richtung Sosúa und Meer. Zahlreiche Hotels und Apartments (ab 4 Sterne), alle Al (bis auf Colonial); großer, sehr guter Golfplatz von Robert Trent Jones Sr. (℡ 809/320-3472, www.playadoradagolf. com), Pools, Kinderspielplatz, unzählige gute Restaurants, Bars, Casino, Diskotheken, enormes Sport- (u. a. Tennis, Reiten, Surfen, Segeln), Animations- und Ausflugsangebot sowie abendliche Shows und Konzerte und ein Kino (Film Sanky Panky!). Internetcafés an den verschiedenen Plazas, WLAN-Internetzugang in allen Hotels, meist im Lobbybereich der Rezeption. Auskünfte und Zentral-Reservierung über ℡ 809/320-3133, www.playadorada.com.do. Die Al-Preise differieren je nach Monat und Zeitraum sehr stark; Hauptsaisonbelegung meist ab 110–180 US-$/Pers. im DZ. Einige Beispiele:

**** Hotel Gran Ventana Beach Resort, hübsche, große, 2-stöckige Anlage (506 Zimmer) am Meer, mit Poollandschaften und üppigem Garten. 4 Restaurants und 5 Bars. Große elegante Zimmer mit spanischem Flair (AC, TV, Mietsafe, Minibar) und Balkon. Al 145 US-$/Pers. im DZ. ℡ 809/320-2111, www.vhhr.com.

**** Hotel Barceló Puerto Plata, größere Anlage mit 2-stöckigen Gebäuden (582 Zimmer) im spanischen Stil mit zwei Pools, 8 Restaurants und 5 Bars, Kinderclub und Minidiskothek für Jugendliche. Geräumige Zimmer im rustikalen gemütlichen Stil (AC, Fan, Sat-TV, Tel., Minibar, Mietsafe) und Balkon. ℡ 809/320-5084, www.barcelo.com.

***** Hotel Casa Colonial – Beach & Spa, einziges Nicht-Al-Hotel. Direkt am Meer gelegener stilvoller Villen-Komplex im marokkanischen Stil. Auf der Dachterrasse befindet sich der Pool, es gibt ein großes Spa-Gelände und Gourmetrestaurant. Angenehme, ruhige Atmosphäre. 50 verschieden große Zimmer und Suiten (mit oder ohne Meeresblick) zum Preis von 350–680 US-$ (Belegung bis 6 Pers.). ℡ 809/320-3232, -2111, www.casacolonialhotel.com.

**** Hotel Grand Paradise Playa Dorada, komplett modernisierte 2-stöckige Gebäu-

Puerto Plata – der neu gestaltete, malerische Parque Central

de (436 Zimmer), direkt am Strand, zwei Poollandschaften, 3 Restaurants, 5 Bars, Miniclub und Discothek. Freundliche Zimmer im karibischen Stil mit Balkon (Mietsafe, Tel., LED-TV, AC) bis hin zu Suiten mit zusätzlichem Vorraum und Balkon. Ab 129 US-$/Pers./Al. ✆ 809/320-3663, www.amhsamarina.com.

**** **Hotel Blue Bay Villas Doradas**, kleinere Anlage mit 245 Zimmern in 2-stöckigen Villen fast am östlichen Ende der Playa Dorada – hier verläuft man sich nicht. Mittig eine große Poolanlage, mehrere Bars und 4 gute Restaurants (u. a. das Restaurant Jardín de Jade). Freundliche Zimmer, AC, Sat-TV, Tel., Mietsafe, Balkon. 80 bis 200 m zum Strand. Kleines Animations- und Sportprogramm. Ca. 85 US-$/Pers./Al. ✆ 809/320-3000, www.bluebayresorts.com.

Hotel Victoria Resort – Golf & Beach, abseits vom Meer und ruhig, dafür am See und mit direktem Zugang zum Golfplatz. 190 elegante Zimmer mit 4 Restaurants zur Auswahl (auch in den anderen VHHR-Hotels) und Pool. Golfpakete mit Rabatt. Hier kann man zwischen Al oder nur Frühstück wählen. ✆ 809/320-1200, www.vhhr.com.

Essen & Trinken/Nachtleben
→ Karte S. 248/249

Essen & Trinken Restaurant Esquina de Cachita **13**, sehr guter, frischer Fisch. Tägl. 9–24 Uhr. Calle Eugenio Kunhardt 6 (gegenüber La Reforma), ✆ 809/586-6029.

Restaurant-Cafébar Tam Tam 1, italienische Spezialitäten, zudem gute Fisch- und Schalentiergerichte. Tägl. 10–24 Uhr, Wochenende bis 2 Uhr. Av. Gregorio Luperón 6 (kurz vor Calle Restauracíon), ✆ 809/320-0389.

Restaurant Aguaceros 2, wenige Meter östlich von Tam Tam, ebenfalls am Malecón. Es gibt dom.-mexikanische Küche und Grillgerichte. Malecón 32, ✆ 809/586-2796.

Restaurant-Terraza Las Almendras 4, nettes, schattiges Lokal zum Niederlassen – eingehüllt in Pflanzen, es plätschert ein kleiner Wasserlauf; gegenüber liegt die Badebucht. Hier kann man frühstücken, zudem gibt es Spaghetti, Fisch- und Fleischgerichte. 8–2 Uhr. Malecón/Esqu. Club de leone, ✆ 829/937-1030.

》 Mein Tipp: Restaurant Escape al Mar 5, hübsches altes viktorianisches Haus in sehr schöner Lage direkt am Meer und am Malecón (gegenüber Puerto Plata Beach Club). Sehr gute Küche, guter Service, nettes Ambiente. Malecón – Calle Circunvalación, ✆ 829/840-6764. 《

Acuarela Garden Café 🟦9, ein besonderer Platz in Pto. Plata. Im viktorianischen Stil, mit hübschem Garten, überall findet man moderne Kunst. Es gibt asiatische Küche, Cocktails und gute Musik. Calle Profesor Certad 3/Esqu. Presidente Vásquez, ✆ 809/586-5314.

Restaurant Cosita Rica 🟦3, Selbstbedienungslokal direkt am Malecón. Immer frischer, angenehmer Wind vom Meer, für Kinder Schaukeln und Rutsche. Pizza, gefüllte Teigtaschen (Empanadas) sowie Grillspezialitäten. Tägl. 10–24 Uhr.

Restaurant Bella Italia 🟦11, hübsch im viktorianischen Stil, beim Guesthouse Portofino. Es wird italienisch gekocht, mittags Essen vom Buffet. Av. Hermanas Mirabal.

Restaurant La Parrillada Steak House 🟦6, gutes Steakhaus direkt an der Kreuzung nach Playa Dorada. Calle Manolo Tavarez Justo, ✆ 809/586-1401.

Rancho Steak House 🟦15, ebenfalls ein gutes Steakhaus, gegenüber der Rumfabrik. ✆ 809/320-4500.

Comedor El Manguito, stadtauswärts kurz nach Iberostar-Zufahrt in Richtung Playa-Dorada-Eingang an der Hauptstraße. Klein, preiswert und gut.

Essen Playa Dorada Es gibt einige gute Restaurants, auch für verwöhnte Gaumen, die für Nicht-Hotel-Gäste zugänglich sind, d. h. auch beliebt v. a. am Wochenende bei Einheimischen. U. a.:

Restaurant-Bar Fairways, am See und Golfplatz, leckere internationle Gerichte und große Weinkarte. Edel! ✆ 809/320-1137.

Restaurant Jardín de Jade, gehört zum Hotel Bluebay Villas Doradas, gute orientalische Küche, nur zum Innensitzen. Kurz vor Hoteleingang. ✆ 809/320-7922.

Restaurant Al Fresco, hier erhält man Grillgerichte, zudem Spaghetti. Plaza Dorada, ✆ 809/320-1137.

Restaurant Lucia, im Hotel Casa Colonial, hier wird in eleganter Atmposphäre ital.-orientalische Küche serviert, auch gute Fischgerichte, hohes Preisniveau. ✆ 809/261-2423.

Nachtleben Diskothek El Orion 🟦10, sehr nah am Hafen von Puerto Plata. Junges Publikum, dominikanische Musik. Geöffnet nur am Wochenende ab 21 Uhr. Bei Livemusik Eintritt. Calle 30 de Marzo.

Rancho Típico 🟦14, Restaurant und Diskothek, hier wird viel Merengue gespielt. Hauptstraße stadtauswärts Richtung Maimón (Calle Namolo Tavares Justo, Stadtteil San Felipe, neben Zona Franca).

Diskothek La Barrica 🟦16, auf angemessene Kleidung achten (kein luftiges T-Shirt!). Dominikanische Musik zum Tanzen. Ab 21 Uhr. Calle Los Domingues/Av. Circunvalación Sur.

Nachtleben Playa Dorada Hemingway's Café, Restaurant, Café für tagsüber; zudem Bar, ab 22 Uhr teils auch Livemusik, Plaza Central.

Café-Bar Froggie, schön für tagsüber und abends. Plaza Central.

Bar -Restaurant Fairways, am See und Golfplatz.

Diskothek-Bar Roadways, zu viele Leute auf kleinem Raum, Plaza Central.

》》 Mein Tipp: Derzeit die beliebteste Diskothek ist **Coco Bongo** (bei den Iberostar-Hotels, hinwärts gibt es Shuttlebusse); Eintritt 150 RD-$, bis 4 Uhr geöffnet, v. a. Fr/Sa gut besucht. **《《**

Diskothek Fogón, liegt außerhalb und gegenüber des Eingangs zur Playa Dorada, d. h. hier trifft man auch viele Einheimische. Am Do ist Biertag … 5 Flaschen für 300 RD-$.

Casinos In der Av. Gregorio Luperón, ✆ 586-5202/6715, ab 20 Uhr. Zudem die Casinos an der Playa Dorada.

Sehenswertes

Amber- oder Bernstein-Museum (Museo del Ambar Dominicano): Das Museum ist in dem restaurierten Haus des Abenteurers und Geschäftsmanns aus Bremen *Emil Bentz* und seiner Familie, den einstigen Besitzern, untergebracht. Es zeigt kostbare Funde, z. B. eine in Bernstein eingeschlossene kleine Eidechse, aber auch einfachere Stücke wie eine Ameise, Blätter und Gräser in Bernstein. Auf Schautafeln wird alles sehr gut dargestellt – Entstehung und verschiedene Arten des Bernsteins, darunter der einzigartige blaue Bernstein –, und natürlich kann man hier auch Schmuckstücke kaufen.

Mo–Sa 9–17 Uhr. Eintritt 50 RD-$. Calle Duarte 61/Esqu. Calle Emilio Prud'homme.

Ein riesiger Fund …

Bernstein aus der Dominikanischen Republik

Fundort: Cordillera Septentrional, der Gebirgszug zwischen Nordküste und Valle Cibao.

Der dominikanische Bernstein ist einer der schönsten Bernsteine der Welt. In ihm scheint sich das Sonnenlicht einer fernen Vergangenheit zu spiegeln. Sein Alter wird auf 30 bis 50 Millionen Jahre geschätzt.

Die Farbe des Bernsteins variiert von hellem, klarem Gelb über Rot bis hin zu Schwarz. Einmalig ist der blaue Bernstein, den es nur auf dieser Insel gibt und der am teuersten gehandelt wird.

Bernstein ist ein organisches, fossiles Baumharz von der Kiefer *Pinus succinifera.* Während das Harz ausgeschieden wird, fängt der klebrige Klumpen aus der Luft z. B. Insekten, Blüten, Asche oder Staub auf. Die Klumpen fallen schließlich zur Erde und kommen bei Ausgrabungen nach Millionen von Jahren wieder ans Tageslicht. Atmosphärische Störungen sowie rege Vulkantätigkeit beeinflussen mitunter durch Gase die Farbe. Selbst Risse oder Tropfen können einem Stück Einzigartigkeit verleihen.

Wie schön und edel ein bearbeitetes Stück Bernstein wird, darüber entscheiden vor allem Fähigkeit und Intuition des Schleifers.

Der Norden → Karten S. 258/259 und 269

Fortaleza San Felipe: Die Festung mit den beiden markanten runden Wachhäuschen zur Meerseite hin liegt am westlichen Ende des breiten Malecón. Sie wurde 1541–77 zum Schutz vor den ständigen Piratenüberfällen erbaut. Später diente die Festung als Gefängnis, unter anderem 1844 für den Nationalhelden *Juan Pablo Duarte,* den der damalige General *Santana* hier einsperrte. In der Trujillo-Ära füllten sich die Gemäuer nochmals mit politischen Widersachern. Heute führen Holzbrücken (früher Zugbrücken) ins Innere, wo ein nettes Museum untergebracht ist. Zudem gibt es Audioguides (auch in Deutsch).
Tägl. außer Sa 9–17 Uhr. Eintritt 100 RD-$.

Puerto Plata's Malecón – eine ruhige Uferpromenade und Eventmeile

Isabel de Torres: Puerto Plata liegt am Fuße des fast 800 m hoch aufragenden Berges Isabel de Torres. Er ist ein beliebter Ausflugsort, aber auch Naturschutzgebiet. In wenigen Minuten gelangt man mit der Kabinenbahn (Teleférico) von der Talstation hinauf. Oben führen Wege durch einen Park mit tropischen Blumen und Sträuchern und üppig wuchernden Wald; auf der Aussichtsplattform mit Restaurant steht mit ausgebreiteten Armen eine Christusfigur, die an Rio de Janeiro erinnert. Bei schönem Wetter hat man einen herrlichen Blick auf Puerto Plata und die gesamte Küste, aber auch ins hügelige Hinterland.

Anfahrt/Verbindungen   Die Talstation zur Kabinenbahn (**Teleférico**) befindet sich oberhalb der Ausfallstraße Santo Domingo, Av. Circunvalación Sur/Av. Imbert und ist ausgeschildert, oben Parkplätze. Die Bahn fährt tägl. (nicht bei schlechtem Wetter) 9–17 Uhr, Retourticket 350 RD-$. Öffentliche Busse (Guagua B) ab Parque Central bis Haltestelle (Parada) Hauptstraße unterhalb des Teleférico für 20 RD-$; ein Taxi direkt zum Teleférico 10 US-$. Organisiert kostet diese Tour inkl. Kabinenbahn 45 US-$/Pers. (!).

Mit einem Jeep oder Motoconcho gelangt man ebenfalls, allerdings über schlechte Pisten, hinauf (Eintritt für N.P. 100 RD-$). Mehr zu Anfahrt per Jeep, Vegetation und Fauna → „Nationalparks".

Rumfabrik Brugal: Mitte des 19. Jh. emigrierte Andrés Brugal Montaner von seinem Heimatland Spanien nach Kuba, dort erlangte er sein Wissen in der Rumverarbeitung, übersiedelte 1888 nach Puerto Plata und gründete hier seine Brugal Rumfabrik. Liebhaber des hochprozentigen Getränks können an Führungen durch die Firma teilnehmen und einiges über die Methoden zur Herstellung und Lagerung von Rum erfahren. Anschließend kann man natürlich den guten Rum erwerben. Der älteste und vom Geschmack her beste ist der Brugal im Netz, Brugal Extra Viejo.
Mo–Fr 9–12 und14–16 Uhr. Av. Luís Ginebra (Straße in Richtung Playa Dorada und Sosúa), ℘ 809/586-2100, www.brugal-ron.com.

Malecón: Samstagabends ist am Malecón Ausgehstimmung. „Sehen und gesehen werden" heißt das Motto. Zudem gibt es inzwischen hübsche Cafébars direkt an der Meeresseite, aus umherfahrenden Autos schallt Musik, Dominikaner treffen sich, trinken, tanzen – je nach Geschmack. Mann muss nur 20 m weitergehen und schon hört man statt Merengue Salsa …

Sonntags ist am Long Beach und in Richtung Playa Dorada tolle Stimmung: Die Dominikaner spielen zum Teil Livemusik, es wird gelacht, gefeiert, getrunken, auch frisches Zuckerrohr und Kokosnüsse werden angeboten.

Strand: Zum Baden in der Stadt eignet sich der neu gestaltete Long Beach, der sich vom östlichen Ende des Malecón bis zur Playa Dorada hinzieht, ebenso die kleinen neu kreierten Badebuchten nordwärts. In Richtung Luperón befinden sich die Strände Cofresí und Maímon (→ Puerto Plata/Umgebung). Wer die Hotelstrände „all inclusive" benutzen möchte (mit Essen und nächtlichen Shows/Discos), erkundigt sich nach dem rund um die Uhr gültigen Day-Pass, den es für ca. 1000 RD-$ gibt (der günstigere Night-Pass gilt nur für die abendlichen Vergnügungen).

Puerto Plata/Umgebung

Playa Costámbar: Der beliebte, schöne, von Palmen und Meertraubenbäumen gesäumte Badestrand liegt ca. 5 km westlich von Puerto Plata. Zur touristischen Infrastruktur gehören vor allem kleine Hotels und Apartments, dazu kommen einige gute Restaurants. Hier wurde eine Folge von „Klinik unter Palmen" gedreht.

Übernachten/Essen Hotel Barlovento, kleine Apartmentanlage (ital. Ltg.) rund um einen Pool und in zweiter Hausreihe im Westen des Strands. Nebenan ein Restaurant. Offene Küche mit Loggia und 1–2 Schlafräume für 45 oder 70 US-$. ✆ 809/970-7274, -7662, amdomino.com/condobarlovento.

Pizzeria/Grillrestaurant Sole Mio, offene überdachte Terrasse, immer gut besucht, es duftet nach Olivenöl. Pizzen aus dem Holzofen, Fisch, Fettucine, Pasta.

≫ Mein Tipp: R & B – Deutsche Bäckerei, ab 7 Uhr gibt es Brot und Kuchen, Frühstück für Langschläfer den ganzen Tag und auch Müsli. Montags Barbecue von 12–19 Uhr. Geöffnet tägl. 7–19 Uhr (Mo ab 12 und So nur 8–14 Uhr). Calle Los Mangos, ✆ 809/970-3083. ≪

Nachtleben Harley-Rock-Café, an der Strandstraße mit Bestuhlung im Freien. Natürlich ziert eine Harley das Gelände.

Playa Cofresí: Die goldfarbene Sandbucht mit einigen komfortablen Hotels am Hang liegt ca. 7 km westlich von Puerto Plata. Am östlichen Ende liegt der **Ocean World Adventure Park**. Das weitläufige Gelände mit groß angelegtem Park bietet neben Meeresbecken, wo man mit Delfinen schwimmen kann, eine Tigergrotte, ein Haifischbecken (man kann bei der Fütterung zusehen) und Seelöwenshow – wie immer sollte man bedenken, dass die Gehege für diese Großtiere viel zu klein sind, d. h. sie werden in keinster Weise artgerecht gehalten, sondern ruhig gestellt. Zudem gibt es ein Vogelgehege, ein Riff zum Schnorcheln, Wasserfälle, eine Marina, Restaurants und Cafés, die Lighthouse Lounge & Diskothek, Casino und natürlich einen herrlichen Badestrand mit Liegestühlen.

Ocean World Adventure Park Der Eintritt, ein sog. Tagespass, kostet 55 US-$, für 4- bis 12-Jährige 40 US-$ (mit Abholung vom Hotel über Agenturen); nach vorheriger Anmeldung u. a.: Delfin-Schwimmen 155 US-$, 6- bis 12-Jährige 110 US-$. Geöffnet 8–18 Uhr. ✆ 809/291-1000, www.oceanworld.net.

Essen & Trinken Restaurant Le Papillón, Gourmetrestaurant des Deutschen Thomas Ackermann, abseits der Straße in Cofresí. Es ist ausgeschildert. Fisch und leckere Fleischgerichte. Di–Sa 18–22 Uhr. Las Tortugas 1, ✆ 809/970-7640.

In dieser Straße gibt es für Liebhaber deutschen Essens noch das **Los Dos** und das **Tyroler Stübchen** mit Schmankerln.

Direkt am Strand liegt das **Ahora Beach House**, nett für einen Imbiss, u. a. Salate, oder einen Drink.

Übernachten Um die Bucht Playa Cofresí ziehen sich über den Hügel komfortable Al-Anlagen und Villen (überwiegend europäische Ltg.) in den Kategorien **** und *****. Alle bieten Poollandschaften, Restaurants, Bars, Diskothek, großes Sport- und Wassersportprogramm (u. a. Gymnastik, Tennis,

Der Norden → Karten S. 258/259 und 269

Reiten, Transfer zum 9-Loch-Golfplatz Costámbar; Golfplatz hier in Planung). Lokale Anbieter offerieren am Strand eine breite Sportpalette: u. a. Tauchen, Catamaransegeln, Schnorcheln, Bananaboat, Hochseeangeln; Raftingtouren, Schnorcheltrips etc. Das Meer ist riffgeschützt und palmengesäumt. Hier zwei Hotelvorschläge:

****/***** **Livestyle Cofresí Palm Beach Resort & Spa**, riesige Anlage an der Zufahrtsstraße zur Bucht im üppigen Park. 15 Restaurants, 25 Bars. 24-Std.-Service, freundlich und gut. Schönes Beauty- und Wellnesscenter, Kinderanimation. Die Unterbringung erfolgt je nach Auswahl in Standard- und Familienzimmern, Suiten und Villas (Bungalows), zudem in Meeresnähe oder abseits.

Zimmer freundlich und modern ausgestattet. Je nach Standard und Lage 150–300 US-$/Pers./Al. Das große Sportangebot kann genutzt werden (s. o.). ✆ 809/970-7777, www.cofresipalmresort.com.

****/***** **Lifestyle Tropical Beach Resort & Spa**, auf der östlichen Buchtseite. Das 2-stöckige Haupthaus zieht sich um die schöne Wasserlandschaft, Blick aufs Meer. Mehrere Restaurants und Bars, eigene Tauchschule, Amphitheater, Tennis und schöner Spa-Bereich. Unterbringung in den 282 Standardzimmern und Suiten; abseits liegen die Crown Suiten und luxuriösen Crown Villas. Insgesamt sehr guter Service. Ab 120 US-$/Pers./Al im DZ. ✆ 809/970-7777, www.hacienda-resorts.com.

Bahía Maimón: Die Bucht mit gleichnamigem Ort liegt ca. 10 km von Puerto Plata entfernt. Rund um die fast weißsandige Playa Maimón stehen einige Resorts. Wer genug vom Hotelleben hat, läuft nach Maimón – karibischer Flair garantiert.

Übernachten An der Playa Maimón stehen v. a. die großen **Ríu Hotels Mambo**, **Bachata** und **Club**, mit zahlreichen Wassersport- und Animationsaktivitäten, Shows am Abend sowie lukullischen Genüssen in zahlreichen Restaurants, für das flüssige

Urlaubsfeeling sorgen unzählige Bars. www.riu.com.

In Maimón **Hotel Arco Iris**, 11 Zimmer (AC, TV) mit Restaurant und Bar. Calle Juan Sánchez Ramírez/Esqu. Leonardo Vidal (gegenüber Polizei). ✆ 809/551-2366.

Cascadas (oder Charcos) del Río Damajagua: Auf der Fahrt von Puerto Plata in Richtung Santiago de los Caballeros oder in Richtung La Isabela kann man einen Abstecher zu einer wunderschön gelegenen grünen Oase unternehmen: Knapp eine Stunde von Puerto Plata entfernt liegen die Wasserfälle des Flusses *Damajagua*, ein Erlebnis für die gesamte Familie, vor allem Spaß pur für Jugendliche (Kinder sollten schwimmen können!). 27 Wasserfälle, die von Felsen heruntersprudeln und sich in schönen Becken ergießen, können durchschwommen und über Holzleitern und Felsen erklommen und durch Canyons wieder hinabgerutscht werden. Eingebettet sind die Wasserfälle in schattigen, üppig bewachsenen Tropenwald. Zur Erfrischung an heißen Tagen ein wunderbarer Platz! Es gibt verschieden lange Touren: 1–7 Wasserfälle, 2 Std. (260 RD-$); 1–12 Wasserfälle ca. 2:40 Std. (380 RD-$); 1–27 Wasserfälle, ca. 4 Std. (480 RD-$). Für Familien mit Kindern ist die erste Tour ausreichend. 2 Führer sind immer behilflich, zudem wird man mit Schwimmweste und Helm ausgestattet. Die ersten 20 Min. bis zur ersten Kaskade läuft man durch den Fluss, durch Bäche und schönen Wald. Zur Stärkung gibt es im Eingangsbereich, dem Besucherzentrum, ein nettes offenes Restaurant/Café.

Ausflüge zu den Wasserfällen können auch in den Hotels organisiert gebucht werden (dann teurer, je nach Entfernung ca. 40–60 US-$).

Anfahrt Von Puerto Plata nach Imbert, dann noch ca. 4 km weiter bis El Ingenio (links in den beschilderten Makadamweg, kurz davor sind rechts ein paar Colmados). Auf dem Makadamweg zwischen Zuckerrohr bis zum Ende auf den Parkplatz (Gebühr ca. 50 RD-$) fahren. In der Umgebung (u. a. in Imbert) gibt es einige gute Esslokale.

Kleidung Man schwimmt und klettert, d. h. Badesachen und rutschfeste, fürs Wasser geeignete Sandalen oder Schuhe anziehen. Wer keine Badeschuhe hat, kann sich Gummischuhe ausleihen (Kinder sollten eigene mitbringen!); an Sonnenschutzmittel und evtl. wasserdichte Beutel für Kamera denken! Und natürlich für die Rückfahrt trockene Ersatzkleidung einpacken!

Luperón – kleiner Ausschnitt der riesigen verzweigten Bahía Luperón

Der Nordwesten

Der Nordwesten ist bis auf wenige Orte wie **Luperón** touristisch kaum ausgebaut. Das mag daran liegen, dass es keine durchgehende Küstenstraße gibt, sondern nur Stichstraßen. Um diese Gegend (Luperón ausgenommen) zu besuchen, braucht man ein eigenes Fahrzeug. Von Luperón führt das Sträßchen in malerischer Landschaft weiter nach **El Castillo** und zu den **Ruinas de La Isabela**. Die Weiterfahrt zum Ort La Isabela ist wegen der Flussdurchquerung des Río Bajabonico nur mit PS-starkem Geländewagen möglich. Die Landschaft zeigt sich erst mal üppig grün mit Zuckerrohrfeldern und Tabakpflanzungen, im Hintergrund erstreckt sich parallel zur Küste die zwischen 400 und 800 m hohe Hügelkette der Cordillera Septentrional. Wer nach Luperón möchte, kann noch einen sehr lohnenden Abstecher zu den erfrischenden Wasserfällen, den **Cascadas Damajagua** (s. o.) machen. Um weiter in den Westen zu gelangen, fährt man auf der Staatsstraße No 5 nach Süden und gelangt dann auf die teils autobahnähnliche, gut ausgebaute Straße zwischen Santiago de los Caballeros und Monte Cristi im Tal des Río Yaque del Norte. Bei Villa Elisa kommt ein Abzweig in Richtung **Punta Rucia,** hier lockt das vorgelagerte Korallenriff Cayo Arena. Dann wird das Land immer trockener und flacher, ehe das von Salinen umgebene **Monte Cristi** erreicht ist. Südlich von Monte Cristi lohnt **Dajabón** einen Besuch, besonders zu Markttagen.

Luperón

Der Fischerort liegt an der großen Bahía Luperón, einer riesigen, ca. 5 km langen Meereseinbuchtung, dem größten und sichersten Naturhafen der Karibik. Die meisten Touristen, die den Ort bevölkern, sind daher Bootsbesitzer, die tütenbepackt aus den vielen Supermärkten und Läden kommen. Der große Jachthafen, den man eigentlich hier erwarten würde, ist immer noch in Planung. Es gibt lediglich den langen Kai am Ort und einen kleinen Privathafen im Norden. Von Januar bis April weht der Ostwind Segelgäste aus Europa hierher, von August bis November folgt der Nordwind, der die Amerikaner und Kanadier bringt. Die meisten Boote finden sich zwischen April und November ein, dann kommt Leben ins Städtchen.

Übernachten kann man in einigen einfachen Hotels im Ort selbst und in Richtung der Playa Luperón – die Besitzerwechsel, auch in der Gastronomie, schmälern das einst ganz gute Angebot. Für einen Ausflug bietet sich der nahe *Parque Nacional Histórico Ruinas de La Isabela* an (→ El Castillo).

Strände: In Luperón selbst kann man nur östlich der Stadt baden. 3 km nördlich von Luperón liegt beim Luperón Beach Resort die Playa Luperón, eine riffgeschützte, öffentlich zugängliche Badebucht mit schönem goldfarbenem Sand, die besonders am Wochenende das bevorzugte Ziel der Einheimischen aus dem nahen Puerto Plata ist – allerdings ist der Meereseinstieg nur an einigen Stellen ohne felsigen Untergrund möglich.

Anfahrt/Verbindungen   Entweder ca. 8 km hinter Pto. Plata nach Maimón und weiter über kleine Dörfer wie Cambiaso ca. 20 km nach Luperón fahren (schlechte Schotterpiste); oder erst ca. 22 km hinter Pto. Plata, kurz vor Imbert, abbiegen. Diese Strecke ist länger und führt über Las Canas, Marisol und La Sabana (dt. Bäcker Winfried – Kekse, Brot, Käsekuchen!) durch hügelige, malerische Weidelandschaft.

Es gibt **Guaguas** nach Pto. Plata. Sie fahren über Imbert, dort muss man umsteigen. Vom Hotel aus fahren **Taxis** (✆ 809/571-8118) für 5 US-$ in die Stadt, für 100 US-$ nach Pto. Plata.

Apotheke   Farmacia Alejandra, im gleichen Gebäude wie Tele-Vimenca, Calle Duarte, Mo–Sa 8–12 und 14–20 Uhr.

Internetcafé   In der Calle Duarte.

Nautik   Vom seit Jahren geplanten großen Jachthafen mit Serviceeinrichtungen gibt es auch 2012 noch keine Umsetzung. Hafenkapitän, ✆ 809/571-8148; SOS über Kanal 68 und 16.

Marina, an der Bahía Luperón (Zufahrt über Calle Duarte); hier nur Kai und Tankstelle. **Marina Puerto Blanco**, kleine, einzig intakte Privatmarina (2 km nördlich der Stadt, s. u.) mit Service, Tankstelle, gutem Restaurant/Pension (→ „Übernachten").

Ciudad Marina Luperón, östlich von Puerto Blanco, nur Anlegemöglichkeiten (kein Service) und oberhalb Restaurant/Pension. Inh. Kitty & Manuel Fernandez. ✆ 809/571-8606, 809/399-7635 (mobil), www.luperonmarina.com.

Post   Correos y Telecomunicación, Parque Central, Mo–Fr 8–12 und 14–17 Uhr.

Übernachten/Essen   **** Luperón Beach Resort, an der Playa Luperón. Derzeit geschlossen.

Guesthouse La Casa del Sol, ca. 300 m außerhalb von Luperón in Richtung El Castillo (jetzt unter dom.-kanad. Ltg. Bartholdy & Nils – Heidi hat leider verpachtet!). 5 Zimmer mit Kühlschrank und Terrasse. Pro Zimmer 24 US-$ mit Fan, 30 US-$ mit AC. Auf Wunsch Frühstück (5 US-$) und Snacks.

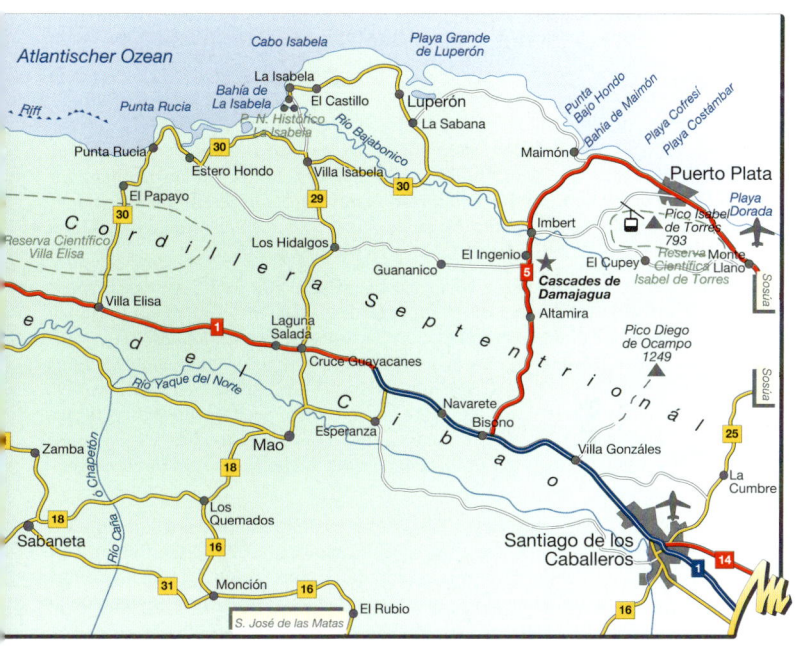

Carretera 27 de Febrero, ℡ 809/802-5763, www.casadelsol.de.ms.

Hotel Pequeño Mundo, noch wenige Meter weiter in Richtung El Castillo (dt. Ltg. Ines & Willi Freund). Schöner weiter Blick über die Bucht. 6 einfache Zimmer mit AC/Fan für ca. 20 US-$. ℡ 809/264-3511.

≫ Mein Tipp: **Marina-Restaurant-Pension Puerto Blanco**, ca. 2 km nördlich von Luperón, rechts Abzweig in Richtung Ex-Luperón Beach Resort, an der nächsten Kreuzung nicht links Richtung Ex-Resort, sondern nach rechts zum Meer hinab fahren. Treffpunkt der Bootsleute in lockerer Atmosphäre und bei guter Musik – mit das schönste Lokal am Ort, umgeben von großen Bäumen. Große palmwedelgedeckte Terrasse, bestückt mit großen Leuchtern, am Gebälk hängen internationale Flaggen und T-Shirts. Intern. Küche, Fisch, Lobster, Lambí. Tägl. 8–22 Uhr. Es gibt 7 einfache Zimmer (ca. 25 US-$). ℡ 809/204-4164. ≪

Marina-Restaurant-Pension Luperón, herrlicher Blick auf die verzweigte Bucht und die Marina von der offenen überdachten Terrassse; Spezialitäten sind hier Lobster. DZ 40 US-$ mit Frühstück. Ciudad Marina

Luperón, ℡ 809/571-8606, 809/399-7635 (mobil), www.luperonmarina.com.

Hotel-Restaurant Letti, gutes Lokal in der Stadt mit Palmdach und schöner Terrasse; Fisch- und Fleischspezialitäten aus der kreolischen Küche. Tägl. 8–22 Uhr. Zimmer ca. 20 US-$. Calle Duarte 24/Esqu. 27 de Febrero, ℡ 809/571-8034.

Restaurant La Yola, offenes, palmwedelgedecktes Lokal mit langer Bar am Ortsausgang in Richtung El Castillo (kurz vor Casa del Sol). Gute verfeinerte dominikanische Küche, z. B. Mero mit Sahne-Olivensauce. Schön zum Sitzen. Die deutsche Stewardess Christa Weidinger und ihr Mann führen das nette Lokal. Calle 27 de Febrero, ℡ 809/571-8511.

Route 66, „der" einstige Treff-, Info- und Einkaufspunkt von Sibylle hat neuen Besitzer, heißt anders und lohnt nicht mehr den Weg.

Restaurant Bahía Luperón, Treffpunkt der Bootsleute; internationale Küche zu gehobenen Preisen, zudem Tacos, Empanadas, Fisch. Calle Duarte.

Anny Restaurant, Fisch- und Fleischspezialitäten. Tägl. 8–22 Uhr. Calle 27 de Febrero (gegenüber Parque Central), ℡ 809/571-8169.

Restaurant-Disco Aquí Lucas, hier gibt es preiswerte Gerichte wie Huhn, Fisch im Ganzen (allerdings selten, meist Filet), Fleisch, Langusten und Lambí. Einen Stock höher die Diskothek mit AC. Calle Duarte (ca. 100 m südlich vom Parque Central).

El Castillo

Nördlich von Luperón wandelt sich die bisher sattgrüne Weidelandschaft mit stattlichen Palmen zu staubiger, kahler Landschaft, durchsetzt mit Dornenbäumen. Farbtupfer setzen schmucke Straßendörfer. Dann führt die Straße hinab nach El Castillo, und der Blick wird frei für die große Bucht *Bahía Isabela* und den dahinter liegenden Nationalpark Punta Rucia (gehört zu Monte Cristi).

Parque Nacional Arqueológico e Histórico La Isabela: Das große Ausgrabungsgelände südlich von El Castillo an der *Bahía Isabela* wurde inzwischen als Nationalpark ausgewiesen. Es umfasst die *Ruinas de La Isabela*, den *Archäologischen Park*, das *Museum* sowie die oberhalb liegende Kirche *El Templo*. Die ehemalige Siedlung La Isabela wurde nach der spanischen Königin Isabel La Católica benannt und 1493 unter Kolumbus errichtet, nachdem eine etwa 100 km weiter westlich gelegene Siedlung Navidad (bei Monte Cristi) abgebrannt war (→ „Geschichte"). 1496 gaben die Siedler das alte La Isabela auf und zogen auf der Suche nach Gold in die Gegend von Santo Domingo.

Zu sehen sind auf schön angelegten Wegen das einstige Kolumbus-Haus, der alte Friedhof, das Grab eines Soldaten und ringsum die uralten Backsteinfundamente der einstigen Wohngebäude. Bei Aufräumarbeiten unter Trujillo landeten offenbar zahlreiche alte Baumaterialien und auch Grundmauern im Meer, die heutzutage unter Denkmalschutz stehen würden. Später, vor allem im Hinblick auf die 500-Jahr-Feier der Entdeckung Amerikas, wurden die Ausgrabungsarbeiten forciert, was auch dazu führte, dass man das Dorf El Castillo wegen dort vermuteter Funde kurzerhand etwas nach Norden verlegte.

P.N. Arqueológico e Histórico La Isabela – hier gefiel es schon Kolumbus

Das *Museum* (tägl. 8–17 Uhr, Eintritt 100 RD-$, Kinder 25 RD-$) mit seiner ein-drucksvoll bemalten Außenfassade zeigt Funde und gibt Erläuterungen zur Ge-schichte – der Platz am Meer ist herrlich. Oberhalb der Straße, über die angelegten Wege erreichbar, steht das schon von weitem sichtbare Kirchlein *Templo* mit einem schönen alten Backsteinboden, verlegt zu einer Borte. Steigt man hoch auf die Balustra-de der Kirche, hat man einen wunderschönen Weitblick auf die gesamte Bucht.

Zum Baden gibt es schöne Strände unterhalb des Museums, zudem *Playa La Isabela* bei der Anlegestelle der Boote nördlich vom Ortskern El Castillo, ein flach ins Meer abfallender Strand mit Schatten spendenden Bäumen und Bänkchen; ruhige an-genehme Atmosphäre mit Blick auf die Bergkulisse Cordillera Septentrionál – leider fühlen sich die Moskitos hier auch sehr wohl.

Entfernung Luperon – El Castillo 15 km; El Castillo – La Isabela ca. 8 km; La Isabela – Punta Rucia (über Estero Hondo) 37 km. Achtung: Straße ist nur mit Jeep befahrbar (s. u.). Wer von Pta. Rucia kommt, sollte besser die Anfahrt über Imbert nehmen.

Übernachten/Essen *** Hosteleria Ran-cho del Sol, in El Castillo in Alleinlage am Meer auf riesigem Gelände mit Pool. 5 schöne Zimmer im dominikanischen Stil mit Fan und schöner Frühstücksterrasse. Meist nach Ostern bis Juli geschlossen (die nette dom. Besitzerin Sonja vorab anrufen!). Zim-mer mit Frühstück 800 RD-$/1 Pers., 1440 RD-$/2 Pers. (Halbpension nur nach Vereinba-rung möglich). El Castillo (südl. des Ortes), ☎ 809/696-0325, 280-338.

Restaurant Olivio, noch vor El Castillo in Caldelón, ein sehr gutes und preiswertes Lokal unter luftiger überdachter Terrasse. Spezialitäten sind Lobster und Langusten.

Cafeteria La Carabela de Colón, nettes Bistro von Jury und Fabiana direkt am Strand, Bäume spenden Schatten. Es gibt neben Getränken Pizza und Spaghetti. Mo Ruhetag. Playa Isabela.

Ausflüge/Sport Columbus Kayak, das belgisch-dom. Team ist am Strand Pl. La Isa-bela, ☎ 829/726-0564 (mobil); es können Ka-jaks gemietet werden (→ Punta Rucia).

Die Weiterfahrt zum Ort **(Villa) La Isabela,** einer größeren Ansiedlung mit Geschäf-ten, ist nur bedingt mit einem sehr starken und hohen Geländewagen möglich, da der an dieser Stelle breite und tiefe Río Bajabonico durchquert werden muss (der darauf folgende Fluss ist passierbar). Es stehen zwar Männer zur Hilfe bereit, aber die Uferböschung ist ziemlich versandet und steil und die Strömung im Fluss nicht zu unterschätzen (es gibt einige seichtere Stellen, aber ohne Ortskenntnisse und Führer ist es aussichtslos, sie zu finden). So erreicht man La Isabela, Estero Hondo und Punta Rucia außer in Trockenperioden nur über das Sträßchen von Imbert aus.
Verbindungen: Guagua von Puerto Plata nach Villa Isabela–Pta. Rusia–Estero Hondo Villa Isabela–Puerto Plata. Jedoch nur wenige Male täglich.

Punta Rucia

Kleiner, gemütlicher Fischerort mit einer Hand voll bunter Häuser um die Bucht – doch wie lange noch? Investoren bemühen sich auch schon hier, zudem sind einige schöne Plätze am Meer bereits Baustellen. Der weißsandige Strand geht flach ins Meer, in dem viele bunte Fischerkähne schaukeln. Es gibt einige nette Lokale und Unterkunftsmöglichkeiten. Seit einigen Jahren allerdings füllt sich das einst stille Ört-chen vormittags mit Ausflugsgästen, die die Attraktion, die vorgelagerte schneeweiße Mini-Insel *Cayo Paraíso* (auch Cayo Arena), besuchen – ein Paradies zum Schnorcheln.

Rund 2 km nördlich von Punta Rucia lädt eine weiter schöne große Bucht, die *Playa Enseñada,* zum Baden ein. Dahinter stehen die Comedores, die vor allem Krabben und Hummer anbieten (→ „Essen") – an diesem Idyll soll ein großes Hotelresort entstehen!

Der Norden → Karten S. 258/259 und 269

Cayo Arena oder auch Cayo Paraíso – eine riffgesäumte Miniinsel

Ca. 5 km nördlich von Punta Rucia (in Richtung Estero Hondo) liegt das zum Nationalpark La Isabela gehörende Schutzgebiet *Sanctuario Mamifero Marino Manati – Estero Hondo*, das zum Schutze der hier lebenden Manatis dient. Beim Rangerhaus der Nationalparkverwaltung an der Mangrovenbucht kann, wer Glück hat, frühmorgens Manatis (Seekühe) sehen. Ganz beschaulich kann man die Tiere auch bei einer Kajaktour betrachten (s. u.).

Fährt man weitere 5 km, erreicht man das Dorf **Estero Hondo.** Von dort sind es dann noch 25 km bis **La Isabela** – überall wächst Tabak, unter Hütten hängen die geernteten Blätter zum Trocknen.

Anfahrt per PKW   Nach Punta Rucia: ca. 20 km auf einem gut befestigten Makadam vom Abzweig Villa Elisa aus (kurz vor Laguna Salada). Oder von Pto. Plata kommend Abzweig kurz nach Imbert.

Verbindungen   Guaguas von Santiago nur bis Villa Elisa, ab dann weiter z. B. mit Motoconcho für ca. 200 RD-$.

Zudem von Puerto Plata nach Villa Isabela–Pta. Rusia–Estero Hondo Villa Isabela–Puerto Plata. Jedoch nur wenige Male täglich.

Ausflüge/Sport   El Paraíso Tours (dtsch.-österr. Ltg. Günther & Reinhard), ℰ 809/612-8499, 809/9700-7606 (mobil), www.cayoparaiso.rd.com. Büro auch in Pto. Plata. Ganzjährig (Mo Ruhetag) Ausflüge direkt von Punta Rucia möglich zum schneeweißen Inselchen **Cayo Paraíso** (auch Cayo Arena); ein herrliches Riff mit unzählig vielen bunten

Fischen bietet sich dem Betrachter. Die Fahrt führt am Rückweg entlang des Mangrovenwalds westlich von Punta Rucia. Die halbtägige Schnorcheltour mit Speedboot kostet ab Pta. Rucia 40 US-$ (9–13 Uhr, inkl. Getränke und Mittagessen im Restaurant); ab Pto. Plata 90 US-$; die VIP-Katamaran-Tour (Abfahrt von La Isabela) mit Snacks, Sekt etc. ca. 150 US-$ (ab Pto. Plata Hotels), Kinder bis 12 Jahre 50 %. Gegen Aufpreis ist auch Tauchen möglich.

Etliche weiter Agenturen bieten diese Cayo-Paraíso-Ausflugtour an, organisiert ab Hotel, je nach Standort und Agentur ca. 80–130 US-$.

Columbus Kayak, das belgisch-dom. Team ist bei der N.P.-Verwaltung am Rangerhaus, ℰ 829/726-0564 (mobil); eine 2-Std.-Tour per Kajak entlang der Bucht und den Mangroven im Manati-Schutzgebiet kostet 10 US-$.

Einkaufen Es gibt ein paar Colmados, mehr Auswahl hat man in Estero Hondo.

Tankstelle Nur in La Isabela und Villa Elisa.

Essen/Übernachten In Punta Rucia gibt es einige nette **Restaurants** mit familiärer Atmosphäre, man bemüht sich sehr um die Gäste. Ebenso gibt es etliche **Comedores** an der *Playa Enseñada*, empfohlen werden u. a. **Susanna** und **Enrique**. Sa/So u. Feiertage müssen für das Auto 100 RD-$ bezahlt werden.

Agentur-Restaurant El Paraiso Tours, von hier werden die Cayo-Paraíso-Touren organisiert (s. u. Ausflüge); das Büro mit herrlichem Strandrestaurant liegt an der westlichen Buchtseite. Man kann hier wunderbar essen, einen Drink nehmen oder am Strand baden. ✆ 809/612-8499 (mobil).

Villa Rosa Punta Rucia (franz. Ltg. Arnoud), in Ortsmitte gegenüber Hauptstrand. Die kleine Anlage mit Pool und nettem Garten bietet geschmackvolle Zimmer (50 US-$/2 Pers./Frühstück) und ein sehr gutes Restaurant (nach Voranmeldung). Es gibt Champagner-Wein-Terrine, leckeren Fisch, Rinderfilet in Champagner- und Rosmarin-Sauce und zum Dessert vielleicht Ananas-Mandel-Tarte; der Besitzer ist Metzger, d. h. er macht leckere Würste und Fleischpasteten in Dosen (Verarbeitung ist nicht hier!), die hier im kleinen Shop gekauft werden können. ✆ 809/801-8160, www.lavilla-rosa.com.

》》 Mein Tipp: Guesthouse **Casa Libre** (Ltg. Marco & Guertie), auf einer Anhöhe nördlich des Ortes (ca. 10 Min. Fußweg) und oberhalb des Meeres kann man sich beim deutsch-franz. Ehepaar in 3 schmucken einfachen Cabañas mit herrlichem Weitblick einmieten – eingebettet in einen steil abfallenden Hang, in einem tropisch wuchernden Garten mit wunderschönen Kakteen, Hunden und Katzen; unten der weißsandige Strand. Abendessen auf Anfrage. Sehr familiäre, nette Atmosphäre, für Familien mit Kleinkindern weniger geeignet. Mit Frühstück 900 RD-$/1 Pers., 1100 RD-$/2 Pers. ✆ 809/693-5010 (mobil) u. 809/212-8295 (mobil). **《《**

》》 Mein Tipp: Guesthouse-Bistro **Corales** (dtsch. Ltg. René Thalheim), an der Straße ortsauswärts (kurz nach Auffahrt zu Guertie). Der gelernte Koch und Tauchlehrer René bietet hier im hinteren Gebäude 6 große Zimmer (1500 US-$/2 Pers.) mit leckerem Frühstück, u. a. Pfannkuchen. Zum Abendessen gibt es nach Reservierung saisonale Küche, u. a. Rindersteaks mit Gemüse oder Salat oder Fisch mit Yuccaplätzchen. Es gibt Wifi und auch Yoga wird angeboten. Ein netter Platz, auch für Taucher bestens. ✆ 809/757-2252, 829/882-3522 (mobil), www.corales puntarusia.com. **《《**

Monte Cristi

Der Ort mit seinen 20 000 Einwohnern hat einen geometrischen Grundriss und breite Straßen mit prachtvollen alten Häusern aus der Kolonialzeit, die zum Teil restauriert werden. Er liegt an einer großen, riffgeschützten Bucht, sein Wahrzeichen ist der Berg El Morro.

An der riesigen, menschenleeren *Plaza de Reloj* mit ihrem markanten, 100-jährigen original französischen Uhrenturm, einem Förderturm nicht unähnlich, steht der kastellartige Justizpalast. Monte Cristi wurde 1533 von Spaniern gegründet, 1605 bereits aber wieder aufgegeben. Erst im 18. Jh. ließen sich hier durch den Handel mit Zuckerrohr und die Gewinnung von Salz Emigranten aus aller Welt nieder, zum Teil wurden Bewohner der Kanarischen Inseln zwangsangesiedelt und genötigt, Ackerbau zu betreiben. Die spanische Krone brauchte gute Farmer, und so musste jede Firma, die Wein von den Kanarischen Inseln hierher verkaufte, pro 100 Tonnen Ware fünf Familien als Siedler mitschicken. Der Boom der Stadt war im 19. Jh., als sich hier die Grenada Fruit Company ansiedelte und in der Umgebung u. a. Bananen für den Export anbauen ließ.

Wahrzeichen dieser flachen, von Salinen durchzogenen Landschaft ist der weithin sichtbare, 237 m hohe Berg *El Morro* nördlich von Monte Cristi. Vor der Küste liegen

Der Norden → Karten S. 258/259 und 269

sieben Riffs, *Cayos Siete Hermanos*, die zum Teil von Bootsexkursionen angelaufen werden. Wegen der Mangrovensümpfe im Süden gibt es zahlreiche Moskitos – die Gegend gehört zum *Parque Nacional Monte Cristi* (→ „Nationalparks") und ist Malariagebiet, daher finden sich Touristen nur spärlich ein.

Um Monte Cristi reihen sich schöne Sandstrände wie *Playa Juan de Bolaños, Costa Verde* und *La Playita* entlang der großen, geschwungenen Bucht. Das Wasser ist meist flach und ruhig, der Sand bestückt mit zahlreichen kleinen Muscheln. Nahe der Küste befindet sich die Leuchtturminsel *Cabra,* die ebenfalls wegen ihres schönen Strandes von Booten angelaufen wird. Im Wasser stehen Reiher und zahlreiche andere Wasservögel, Fischer dümpeln mit ihren Booten, es herrscht eine angenehme, träge Stimmung, wenig Schatten. Auf der Nordseite des Berges, über den eine Staubpiste führt, weht immer ein frisches Lüftchen, und die Brandung rollt an den langen, aber schmalen Streifen der *Playa detrás del Morro,* eingerahmt von hoch aufragenden Felsen. Hübsch ist ein Spaziergang zur Ostseite des Berges und zur *Playa Granja,* deren Wasser sich – flach und durchsetzt mit Seegras – allerdings weniger zum Baden eignet.

Verbindungen Bus: Mit Guaguas nach Santiago. Direktverbindung Caribe Tours 6-mal tägl. mit Santo Domingo (✆ 809/221-4422, www.caribetours.com.do), Fahrtzeit 4:15 Std., 350 RD-$. **Bootsausflüge** (nur am Wochenende) zu den vorgelagerten Inseln Cayos Siete Hermanos und zur Insel Cabra von der Mole an der Playa Juan de Bolaños. **Bustouren nach Haiti** organisiert das Hotel Los Jardines (gleicher Besitzer wie El Bistrot).

Es gibt auch einen kleinen **Privatflughafen**, ✆ 809/579-2777, www.elmorro.com.do.

Entfernungen Santiago 118 km, Pto. Plata 140 km, Santo Domingo 290 km.

Apotheken Farmacia Pueblo, Calle Duarte 41, ✆ 809/579-2394; Farmacia Sol, Calle Mella 1 a, ✆ 809/579-2404.

Bank Banco de Reservas, Calle Duarte 38.

Feste Karneval wird hier groß gefeiert: jeden So im Febr. und besonders am 27. Febr.

Übernachten *** Hotel Chic, zentral, aber laut, mit Restaurant. Zimmer (Bad, Fan/AC, TV) mit Kingsize-Bett 31 US-$, mit 2-Betten 37 US-$ oder die Suite für 45 US-$. Calle Benito Monción 44, ✆ 809/579-2316, -3036, www.chichotel.net.

Hotel Don Gaspar, in einer ruhigen Seitenstraße. Kleines Hotel mit Restaurant. Saubere, einfache Zimmer (TV, Fan) für 17 US-$. Ponte Jiménez 21/Esqu. Rodríguez Camargo, ✆ 809/579-2477.

Aparthotel Cayo Arena, Anlage mit Pool direkt am Strand. 12 große Apartments mit 2 Schlafzimmern, Wohnraum, Küche, Balkon und AC. 64 US-$, am Wochenende zahlt man 77 US-$. Frühstück und Abendessen 23 US-$/Pers. Playa Juan de Bolaños, ✆ 809/579-3145, www.cayoarena.com.

Hotel Los Jardines, am gleichen Strandabschnitt wie Aparthotel Cayo Arena. Kleine Bungalows (franz. Ltg.) im üppig wuchernden Garten mit kleinem Pool. Einfach ausgestattete Zimmer, Kühlschrank. Mit franz. Bett 30 US-$, mit 2 Betten 40 US-$. Playa Juan de Bolanos, ✆ 809/579-2091,

≫ Mein Tipp: Hotel El Morro, abseits kurz vor dem gleichnamigen Berg mit 12 modernen und edel ausgestatten Zimmer (mit Plasma-TV, Wifi, AC) in Bungalows auf großem, schönen Gelände mit hübsch angelegtem Pool, Bar und gutem Restaurant. Es gibt einen Heliport, Flugplatz, Spa und Gym und bewachten Parkplatz. Daneben werden Wander-, Mountainbike, Kajak- und Schnorcheltouren sowie Bootstouren auf die vorgelagerten Inseln angeboten. 2 Pers. ab 125 US-$ mit Frühstück. Calle El Morro, ✆ 849/886-1605, www.elmorro.com.do ≪

Essen/Übernachten Bar-Restaurant-Guesthouse Macanudo, gemütliches Inneres in kleinen Räumen, dazu Holzbalkone; gut geführt und gutes Essen. Av. Mella No 56/Esqu. Rodríguez Camargo.

Restaurant Coco Mar, direkt an der Playa Juan de Bolaños, mit Terrasse und Schatten spendenden Bäumchen. Fischgerichte.

Restaurant El Bistrot, mit schönem, pflanzenumwucherten Innenhof und Sitzmöglichkeiten, angenehmer offener Bar und guter

Monte Cristi – Playa detrás del Morro

franz. Küche; zu den Spezialitäten zählt Ziege (chivo). Calle San Fernando 26, ☎ 809/579-2091.

Restaurant Adela, nahe Caribe Tours, schöne offene Terrasse, gute kreolische Gerichte.

Bar-Restaurant-Diskothek Ocean Café, am ruhigen Ende der Avenida, schöne, luftige Terrasse zum Speisen, kreolische und int. Gerichte. Im gleichen Gebäude noch Diskothek. Av. Benito Monclón 1, ☎ 809/579-3643.

Nachtleben Diskothek/Terraza, im Zentrum, immer gut besucht, Calle Odeo/Esqu. Calle Colón. In Richtung Strandstraße zudem einige Terrazas, man muss sehen, wo etwas los ist.

Monte Cristi/Umgebung

Ein lohnenswerter Ausflug und ein Erlebnis ist sicherlich der haitianische Markt in der Grenzstadt **Dajabón,** 34 km südlich von Monte Cristi. Die Strecke führt kerzengerade durch zuerst trockene Landschaft mit Kakteen und Dornenbäumen, dann folgen sattgrüne Felder und Lagunen. Am Montag und Freitag werden von früh bis Mittag die Grenzpforten von Dajabón für den Markt geöffnet: Überall sitzen Verkäufer, per Schubkarren und auf stolzen Häuptern wechseln Lasten jeglicher Art die Länder – jeder kann vom anderen Land ein billigeres oder besseres Produkt gebrauchen. Beliebt bei den Dominikanern sind vor allem die preiswerteren Textilien wie Jeans, Blusen und T-Shirts, zudem Lederschuhe, aber auch Seife.

Verbindungen Caribe-Tours fährt rund 6-mal tägl. über Monte Crisiti nach Sto. Domingo. Ansonsten **Guaguas.**

Essen/Übernachten   Hotel-Restaurant **Bonanza**, am Ortsbeginn von Dajabón. Hübsche, von Pflanzen umgebene Terras-se. Nette Zimmer mit Tel./TV/AC oder Fan für ca. 15–20 US-$. Av. Martín Jhofferman 5a, ☎ 809/579-8548.

Zum Essen wird das **Restaurant Juan Calvo** empfohlen, Calle Presidente Henriquez 48.

Der Norden → Karten S. 258/259 und 269

Sosúa – machmal gibt es auch hohe Wellen an der riffgeschützten Playa Sosúa

Der Nordosten

Die Straße von **Puerto Plata** nach **Samaná** ist gut ausgebaut. Zuckerrohrfelder erstrecken sich, so weit das Auge reicht, dazwischen ragen Königspalmen mit ihren langen, weißen, flaschenhalsförmigen Stämmen auf. Je weiter man nach Osten kommt, desto üppiger wird die Landschaft. Sandstrände reihen sich aneinander. Touristische Zentren sind **Sosúa, Cabarete,** das Paradies der Windsurfer, und **Río San Juan** mit der Lagune Gri-Gri und herrlichen Stränden wie der **Playa Grande,** ehe man zur Halbinsel Samaná gelangt.

Sosúa

Der quirlige Touristenort mit seinen rund 12 000 Einwohnern besteht aus zwei Stadtteilen, getrennt durch den kilometerlangen Sandstrand, an dem der Puls der Stadt schlägt. Sosúa wird tags wie nachts von Einheimischen und zahlreichen Gästen bevölkert. Wer karibischen Rummel liebt, sich gerne ins Nachtleben stürzt, zudem etwas städtisches Flair nicht missen möchte, ist hier richtig.

Sosúa gehört zu den wenigen touristischen Orten der Dominikanischen Republik, die nicht nur aus AI-Anlagen bestehen. So gibt es in und um den Ort zahlreiche Hotels und Pensionen aller Kategorien sowie, neben allerlei Geschäften, jede Menge Restaurants, Bars und einige Diskotheken für das nächtliche Vergnügen. Abends wird promeniert und nach Partnern gesucht. Sosúa gilt als Single-Treff und Hochburg der Prostitution, und man sollte gut auf Wertsachen und Schmückstücke aufpassen. Die Stadtväter wollen diesem schlechten Image allerdings den Riegel vorschieben und schlossen etliche einschlägige Lokale. Viele Deutsche und Schweizer, die einst als Touristen hierher kamen, sind geblieben – etwa 16 000 Deutschsprachige sollen sich rund um Sosúa niedergelassen haben, daher gibt es u. a. deutsche Bäcker, deutsches Bier und die deutsche Zeitung Hallo.

In Sosúa fällt es zunächst schwer, einen Ortskern zu erkennen, da sich die beiden Stadtteile, das ehemalige Fischerdörfchen *Los Charamicos* und das jüdische *El Batey*, entlang der Hauptstraße an der Küste hinziehen. Im Altstadtviertel Los Charamicos mit seinen kleinen Häusern findet das geschäftige Leben der Einheimischen statt, hier gibt es kleine Pensionen, Restaurants und auch immer mehr Touristen. Hauptverkehrsader in El Batey ist die *Calle Pedro Clisante,* bestückt mit zahlreichen Lokalen. Sie führt hinab zum Sandstrand, der *Playa Sosúa,* vorbei an bunten Souvenirbuden, deren Besitzer um die Gunst der Käufer buhlen. Unten am Strand findet zwischen Liegestühlen, Sonnenschirmen und Sandburgen das touristische

Juden in Sosúa

Diktator Trujillo gab, wie auch im Landesinneren, hier um Sosúa Weide- und Bauland frei. Er wollte, dass sich die Einheimischen mit weißen Siedlern vermischten, und versuchte eine Land- und Viehwirtschaft nach europäischem Vorbild zu etablieren. Auf einer 1938 einberufenen Konferenz von 32 Nationen erklärte sich die Dominikanische Republik als einziges Land bereit, jüdische Flüchtlinge aufzunehmen. So entkamen bis 1940 rund 600 reiche Juden der grausamen Verfolgung in Europa und fanden in Sosúa Zuflucht – eigentlich hätten es 100 000 sein sollen. Das Land mit Baracken und einer Wasserversorgung stellte Trujillo gegen Zahlung von 100 000 US-$ zur Verfügung. Mit seiner vermeintlichen Großzügigkeit machte er noch einen guten Schnitt, da er selbst das Gebiet von der abziehenden United Fruit Company für 50 000 US-$ erworben hatte. Der Kaufpreis wurde mit eigenen Geldern und Spendengeldern aus aller Welt gedeckt, verwaltet von der eigens gegründeten Organisation DORSA (Dominican Republic Settlement Association).

Der Anfang war hart, aber die berufliche Vielfalt und ihr Fleiß erleichterten den Flüchtlingen den Neubeginn. Häuser wurden gebaut, die Erträge aus Landwirtschaft und Viehzucht stiegen. Unter den Siedlern waren Leute, die sich auf Fleischerei, Wurstherstellung und Milchproduktion verstanden. Noch heute besitzt der Ort mit „Producto Sosúa" (Calle Dr. Alejo Martinez) die größte Wurst- und Käseherstellung des Landes. Durch den Erlös aus dem Verkauf dieser auf der Insel knappen Produkte konnte mehr Land angekauft werden. So festigte sich die neue Heimat der Juden an der Nordküste. Eine Schule entstand, die jetzige Privatschule Cristóbal Colón (Calle Pedro Clisante), eine Bibliothek und eine Synagoge (Calle Dr. Alejo Martinez), die leider nur einmal pro Monat von einem Rabbiner aus Santo Domingo für eine Messe geöffnet wird. Der jüdische Friedhof befindet sich auf dem Berg (Auffahrt Camino Libre). Die von Trujillo beabsichtigte Vermischung der Volksgruppen war kaum erfolgt, die Kindeskinder gingen in die USA zum Studieren und bauten sich dort eine neue Heimat auf. 1970 wurde Sosúa als karibisches Ferienziel entdeckt, das jüdische El Batey verlor allmählich an Bedeutung.

Heute ist Sosúa Heimat für über 10 000 Ausländer aus aller Welt – vorwiegend Kanadier und Deutsche sowie Italiener, Schweizer und Österreicher.

Hauptgeschehen statt. Eine weitere, neu gestaltete Badebucht, die *Playita*, liegt unterhalb des Restaurants Waterfront; hier werden ebenfalls Liegestühle vermietet, es gibt Beachvolleyball und noch kleine Palmen. Hinter dem Strand, versteckt unter Schatten spendenden Bäumen, bietet sich ein buntes karibisches Bild: Buden mit Speisen und tropischen Cocktails, Bauchladenverkäufer, die Kokosnüsse, Chicharron (frittierte Schweinsschwarte) und Süßigkeiten aus Kokos und Milch anbieten, und viele Textil- und Souvenirshops. Um 19 Uhr – oder besser nach dem herrlichen Sonnenuntergang – schließt der Strand, und das Leben beginnt in den Straßen von Sosúa zu pulsieren. Für Tauch- und Schnorchelfreunde bietet das nahe Riff an der Bucht gute Bedingungen.

Basis-Infos
→ Karte S. 271

Information Secretaría de Estado de Turismo (Tourismusbüro) im Gebäude von Erich Hauser, 2. Stock, Hauptstraße nach Cabarete, links (gegenüber Supermarkt Producto Sosúa). Gute Auskünfte, in Englisch und Spanisch. ℡ 809/571-3433.

Internet: www.sosua.com mit den neuesten Infos aus Sosúa (deutschsprachige Seiten), auch www.sosuanachrichten.com.

Verbindungen Bus: Caribe Tours, Haltestelle und Büro: Carretera Sosúa–Puerto Plata/Esqu. Los Charamicos, ℡ 809/571-3808, www.caribetours.com.do.   Expressbusse ab 6 Uhr stündl. nach Santiago (150 RD-$)

Playa Sosúa, der „Treff"

und weiter nachSanto Domingo (380 RD-$). Nach Samaná nur per Guagua (s. u.).

Caribe Express, nördlich von Caribe Tours (parallel zur Hauptstraße); für Postpakete/Geldanweisungen etc.

Metro, in El Batey (bei Texaco-Tankstelle), ℡ 809/571-1324, www.metrotours.com.do; mindestens 3-mal tägl. Santiago–Sto. Domingo.

Guaguas: Cabarete 20 RD-$, Puerto Plata 35 RD-$, Río San Juan 70 RD-$. Ständige Guagua-Verbindungen mit Pto. Plata, Cabarete und Río San Juan.

Motoconchos: Motorradtaxis kosten pro Fahrt 30 RD-$/Pers., nach Einbruch der Dunkelheit 50 RD-$/Pers.

Taxis: Taxistände z. B. am Weg zum Strand von Sosúa und in der Calle Pedro Clisante (nahe dem Merengue-Club), ein weiterer gegenüber dem Eingang zu Los Charamicos. Eine Fahrt innerhalb von Sosúa kostet 200 RD-$, zum Flughafen ca. 25 US-$, nach Pto. Plata 40 US-$. Taxis kann man auch für einen ganzen Tag mieten, der Preis ist Verhandlungssache.

Entfernungen Puerto Plata 16 km, Flughafen Pto. Plata (POP) ca. 4 km, Samaná 200 km.

Ausflüge Agenturen u. a. **Mel-Tour**, Alejo Martinez, ℡ 809/571-2057, 571-4002, www.meltour.com; **Alf Tour** (Ltg. Johnny Bernard), Pedro Clisante 12, ℡ 809/571-9904, www.alftour.com. **Extratours** (dtsch. Ltg. Andreas Maus), landesweite Ausflüge, auch länger, Sosúa, ℡ 809/879-1104.

Beliebte Touren: Paradise-Island (Cayo Arena) zum Schnorcheln, 70–75 US-$; Samaná-Tagestour, 80 US-$; Sto. Domingo per Bus 77 US-$; Gri-Gri Laguna bei Río San Juan und Playa Grande, 45 US-$; Mountainbiken (u. a. von El Cumbre hinab); River-Rafting in Jarabacoa, ca. 75 US-$.

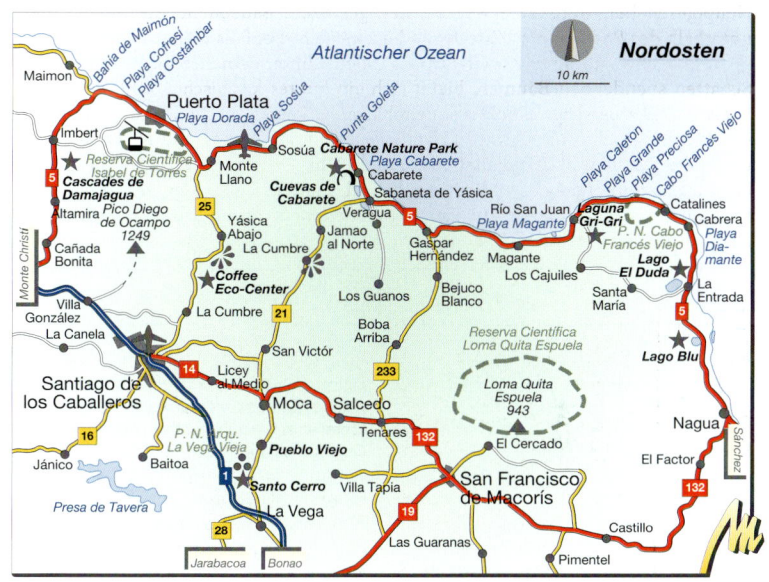

Autovermietung Ok Motors (dtsch. Ltg. Willi), Carretera Cabarete Km 3,5 (stadtauswärts nach Cabarete bei Castol Tankstelle), 📞 809/571-1666, www.ok-motors.com. Gute Preise, auch stundenweise Vermietung (in Zusammenarbeit mit Fun-Tours, bzw. Easy Rider, → Cabarete).

L und I Rent-A-Car (Luis Polanco), Calle Dr. Rosen (kurz vor Rest. Waterfront), 📞 809/571-2452, 809/222-3255 (mobil); **Sammy Rent a Car**, Calle Dr. Rosen/Esqu. Alejo Martinez, 📞 809/571-4672.

Apotheken Farmacia San Raphael, Hauptstraße Sosúa nach Cabarete (El Batey), direkt an der Texaco-Tankstelle, 📞 809/571-3480, -2515; **Farmacia Atlantica**, Calle Mota 11 (Los Charamicos), 📞 809/571-2303. Beide 8–22 Uhr.

Banken Mo–Do 9–15, Fr bis 14.30 Uhr. Alle mit Geldautomat. **Banco Popular**, Calle Alejo Martinez; **Banco de Reserva**, Calle Pedro Clisante; **Banco León**, Calle Duarte; **Banco Dominicano del Progreso**, Calle Pedro Clisante 12 (neben Getränkemarkt Super Super). Gute Kurse auch bei **Caribe Express**.

Einkaufen Großes Angebot an Geschenkläden, Supermärkten, Juwelieren etc. am Strand wie auch in der Calle Pedro Clisante. Beim Stadt- und Strandbummel Feilschen nicht vergessen!

The Amber Collection, Eigentümerin Edith S. Meyerstein-Bloch, deutschsprachig. Auswahl an internationalen Bernsteinen sowie Larimar, verarbeitet zu sehr schönen Schmuckstücken in Gold oder Silber. Calle Pedro Clisante 39.

Schmuckdesigner Hugo Ducros, im kleinen Laden werden schöne Schmuckstücke aus Bernstein, Larimar oder aus Korallen, aber auch antike Skulpturen angeboten; natürlich werden auch Steine nach Wunsch verarbeitet. Calle David Stern 15.

Bäckerei-Café (Panadería) Moser 🄴, deutscher Bäcker in der Calle Ana María. Mo–Sa 7–19 Uhr. 📞 809/571-3383. Sehr reichhaltiges Frühstück nebenan im Café.

Supermarkt Playero, Riesenangebot an Waren aus aller Welt. 8–22 Uhr (auch an Feiertagen). Calle Duarte, 📞 809/571-1532.

Metzgerei/Restaurant Sägbock 🄴, hier gibt es deutsche Wurstwaren (→ „Essen & Trinken").

Kosmetik Salon La Prima, 📞 809/571-3873, gegenüber von Hotel Sosua-by-the-Sea. Guter Service u. a. Massagen, Maniküre, Pediküre.

Krankenhaus Centro Medico Cabarete (CMC), modernes größeres Krankenhaus mit den verschiedensten Spezialisten,

Der Norden → Karten S. 258/259 und 269

ortsauswärts an der Straße Richtung Cabarete (gegenüber Abzweig La Mulatta). Carretera Sosúa–Cabarete Km 1, ☎ 809/571-4696; Notfall-☎ 809/571-4038.

Sprachinstitut Casa Goethe **6**, Spanischkurse und Sprachferien. Es wird auch kombinierter Sprachunterricht angeboten, mit Tauchen, Surfen, Tanzen sowie die „Reisende Sprachschule", d. h. alle 3 Tage wird an einem anderen Ort unterrichtet. Außerdem kann man hier in schönen, ruhigen Apartments übernachten. IIC-Sosúa (Ltg. Thomas Fritsch und Florian Lieb), Apartado Postal 326, La Puntilla 2, El Batey, ☎ 809/571-3185, edase@aacr.net, www.edase.com.

Veranstaltungen Jazzfestival, Okt./Anfang Nov. (zusammen mit Puerto Plata und Cabarete, jährlich verschieden).

Übernachten

Sosúa – El Batey ***** Hotel Sosúa Bay Resort **12**, oberhalb des Strandes. Exklusive Al-Anlage mit 193 stilvollen Zimmern, alles in Terrakotta-Tönen gehalten, mit Pools, gutem Restaurant, Bar, Spa, Disco „After One", Casino. Al ca. 180 US-$/Pers. im DZ. Calle Dr. Alejo Martinez 1, ☎ 809/571-4000, www.sosuabayresort.com.

**** Hotel Sosúa Bay Beachclub **12**, neben Hotel Sosúa Bay Resort erbaut, gleiche Leitung. Insgesamt ein anderer Standard, preiswerter und ohne Al-Service. Zimmer (max. 2 Pers.) mit Frühstück mit Meerblick 80 US-$ (zum Garten 60 US-$). Info s. o., www.sosua bayresort.com.

»» Mein Tipp: ***** Hotel Victorian House **8**, am westlichen Ende der Hotels Sosúa Bay (gemeinsame Ltg.) erhebt sich der Prachtbau im viktorianischen Stil, der alles andere erblassen lässt. Einrichtungen des Haupthauses können mitbenutzt werden. 150 US-$/Pers. im DZ. Info s. o., www.sosuabayresort.com. **«««**

**** Hotel Sosúa by the Sea **1**, angenehmes, ruhiges Hotel mit eigenem Strandabschnitt, hübschen Pools und guter Tauchschule. Es gibt Superior Suites (bis 4 Pers., Wohn- u. Schlafraum, Küche, Essecke, Meeresblick), Standard Suites (bis 4 Pers., Wohn- u. Schlafraum), 48 Studios (bis 2 Pers.). Alle mit AC, Sat-TV, Safe, Kühlschrank, Tel. Preise mit Frühstück: Suite 140 US-$/2 Pers., Studio 110 US-$. Calle Bruno Philipps, ☎ 809/571-3222, www.sosuabythesea.com.

***** Hotel Piergiorgio Palace **3**, im viktorianischen Stil erbaut, einst vom gleichnamigen Modezaren bewohnt, mit Restaurant, Pools und hübsch angelegtem Park, terrassiert, oberhalb des Meeres. 51 Zimmer mit einem oder zwei Kingsize-Betten, AC, TV, Tel. 5 Min. Fußweg ins Zentrum. DZ mit Meeresblick und Frühstück ab 115 US-$ (Landseite 95 US-$). Calle La Puntilla 1, ☎ 809/571-2626, www.piergiorgiopalace.com.

Hotel-Restaurant Valeria **9**, das holländische Ehepaar Ariën & Diana Vlogtman hat ein tropisch wucherndes kleines Paradies für seine Gäste geschaffen. Um den Pool gruppieren sich die individuell ausgestatteten 7 Zimmer/Apartments mit kleiner Terrasse. Angeschlossen ein Restaurant. 55 bzw. 65 US-$. Calle Dr. Rosen 28, ☎ 809/571-3565, 809/949-3845 (mobil), www.hotelcasavaleria.com.

Hotel El Colibri **17**, holl. Ltg. von Monique & Steven. Angenehme und großzügige Anlage (nicht zu verwechseln mit Casa Colibri!) auf 4000 qm, tropischer Park mit Palmenhain um ein großes Schwimmbecken. Inzwischen gibt es am Eingang auch eine Bar/Restaurant und die einstige Ruhe leidet – dafür mehr Amusement: freitags Fischessen (mit Band), am So Barbecue mit Livebands und Tanz. Sprachunterricht, Autoverleih, Internet; auch Tauchen. Zimmer je nach Komfort für 2 Pers. 45–70 US-$, Apartments 75 US-$. Calle Pedro Clisante 141, ☎ 809/571-1847, 809/707-1847 (mobil), www.elcolibri.net.

Guesthouse Orchidee **11**, im 1. Stock ein preiswertes Restaurant. Einfache, aber preiswerte Zimmer (TV und Fan/AC) mit Winzigterrasse für 36 US-$ oder Studio für 41 US-$ (2 Zimmer 52 US-$). Calle Dr. Rosen 24, ☎ 809/571-2404, www.hotelorchidee.ch.

Aparthotel Don Antonio **20**, unter Ltg. des deutschen Direktors des Spracheninstituts. Daher wohnen hier auch viele Sprachstudenten. Kleines Restaurant und Pool, 19 einfache ordentliche Zimmer, mit AC 37 US-$, ohne 32 US-$. Calle Dr. Rosen 3 (bei Tankstelle), ☎ 809/571-2662, www.hotel-antonio.com.

Hotel New Garden **7**, kleine Anlage (ital. Ltg. Lorenzo Bernardi) um kleinen Pool mit Garten und Bar. Zimmer mit AC, TV, Kühlschrank, franz. Bett oder 2 Betten. 80 US-$/2 Pers./Frühstück, im neuen Teil 95 US-$. Calle Dr. Rosen 32, ☎ 809-571-1557, www.newgardenhotel.com.

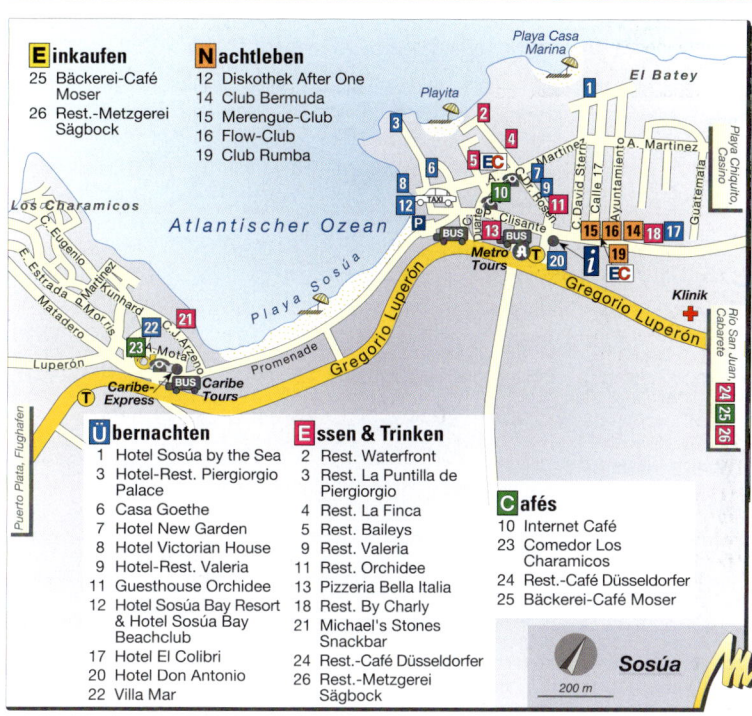

Sosúa – Los Charamicos ▶▶ **Mein Tipp:** Villa Mar **22**, 13-Zimmer-Haus im Bermudez-Baustil inmitten eines tropischen Gartens (dtsch. Ltg. Sabine Vogt), schön und ruhig gelegen, familiäre Atmosphäre, mit kleinem Frühstücksrestaurant. 1 Min. Fußweg zum Strand von Sosúa und ins Zentrum von Los Charamicos. Auch Familienzimmer für 6 Pers. mit riesiger Terrasse und Blick aufs Meer. Safe gegen Gebühr. Zimmer mit Kühlschrank, Balkon oder Terrasse 25 US-$ (franz. Bett) bzw. 45 US-$ (2 franz. Betten). Calle Julio Arzeno, ✆ 829/962-5070 (mobil), www.villamarsosua.com. ◀◀

Essen & Trinken

▶▶ **Mein Tipp:** Restaurant Waterfront **2**, schöne Terrasse (auch Zweiernischen), von der man herrlich bei Cocktails und netter Musik den Sonnenuntergang über dem Meer betrachten kann. Gutes Essen wie Lamm, Steaks und natürlich Fisch und Krustentiere und alles bei einem hervorragenden Service. Mittleres Preisniveau. Tägl. 11–23.30 Uhr. Calle Dr. Rosen 1, ✆ 809/571-2670, 571-3024 (f. Reservierung). ◀◀

Restaurant La Puntilla de Piergiorgio **3**, traumhaft oberhalb des Meeres an der Spitze zur Bucht von Sosúa gelegenes Restaurant und Hotel des Italieners Piergiorgio. Abendessen bei romantischem Kerzenlicht auf dem terrassierten Gelände mit Nischen und Balkonen oberhalb der Steilklippe, alles eingehüllt in tropische Pflanzenpracht – das Ambiente hat seinen Preis. Die Küche bietet Fisch, Fleisch, Krustentiere und eine große Weinauswahl. Tägl. 12–24 Uhr. Calle La Puntilla 1, ✆ 809/571-2626.

Restaurant Valeria **9**, nettes, kleines Restaurant (auch Hotel, s. o.) mit verfeinerter kreolischer Küche (Schnecken, Salate, Fisch, Fleisch, leckere Crêpes zum Nachtisch); mittleres Preisniveau. Angenehm zum Sitzen. Calle Dr. Rosen 28, ✆ 809/571-3565.

Die idyllische Budenstadt hinter dem Strand von Sosúa

Restaurant Baileys , überdachte Terrasse mit Rattanmöbeln, eingehüllt in Palmen und Farn. Der österreichische Koch offeriert gute und preiswerte Küche, u. a. Schnitzel, Rumpsteaks, Salate. Es gibt auch gutes Frühstück. Calle Alejo Martinez (hinter Banco Popular).

Michael's Stones Snackbar 21, besser bekannt als „bei Kori". Schöne Lage mit Blick auf die Bucht. Kleines Insiderlokal mit gutem und relativ preiswertem Essen. Verschiedene Sandwiches, sehr zu empfehlen: Meerschnecke kreolisch. 11–22 Uhr. Calle Julio Arzenio 3 (Strandausgang Los Charamicos, 1 Min. Fußweg), 809/804-3666 (mobil).

»› Mein Tipp: Restaurant-Guesthouse Orchidee 11, dt.-dom. Ltg. unter Tilo; etwas versteckt im Hinterhaus und 1. Stock. Sitzmöglichkeiten auf dem kleinen Balkon oder im Innern. Flinker Service und gute, preiswerte Hausmannskost (u. a. Hühnchen, Fisch, Pizzen) ohne Schnickschnack. Calle Dr. Rosen 24, 829/891-2438 (mobil). **‹‹‹**

Restaurant By Charly 18 (im Club Residencial), hier gibt es Schweizer Kuchen, Schokotorte und deutsche Küche – eine gute Mischung. Daher ist die kleine, saubere Terrasse immer gut besucht. Hier gibt es auch gute Appartements. Calle Pedro Clisante 32.

La Finca 4, dtsch. Koch, etwas teurer, aber lecker. Calle Alejo Martinez/Esq. Calle Dr. Rosen.

Pizzeria Bella Italia 13, überdachte, begrünte Terrasse mit karibischem Flair, wo die italienische Flagge weht. Hier isst man gute und preiswerte Pizzen. Calle Pedro Clisante 24.

Restaurant-Café Düsseldorfer 24, ganz am Ende von Sosúa mit lauschigem Garten und deutscher Küche. Auch gut zum Frühstücken. Calle Ana María (nahe Bäckerei Moser).

Restaurant-Metzgerei Sägbock 26 (dtsch. Ltg Heinz), hier gibt es deutsche Wurstwaren (sehr preiswert) wie Bockwürste und Leberkäs; zudem Restaurantbetrieb. Carretera Cabarete, nach Waschanlage (Car-Wash).

Comedor Los Charamicos 23, preiswertes, sehr einfaches, aber gutes Lokal. Es gibt Kaffee, frisch gepresste Säfte, Omelette, Sandwiches. Ab 7 Uhr geöffnet. Calle Mota/ Esqu. E. Kunhard.

Cafés/Nachtleben   → Karte S. 271

Cafés/Frühstück   Internet Café 10, bei einer Tasse Cappuccino im Internet surfen. Calle Duarte/Esqu. Alejo Martinez (gegenüber Banco Popular).

Bäckerei-Café Moser (Einkaufen), zudem **Restaurant-Café Düsseldorfer**, **Restaurant Baileys** und **Comedor Los Charamicos**.

Nachtleben Das einst riesige Angebot an Discos und Bars wurde durch Schließungen etwas reduziert. Achtung! Unbedingt auf Wertsachen achten, auch Jacken und Schals sind begehrt. Die Nachtmeile ist die *Calle Pedro Clisante*, auch nordwärts noch viele kleine Bars – vielleicht sogar mit netterer Atmosphäre als die großen im Zentrum. Auch in Sosúa gilt: unter der Woche sind Nachtlokale bis 24 Uhr, Fr/Sa bis 2 Uhr geöffnet.

Diskothek After One 🔢, im Hotel Sosúa Bay, beliebt bei Touristen und, wie der Name besagt, füllt sich die Tanzfläche erst frühmorgens, wenn die anderen Lokale schließen müssen. Calle Dr. Alejo Martinez 1.

Merengue-Club 🔢, offener karibischer Holzbaustil, ab 15 Uhr bis frühmorgens. An der riesigen Theke mittendrin werden gute Cocktails gemixt. Abends kommen dann die „Mädchen" und stehen fast in Reihe … Ab 23 Uhr kann man in den 1. Stock, dann öffnen sich die Pforten der kleinen Diskothek (Eintritt 150 RD-$) mit AC – auch hier sehr viele Prostituierte. Gespielt werden Merengue, Reggeaton und int. Songs, wenig Salsa; guter Tanzboden. Calle Pedro Clisante.

Flow-Club 🔢, ein Gebäude weiter nördlich vom Merengue-Club; Holzboden und viele Prostituierte. Die meisten Gäste pendeln zwischen den beiden Discos.

Club Bermuda 🔢, noch ein Stückchen weiter, schlauchförmig und leerer – auch hier dominikanische Musik. Calle Pedro Clisante.

Club Rumba 🔢, gegenüber von Flow-Club, sehr beliebt und sehr voll – gespielt wird dom./intern. Musik; Eintritt 200 RD-$ inkl. 1 Freigetränk.

Einheimische lieben auch die preiswerten Terrazas mit typischer dom. Musik: u. a. **Car-Wash mit Disko** in Cangrejo, 5 km von Sosúa in Richtung Pto. Plata (kurz nach Flughafen).

Casino Playa Chiquita, 20–4 Uhr; Taxifahrt bei mindestens 6 Gästen gratis. Playa Chiquita, ✆ 809/571-3416.

(Wassersport

Strände **Playa Sosúa** (Stadtstrand), 1,5 km langer Sandstrand in der Bucht von Sosúa als Verbindungsstück zwischen El Batey und Los Charamicos. Sonnenliegen und -schirme gegen Tagesgebühr von 40–60 RD-$.

Playito (Stadtstrand), unterhalb vom Restaurant Waterfront, auch bestens für den karibischen Sonnenuntergang. Die jungen Palmen wachsen noch, ansonsten schöner gepflegter Strand mit Beachvolleyballfeld. Oben sind die Parkplätze. Calle Dr. Rosen.

Playa Casa Marina, öffentliche, kleine Hotelstrandbucht direkt am Hotel Casa Marina. Eingang Calle Bruno Philipp, zwischen Hotels Casa Marina und Sosúa by the Sea.

Playa Chiquita, kleine Strandbucht über dem Meer. Am Ende von Sosúa, 2 Min. Fußweg vom Casino.

Einsame, ruhige Strände: **El Encuentro** – 5 km von Sosúa in Richtung Cabarete, mit dem Guagua sehr gut zu erreichen. Oder **Playa Cangrejo** – 5 km von Sosúa in Richtung Puerto Plata, ebenfalls mit dem Guagua zu erreichen.

Tauchschulen In Sosúa gibt es 6 Tauchschulen (die großen Hotels verfügen ebenfalls über Tauchschulen), darunter zwei deutschsprachige direkt am Strand. Kurze Wege (5–20 Min.) per Boot zu den verschiedensten Tauchplätzen.

Tauchschule Merlin (dtsch. Ltg. Jürgen Rumpenhorst), am Parkplatz Sosúa-Strand, ✆ 809/545-0538, www.tauchschule-merlin.com. Tauchgänge/Preis: 1/35 US-$, 3/100 US-$, 10/300 US-$, bei eigenem Tauchequipment Preisnachlass. Nacht- und Wracktauchgänge mit Aufpreis von 15 bzw. 10 US-$; Tauchlehrgänge, u. a.: Divemaster (nach Anfrage), Rescue Diver, Adventure Diver.

Tauchschule The Big Blue (schweiz. Ltg. Marcel Andris und Susanne Rott-Andris), Parkplatz Sosúa-Strand, ✆ 809/571-2916, www.big-blue-diving-sosua.com. Tauchgänge/Preis: 1/30 US-$, 3 x 2/150 US-$, 5 x 2/240 US-$, Tauchkurs inkl. Zertifikat 350 US-$. Schnorcheltouren, Tauchpakete, etc.

Schnorcheln An einem kleinen, vorgelagerten Riff in der Bucht für 15 US-$. Schnorchelausrüstung 5 US-$.

Bananaboat Im rasanten Tempo durch die Bucht für 25 US-$.

Cabarete

Das einstige Fischerdorf verdankt seine touristische Entwicklung dem langen Sandstrand sowie den guten Windverhältnissen, die zum Surfen, Windsurfen und Kiteboarden geradezu einladen, internationale Regatten gehören zu den jährlichen Events. So ist die große Bucht voller bunter Segel, und am Strand gibt es mehr Surfbretter als Liegestühle.

Cabarete verdankt seinen Windsurfboom *Jean Laporte*. Der damals junge kanadische Weltklassesurfer entdeckte in den 1980ern diesen Strand und befand ihn für sehr gut – kontinuierlich bläst der Nordwestpassat, ein Korallenriff schützt Mensch und ungebetene Gäste. Heute geben sich die Segel der Surfer ein Stelldichein am Meereshorizont, gelegentlich jagen sie bei internationalen Regatten über die lange, große Bucht. Auch der Sandstrand wird mit einbezogen und von parkenden Segeln und Brettern beansprucht. An der *Punta Goleta* westlich der Stadt haben die Kiteboarder ihr eigenes Revier mit Hotels erhalten. Ein weiteres Eldorado noch weiter westlich ist die Bucht *Playa Encuentro,* beliebt vor allem bei Surfern. Das Publikum ist vorwiegend jung und sportbegeistert, und neben pauschal reisenden Surfern finden sich auch Individualtouristen ein. Wer allerdings hier eine Sportwoche einlegen möchte, sollte diese von zu Hause aus buchen, wo sie bis zu 20 % billiger ist.

Durch die jungen Surfer hat sich hier eine eigene Tourismussparte mit zahlreichen Surf- und Kitesurfschulen und Verleihstationen entwickelt, die Hotels sind auf ihr Publikum eingestellt, es gibt neben schicken Hotels auch zahlreiche preiswerte Unterkünfte. Abends wird natürlich kräftig am Strand gefeiert und man veranstaltet jede Menge Events. Die palmwedelgedeckten Restaurants und Bars mit ihren offenen Terrassen liegen am Strand dicht nebeneinander. Manche Restaurants benutzen den Sandstrand als Terrasse, dann wird exquisit unter Palmen bei Kerzenschein diniert. Der Ort mit seinen Hotels, Restaurants und Geschäften, meist zum Meer hin, zieht sich entlang dem schmalen Streifen zwischen Strand und Hauptstraße. Einen Besuch lohnen der nahe gelegene private *Cabarete-Naturpark* mit Höhlen und Grotten sowie die *Lagune* – allerdings fehlt auch hier das nötige Kleingeld um alles in Schuss zu halten.

Basis-Infos

Informationen/Internet www.active cabarete.com.

Verbindungen Wegen des Durchgangsverkehrs Puerto Plata – Samaná halten hier alle Guaguas und es gibt viele Motoconchos. Nach Samaná (Sánchez) Abfahrt nur morgens um 7 Uhr. **Caribe-Tours** fährt in 4,5 Std. nach Santo Domingo.

Entfernung Puerto Plata 40 km; Río San Juan knapp 50 km.

Ärzte Consultorio Médico Cabarete, Carretera Principal, ℰ 809/571-0851; **Servi-Med** (Zahnarzt und Chiropraktiker; deutsch u. englisch), Calle Principal (kurz nach Banco del Progreso), ℰ 809/571-0964 (bei Notfall ℰ 809/727-6899).

Ausflugs- und Sportagenturen Iguana **Mama**, Calle Principal 74, ℰ 809/571-0908, www.iguanamama.com. Mountainbiketouren in allen Längen und Schwierigkeitsgraden, Wandertouren, Rafting, Katamaranausflug inkl. Schnorcheln, Reiten, Tauchen, Canyoning.

Fun Tours (dtsch. Ltg. Josef Peuker), Calle Principal, ℰ 809/571-0250, 571-9798; geöffnet 8–19 Uhr. Seit 20 Jahren ist Josef hier aktiv, gibt gute Infos und offeriert viele Ausflüge (u. a. Cayo Paraíso, Samaná, Playa Grande), auch per Pferd in die Umgebung (mit Ute Mann, s. u. Reiten); zudem auch Autovermietung Easy Rider.

Auto-/Motorradvermietung Easy Rider, bei Fun Tours (s. o.); Motorräder und Au-

Playa Cabarete – bestens zum Baden, Surfen, Essengehen und fürs Nightlife

tos, gute Beratung und gute Preise, auch stundenweise Vermietung (→ Ok Motors in Sosúa)! **Chelo Rent-a-Car**, Calle Principal (gegenüber Sans Souci Beach App.), ✆ 809/571-0932; **Adventure Rent-a-Car**, Calle Principal, ✆ 809/571-9595, www.adventure rentcar.com.

Banken Banco del Progreso (neben Televimenca), mit Geldautomat, Mo–Fr 9–15 Uhr; Banco Popular, Ortseingang; Scotiabank, Ortsende rechts (gegenüber von Iguana Mama). Wechselstuben in der ganzen Stadt.

Einkaufen In Cabarete ist fast alles erhältlich, zudem Bäckereien, organischer Kaffeeshop etc. (→ Cafés); am Ostende großer **Supermarkt Jeanette**.

Internet Tele-Cabarete, Internet Center, ✆ 809/571-0845. Zudem gibt es viele Souvenirshops, in denen man telefonieren kann. Internetcafés: jede Menge im Ort, u. a.

neben Banco Popular oder östlich von Adventure Tours.

Veranstaltungen Cabarete Cup, Windsurf-Amateurmeisterschaften im Juni.

Kiteboard-Worldcup (PKRA), Ende Juni/Anfang Juli.

Master of the Ocean, Ende März findet dieser Triathlon im Surfen, Windsurfen und Kiteboarden statt.

Sandburgenbau, internationaler Wettbewerb der Sandburgen und -figuren, im Febr.

Jazzfestival, Okt./Anfang Nov. (je nach Sponsoring zusammen mit Santiago, Puerto Plata und Sosúa), www.drjazzfestival.com.

La Gallera (Hahnenkampfarena), gleiche Einfahrt wie zum Cabarete Nature Park. Mo 14–19 Uhr. Ab 17 Uhr finden keine Kämpfe mehr statt.

Übernachten

→ Karte S. 276/277

»» Mein Tipp: **** Hotel Villa Taina 29, 1999 erbautes, modernes, sehr angenehmes Hotel (dt. Ltg.) im Kolonialstil, mit Pool im Innenhof. Jedes Zimmer verfügt über Balkon oder Terrasse sowie Minibar. Liegestühle am Strand, Bad mit hübschem Kacheldekor. Zimmer (mit Internetanschluss) für 2 Pers. mit Frühstück 69 und 106 US-$, Kom-

fortzimmer mit Meerblick 125 US-$, die schönen Junior-Penthouse-Zimmer mit Blick auf die Bucht 145 US-$. ✆ 809/571-0722, www. villataina.com. **««**

*** Hotel Kaoba 34 (schweiz. Ltg. Michel Gay-Crosier), kleines Hotel an der Hauptstraße (zur Landseite gelegen) mit Pool und tropischem Garten mit insg. 28 Bungalows und 12 Studios für 1 bis 6 Pers; gratis Wifi. Im Haupthaus (Straßenseite) gibt es große Zimmer (52–60 US-$), zudem Gebäude im hinteren Teil des Gartens, Komfortzimmer und Studios (52–60 US-$) sowie palmengedeckte, einfach ausgestattete Bungalows (32–37 –US-$) mit Küche etc. Frühstück gegen Aufpreis möglich, Internetcafé. ℘ 809/571-0300, www.kaoba.com.

Cabarete Beach Houses – The Nanny Estate 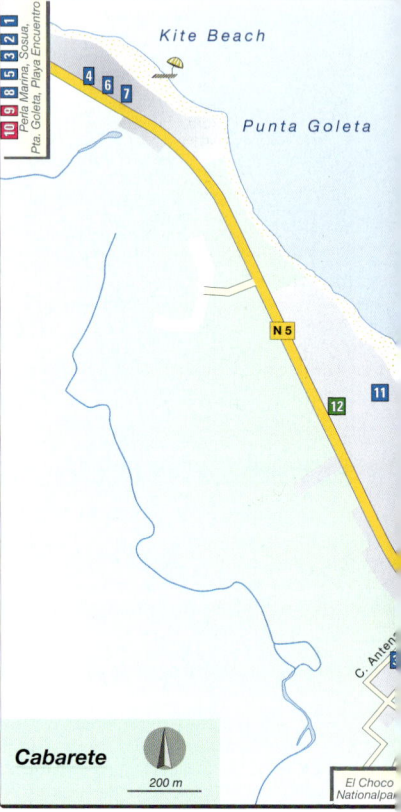, am Ende des Cabarete Beach und wenige Meter zum Kite-Beach – also beste Lage und ruhig. Im Reihenhausstil errichtet, 20 unterschiedlich große Apartments mit absolut bester Ausstattung (Mikrowelle, Geschirrspüler etc.), z. T. 2 Schlafräume und Dachterrasse. Tennisplatz und bewachter Parkplatz. Meerseitig 121 US-$/2 Pers., weiter hinten 82 US-$. An der Hauptstraße ein Café. Abzweig bei Organic Café, ca. 1,5 km von Cabarete entfernt. ℘ 809/571-0744, 829/423-2358, info@cabaretebeachhouses.com.

*** Hotel Sans Souci Apartments 🔟, unter dieser Ltg. gibt es 7 verschiedene Häuser am Strand und zur Landseite; zudem in verschiedenen Preiskategorien. Im Osten des Ortes neben Restaurant Mamasita (groß ausgeschildert). Zweckmäßige, preisgünstige Apartments 15–20 US-$/Pers. ℘ 809/571-0755 und ℘ 030/362-5745 (in Deutschland), www.caribica.com oder www.hotel-sans-souci.com.

Dreem-Hotel 🔟, kleine Anlage am östlichen Ortsrand (Richtung Río San Juan), 50 m nach Polizei. Rund um den Pool gibt es 40 Zimmer in Bungalows, bewachter Parkplatz und Bar. 1600 RD-$/1 Pers., 2600 RD-$/2 Pers. Zum Strand über die Straße. Calle Principal, ℘ 809/571-9233, 829/521-2365, www.dreemresort.com.

Surfcamp Swell 🔟, neues, modernes Haus mit ebensolchen Zimmern (ca. 55 €) abseits in ruhiger Seitenstraße nach Bayerisches Hofbräuhaus. Hinter der Eingangspforte verbirgt sich eine kleine Oase mit großzügiger offener Küche/Aufenthaltsraum, Pool und Garten Hier werden Surfpauschalen, Yoga- und Spanischkurse angeboten. Calle Principal/Esqu. Antenn, ℘ 809/972-2406 (mobil), www.swellsurfcamp.com.

*** Velero Beach Resort 🔟, gepflegte Anlage direkt am Meer unter Palmen auf 7000 qm großem Gelände mit schönem Pool. Stilvolle Zimmergestaltung; rund 50 Zimmer mit Balkon, Wifi (132 US-$) und Suiten mit Kü-

che (ab 158 US-$). Calle La Punta, ℘ 809/571-9727, www.velerobeach.com.

*** Hotel El Magnifico 🔟, einzeln stehende Apartmenthäuser mit karib. Flair im üppig wuchernden Garten mit Pool, W-LAN; Zimmer in verschiedenen Designs. Apartments und Suiten 90 bis 115 US-$. Calle La Punta, ℘ 809/571-0868, www.hotelmagnifico.com.

Hotel La Punta 🔟, am ruhigen Ende des Strandes, mit Pool. Große Apartments, nette Atmosphäre. 2 Pers. 65 US-$. ℘ 809/571-0897, www.lapuntacabarete.com.

Cabarete (Ali's) Surfcamp 🔟, mitten in üppiger Pflanzen-Schilf-Landschaft (Ortsende rechts durch Schranke, erste Möglichkeit wieder rechts, danach am Straßenende erneut rechts). Gegessen wird morgens und abends zusammen im großen, gemütlichen,

Ü bernachten

1 Secret Garden
2 Natura Cabaña
3 Surflodge Kingtide
4 Hotel Kite-Beach-
   Extreme
5 Hotel Hooked Cabarete
6 Kite-Beach Hotel
7 Hotel Aqualina
8 Camping Club Cabarete
11 Cabarete Beach Houses
13 Velero Beach Resort
14 Hotel La Punta
15 Hotel El Magnifico
17 Hotel Sans Souci
   Appartments
29 Hotel Villa Taina
33 Surfcamp Swell
34 Hotel Kaoba
36 Cabarete (Ali's)
   Surfcamp
37 Dreem-Hotel
38 Casa Mango

E ssen & Trinken

9 Buena Onda Surfschule
10 Rest. Arsenio
16 Rest. Tropic Coco
20 Bar-Rest. Voy Voy
21 Rest. Otra Cosa
24 Rest.Miró
25 Café/Bar Lax
26 Rest. Cabarete Blue
28 Rest. La Casita de
   Alfredo
30 Rest. Bayerischer Hof
32 Rest. Hexenkessel
39 Rest. Boca

C afés

12 Cabaret Coffee
   Company & Café
18 Beachbar-Rest. Eze
31 Bäckerei-Café Dick
35 Cafetería

N achtleben

18 Beachbar-Rest. Eze
19 Disko-Club Ojo
20 Bar-Rest. Voy Voy
22 Bar Ono's
23 Bar Bambú
25 Café/Bar Lax
27 Irish Pub

E inkaufen

31 Bäckerei-Café Dick
35 Cafetería

palmwedelgedeckten Restaurant. Sehr guter Platz für junge Surfer. Hütten, Bungalows, Tarzan-Häuser (zu 55, 78, 88 US-$/2 Pers. mit Frühstück/Dinner) und Studios/Apartments (ab 66 US-$), zudem Wochenpauschalen. ☎ 809/751-0733 (mobil), www.alissurfcamp. com, www.cabaretesurfcamp.com

Casa Mango 38, kleiner Bungalow mit Garten, hier vermietet die Deutsche Silvia Zimmer in absolut ruhiger Wohngegend. Die Straße nach obigem Surfcamp fast bis zum Ende weiter; Haus-Nr. 53, ☎ 809/751-0798.

Übernachten außerhalb – Punta Goleta/Kite-Beach Kite Beach Hotel **6**, 2 km in Richtung Sosúa am Kite-Beach, mit Bar und 1-mal wöchentl. Büffet am Abend; ansonsten nur Snacks und Pasta. Apartments verschiedener Größe um einen Pool. Studios

ab 100 US-$/2 Pers. mit Frühstück, Standard-Zimmer ab 82 US-$. Carretera Punta Goleta, ☎ 809-571-0878, www.kitebeachhotel.com.

Hotel Kite-Beach-Extreme 4, neben dem Kite Beach Hotel, ebenfalls direkte Strandlage, mit Pool, Skate-Bahn und im asiatischen Stil gehaltenem offenem Café-Bar-Restaurant (direkt am Strand); Internetzugang. Angeschlossen ist eine Kitesurf-Schule. Zimmer mit Kühlschrank/AC für 60 US-$. Carretera Sosua Cabarete Km 10,5, ☎ 809-571-0371, www.extremehotels.com.

**** Hotel Aqualina 7, nettes, gepflegtes Strandhotel (neben Kite Beach Hotel). Es gibt komfortable Zimmer und Apartments mit Balkon, mit Blick auf Pool und Meer; WLAN am Pool und Beachrestaurant. Kiteschule Dare2Fly. Wer nicht kiten möchte, kann

Pilates und Yogakurse machen oder sich in die Sushi-Bar setzen. DZ mit Frühstück 100–130 US-$. ✆ 809/571-0787, www.aqualina.com.

Übernachten außerhalb – Playa Encuentro   Hotel Hooked Cabarete **5** (holländ. Ltg., Geschäftsführer ist Florian), 8 elegante Apartments in Bungalows (1 bis 3 Pers.) für insg. bis zu 18 Pers. mit großem Garten und Pool – hierher geht, wer Ruhe und Intimsphäre möchte. Zum Essen gibt es einen Lieferservice oder das Strandrestaurant Chez Arsenio, Frühstück muss selbst organisiert werden. Die Gäste sind auch hier fast ausschließlich junge Boarder. 51 US-$/1 Pers., 70 US-$/2 Pers. Anfahrt s. o. Surflodge, am Ende obiger Straße kurz rechts und gleich wieder links (1. Haus). Calle los Cocos 120, ✆ 809/935-9221, www.hookedcabarete.com.

≫ Mein Tipp: Surflodge Kingtide **3** (dtsch. Ltg. Lenny & Lara), erst 2011 eröffnete das hübsche palmwedelgedeckte Haus mit seinen 5 Apartments auf teils 2 Ebenen; hübsche ideenreiche Innenausstattung aus Naturstein. Selbstgezimmerte Möbel und Tische und eine üppige Blumenpracht im großen Garten mit Pool schaffen eine einladende Atmposhäre. Das junge Team arbeitet mit der Surf Up-Schule zusammen und organisiert auch Ausflüge. Man kann gemeinsam frühstücken. In 5 Min. ist man an der Playa Encuentro. Anfahrt: Abzweig ca. 2 km westl. von Cabarete (Richtung Sosúa) nach rechts ab und Richtung Coconut Palms Hotel, dann 3. Str. links. Pro Pers. 25 US-$ (Frühstück 5 US-$). ✆ 829/930-6620, www.kingtide.de. ≪≪

Übernachten außerhalb – Perla Marina   Secret Garden **1** (dtsch. Ltg., Bettina u. Janos) , 5 km westlich von Cabarete in der Villensiedlung Perla Marina (mit Schranke). 5 kleine, farbenfrohe und gepflegte Studios (mit kleiner Küche) um einen Pool, eingehüllt in tropische Flora, mit liebevollen Farbtupfern auch im Innern. Sehr gute Ausstattung, freundliche Atmosphäre, WLAN und hilfsbereite Eigentümer. Wenige Min. zum Strand. 44 US-$/Zimmer, Frühstück auf gemütlicher palmwedelgedeckter Terrasse 8 US-$. Paseo Las Perlas 20, ✆ 809/571-2035, www.the-secretgarden.com.

🌿 Natura Cabaña **2**, ebenfalls in der Villensiedlung Perla Marina und in Strandnähe an einer schönen Bucht. Ökologisch orientierte Anlage, 10 sehr gut und kreativ ausgestattete Bungalows im asiatisch-afrikanischen Stil, verteilt im tropischen Wald, Spa-Bereich. Sehr gutes Restaurant, das hochwertige frische Qualität liefert, u. a. leckeres Angus-Steak mit Ziegenkäse und Gemüsebeet, hausgemachte Ravioli mit Shrimps, Tacos mit Shellfisch, zur Nachspeise u. a. Café-Tiramisú, Schokokuchen. Ruhe und Entspannung ist hier die Devise, aber auf höherem Preisniveau. 180 US-$/2 Pers./Frühstück. ✆ 809/571-1507, www.naturacabana.com. ∎

Camping   Camping Club Cabarete **8**, nur wenige Minuten von der Playa Encuentro ist auf schattigem Wiesengelände unter Palmen zelten möglich. Das eigene sollte mitgebracht werden. Auch Hängematten können hier bestens befestigt werden. Gute und ruhige Alternative. 1- bis 2-Pers.-Zelt 10 US-$, 3- bis 4-Pers.-Zelt 15 US-$. Infos über Take Off (→ „Sport") oder Gabriel, ✆ 829/696-8025, www.cabaretecamping.com.

⟨ Essen & Trinken/Cafés   → Karte S. 276/277

Essen & Trinken   Die Auswahl an Lokalen ist in Cabarete, gerade entlang des Strandes, enorm groß. Der Strand dient als Terrasse – zuerst wird gegessen, dann sind einige Restaurants (→ „Nachtleben") auch Partyzone. In einigen Hotels kann man ebenfalls bestens speisen.

La Casita de Alfredo **28**, wie der Name besagt, kleines Häuschen, nette kleine Strandterrasse. Hier isst man vorzügliche Meeresfrüchte und Fisch. 12–23 Uhr. ✆ 809/571-0760.

Restaurant Cabarete Blu **26**, ganz romantisch und exklusiv wird am Strand gespeist, Spezialitäten sind Fisch und Krustentiere. 11–15/18–23 Uhr. ✆ 809/571-9714.

≫ Mein Tipp: Restaurant Otra Cosa **21**, Idylle in Blau (bei Hotel La Punta). Ganz im Osten am Strand von Cabarete steht das palmwedelgedeckte Holzhaus mit herrlichem Blick aufs Meer. Hier gibt es Gourmetküche (franz. Ltg.), z. B. Antipasti mit Ziegenkäse, Chilischoten und Lobster, Beaf mit Entenleber und Morcheln oder Lobster auf indische Art, als Nachspeise Tarte Tatin (Apfeltarte). Dazu eine reichhaltige Auswahl an span., franz. und chil. Weinen. Ab 18.30 Uhr, Di geschlossen. ✆ 809/571-0607. ≪≪

Restaurant Miró **24**, unter dem großen palmwedelgedeckten Dach herrscht Ethno-Stil, die großen Gemälde und die gesamte

Inneneinrichtung sind ein Augenschmaus. Es gibt Gazpacho, Thunfisch, Pizzen. Auch abends beliebt.

Restaurant Hexenkessel 🅱️, an der Hauptstraße, deutsche Gerichte.

Bar-Restaurant Voy Voy 🔢, hübsche Holzterrasse zum Meer, fröhliches Ambiente, auch zum Frühstücken ideal. Die Küche serviert Salate und Pastagerichte. Abends Treffpunkt zum Caipirinha. An der Windsurfstation Vela.

Restaurant Bayerischer Hof 🔢, am Westende des Ortes in ruhiger Seitenstraße (nach Zufahrt zu N. P. Choco) im Grünen mit Gärtchen. Hier kocht Richard, es gibt Hühnchen, Cordon Bleu, Steaks, Bratkartoffeln und Bier.

Restaurant Tropic Coco 🔢, kleines Lokal von Ute König mit schönem palmwedelgedeckten Dach (nach Hotel Millenium), etwas abseits der Hauptstraße. Hier gibt es Buffetessen und Barbecue (so viel man mag) für 550 RD-$.

Essen außerhalb **Restaurant Arsenio** 🔢, am westlichen Ende der Playa Encuentro; gute Fischgerichte.

Mehr östlich bei der **Buena Onda Surfschule** 🔢 gibt es Snacks, am Wochenende auch Fischgerichte.

≫ Mein Tipp: **Restaurant Boca** 🔢, an der Mündung des Flusses Yasica. Sehr gutes und preiswertes Fischrestaurant mit rustikaler offener Terrasse; neben Fisch gibt es auch leckeren Lobster. Hier trifft sich bei guten Windverhältnissen die Kitescene. Zudem werden Flusstouren angeboten. Anfahrt: ortsauswärts ca. 1,5 km in Richtung Río San Juan, dann Abzweig links zur ehemaligen Hotelanlage Camino del Sol, dort rechts und ca. 300 m geradeaus, dann in der Kurve links halten und ca. 3 km die Sandpiste unterhalb der Dünen und Meer gen Osten. **≪**

Cafés Bäckerei (Panadería) Dick 🔢 (dtsch. Ltg.), hier gibt es leckeres Frühstück, auch mit Wurst und Käse, guten Kaffee, Brot und Brötchen, Kuchen und Gebäck – die kleine Terrasse ist immer gut gefüllt und ein beliebter Treffpunkt der Deutschen. Hauptstraße neben Hotel Taino.

Cafetería 🔢 (belg. Ltg.), im Westen, ca. 100 m nach Hotel Kaoba. Frisch gepresste Säfte, Törtchen und Kuchen.

Cafebar Voy Voy 🔢, ebenfalls gut zum Frühstücken (→ „Essen & Trinken").

Beachbar-Restaurant Eze 🔢, bei der Kitesurfstation Carib Wind (→ „Sport"), am ruhigen westlichen Ende der Playa Cabarete. Hübsch mit Bar und Hängematten, davor Beachvolleyballfeld.

≫ Mein Tipp: **Cabarete Coffee Company & Café** 🔢, am westlichen Ortsausgang und Abzweig zu Nanny's Estate (s. o.). Hier erhält man besten organischen Kaffee und Kuchen, es gibt eine kleine Terrasse und natürlich den Verkaufsraum. **≪**

⌒Nachtleben → Karte S. 276/277

Das junge Publikum sorgt dafür, dass in Cabarete immer etwas los ist – nächtlicher Treffpunkt ist der Strand mit seinen zahlreichen Bars, die auch Essen anbieten. Geöffnet ist meist von mittags bis Sperrzeit. Spontane Strandpartys sind üblich.

≫ Mein Tipp: **Disko-Club Ojo** 🔢, der beliebteste und sicherlich auch der schönste Club des Ortes. Großzügige, hohe Räumlichkeiten auf zwei Ebenen in Lila-Silber-Schwarz gehalten, schöne, mit Fackeln beleuchtete Terrasse mit Blick durch die Palmenwipfel auf das Meer oder die Sitze im Sand. Gute Musik und bester Service. Themenabende: u. a. So meist Merengue-Bachata-Livebands, Do Disco-Latin-Abend, Fr/Sa Musikmix. **≪**

Bar Bambú 🔢, *der* Treff am Abend, auch zum Tanzen. Mediterrane und kreolische Gerichte, Snacks und an der Theke alle möglichen Drinks und natürlich heiße Rhythmen als Beigabe. 9–23 Uhr, danach im Innern Disco. ✆ 809/571-9526.

Bar Ono's 🔢, gleich daneben, hier gibt es gute Fisch- und Fleischgerichte, Snacks und natürlich die Bar. Abends ist hier bei heißer Musik ebenfalls der Teufel los.

Bar Lax 🔢, gleiche Ltg. wie Ojo-Club; sehr schön zum Sitzen und Essen, ebenfalls mit Restaurant und Bar und guten Cocktails und super Musik mit DJs.

Irish Pub 🔢, großer Irish Pub, passend dazu die Musik, neben Bier gibt's Steaks und Fisch.

Bar-Restaurant Voy Voy 🔢, → „Essen & Trinken".

Der Norden → Karten S. 258/259 und 269

Cabarete, das Surferparadies – beliebt bei jungen Aktivurlaubern

Sport

In Cabarete wird fast ausschließlich gesurft und gekitet, es gibt zahlreiche Surf- und Kiteschulen und Verleihstationen (jeder mit verschiedenen Spezialangeboten, also gut erkundigen!). Alternative: Man erkundet per Mountainbike die Landschaft.

Surfen/Kiteboarden Beste thermische Winde herrschen in Cabarete zwischen Juni und Aug. Von Febr. bis Mitte April können nen meist auch Anfänger aufs Brett. Es gibt zahlreiche Surf-, Wavesurf- und Kitesurfstationen. Die Kiter zieht es zum Kite-Beach, ca. 1,5 km in Richtung Sosúa. Sehr beliebt, da nicht zugebaut, ist die Playa Encuentro, die weiter westlich folgt (Anfahrt → Hotel Hooked Cabarete) – morgens wird hier gesurft, ab 14 Uhr gekitet. U. a.:

Club Mistral (dtsch. Ltg. Oliver Habermann); mit Shop, Unterkünften etc. Leihgebühren für ein Windsurfbrett – es gibt günstige Vorbucherpreise – 200 US-$/6–7 Tage Windsurfen; ca. 225 US-$/ 6–7 Tage Kitesurfen. Kurse: Einsteiger 2 Std./75 US-$ (Windsurfen), Anfänger/Fortgeschrittene 6 Std./300 US-$ (Kiten). ℡ 809/571-9791, www.club-mistral.com.

Vela Windsurfstation, neben Restaurant Bar Voy Voy; www.velacabarete.com.

Carib Wind Center, östlich der Surfschule Fanatic. Windsurfkurse, Segeltörns, Bootsvermietung. Surfbrett-Verleih, Hobbycat. Ebenfalls Rabatte und Sondertarife. ℡ 809/571-0640, www.caribwind.com

LEK-Kiteboarding (Ltg. Laurel Eastman), am westlichen Ende des Strandes bei Hotel Millenium Resort. Kiteboard-Schule und Verleih (auch in Deutsch). ℡ 809/571-0564, 853-8466, www.laureleastman.com.

Kitexcite, an der Bucht Punta Gola (Hotel Kite Extreme), Verleih von Kiteboards mit Funkgeräten; dadurch sehr gute individuelle Schulung möglich. 6 Std. Unterricht mit Funkhelm ca. 380 US-$. Bei Windstille kann man am Strand das Gleitschirmfliegen erlernen und wird dann per Boot hinaufgezogen. ℡ 829/962-4556 (mobil), www.kitexcite.com.

No Work Team, mit Surfbrettshop und ital.-amerik. Mode. Surf- und Kitesurfunterricht an der Bucht Encuentro und Playa Bozo beim Hotel Viva Tangerine. Shop: Calle Principal (neben Plaza Laguna), ℡ 809/571-0820, www.noworkteamcabarete.com.

Take off, Kite-, Windsurf- und Wave-Surf-Schule, zudem Verleih von Boards etc. Strand Encuentro. Lt. Marcus Böhm, Büro Calle Principal, ℡ 809/716-9265 (mobil), www.321takeoff.com.

Bobo Surf's Up (Ltg. Victor Peralta, kurz Bobo), an der Playa Encuentro. Surfschule, Verleih von Surfboards, Kiteboards, Vermittlung von Unterkünften. ☎ 809/882-5197, www.bobosurfsup.com.

Buena Onda Surfschule, Playa Encuentro, ☎ 829/877-0768, www.cabaretebuenaonda. com. Hier ist auch ein Bistro, wo es Getränke und Snacks gibt, am Wochenende Fisch.

Tauchen Tauchschulen bei den größeren Hotels.

Reiten Über **Funtours** (Ute Mann) oder direkt bei ihr, ☎ 829/849-2017. Reitausflüge für Anfänger und Fortgeschrittene ins Hinterland oder entlang dem Strand oder eine Kombination (3 Std. 45 US-$).

Wandern Eine schöne gemütliche, rund 1,5-Std.-Tour führt entlang dem Strand gen Westen zur Playa Encuentro, danach teilweise auf einem kleine Pfad oberhalb vom Meer weiter bis zum Hotel Natura Cabañas (oder natürlich auch in umgekehrte Richtung machbar und z. B. per Motoconcho wieder zurück).

Cabarete/Umgebung

Nationalpark „El Choco" (Cabarete Nature Park): Etwa 1 km vor Cabarete zweigt ein Sträßchen (Callejón de la Loma) zu diesem privat geführten Nationalpark ab, zu Fuß läuft man ca. 20 Min. Die Führung (auch Englisch und Deutsch) dauert rund 1,5 Std. und führt zu einigen Höhlen mit schönen Stalagmiten und Stalaktiten. In einer Höhle kann man bei konstanter Wassertemperatur von 23 °C und einer Tiefe von 25 m baden. Von hier beziehen Sosúa und Puerto Plata ihr Trinkwasser. Das Quellwasser schätzten schon die Taínos. Es wachsen ursprüngliche Pflanzen wie Guaven und Maniok, und es gibt einen botanischen Garten, wo man all die tropischen Früchte und Pflanzen kennen lernen kann. Badesachen nicht vergessen!
Tägl. 8.30–15.30 Uhr. Eintritt 20 US-$. Am besten vorab anmelden unter: ☎ 809/984-9823 (July), 809/454-3072 (Bumba), 829/829-201-4363 (Levi).

Lagune von Cabarete: Organisierte Ausflüge zu dieser schönen Lagune mit Mangrovenwald werden derzeit nicht mehr angeboten.

La Boca de Yásica: Eine wunderschöne Flussmündung, am Meer tummeln sich die Kiter oder Badegäste, fürs leibliche Wohl sorgt ein gutes Fischlokal. Ca. 4 km in Richtung Río San Juan, bei La Boca links in Richtung Meer.

Río San Juan und Umgebung

Rund 10 000 Einwohner leben in dem Fischerort mit seinen schönen Stränden. Die meisten Gäste kommen nur wegen der Lagune Gri-Gri. In den wenigen Unterkünften, die hier geboten werden, finden sich vor allem naturbegeisterte und Ruhe suchende Individualurlauber ein.

In und um Río San Juan gibt es herrliche Bademöglichkeiten und eine üppig grüne Landschaft. Beeindruckend sind die Silberreiher, die bei Sonnenuntergang allabendlich zu hunderten in die Lagune zurückfliegen – schön zu beobachten vom Strand aus. Man kann den langen Strand *Playa Grande* besuchen und per Auto oder Mountainbike das hügelige Hinterland erkunden.

Lagune Gri-Gri: In dem kleinen Karstsee liegen bunte Kähne, die in einem einstündigen Ausflug (→„Ausflüge") zur Lagune, zu einigen Höhlen (Schwalbenhöhle) und auf Wunsch zur Badebucht *Playa Caletón* fahren. Die Lagune misst 1 km und ist gesäumt von unzähligen roten Mangroven, auf denen zahlreiche Krebse krabbeln. Ihren Namen bekam sie nach den hohen Gri-Gri-Bäumen, in deren Kronen Reiher und Wasserhühner nächtigen.

Fahrt ins Hinterland und in Richtung Nagua: Die 30 km lange Strecke von Río San Juan über *Caño Azul* nach *La Entrada* (an der Hauptstraße in Richtung Nagua) ist

Der malerische Hauptstrand von Río San Juan

durchgehend eine Makadamstraße. Die üppige Landschaft gleicht einem Park – hügelig, mit Königspalmen und schönen Ausblicken –, auf den saftigen Wiesen grasen prachtvolle Kühe und Rinder, in den Mulden steht oft das Wasser. Ab und zu gibt es kleine Ansiedlungen. Bei La Entrada kann man die Seen *Lago blu* und *Lago El Dudu* besichtigen (s. u.).

Strände: Der feinsandige Strand von Río San Juan setzt sich östlich nach dem Hotel Bahía Blanca auf der kleinen Halbinsel fort und hat Schatten spendende Bäume. 2 km östlich des Ortes erstreckt sich die schöne goldsandige Badebucht *Playa Caletón,* zu der man auch laufen kann (mit Comedor, s. u.); ca. 7 km entfernt liegt die *Playa Grande,* ein breiter und langer, goldsandiger Strand mit Bäumen und ab und zu hohem Wellengang. In der Nähe neben den Resorts kleine Hotels und Restaurants. Rund 8 km westlich von Río San Juan (in Richtung Cabarete) liegt bei La Yagua die schöne *Playa Magante,* auch *Playa Esmeralda* genannt, mit ein paar Restaurants und Unterkünften – eine große weite Bucht, teils schattenlos, teils mit herrlichem Baumbestand. Man kann u. a. bis zum Hotelresort Bahía Príncipe laufen.

Basis-Infos

Information Secretaria de Turismo, 8–13.30 und 14.30–17 Uhr, am Anfang der Calle Duarte (direkt an der Lagune Gri-Gri), ☎ 809/589-2831.

Bus Gute Verbindungen mit Guaguas nach Cabarete und von und nach Nagua.

Taxis Taxi Central, ☎ 809/589-2501. Preise (pro Taxi und für bis zu 6 Pers.) für lokale Fahrten 150 RD-$, nach Cabarete 1800 RD-$, Flughafen Puerto Plata 2500 RD-$, Playa Caletón (3 km) 250 RD-$, Playa Grande (6 km) 400 RD-$.

Apotheke Farmacia Bisonó, 7.30–22 Uhr. Calle Duarte 21, ☎ 809/589-2252.

Ärzte Clínica San Juan, Calle Padre Billini 52, ☎ 809/589-2642. Clínica Dr. González (Zahnarzt), Calle Duarte 39, ☎ 809/589-2293.

Ausflüge Lagune Gri-Gri, Infostelle für Bootstouren, ☎ 809/589-2277; Preis pro Kahn (3–6 Pers.) 1400 RD-$; 1200 RD-$/2 Pers.; Fahrten zwischen 7.30 und 18 Uhr.

Zudem Schnorcheltouren 35 US-$.

Bank Banco Progresso, Calle Duarte (kurz nach Orsteinfahrt), mit Bankomat. Mo–Fr 8.30–15 Uhr.

Einkaufen Kleiner Fischmarkt etwas südlich (am Ende der Calle Lorenzo Adames). Unzählige Läden im kleinen Zentrum, es gibt fast alles.

Mietwagen/Motorräder Autos am besten in Cabarete. Bouffard & Frias, ☎ 809/589-2529, 829/812-6237 (mobil), vermietet Mopeds, Motorräder und Quads.

Post Inposdom, Mo–Sa 9–17 Uhr (schräg gegenüber dem Restaurant Yanichelle).

Sport Golf: *Playa Grande Golf Club*, kurz vor der Playa Grande auf einem Plateau auf den Klippen oberhalb des Meeres liegt der schöne 18-Loch-Platz (über 150 ha), gestaltet wurde er von Robert Trent Jones Sr. ℡ 809/582-0860 (mobil), www.playa grande.com.

Tauchen: *Northern Coast Diving*, bedienen etliche Orte (Sosúa, Cabarete und Río San Juan). ℡ 809/571-1028 (mobil), www.northern coastdiving.com.

Wandern: Ein schöner kurzer Spaziergang, besonders frühmorgens oder abends, bietet sich von der Playa Río San Juan (beim Hotel Bahía Blanca) gen Norden durch Palmenwald und entlang der Mangroven bis zum Ende dieser Halbinsel an – frühmorgens und abends gefüllt mit Silberreihern und sonstigen Vögeln. Ein Weiterkommen ist leider durch die Mangroven nicht mehr möglich.

Übernachten

»»» Mein Tipp: ** Hotel Bahía Blanca, 2-stöckig, luftig in offener Bauweise mit Freitreppen, direkt am Meer. Von den breiten Terrassen gehen große, nett eingerichtete Zimmer ab. Gutes Restaurant und traumhafter Blick weit über die Bucht. Abends kann man hier herrlich den Rückflug der Reiher betrachten. Kanad. Ltg. Lise Pineau. Zimmer für 30–35 US-$ (ohne Frühstück). Calle Gastón Deligne 5, ℡ 809/589-2562, -2563, bahia. blanca.dr@claro.net.do. **«««**

Apartamentos Grigri, nettes Apartment mit Küche und Balkonnische, Dusche mit heißem Wasser, Wifi, auf Wunsch gibt es Kaffee. Gegenüber dem Haus gibt es einen bewachten, abgeschlossenen Parkplatz. 1200 RD-$. Calle San Juan (nahe Parque Municipal), ℡ 809/589-2483, 809/235-6642 (mobil).

**** Hotel Club Bahía Principe San Juan, Al-Anlage 3 km vor Río San Juan an der gleichnamigen, 2 km langen Bucht auf riesigem Gelände in Alleinlage. Bungalows und 2-stöckige Häuser im Kolonialstil in zartem Orange und Weiß, mehrere Pools, Restaurants, Bars, schöner Strand. Großes Sportangebot (u. a. Tauchen, Segeln, Kajak, Windsurfen, Minigolf, Tennis, Reiten), sehr ansprechender Spa-Bereich; außerhalb das Pueblo mit Diskothek, Bars, Casino, Shows. Golf (mit Shuttle) ist an der Playa Grande möglich (man kann auch Golfpakete buchen). Komfortabel ausgestattete Zimmer. Al-Preis ca. 100 US-$/Pers. (Meerseite). Carretera Gaspar Hernández, Km 18, ℡ 809/226-1590, www.bahia-principe.com.

Übernachten/Essen an der Playa Magante (auch Esmeralda) Rund 8 km von Río San Juan in Richtung Cabarete, Abzweig beim Ort **La Yagua** , die Wegstrecke von der Hauptstraße zur Bucht ist Makadam! Achtung, auf Wertsachen aufpassen! Ansonsten traumhaft ruhig und wunderschöne Landschaft!

Papagallo Beach Club, franz. Ltg; 5 farbenfrohe Holzhäuser mit Veranda und Hängematten unter Palmen am Strandbeginn, zudem Restaurant mit Bar. Bemühte Eigentümer. 60 US-$ inkl. Frühstück für 2–4 Pers. Playa Magante, ℡ 809/844-3452 (mobil).

»»» Mein Tipp: Beach Resort Los Gringos, der New Yorker Patrick Smit und seine dom. Lebensgefährtin Mac erfüllten sich nach einem langen Segeltörn an der Playa Magante in Luperón ihren Traum: 2006 erbauten sie vom Erlös des Verkaufs ihres Bootes 4 großzügige, palmwedelgedeckte massive Holzbungalows mit großen Fenstern, Topküche, Mosikitoschutz und Terrassen. Ein belgischer Koch verwöhnt den Gaumen der Gäste im offenen Restaurant, Spezialitäten sind Lambi, Dorade und Langusten. Hier kann man die Seele baumeln lassen. Nördlich am Strand. 70 US-$/2 Pers. inkl. Frühstück (jede weitere Pers. zahlt 10 US-$). ℡ 809/841-5606, 809/757-9963 (mobil), www.losgringosdr.com. **«««**

Essen & Trinken/Nachtleben

Kleinere Restaurants und Comedores findet man überall in der Stadt. Auch an den Stränden gibt es Imbissstuben und kleine Comedores.

Restaurant Bahía Blanca, gehört zum gleichnamigen Hotel (s. o.); herrliche Terrasse, gute Küche, u. a. gegrillte Fischplatte (Fisch, Langusten, Shrimps).

Restaurant Orquidea, am südwestlichen Ende der Lagune Gri Gri; gemütlich und nett mit offenen Fenstern und Vorhängen. Gute kreolisch-franz. Küche: u. a. Ziege,

Playa Caletón, nahe Río San Juan – weißsandig und schattig

Langusten, Filet Mignon, Camarones. Lagune Gri Gri/Esqu. 16 de Agosto.

»» Mein Tipp: Restaurant Estrella, auf der palmwedelgedeckten Terrasse sitzt man nett und speist gute span.-dom. Gerichte, u. a. Tintenfischsalat, Hühnchen und Gemüse am Spieß, Shrimps, Königskrabben, Paella oder Mar y Terra (Rinderfilet mit Langusten und Shrimps); als Dessert Crêpes, Tiramisú oder Schokokuchen. Ab 11 Uhr. Calle 16 Agosto 9 (kurz vor der Lagune). **«**

Restaurant La Casona de Papi, kreolische Speisen, gute Fischgerichte. Calle Duarte.

Restaurant Café de Paris, gegenüber Lagune; int. Küche, Treffpunkt der Franzosen.

Restaurant La Casita, der Napoletaner serviert auf der netten Terrasse mit Rattanbestuhlung die besten Pizzen der Stadt. ✆ 829/580-5249.

Comedor La Esquina de Sapor, einfache, preiswerte, aber geschmackvolle dominikanische Küche, wie schon der Name verrät. Calle S. Juan/Esqu. Mella.

Beim Parque Municipal **Bar-Discobetrieb** am Wochenende.

Strandrestaurants Playa Magante (s. o.).

Playa Grande, hier stehen am Parkplatz einige kleine Imbissbuden, die Getränke, Cocktails, Huhn, Fisch, Langusten etc. anbieten, zudem gibt es Liegestühle.

Playa Caletón, auch hier ist ein kleiner Comedor am Strand, Angebot wie Playa Grande; ebenfalls Liegestühle.

Cabrera und Umgebung

Der kleine Ort ist lediglich zur Orientierung für den nahen Nationalpark *Parque Nacional Cabo Francés Viejo* interessant, da es trotz der herrlichen Landschaft und schönen Strände leider kaum Übernachtungsmöglichkeiten gibt. Beim Ort Entrada kann man an zwei Seen – Karsterscheinungen im Tropenwald – erfrischende Bäder nehmen und damit der Hitze entfliehen: *Lago blu* und *Lago El Dudu*.

Lago blu: Gegenüber der Ortsmitte von La Entrada zweigt von der Hauptstraße nach Nagua der Makadamweg zum Karstsee ab. Mächtige Bäume umschließen das Felsenbad mit seiner schönen tiefblauen Farbe und sich tummelnden Fischen. Es gibt ein Restaurant. Eintritt 30 RD-$.

Lago El Dudu: Rund 2 km vor La Entrada zweigt ein Makadam zu diesem See ab. Wie ein Krater liegt der baumumstandene, blau-türkis leuchtende und 35 m tiefe See da, zu dem man über Stufen hinabsteigen muss. Einheimische nehmen die Abkürzung und springen von oben hinein, bzw. zeigen ihre Kunststücke. Man kann hier auch herrlich tauchen und es gibt ein weit verzweigtes Netz unterirdischer Höhlen. Für Getränke sorgt eine Bar. Eintritt 40 RD-$.

Parque Nacional Cabo Francés Viejo: Der Nationalpark liegt bei *Abreu,* wenige Kilometer vor Cabrera. Das Nationalpark-Häuschen steht auf der Meeresseite, der Park selbst erstreckt sich über ein klippenbewehrtes Kap mit einem halb verfallenen Leuchtturm, tief unten tost die Brandung. Herrlicher Blick über die Küste mit Badebuchten, an den Hängen wachsen Orchideen (→ „Nationalparks").

Strände: *Playa El Breton,* eine schöne Bucht, eingerahmt von Felsen und Palmen, aber mit teils höherem Wellengang. Parken beim Nationalpark-Häuschen. Einige Kilometer östlich von Cabrera gibt es die *Playa Diamante* und den schönen, goldsandigen, langen Strand *Playa Entrada,* gesäumt von Kokospalmen.

Übernachten Hotel La Catalina, jetzt unter amerikanischer Ltg; mit verschiedenen Häuschen, traumhaft am Berg gelegen, in einem weitläufigen, blühenden Park mit vielen exotischen Pflanzen. Blick auf die Umgebung und das Meer. 2 Pools, Tennisplatz, gutes Restaurant mit schöner Terrasse, Internet und Barbecue. Ortsbeginn von Cabrera, rechts in Asphaltstraße, nächste links auf Makadam. Einfache, aber sehr geschmackvoll ausgestattete Zimmer mit Balkon, AC und Frühstück. 2 Pers. 98 US-$. ℡ 809/589-7700, www.lacatalina.com.

In *Cabrera* gibt es einige einfache Hotels: u. a. **Hotel Costa del Sol,** ca. 30 US-$; **Aparthotel Breeze,** ℡ 809/589-7740; **Aparthotel Azul,** Barrio 8 (Campo de Aviación, im Osten), ℡ 809/953-8051 (mobil).

In *Abreu* gibt es einige Restaurants und das **Hotel Abreu** an der Playa Cabo Frances.

Villenvermietung und Infos auch unter ℡ 809/863-0034 (mobil) (Französin Nicole, spricht auch Deutsch), Plaza Maria, Calle Maria Gomez 10, Cabrera, nicoledecabrera@gmail.com.

Essen & Trinken   Restaurant Flor de Loto, bei Bretón links der Hauptstraße, gute und preiswerte kreolische Küche. 6–21 Uhr. ℡ 809/589-7851.

Restaurant Babunuco, inmitten des tropischen Waldes abseits von Cabrera, rustikal, aber stilvoll, schöne Sitzgelegenheiten im Innern oder in der grünen Oase. Es gibt Fisch, Langusten, auch gute Weine. Calle J. No 4, Camino del Saltadero (Ortsbeginn rechts), ℡ 809/223-7928 (mobil).

Nagua

Die Stadt mit knapp 60 000 Einwohnern ist Hauptstadt der Provinz María Trinidad Sánchez sowie Knotenpunkt der Verkehrswege in Richtung Halbinsel Samaná und San Francisco de Macorís, zudem wichtiges Wirtschafts- und Geschäftszentrum dieser Gegend. Im Parque de Recreo erinnert ein Monument daran, dass *María Trinidad Sánchez* (Aktivistin und Tante von Francisco Sanchez) 1844 die Unabhängigkeitsflagge nähte. Stadtauswärts in Richtung Samaná gibt es von Kokospalmen gesäumte, braunsandige und auch etwas hellsandigere Strände und auch Unterkunftsmöglichkeiten für einen Stopp. Wer länger verweilen möchte, fährt lieber noch die wenigen Kilometer bis zur Halbinsel Samaná. Bei *Cruce de Rincón,* ca. 15 km südlich von Nagua, ist der Abzweig zur Autobahn Richtung Santo Domingo (ca. 2 Std. Fahrzeit).

Verbindungen Jede Menge Guaguas in Richtung Samaná und Puerto Plata. **Caribe Tours,** Calle Mella/Esqu. Emilio Conde, ℡ 809/584-4505; fährt nur Richtung San Fra. de Macorís und Santo Domingo.

Entfernungen Puerto Plata 150 km, Santa Bárbara de Samaná 73 km, Sto. Domingo rund 200 km.

Übernachten/Essen Stadtauswärts in Richtung Samaná gibt es einige kleine einfache Hotels und Beachrestaurants:

Hotel-Restaurant Cambri, Playa Matancita; 18 Zimmer, Pool, Restaurant und Bar.

Carretera Sánchez Km 1, ℡ 809/584-7066 (mobil), www.hotelcambri.com.

Zum Essen werden empfohlen: **Comedor Chen** in Mantancita, Carretera Sánchez, Km 3. Gut schmeckt hier jegliche Art von Meeresgetier. 7–22 Uhr.

Restaurant Hernández, gleich in der Nähe von Chen. Hier gibt es gute kreolisch-dominikanische Gerichte. 7–21.30 Uhr.

Beachrestaurants: Rund 5 km östlich von Nagua folgen die Strände *Playa de Los Gringos* und *Playa Bojolo* mit Liegestühlen, Strandschirmen und kleinen Comedores.

Rund um die Halbinsel Samaná gibt es malerische Badestrände (hier Pl. Colorado)

Halbinsel Samaná

Die Halbinsel zählt zu den regenreichsten Gebieten der Insel. Sie präsentiert sich entsprechend grün und mit üppigem, dschungelhaftem Bewuchs, doch außerdem besitzt sie wunderschöne, weißsandige Strände. Touristisches Zentrum ist Santa Bárbara de Samaná mit der vorgelagerten Bacardi-Insel Cayo Levantado; Individualurlauber zieht es mehr nach Las Terrenas oder Las Galeras. Die Halbinsel ist zudem guter Ausgangspunkt für einen Besuch des Parque Nacional Los Haitises sowie für Walbeobachtungen in der großen, seichten und warmen Bucht. Man kann eine erfrischende Dusche unter dem gewaltigen Strahl der Wasserfälle von Limón nehmen oder sich ein Pferd mieten und die herrlich einsame Küste im Norden entlangreiten. Durch die 2010 eröffnete Autobahn nach Santo Domingo (ca. 150 km), den Internationalen Flughafen El Catey (AZS) sowie auch die 2011 eröffnete breite Küstenstraße, die direkt vom Flughafen nach Las Terrenas führt, liegt die Halbinsel nicht mehr ab vom Geschehen, was sich in der ganzen Region auch in starken baulichen Aktivitäten zeigt – die einst ländlichen Baupreise haben Großstadtniveau.

Sánchez

Das kleine, verschlafen wirkende Fischerstädtchen mit rund 22 000 Einwohnern am seichten Ende der Bucht von Samaná dient Touristen als Ausgangspunkt für Touren in den Nationalpark Los Haitises. Die wirtschaftliche Bedeutung als Umschlagplatz und Hafenstadt sowie Endstation der einst wichtigen *Eisenbahnlinie* Sánchez – San Francisco de Macorís – La Vega – Santiago de los Caballeros gehört der Vergangenheit an; die Gleise sind verrostet und überwuchert von Pflanzen. Die neu erbaute, breite und mautpflichtige Straße (450 RD-$), die kurz vor Sánchez oberhalb der malerischen Nordküste in 23 km direkt nach Las Terrenas führt, lässt den Ort noch mehr verwaisen.

Sánchez/Umgebung: Auf halbem Weg in Richtung Santa Bárbara de Samaná ist der *Taíno-Park* (ausgeschildert) noch einen Stopp wert. Ende 2011 wurde der 2 ha große Park eröffnet. Auf einem 1,5-Std.-Rundgang (überdacht, d. h. auch bei Regen ideal!)

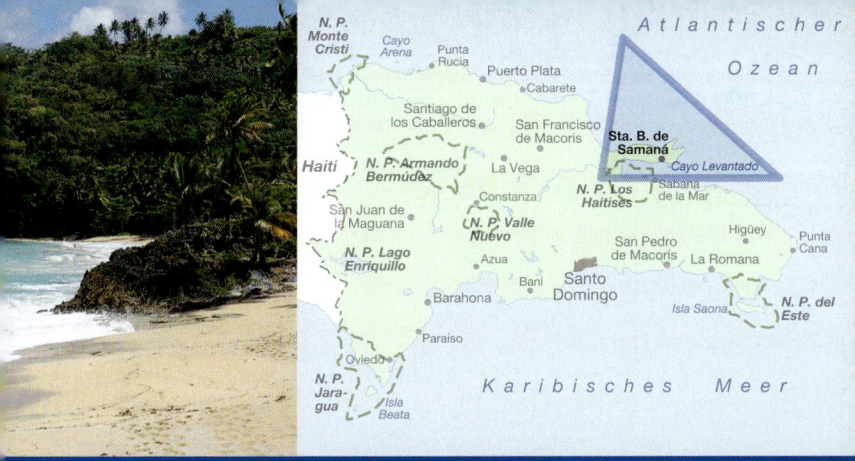

passiert man 25 gut gestaltete Szenen zur Geschichte der Taíno-Kultur. Audioguides (auch in Deutsch) informieren. Zudem gibt es ein Museum mit rund 200 Fundstücken wie u. a. Knochen, Amuletts, Gefäße, einen Souvenirladen und eine Snackbar.

Taíno-Park, Los Robalos, Km 17 Carret. Sánchez–Samaná, ☎ 809/267-9531, www.taino park.com. Tägl. 9–18 Uhr. Eintritt: 500 RD-$, Kinder 12–18 Jahre 250 RD-$, bis 12 Jahre gratis. Auch rollstuhlgerechte Rampen.

Parque Nacional Los Haitises: Die ortsansässige Agentur Amilka Tours fährt (ebenso wie viele andere Agenturen) mehrmals die Woche per Schnellboot in ca. 20 Min. über die Bucht zum nahen Nationalpark. Die halbtägige Tour führt zu vielen Höhlen (insgesamt sollen es 56 sein), den *Cuevas de Caño Hondo,* in denen einst Taínos wohnten, deren in den Fels geritzte Zeichnungen erklärt werden. Es geht vorbei an kleinen Vogelinseln, wo es nur so von braunen Pelikanen, Reihern, Fregattvögeln und Wasserhühnern wimmelt (→ „Nationalparks"). Andere Agenturen veranstalten auch Ganztagestouren mit zusätzlicher Besichtigung der *Cuevas de La Arena* und *San Gabriel,* der *Muelle de Bambú* und der *Bahía de San Lorenzo.* Die Organisatoren erweitern jährlich ihr Programm, was in Zusammenhang steht mit größeren und PS-stärkeren Booten.

Verbindungen Guagua nach Puerto Plata, Abfahrt 14.30 Uhr (kein weiterer durchgehender Bus). Nach Las Terrenas und Samaná Transporte Público, mehrmals tägl., 50 RD-$. Per **Taxi** nach Las Terrenas ca. 25 US-$. Hier wird die alte Strecke über den Berg benutzt.

Caribe Tours, ☎ 809/552-7434; nach Sto. Domingo (AZS), ☎ 809/338-5888; ca. 11 km nordwestlich von Sánchez. Es gibt nur Taxen.

Internationaler Flughafen Samaná, El Catey (AZS), ☎ 809/338-5888; ca. 11 km nordwestlich von Sánchez. Es gibt nur Taxen.

Maut-Straße: kurz vor Sánchez in 23 km direkt entlang der Nordküste nach Las Terrenas, 450 RD-$.

Entfernungen Puerto Plata 184 km, Las Terrenas 17 km, Santa Bárbara de Samaná 35 km, Santo Domingo ca. 200 km.

Ausflüge/Information Amilka Tours, Calle Colón 15 (im Südosten des Ortes), ☎ 809/552-7664, 809/552-7922 (mobil). Anfahrt: Am Ortsende, gegenüber der Texaco-Tankstelle, rechts abbiegen und Straße hinab (teils Beschilderung). Gut organisierte Agentur. Tourstart meist 9.30–14.30 Uhr zu 3 Höhlen und Isla de Los Pájaros, Río Narranjo, Los Manglares, für ca. 50 US-$.

Gesundheit Centro Médico de Moya, ☎ 809/552-7242. Apotheken, u. a.: **Farmacia Altagracia,** ☎ 809/552-7204 oder **Farmacia Sanchez,** ☎ 809/552-7218.

Übernachten/Essen Wer spätabends anreist und am anderen Morgen eine Tour zum Nationalpark oder Taíno-Park machen möchte, muss nicht unbedingt 40 km weit nach Samaná fahren. Amilka Tours vermittelt kleine, einfache Pensionen, wo man für ca. 20 US-$ gut übernachten kann (ebenso in den ortsauswärts gelegenen Cabañas).

Hotel Patria, Calle Santomé, ✆ 809/552-7371; sehr einfach.

Hotel-Restaurant Los Corrales, etwa 13 km hinter Sánchez in Richtung Samaná rechts abbiegen und ca. 1 km über schlechte Wegstrecke zur gleichnamigen Playa Corrales, gesäumt von Kokospalmen und üppig wucherndem Grün. Die Bungalowanlage von Marisol befindet sich in einem parkähnlichen Garten mit sehr gutem Restaurant, spezialisiert auf Meeresgetier. Einfache, saubere und schöne Zimmer von 20 bis 40 US-$. ✆ 809/223-0329.

Von Sánchez nach Las Terrenas: Wer nicht nach Santa Bárbara de Samaná möchte, sondern nach Las Terrenas, zudem die Maut der neuen Straße (s. o.) sparen möchte, zweigt am Ortsausgang von Sánchez (nach Tankstelle) nordwärts ab. In steil ansteigenden Serpentinen zieht sich die Straße über den 450 m hohen Bergrücken *Monte Las Cañitas* mit faszinierenden Ausblicken einerseits auf die Bucht von Samaná, andererseits auf die Nordküste. Es geht vorbei an kleinen Dörfern mit hübschen bunten Holzhütten, die Landschaft ist sattgrün (→ Las Terrenas).

Santa Bárbara de Samaná

Der Hauptort der Halbinsel, kurz Samaná genannt, hat ca. 40 000 Einwohner und liegt an der gleichnamigen großen, seichten und geschützten Bucht. Zahlreiche Hochseejachten ankern hier, am Kai schaukeln bunte Fischerboote. Hauptverkehrsader ist der zweispurige Malecón am Meer, als Wahrzeichen der Stadt überspannt eine Brücke fast die ganze Bucht.

Nahe dem Festland vorgelagert sind zwei Inselchen, *Cayo Linares* und *Cayo Vigia*, verbunden durch die rund 60 m lange *Puente de Escondida*, das Wahrzeichen der Stadt, das nach einer Idee des einstigen Präsidenten Balaguer erbaut wurde. Früher standen entlang dem Meer wie überall kleine bunte Holzhütten, die er abreißen und durch die heutige Flaniermeile mit Restaurants, Cafés und Hotels und den an der Promenade erbauten bunten Segeltürmen zum Hochsteigen ersetzen ließ; leider fielen die Segel Stürmen zum Opfer. Ein Relikt aus jener Zeit ist oberhalb im Ort (nahe Hotel Docia) die alte, aus Holz erbaute Kirche der Methodisten. Die Stadt selbst wirkt sehr ruhig, obwohl die großen Hotels und am Malecón sogar ein hoteleigenes „Pueblo", eine Vergnügungsmeile mit Casino, Diskothek, Bar und Shops in farbenfrohen Holzhäusern, ihre Pforten wieder geöffnet haben. Ihren Namen erhielt die Stadt nach der Schutzpatronin, der *Heiligen Barbara*, die am 4. Dezember groß gefeiert wird.

Viele Touristen kommen, die meisten mit organisierten Gruppen aus allen Urlaubsregionen, wegen der Attraktionen rund um die Stadt, u. a. der *Insel Levantado* und den Buckelwalen in der Bucht von Samaná.

Cayo Levantado, das Inselchen, soll angeblich Schauplatz des bekannten Bacardi-Werbespots gewesen sein, was von einigen anderen Inseln allerdings auch behauptet wird. Schön genug wäre das üppig bewachsene Inselchen jedenfalls, denn es glänzt mit weißem Puderzuckerstrand, Kokospalmen und blau-türkis leuchtendem, warmem Meer, in dem man herrlich baden kann. Von Samaná aus fahren mehrmals täglich Ausflugsboote hinüber (25 Min.). Wer die Trauminsel während seiner Ferien gar nicht mehr verlassen möchte, mietet sich am besten im dortigen Hotel ein (→ „Übernachten") – zumindest nachts herrscht Ruhe.

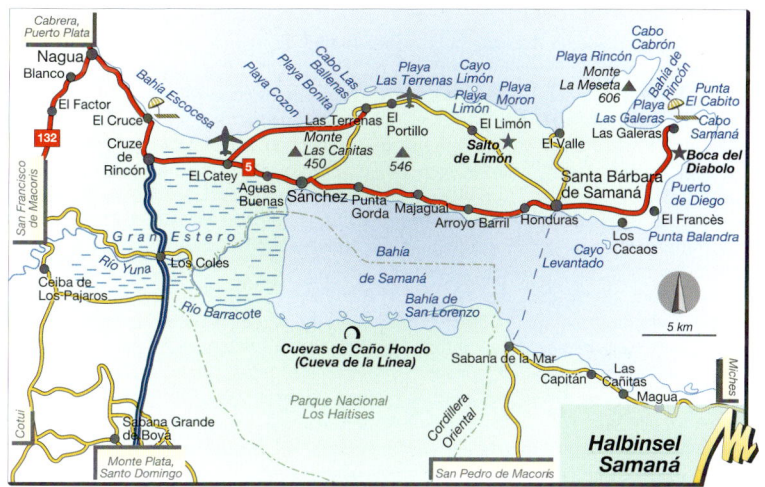

Bahía de Samaná: Jahr für Jahr ereignet sich ein gewaltiges Naturschauspiel in der Bucht von Samaná , wenn die Buckelwale (→ Kasten) für einige Monate hierher kommen, um sich zu paaren (→ Las Galeras und Las Terrenas). Das warme, flache Wasser in der geschützten Bucht von Samaná bietet den kälteempfindlichen Wal-Babys offenbar beste Voraussetzungen für ein rasches Wachstum. Von Januar bis März kann man sich das Schauspiel im Rahmen eines Walbeobachtungsausflugs anschauen.

Die Bucht trug ehemals auch den Namen *Golfo de las Flechas* (Bucht der Pfeile) wegen des kriegerischen Zusammentreffens der Einheimischen mit den hier Ende des 15. Jh. gelandeten Spaniern. 1511 legten hier die ersten Sklavenschiffe aus Afrika an. Gegründet wurde die Stadt allerdings erst 1756 durch den spanischen Befehlshaber *Francisco Rubio Peñaranda*. Zuerst kamen Siedler von den Kanarischen Inseln und später, um 1820, die Englisch sprechenden befreiten Sklaven aus den USA.

Nature Center (**Centro de la Naturaleza**; auch **CEBSE** genannt): Dieses kleine Museum am Buchtende (bei Zufahrt zum Hotelresort), kurz vor dem Meer und dem Malecón, ist sehr informativ und liebevoll gestaltet. Es widmet sich Fragen rund um die Erforschung und den Schutz der Wale und informiert darüber hinaus über Korallen, Papageien, Schildkröten etc. Wer sich für die angesprochenen Themen interessiert, ist hier gut beraten (Mo–Fr 8–12 und 14–17 Uhr, nicht an Feiertagen; Eintritt 2 US-$; Av. Malecón – Tiro al Blanco, ☎ 809/538-2042, www.samana.org.do).

Strände: Südlich des Hotels Cayacoa *Playa Escondida;* beim Grill-Restaurant Anacaona (gegenüber Cayo Levantado) *Playa Los Cacaos* mit weißem Sandstrand und Kokospalmen; *Cayo Levantado* mit feinsandigem, weißem Strand.

) Basis-Infos

Information Samaná Tourist Service, gute Auskünfte zu Flügen, Transport, Unterkünften und Exkursionen. Av. La Marina No 6, ☎ 809/538-2332, -2740.

Tourismusverband und **Clúster**, haben ihren Sitz im Pueblo Príncipe.

Politur (Touristenpolizei), zuständig für die Halbinsel, ☎ 809/754-3256.

Buckelwale in Samaná

Lange hat man wieder darauf gewartet, bis endlich im Januar die ersten Buckelwale (humpback whales) gesichtet wurden, und mancher hier ansässige Forscher sehnt dieses Ereignis ähnlich herbei wie die Rückkehr der eigenen Kinder. Rund 200 Buckelwale kommen jedes Jahr in der Zeit von Mitte Januar bis Mitte März (manchmal auch etwas früher oder länger) in die Bucht von Samaná. Sie kehren hierher zurück, wo sie gezeugt und geboren wurden, um sich ebenfalls zu paaren und zu kalben. 2 bis 3 Monate später wird die anstrengende, gefährliche Wanderung in die nördlichen Regionen angetreten. Damit die Jungen die Zeit bis zum Aufbruch optimal nutzen können, wählt die Mutter ein warmes, seichtes Gewässer aus. In der Regel gebärt das Weibchen alle 2 Jahre. Buckelwale werden mit dem Schwanz voraus geboren und gleich nach der Geburt an die Wasseroberfläche befördert, um den ersten Atemzug zu tun. Die Neugeborenen sind hellgrau, 3 bis 4,5 m lang und ca. 1 t schwer. Sie haben eine ganz dünne Hautschicht und müssen erst eine Fettschicht bekommen, um den kalten nördlichen Gewässern standzuhalten. Da die Jungen noch nicht lange unter Wasser bleiben können (deshalb sind auch immer einige von ihnen an der Wasseroberfläche zu sehen), müssen sie für ihre Nahrung hart arbeiten. Wenn ein Junges hungrig ist, taucht es unter die Mutter und erhält beim Vorbeischwimmen aus den Zitzen einen dickflüssigen Strahl joghurtähnlicher Milch, danach taucht es zum Atmen wieder kurz auf. Dieser Vorgang wiederholt sich so lange, bis das Junge gesättigt ist. Die Milch einer Walmutter ist fetthaltiger als andere Tiermilch. Täglich verschlingt ein Neugeborenes bis zu 190 l und nimmt bis zu 45 kg zu, das heißt bis zu 2 kg/Std.! Das meiste ist schützendes Fett. Mit einem Jahr

erreichen die Jungen eine Länge von ca. 8 bis 9 m. Ausgewachsene Buckelwale haben eine Durchschnittslänge von 12 bis 15 m und wiegen zwischen 30 und 40 t, einige erreichen sogar 16 m und 65 t.

Vor einem Tauchgang krümmt der Wal seinen Rücken zu einem Buckel, daher sein Name. Die Geschlechtsorgane sind an der Unterseite des Körpers in Hautfalten verborgen, so dass die Unterscheidung zwischen Männchen und Weibchen schwer fällt. Während der Paarungszeit zeigen männliche und weibliche Tiere jedoch verschiedene typische Handlungsweisen. Sieht man ein Waljunges mit einem Wal, ist das ältere Tier immer die Mutter. Schwimmen zwei Wale zusammen, sind es ein Weibchen und ein Männchen. Schwimmt ein Wal voraus, begleitet durch eine Eskorte, ist es ein Weibchen, dem die Männchen folgen.

Anstelle von Zähnen haben Buckelwale faserige Platten, genannt Barten. Sie funktionieren wie ein Sieb, das beim Schließen des Maules das Futter zurückhält, während das Wasser mit der Zunge hinausgepresst wird. Buckelwale haben ziehharmonikaähnliche Kehlfurchen an der Brust, die eine große Unterlippe bilden und enorme Mengen an Futter und Wasser aufnehmen können. Die beiden breiten Schwanzflügel werden „Fluken" genannt. An der Unterseite sind schwarzweiße Flecken – der sogenannte Fingerabdruck des Buckelwals, der jedes Tier unverwechselbar macht.

Playa Escondida – netter Strand, per Boot kommt man nach Cayo Levantado

Verbindungen Internationaler Flughafen **Juan Bosch – Samaná**, El Catey (AZS), ✆ 809/338-5888; ca. 46 km nordwestlich; Taxen ca. 40 US-$.

Arroyo Barril Airport, in Arroyo Barril (ca. 15 km Richtung Sánchez), ✆ 809/248-2566; Charter- und privater Flugverkehr.

Regelmäßig **Guaguas** in Richtung Sánchez – Nagua – San Francisco de Macorís, zudem in Richtung Río San Juan. Nach Las Terrenas fahren Guaguas ab Sánchez (an Kreuzung bei Caribestation). Mit **Bluebird-Express** (kommt von Sto. Domingo) nach Las Galeras.

Busse: Metro Tours, ✆ 809/538-2420, nur 2-mal tägl. nach Santo Domingo. **Caribe Tours**, ✆ 809/538-2229; Abfahrt Malecón: Direktbusse über Sánchez nach Sto. Domingo (nicht Puerto Plata!), ca. 4:30 Std., 4-mal tägl., 320 RD-$; zudem über San Francisco de Macorís nach Santiago. **Motoconchos** entlang dem Malecón.

Sitratusa Taxi, Calle Francisco del Rosario 96, ✆ 809/538-2870.

Schiffsverbindung (nur Pers.) nach Sabana de la Mar, Abfahrt an der Mole (El muelle), Malecón; fast stündlich, Fahrzeit 1 Std., 250 RD-$.

Entfernungen Santo Domingo 245 km, Puerto Plata 220 km, Nagua 73 km.

Ausflugsagenturen und Touren Die folgenden Agenturen liegen am Malecón

gegenüber dem Kai, bzw. um die Ecke (Victoria Marine):

Moto Marina Club, Av. Malecón 3, ✆ 809/538-2302, motomarina@yahoo.com, 8–12 und 14–18 Uhr. Ausflüge u. a. nach Haitises 50 US-$, Cayo Levantado 15 US-$ und Walbeobachtung ca. 50 US-$, per Katamaran (ganzer Tag) 45 US-$.

Whale Samaná/Victoria Marine (kanad. Ltg. Kim Beddall), Kim leistete Pionierarbeit seit 1985 und hat sich vor allem auf Walbeobachtung spezialisiert. Sie und ihr Team arbeiten im Einklang mit der Natur und den Gesetzen. Man fährt mit modernen 2-stöckigen Booten, von denen man eine gute Sicht hat. Ihr enormes Wissen vermittelt Kim gerne in mehreren Sprachen, und zum Abschied bekommt jeder eine ausführliche Broschüre über Buckelwale. Gefahren wird von Mitte Jan. bis Mitte März, inzwischen ist eine Reservierung im Voraus notwendig. Abfahrt 9 Uhr, Ende 12 Uhr, teils zusätzlich noch um 13.30 Uhr. 55 US-$/Pers. (mit Stopp Cayo Levantado, hinzu kommen 3 US-$ N.P.-Gebühr).

N. P. Haitises als Tagesausflug mit Katamaran und Kajaks mit Besuch von San Gabriel und Cueva de La Arena. Ein besonderer Spaß, die Natur per Kajak zu erleben. Tour 10–16 Uhr für 63 US-$ (inkl. Essen und N.P.-Gebühr). ✆ 809/538-2494, -2588, www.whalesamana.com.

DomRepWorld, wer Ausflüge (u. a. auch Trekkingtouren zum Pico Duarte) und gute

Infos benötigt, wendet sich am besten telefonisch an dieses deutschsprechende Team, das in Zusammenarbeit mit DomRepTours landesweit tätig ist. ℰ 829/573-5646 (Mario Marenbach), www.domrepworld.com.

Boote nach Cayo Levantado: über die verschiedenen Agenturen. Preiswerter (250 RD-$/Pers.) geht's mit den kleinen Anbietern in den Orten vor Los Cacaos, ca. 8–12 km östlich in Richtung Las Galeras.

Samaná Zip-Line, stadtauswärts auf dem Weg nach El Valle; wird auch organisiert angeboten; wer mag, fährt selbst hin. 50 US-$ kostet das Vergnügen. Es gibt neben den Zip-Lines auch einen Wasserfall. ℰ 829/550-0179, 829/542-3006 (beides mobil), www.samanazipline.com.

Apotheke U. a. **Farmacía Giselle**, Calle Sta. Bárbara (bei Kath. Kirche), ℰ 809/538-2303. Gute Auswahl, auch Englisch und Deutsch.

Ärzte **Centro Médico**, Dr. Vicente, Av. Franco del Rosario Sánchez 2 (Ortsbeginn), ℰ 809/538-2366.

Auto- und Motorradvermietung Ambi-Rent a Car (dom. Ltg. Hr. Ambiori), Calle Francisco del Rosario Sánchez No 130, ℰ 809/538-916-5980. Kleiner preisgünstiger Anbieter, auch für Jeeps.

Oder bei Samaná Tourist nachfragen.

Banken Gegenüber dem Hafen die **Banco Popular**, am Ortsbeginn **Banco Progresso**, alle mit Bankomat.

Einkaufen Großer Markt am Malecón im Westen der Stadt (Ortsbeginn).

Post Av. 27 de Febrero.

Sport 9-Loch-Golfplatz beim Hotel Gran Bahía Príncipe, ℰ 809/538-3111.

Telefon Codetel, Malecón.

Übernachten

****** Hotel Gran Bahía Príncipe Cayacoa**, die Al-Anlage mit 295 Zimmern liegt exponiert über der Bucht von Samaná, zwei schöne Badebuchten liegen unterhalb und sind mit Aufzug erreichbar. Mehrere gute Restaurants, Bars, zudem Animation und Wassersportmöglichkeiten, Spa etc. In der Stadt das hauseigene Pueblo mit Casino, Diskothek und Shops. 2 Pers. im DZ/AI 429 US-$. ℰ 809/538-3131, www.bahia-principe.com.

***** Hotel Gran Bahía Príncipe Samaná**, war 2012 wegen Renovierung geschlossen! Schönes, weißes, kastellartig im Kolonialstil erbautes Hotel oberhalb des Meeres, ca. 9 km östlich von Samaná, in Sichtweite Cayo Levantado. Im Innenhof ranken tropische Pflanzen, das Essen ist vorzüglich. 129 große, komfortable Zimmer mit Blick aufs Meer. Hoteleigener Strand. Wer Ruhe sucht, ist hier richtig. 9-Loch-Golfplatz, Reiten. ℰ 809/538-3434, www.bahia-principe.com.

***** Hotel Gran Bahía Príncipe Cayo Levantado**, 182 Zimmer im Hotel und den Villas. Morgens und abends kann man die Ruhe auf dem Inselchen mit dem schneeweißen Sandstrand genießen, ehe die Badegäste angeschippert werden. Außer ein paar Wassersportmöglichkeiten und etwas Animation ist hier Ruhe angesagt. 2 Pers. DZ/AI für 429 US-$. Die Rezeption mit neuem Hafen und großem Parkplatz liegt ca. 15 km östlich von Samaná (nicht zu übersehen). ℰ 809/538-3232, www.bahia-principe.com.

Stadthotels Hotel-Restaurant Chino, 10 schöne Zimmer, gediegenes Inneres und sehr gutes Restaurant Los Chinos (11–2 Uhr) mit chinesischer, ital, int. und dom. Küche. Der Weitblick auf die Bucht und die Brücke ist grandios. Zimmer ohne Frühstück 54–84 US-$, serviert wird allerdings Kaffee und Gebäck. Calle San Juan 1, ℰ 809/538-2215, 809/223-7939 (mobil).

Hotel Docia, rosa Bau mit Balkonen oberhalb der Kirche, ruhige Lage. Kurz vor Calle San Juan. Einfache Zimmer mit 2 Betten für 25 US-$. ℰ 809/538-2041.

Hotel Nilka, ruhig, einfache Zimmer mit TV, teils mit Balkon für ca. 20 US-$. Calle Santa Bárbara (Parallelstr. zum Malecón), Nähe Fußballfeld, ℰ 809/538-2245.

Casa de Huespedes „El Paraíso", kleine, einfache und saubere Zimmer für 15 US-$. Av. Franco del Rosario Sánchez 53 (vor dem Kreisverkehr links), ℰ 809-538-2648.

Außerhalb ››› Mein Tipp: Hotel Ballenas Escondidas (franz. Ltg.), komfortable terrassierte Anlage am steil abfallenden Hang, herrlich im tropischen Park eingebettet. Offenes Restaurant, großer Pool und Jacuzzi, unten schöne Badebucht. Bei Los Cacaos kurz nach dem Ort La Talambola. Schöne 7 palmwedelgedeckte farbenfrohe Bungalows (mit Frühstück 120 US-$). Los Naranjos, ℰ 809/495-0888, www.hotelballenasescondidas.com. ‹‹‹

Essen & Trinken/Nachtleben

Essen & Trinken   Restaurant Bambú, gegenüber der Mole mit überdachter Terrasse. Sehr gutes, üppiges Essen, große Salatteller, Fisch- und Fleischgerichte, gute Weine und guter Service. Mo Ruhetag. Malecón 4, ☎ 809/538-2661.

>>> **Mein Tipp:** Restaurant Mata Rosada, guter Service und stilvolles Ambiente, überdachte Terrasse. Etwas andere Speisekarte, die Lust auf Essen macht, z. B. Rinderfilet in Mangosoße, Fisch- und Krabbenspieße, Merofilet mit Morchelsoße, Fischroulade mit Estragonsoße. Besitzer spricht auch Deutsch. Malecón 5, ☎ 809/538-2388. <<<

Taberna Mediterranea, nettes und gutes Lokal für Tapas und Weine. Malecón 1, ☎ 829/994-3634

Restaurant Le Franc, kleines, nostalgisches Restaurant, spezialisiert auf Meeresfrüchte. Av. La Marina 6, ☎ 809/538-2257.

Restaurant Los Chinos (→ „Übernachten").

Café de Paris, kleine, nette Café-Bar für tagsüber und abends mit schöner Meeresblickterrasse. Gut zum Frühstücken und für Snacks, zudem gute Cocktails. 7–24 Uhr (Fr/Sa bis 2 Uhr), Di Ruhetag. Malecón 6, ☎ 809/359-9763.

Nachtleben   Diskothek im Pueblo, Malecón.

Ausflug zu den Wasserfällen von El Limón und Weiterreise nach El Limón und Las Terrenas

Über eine breit ausgebaute Asphaltstraße erreicht man von Santa Bárbara de Samaná (am Ortsbeginn links) nach ca. 15 km die Stationshäuschen (paradas) für Touren zum **Salto El Limón**. Die Strecke ist landschaftlich wunderschön, bietet vor allem am Beginn immer wieder Ausblicke auf die Bucht von Samaná, inmitten üppiger Vegetation zeigen sich ab und an kleine, bunte Siedlungen. Zum Wasserfall mit seinem kalten Badesee gelangt man je nach Ausgangspunkt nach ca. 25–45 Min. Fußmarsch (oder auch ab El Limón, dann 3 Std., s. u.) durch teils matschiges Gelände (gutes Schuhwerk!), oder man mietet ein Pferd (Pferde warten bereits überall, mit bunten Sitzdeckchen versehen). Von den drei Wasserfällen kann man nur den höchsten, *El Amirate*, besichtigen. In ein großes, bis zu 12 m tiefes Becken ergießen sich aus über 50 m Höhe die Wassermassen, Springkünstler geben Vorstellungen, und mancher nimmt in gebührendem Abstand eine erfrischende Dusche.

Folgt man der breiten Straße rund 5 km weiter bis zur Kreuzung, wird der Namensgeber der Wasserfälle, der kleine Ort **El Limón**, ein Straßendorf, bestehend aus einer Handvoll Häuser, erreicht. Auch von hier gelangt man mit Führung zu den Wasserfällen (s. u. Santi Rancho). Östlich vom Ort führt eine Piste zur schönen *Playa Marón*, die nur

Salto de Limón – Sprung in die Tiefe

mit einem geländegängigem Fahrzeug oder Motorrad zu erreichen ist (ausge-schildert!); herrlich einsamer Strand mit Bäumen (gerne passen Kinder gegen Ent-gelt auf das Fahrzeug auf – sehr zu empfehlen, damit bei der Rückkehr nicht ein platter Reifen den schönen Badeausflug verleidet!).

Weiter östlich liegt versteckt noch die goldsandfarbene *Playa Ermitaño*.

Von El Limón erreicht man auf der breit ausgebauten Straße in rund 5 km das touristische Zentrum der Halbinsel Samaná, Las Terrenas (→ S. 305)

Information/Ausgangspunkt für Salto de Limón Aus Richtung Santa Bárbara de Samaná gibt es viele Stationen, meist sieht man die Pferde schon warten: die erste Station ist Restaurant Mitel (ab hier 45 Min.), nach ca. 2 km kommt Station Central (ab hier 25 Min.). In Richtung El Limón folgen noch andere, aber weiter entfernte Stationshäuschen, so auch Restaurant Santi (s. u.). Eine Führung kostet 15 US-$/Pers., mit Pferd ca. 20–25 US-$.

Essen/Übernachten/El Limón Restaurant-Cabañas Santi Rancho (span.-dom.

Ltg. Santi & Suni), an der Hauptstraße liegt das nette familiär geführte Lokal, das gute dominikanische Gerichte bietet, u. a. am Sonntag das traditionelle Sancocho und natürlich Fisch oder Ziege. Wer mag, kann sich hier in einfachen Zimmern mit Fan und Moskitonetz (700 RD-$ inkl. Frühstück) einmieten. Zudem werden u. a. 3-stündige Touren zu Fuß (14 US-$/Pers.) oder per Pferd (21 US-$/Pers.) zu den Wasserfällen angeboten, ebenfalls ist Canyoning im Programm. ☎ 829/342-9976, www.cascadalimonsamana.com.

Von Santa Bárbara de Samaná nach El Valle: Diese rund 15 km lange Strecke führt am östlichen Ortsrand nach Norden. Nach ca. 7 km kommt der Abzweig zur *Samaná-Zip-Line* (→ Santa Bárbara de Samaná/„Ausflugsagenturen und Touren"). Dann stoßen wir kurz vor dem Meer auf den kleinen Ort **El Valle** mit seiner schönen goldfarbenen Sandbadebucht *Playa El Valle*.

Von Santa Bárbara de Samaná nach Las Galeras: rund 26 km über eine gut ausgebaute, aber teils kurvige Asphaltstraße, Ausblicke auf grün überzogene Berge. Die Vegetation wird immer üppiger. Kleine Dörfer mit bunten Holzhütten reihen sich an der palmenbestandenen Küste, das Meer leuchtet in türkisblauen Tönen. Es wachsen große Mangobäume, Bananen und Baumfarn, Schlingpflanzen überwuchern alles.

Las Galeras

Der kleine, gemütliche Fischer- und Touristenort liegt ganz im Osten der Halbinsel an der großen Bahía del Rincón, die im Westen von den Klippen von Cabo Cabrón und im Osten vom Cabo Samaná begrenzt wird.

Rund um den Ort zieht sich der herrliche weißsandige Strand, die gleichnamige *Playa Las Galeras*, gesäumt von dichtem Kokospalmenwald. In Schwimmweite das Markenzeichen: eine winzige Insel mit Palmen. Diese herrliche Landschaft diente als Kulisse für die James-Bond-Verfilmung *Goldeneye* ... Wegen der herrlichen Strände gibt es einige gute Unterkunftsmöglichkeiten in Hotels und Pensionen sowie ein paar Restaurants, und wer tanzen mag, kann sich unter die Einheimischen mischen. Ein schöner Platz zum Relaxen oder, für Sportliche, zum Joggen und Reiten am Meer. Die reizvolle Umgebung lockt zu vielen Ausflügen zu Fuß oder per Boot zu traumhaften Badestränden (s. u.). Auch die riesigen Meeressäuger, die Buckelwale, lassen sich gut vom Cabo Samaná aus beobachten.

Acuario Natural Kaio: In der Meeresbucht beim Hotelstrand Playa Cala Blanca (Resort Gran Paradise Samaná) gibt es ein natürliches Meeresaquarium (ohne Netze), das rund 20 000 Fische zählt. Angelegt wurde es von dem japanischen Biologen

Las Galeras - die Playa Las Galeras mit Blick auf das Capo Cabrón

Kaio Morita. Bei Schnorcheltouren, in Sichtweite vom Festland, kann man bei den verschiedenen Stationen Tausende bunt schillernder Fische beobachten – natürlich durch Futter aus japanischer Hand angelockt. Touren tägl. 11 und 15 Uhr, 10 € inkl. Schorchelausrüstung, ℡ 809/883-8836; Infostand am Hotelstrand.

Boca del Diablo: Die Felsöffnung nahe dem Meer, auch „Nasenloch des Teufels" genannt, bietet ein sehenswertes Naturschauspiel. Besonders bei hohem Wellengang dröhnt und zischt es unterirdisch. Anfahrt: ca. 4 km westlich von Las Galeras, Abzweig gegenüber der Playa Rincón, dann geradeaus weiter bis zum Ende des Weges (Meer in Sicht). Dem Pfad folgen, die Boca ist nicht zu überhören. Unterwegs sieht man linker Hand Minen für den Abbau von schwarzem Marmor. Die sattgrüne Landschaft mit ihren schwarz-roten Höhlen ist beeindruckend.

Iguanario: Auf dem Weg zur schönen Playa Rincón, kurz vor Los Tocones, bietet sich noch ein Besuch in der kleinen Iguana-Aufzuchtstation an, wo die Tiere aufgepäppelt und betreut werden, ebenfalls ein gefördertes Ökoprojekt. Tägl. 8–17 Uhr, Eintritt 50 RD-$.

La Ruta del Jengibre: Die sog. *Ingwer-Route* ist ein italienisch gefördertes Ökoprojekt der Organisation Guariquen (www.guariquen.org, ℡ 809/878-3055), bei Los Tocones (ausgeschildert). Wer mag, kann bei Familien nächtigen und mitarbeiten.

Strände: Neben dem weißsandigen Hauptstrand *Playa Las Galeras* gibt es nach Osten und Westen wunderbare Strände, die per Jeep, Boot, Pferd und zu Fuß erreichbar sind. Jeden Morgen warten am Hauptstrand Fischer auf Badegäste, um sie zum gewünschten Strand zu bringen (je mehr Personen, desto billiger wird die Fahrt, Bootsbelegung meist 4 bis max. 6 Pers.).

Westlich von Las Galeras buchtet sich der nächste flach abfallende und von Kokospalmen gesäumte Strand, die *Playita de Irene*, meist nur *Playita* genannt, ebenfalls bestens zum Schnorcheln. Hier auch ein Restaurant und eine Tauchschule. Per Auto 10 Min., Fußmarsch ca. 30 Min.

Halbinsel Samaná → Karte S. 289

Playa Rincón, einer der weltbesten Strände – nur einen Ausschnitt erfasst die Kamera

Weiter westwärts folgt der goldfarbene Strand *Playa Colorado,* von üppiger Vegetation umgeben, am Hang Villen. Zu erreichen per Jeep in ca. 30 Min. (Anfahrt wie Playa Rincón), zu Fuß in ca. 1,5 Std. (ab Playita immer an der Küste entlang), per Pferd in 1 Std. oder per Boot in 20 Min. (ca. 15–20 US-$/Pers.).

Anschließend folgt im Westen die 4 km lange, mit Kokospalmen bestandene *Playa Rincón* mit goldfarbenem Sand, türkis leuchtendem ruhigen Meer (sehr gut zum Schwimmen) und drei kleinen Restaurants, wo man u. a. sehr gut und preiswert gegrillten Fisch isst. Am westlichen Buchtende mündet ein erfrischender Fluss, der Caño Frio – herrlich zur Abkühlung und bei hohem Wellengang des Meeres. Per Jeep ist die Playa Rincón in ca. 1 Std. erreichbar (man fährt ca. 4 km zurück in Richtung Samaná, biegt dann rechts ab und fährt weitere 5 km bis Los Tocones, dann Abzweig und weitere 1,5 km zur Bucht auf sehr schlechtem Makadam). Auch führt eine schöne Wanderung von Las Galeras dort hin (→ Wanderung 7). Unterwegs trifft man auf das Iguanario (s. o.), gut gefüllte Fruchtstände und es gibt inzwischen auch Übernachtungsmöglichkeiten (→ „Übernachten"). Per Pferd benötigt man für die Strecke ca. 1,5 Std., per Boot (20–25 US-$/Pers.) ca. 25 Min.

Nach Osten folgt nach dem Hauptstrand Playa Las Galeras die *Playa Cala Blanca,* ein fast weißer, von Kokospalmen gesäumter flach abfallender Strand, dahinter das Hotelresort Gran Paradise Samaná. Hier lockt das *Acuario Natural Kaio* (s. o.). Der Hotelstrand kann in max. 15 Min. Fußmarsch vom Ort, entlang der Küste oder durch den Kokoshain, erreicht werden.

Weiter östlich, nahe Cabo Samaná, liegt der kleine einsame, hervorragend zum Schnorcheln geeignete Strand *Playa Madame* im tropischen Grün mit Höhlen, die

---

Hinweis: An einsamen Stränden sollte man wachsam sein und nicht als letzter Badegast aufbrechen. In der Vergangenheit ist es gelegentlich zu Raubüberfällen auf Touristen gekommen, vor allem an der Playa Rincón. Falls einem dies passiert, unbedingt Meldung erstatten: im Hotel oder bei der Politur ☎ 809/754-3256.

herrliche Tropfsteine bergen (→ Wanderung 8). Im neu erbauten Palmenholzhaus gibt es Getränke etc. Per Boot (15–20 US-$/Pers.) in ca. 20 Min., per Pferd in 1,5 Std., zu Fuß u. a. vom Restaurant El Cabito möglich.

Danach, schon unterhalb des Cabo Samaná, die wunderbare weißsandige *Playa Fronton* mit der hoch aufragenden schwarzroten Felswand im Hintergrund, die etliche Höhlen birgt. Die Vegetation ist üppig (Palmen), es kreisen viele Fregattvögel. Zum Schnorcheln wunderbar, da in der Nähe das Riff ist – es gibt zahlreiche bunte Fische zu sehen. Per Boot in ca. 30 Min. zu erreichen (20–25 US-$/Pers.).

> **Hinweise zum Wandern**: Man sollte immer mindestens zu zweit laufen und alle Wertsachen im Hotel lassen. Man kann sich an Infostellen und in den Hotels auch nach lokalen Tourguides erkundigen. In der Regel zahlt man je nach Länge 500–1000 RD-$ (also max. 20 €).

Wanderung 7: Von Las Galeras zur Playa Rincón

Charakteristik: Diese Streckenwanderung am Meer entlang ist sicherlich ein Highlight. Sie führt, neben vielen kleineren namenlosen Buchten, immer nordöstlich zu einer der weltschönsten Buchten, der Playa Rincón. Der Weg verläuft meist oberhalb des Meeres und bietet immer wieder traumhafte Aussichten. **Länge/Dauer:** einfache Wegstrecke 7 km, ca. 2 Std. Man geht entweder denselben Weg zurück, oder man nimmt eines der Ausflugsboote zurück (ca. 5–8 US-$/Pers.), die jedoch nur bei Badewetter fahren. **Ausrüstung/Verpflegung:** gutes Schuhwerk, Sonnenschutz; für unterwegs ausreichend Wasser. **Einkehr:** Restaurants (→ Las Galeras/„Essen") an der Playa Rincón. **Ausgangspunkt:** Von der Hauptstraße in der Ortsmitte von Las Galeras nach Osten, ausgeschildert „Playita".

Wir starten in Las Galeras an der Hauptstraße in der **Ortsmitte** ❶ und folgen dem Makadam (Ausschilderung Playita) westwärts bis zu einer Straßengabelung ❷. Hier nehmen wir den Weg nach links leicht bergauf (rechts gelangt man zur Playita). Wir erreichen den Ortsteil **Lo Ojo** mit seinen einfachen bunten Häusern und gehen

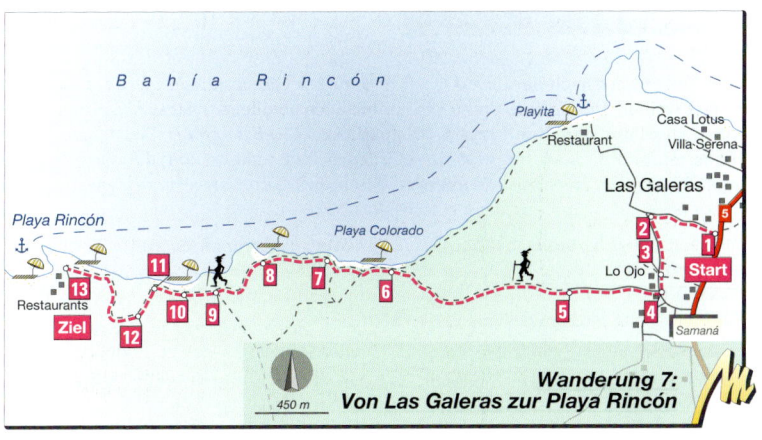

Wanderung 7:
Von Las Galeras zur Playa Rincón

450 m

an der Kreuzung **3** beim Comedor noch ein paar Meter geradeaus weiter. Vor La Casa Dorada zweigen wir rechts **4** ab und folgen dem Makadam bergauf, der bald in einen Feldweg **5** mündet. Rund 0:40 Std. haben wir ab dem Startpunkt nun hinter uns. Leicht bergauf führt der Weg, bald können wir den Weitblick auf die Meeresbucht genießen. Im weiteren Verlauf spenden Bäume, auch Mangobäume, Schatten. Es geht hinab zur herrlichen **Playa Colorado** **6**, die wir nach weiteren ca.0:30 Std. auf dem Feldweg erreichen.

Playa Colorado

Wir queren den goldfarbenen und von Palmen gesäumten Strand und folgen am anderen Ende, unterhalb der schönen palmgedeckten Villa **7**, dem Pfad oberhalb vom Meer, zunächst entlang des Stacheldrahtzaunes, den wir bei einer Art Tor übersteigen. Auf der anderen Zaunseite führt der Pfad weiter, durch üppig grünen Wald und Farne, bis wir durch die Zweige einen Blick auf die nächste kleine **Bucht** **8** erhaschen. Der Weg verläuft nun landeinwärts zwischen Mandelbäumen und Kokospalmen. Bergauf erreichen wir einen Felsen und übersteigen erneut einen Stacheldrahtzaun (kurz vor Linkskurve). Eine weitere kleine Bucht folgt. An einer kleinen Weggabelung **9** halten wir uns rechts (links geht es zu den Bananenplantagen). Wir erreichen die nächste größere und herrlich goldsandige, von Felsen eingerahmte **Bucht** **10**. Mit Blick auf das Cabo Cabrón laufen wir fast bis zum Strandende und tauchen dann nach links **11** in den Palmenwald ein. Der Zustand des Weges lässt auf viele Ausflüge zu Pferd schließen. Bald stoßen wir auf einen breiteren Makadam **12** und halten uns rechts (nach links geht es auf Felder). Wir folgen dem Weg und erblicken nach insgesamt etwa 2 Std. Wanderzeit die **Playa Rincón** **13** mit ihren Restaurants (hier isst man bestens Fisch und Camarones) und Liegestühlen. Wer es ruhig mag, läuft einfach ein Stück westwärts.

Wer nach der Schwimm-, Schnorchel- und Essenspause noch Lust und Kondition hat, nimmt den gleichen Weg zurück. Ab der **Playa Colorado** **6** kann man am Rückweg auch den Pfad direkt am Meer entlang in Richtung Playita nehmen, aber Achtung – teils muss man über Felsen klettern – es sollte also noch zeitig am Tag sein (Wegzeit bleibt die gleiche!).

Alternativ nimmt man ein Taxiboot, das den Wanderer zurück zur Playita oder nach **Las Galeras** zum Hauptstrand bringt (→ Las Galeras/Strände).

🏃 Wanderung 8:
Von Las Galeras zur Playa Madame und zum Cabo Samaná

Charakteristik: sehr abwechslungsreiche Ganztages-Rundwanderung mit etlichen Weitblicken am Cabo Samaná und guten Möglichkeiten zum Schnorcheln an der Playa Madame. Diese Tour ist mittelschwer zu gehen, da sie relativ lang ist – es bieten sich aber diverse Abkürzungsmöglichkeiten an. Die Tour ist auch mit dem Mountainbike machbar. **Länge/Dauer:** 11 km, ca. 4 bis 4:30 Std. **Ausrüstung/Verpflegung:** gute Wanderschuhe, Sonnenschutz, ausreichend Trinkwasser, evtl. Snacks, Schnorchel- und Badesachen. **Einkehr:** Playa Madame und Restaurant El Cabito (Mo Ruhetag, → Las Galeras/„Übernachten außerhalb"). **Ausgangspunkt:** Las Galeras, Plaza Lusitana. **Varianten:** von der Dorfmitte von Las Galeras bis zum Restaurant El Cabito **17** per Motoconcho oder Taxi (150 RD-$) spart man 3,5 km. Wer im Hotelresort Gran Paradise Samaná wohnt und von dort startet, kann insgesamt (hin und zurück) 4 km abziehen.

Wegbeschreibung: Wir beginnen unsere Wanderung an der **Plaza Lusitana** **1** und gehen die Asphaltstraße geradeaus. Den Abzweig **2** zum Hotelresort Gran Paradise Samaná ignorieren wir. Nun auf Makadam passieren wir das Guesthouse **La Rancheta** **3** und stoßen an eine Weggabelung **4**. Wir zweigen an der Gabelung nicht Richtung Meer, sondern nach rechts in den Makadam ab (ausgeschildert mit Playa Madame und Playa Frontón). Der steinige Makadam führt uns steil bergauf (ein Auto hat hier Mühe hochzukommen!), vorbei am Abzweig **5** in Richtung El Cabito.

(Wer sein Auto am Restaurant El Cabito geparkt hat, geht von dort westwärts und biegt am Abzweig **18** links ab, um dann auf unseren Weg bei **5** zu stoßen.)

Weiter bergan bleiben wir auch am folgenden Abzweig **6** geradeaus (nach rechts geht es zum Guesthouse Loma Cita). Der Makadam bringt uns zu einer Gabelung **7**, an der wir uns leicht rechts halten. Der Weg führt durch **Bananenplantagen**. An einer weiteren kleinen Gabelung **8** gehen wir leicht links bis zu einer Art Parkplatz

Wanderung 8: Von Las Galeras zur Playa Madame und zum Cabo Samaná

450 m

Die idyllische Playa Madame, bestens zum Schnorcheln

und einer **Wegkreuzung** **9** mit etlichen **Holztafeln**, die wir, je nach Kondition, nach rund 1 bis 1:30 Std. erreichen. Wir folgen nun dem beschilderten Fußweg (Madama 1, blauer Punkt) nach links (nach rechts gelangt man zur Playa Madama 2 und in 1:30 Std. zur Playa Frontón und Firmamento). Der Pfad windet sich durch Palmenhaine und eingezäunte Mangoplantagen – wir befinden uns auf dem alten **Fischer- und Bauernweg** zur Playa Madame. Wir genießen unseren Wanderweg durch immer üppigere tropische Pflanzenwelt, vorbei an den schon bei den Taínos genutzten **Guanábana-Bäumen** (Annona muricata, Stachelannone) mit ihren großen runden und stacheligen Früchten (das Fruchtfleisch dient u. a. als Grundsubstanz für Erfrischungsgetränke und für Marmelade; wird unreif gerne auch als Gemüse verwendet; ihre Kerne enthalten das Nervengift Annonacin; die Blätter lindern Erschöpfungszustände, Depressionen und zerstören Krebszellen bzw. verlangsamen deren Wachstum!).

An der nächsten Weggabelung **10** – hier oben warten oft die Pferde der Fischer oder der Ausflügler – nehmen wir den Pfad rechts bergab Richtung Meer. Der Pfad wurde in das Korallengestein geschlagen. Wir erreichen je nach Kondition in 1:15 bzw. 1:45 Std. ab den Holztafeln die malerische, in dichten Tropenwald gehüllte weißsandige **Playa Madame** **11**. Im Hintergrund beeindrucken die Felsen und Höhlen mit schönen Stalagmiten. Vielleicht ist das Restaurant von Manuel geöffnet, da gibt es Leckeres und Erfrischendes – Verlass ist jedoch nie.

Nach einer ausgiebigen erfrischenden Schwimm- und Schnorchelpause begeben wir uns auf den Rückweg. Wir nehmen den Pfad von der Playa Madame hoch zur Weggabelung **10**. Oben angelangt, folgen wir dem Weg nach rechts. Wer noch einmal einen Blick von oben auf die schöne Bucht werfen mag, geht an der nächsten kleinen Gabelung **12** den Pfad nach rechts und läuft ca. 150 m entlang der felsigen Landzunge bis zu einem **Aussichtspunkt** **13** und genießt den Weitblick sowie den Blick auf die unten liegende Playa Madame.

Zurück an der Gablung **12** folgen wir dem dicht zugewachsenen Pfad geradeaus. Der Weg, der sich kurzzeitig etwas verliert, ist durch viele rote Bändchen und

Schleifchen gekennzeichnet. Hier wächst der Palmfarn Guayiga (Zamia debilis, Z. pumila), woraus schon die Taínos ihr nahrhaftes Brot machten (die Wurzel wird getrocknet, gerieben, zu Brei verarbeitet und gebacken). Der Weg ist von Bäumen und Pflanzen üppig gesäumt, dann wird es lichter. Wir treten aus dem Wald und laufen über Lavagestein zum **Cabo Samaná**, auch die Höhle **Cueva de Juana 14** ist hier unterhalb – wir blicken weit übers Meer gen Nordküste von Miches und auf die große, sich ausbreitende **Bahía de Rincón**, von der grünen Landzunge Cabo Cabrón begrenzt, sowie auf die Gischt der Wellen, die nach oben spritzt.

Unser Pfad über den Lavafels verläuft nun mehr links und führt uns wieder ins Landesinnere zurück, es wachsen Bäume und Farne. An der nächsten Weggabelung **15**, wieder durch Bändchen gekennzeichnet, gehen wir links und wandern durch üppige Flora. Auch an einer weiteren Weggabelung **16** halten wir uns wieder links. Dann verläuft der Weg leicht bergan über Felsen, bis er sich – wir halten uns rechts – verbreitert. Hier wachsen eingezäunt **Kalabassenbäume** (Crescentia), Higuerros genannt, mit ihren großen runden Früchten, die als Vasen und Geschirr genutzt werden. Wir folgen diesem nun breitem Weg, um nach etwa 1 Std. Wanderzeit ab der Playa Madame das **Restaurant El Cabito 17** zu erreichen.

(Wer sich zurückfahren lässt, kann in Ruhe den wunderschönen Weitblick oder Sonnenuntergang von der Restaurantterrasse auf die Bahía Rincón genießen.)

Nach einer Erfrischung mit Weitblickgenuss im El Cabito machen wir uns wieder auf und folgen dem Hauptweg. Wir passieren einen Abzweig **18** (den diejenigen kennen, die am Restaurant El Cabito die Wanderung begonnen haben) und folgen dem Weg steil bergab Richtung Meer. In einer Kurve **19** folgen wir dem Hauptweg nach links, bis wir nach der nächsten Linkskurve **20** (hier könnte man durch das Hotelresort entlang dem Meer gen Las Galeras laufen) wieder auf die Weggabelung **4** vom Hinweg treffen. Wir halten uns hier rechts und gelangen wieder zu unserem Ausgangpunkt an der **Plaza Lusitana 1** in Las Galeras.

Ausblick von oben auf die Playa Madame

Basis-Infos

Verbindungen Guaguas, Abfahrt Strandplatz, mehrmals tägl. nach Samaná, 70 RD-$ (dort per Caribe-Tours nach Sto. Domingo). Minibus **Bluebird Express** (aber nicht schnell!), 2-mal tägl. nach Santo Domingo, 6 Std. Fahrtzeit.

Taxis/Motoconchos ebenfalls am Strandplatz.

Idylle am Strand von Las Galeras

Ausflüge/Touren Sunshine Holiday (dtsch. Ltg. Marcel & Diana), Hauptstraße Ortsbeginn, ☏ 809/538-0202, www.sunshineholiday.net. Touren, Transfer etc. und Cafébar.

Bootstouren zu den Stränden, am Hauptstrand nachfragen (s. o. **Whale Watching Station**: in der Zeit von Mitte Jan. bis Mitte März tägl. 8–13 Uhr; kurz vor dem Strand.

Diverses Apotheke, Klinik (mit kuban. Arzt), ☏ 809/538-0134, etliche Supermärkte, Souvenirshop mit Kleidung, Bank (mit Geldautomat), Internetcafé (am Ortsbeginn).

Jeep- und Motorradvermietung Fam. Wolfgang Räker (dtsch. Ltg.), Calle A 2, ☏ 809/538-0109, caribefun_wy@hotmail.com.

Reiten U. a. La Rancheta (Karin & Ronald), ☏ 829/939-8285 (mobil), www.larancheta.com. Reitausflüge u. a. nach Frontón und Playa Madame (→ „Übernachten").

Tauchen Diese östliche Ecke der Halbinsel Samaná ist bestes Tauchgebiet und verfügt daher auch über eine Reihe von Tauchschulen: Gefahren wird u. a. zu den Steilwänden von Cabo Cabrón, zum 55 m steil aufragenden Felsturm Piedra Bonita (bis 6 m unter der Wasseroberfläche).

Las Galeras Divers (schweiz. Ltg. Serge Baudat & Christine), Plaza Lusitana (kurz vor Hauptplatz Strand), ☏ 809/538-0220, 829/858-4404 (mobil), www.las-galeras-divers.com. PADI-Kurse, Ausrüstungsverleih, qualifizierte, gute Tauchlehrer (auch Deutsch), sehr beliebt. Auch um Übernachtungen wird sich gekümmert.

Tauchschule Playita, ☏ 809/855-0185, www.playitasub.com; an der Playa Playita.

Diveacademy, ☏ 829/577-5548, www.diveacademy.org. Basis in Las Galeras und Las Terrenas.

Wandern/Joggen Die Gegend lädt geradezu ein, die herrliche Landschaft zu erkunden und abgelegene Badeplätzchen zu finden.

Übernachten

Hotel Todo Blanco, gegenüber dem Hauptstrand im hübschen Kolonialstil und ganz in Weiß. Komfortable Zimmer mit Balkon 65–80 US-$/2 Pers., Frühstück 6 US-$. Calle Principal, ☏ 809/538-0201, www.hotel todoblanco.com.

≫ Mein Tipp: **** Hotel Villa Serena, am östlichen Ortsende liegt dieser Kolonialstiltraum in Weiß direkt am Meer mit kleinem eigenen Strandabschnitt und mit Blick auf die Miniinsel mit Palme. Eingerahmt ist diese Oase der Ruhe von einem Park, mittendrin ein Pool, eingebettet in ein üppiges Blüten- und Pflanzenmeer. Die 21 großen Zimmer sind auf 2 Gebäude verteilt und gemütlich und individuell eingerichtet (mit Fan oder AC, ohne störendes TV und Telefon, aber mit Balkon und großzügigem Bad). Im Pavillon ist ein Restaurant mit Gourmetküche untergebracht. Es gibt Fahrräder und Kajaks zum Ausleihen, zudem werden Yogakurse, Reiki und Massagen angeboten. Bewachte Parkplätze. Zur Playita läuft man von hier ca. 20–25 Min. DZ inkl. Frühstück 140 (Fan) bzw. 150 US-$ (AC). ✆ 809/538-0000, www.villaserena.com. 《《《

**** **Hotel Gran Paradise Samaná**, schön ruhig gelegene Al-Anlage mit 200 Zimmern und 50 Bungalows in einem großen Palmenhain am westlichen Ortsende in Alleinlage. Pool, Restaurants und Bars. Komfortable Zimmer mit Balkon. Tauchclub, Verleih von Wassersportgeräten, Tennis etc. Pro Pers. 150 US-$/AI. ✆ 809/538-0020, www.amhsamarina.com.

Casa Lotus, seit 1993 führt die Schweizerin Teresa Luisoni die familiäre Pension mit 3 Zimmern und einem Apartment, üppigem Blumengarten, vegetarischer Küche. Liegt am Meer neben Villa Serena am Ortsende. Hier herrscht Ruhe und spirituelles Flair. Zimmer/Apartments mit Frühstück für 2 Pers. ab 60 US-$. Teresa Luisoni, ✆ 809/538-0119, www.casalotus.ch.vu.

Hotel Solazul (schweiz. Ltg. Esther & Pierre) zentrumsnahe liegt diese gemütliche, kleine und gepflegte Anlage mit schönem Pool und einem großen, mit tropischen Pflanzen bewachsenen Garten. Das Innere der 4 palmwedelgedeckten Bungalows ist kreativ mit Naturmaterialien und mit den Holzfiguren von Pierre ausgestattet (kein TV/Tel.). Die freundlichen Besitzer sind um ihre Gäste sehr bemüht, am frühen Abend gibt es in geselliger Runde den Aperitif, das Frühstücksbuffet ist üppig mit selbstgemachten Marmeladen, verschiedenen Sorten Brot. Einziges Manko: Am Wochenende dringt Diskomusik in die Idylle. 2 Pers. mit Frühstück 40–50 €. ✆ 829/882-8790 (mobil), www.elsolazul.com.

Casa Por Qué no?, kleines Haus (kanad. Ltg. Pierre und Monick) mit großem, üppig wucherndem Garten kurz vor dem Strand. Sehr familiäre und freundliche Atmosphäre. Vermietet werden 2 liebevoll eingerichtete Zimmer mit Frühstück für ca. 50 US-$/2 Pers. (nach Wunsch auch Abendessen). ✆ 809/538-0066, 809/712-5631 (mobil).

🌿 **Casitas Las Mariposas**, die sog. Schmetterlings-Anlage (die ital. Ltg. ist für diverse Ökoprojekte zuständig, www.sanbenedetto.org) liegt schön ruhig ca. 1,5 km vor Las Galeras. Vermietet werden auf riesigem Hanggrundstück 8 einzeln stehende pastellfarbene Häuschen (2 bis 6 Pers., je nach Ausstattung mit Küche, Bad und Terrasse) im dominikanischen Stil, eingebettet in üppige Flora – alles auf ökologischer Basis. Ab 35 US/1Pers. oder 50 US-$/2 Pers. Arroyo El Cabo No 12 (gegenüber Schule), ✆ 829/797-2636 (mobil), www.lasmariposas.org, zudem auch www.guariquen.org (s. o. Iguanaroute und Ingwerroute).■

Aparthotel La Isleta, etwas oberhalb des Meeres (östlich des Hauptstrands), neuere nette, kleine Anlage im Reihenhausstil. Es gibt Zimmer/Apartments zu 75 US-$. ✆ 809/538-0116, www.la-isleta.com.

Hotel Playita, kleine Anlage (dom. Ltg.) mit Pool und Bar ca. 200 m auf dem Weg zur gleichnamigen Bucht, etwas abseits vom Ortskern. Es gibt 16 Zimmer: im 1. Stock (1500 RD-$) sind die freundlichen, netten und hellen (mit Kühlschrank); im Erdgeschoss kleine Zimmer (1000 RD-$), z. T. mit Terrasse und Küche (2000 RD-$); Wifi. ✆ 809/538-0085, 829/603-9657 (mobil), www.hotelplayita.com.

La Bella Ventura (franz. Ltg. Michelle & Gerard), an der Kurve, kurz vor Villa Serena, liegt sehr ruhig und nett die kleine Anlage mit 3 großzügigen, bunten palmwedelgedeckten Holzbungalows (60 u. 70 €/2 Pers.) im großen Garten. Es gibt Wifi. ✆ 829/697-0643, www.labellaventura.com.

Übernachten außerhalb Guesthouse **La Rancheta** (belg. Ltg. Ronaldo & Karin), farbenfrohe kleine, einfache, aber sehr nette Anlage im tropischen Grün. Zimmer mit Küche 35 US-$/2 Pers., Bungalow 60 US-$ mit 2 Betten, es gibt auch Frühstück. Zudem werden weitere schöne Objekte, u. a. auch die Villa Coloniale, vermietet (100 US-$/4 Pers.), es kann auch gezeltet werden. Reitausflüge werden angeboten. Anfahrt: ebenfalls Richtung Hotel (s. o.), nach Hotelabzweig noch ca. 200 m auf dem Makadam geradeaus, ✆ 829/939-8285, www.larancheta.com und www.lahaciendahostel.com.

》》 Mein Tipp: Guesthouse **El Cabito** (holl. Ltg. John & Catrin; Verwalt. auch Lea & Ivan aus Bulgarien), in herrlicher Lage oberhalb der Felsen mit traumhaften Sonnenuntergängen – für absolute Ruhefans oder als Ausflug. Vom Restaurant genießt man den herrlichen Blick, zudem die lecke-re Küche mit frischen Produkten. Gewohnt wird in Cabañas (1200 RD-$/2 Pers. oder 1500 RD-$/3 Pers.); es gibt auch eine Hänge-mattenhütte mit Moskitonetz (250 RD-$/Pers.); zudem ein Baumhaus (750 RD-$), oder man schlägt sein eigenes Zelt auf. Mo ist Ruhetag. Zur Playa Madame sind es ca. 30 Min. zu Fuß. Anfahrt: Straße Richtung Hotel Gran Paradise Samaná, am Straßen-ende nach links Richtung Meer (ist ausge-schildert), dann weiter geradeaus und den Berg hoch. Nur mit Jeep; ca. 3,5 km vom Ortskern (ein Taxi kostet 150 RD-$). ✆ 829/697-9506, 809/820-2263, www.elcabito.net. ≪

Guesthouse La Loma-Cita (schweiz. Ltg. Armelle & Christian), großes Grundstück in herrlicher Lage 3 km westlich von Las Gale-ras am Berg mit Blick auf die Meeresbucht. Es gibt nette Cabañas (30 €/Pers. mit Früh-stück), zudem sind Pferde zu mieten (20 €/2 Std.). Anfahrt: Richtung Hotel Gran Para-dise Samaná, an diesem vorbei und am Straßenende rechts den steilen Makadam bergan und dann oben rechts ab (ausge-schildert); nur mit Jeep befahrbar. ✆ 829/905-3272, www.lalomacita-lodge.com.

Casitas de la Loma (dtsch. Ltg.), 3 km vor Las Galeras beim Ort Palmorito nach rechts Richtung La Guázuma abbiegen. Auf dem Berg stehen 14 hübsche palmwedelgedeck-te kleine Häuschen, die sog. Casitas (50 €/2 Pers., 42 US-$/1 Pers.), alle mit herrlichem Weitblick auf die Bahía von Samaná – zur Walsaison ist Gratisbeobachtung der Tiere inklusive. Im Haupthaus werden Zimmer (45 €/2 Pers. oder für 29 € oder 37 € für 1 Pers.) mit großer Gemeinschaftsveranda

vermietet. Die Preise sind inkl. Frühstück, Abendessen gibt es nur nach Vorbestel-lung. Die Anlage mit ihrem geschwunge-nen großen Pool ist bergig und daher nur für Erwachsenen und Menschen ohne Geh-behinderung geeignet. La Guázuma, ✆ 829/804-4081, www.casitasdelaloma.com.

Hotel-Restaurant Rubi (dom. Ltg. Rubi), 12 Zimmer, ganz in Weiß, in hübschen palm-wedelgedeckten Bungalows (2012 eröffnet) und ein nettes Restaurant – gratis der Blick auf die Rincón-Bucht. Zimmer für 2000 RD-$/2 Pers. Die Besitzerin hat weitere Restau-rants in Las Galeras. Anfahrt: 13 km ab Hauptstraße und Abzweig zur Playa Rin-cón; ✆ 829/380-7295, www.bahia.rincon.com.

🌿 **Ecocampo La Sangría** (dom. Ltg. Maria Cristina und Mary corporan), beim Dorf Los Tocones (Guariquen ausgeschildert), gibt es 7 hübsche, einfache kleine Holzcabañas (Betten mit Moskitonetz) mit Palmendach und Terrasse zu mieten; eigene Regenwas-serduschen, Gemeinschaftsbad und Res-taurantterrasse; alles eingehüllt in tropi-sche Zier- und Nutzpflanzen. Die leckeren Mangos, Papayas, Zitronen etc. werden na-türlich auch zum Essen angeboten oder man kocht den fangfrischen Fisch oder Ma-niok – mit Solarenergie. Hier besteht die Möglichkeit, das dominikanische Landle-ben kennenzulernen – als solches ist die-ses Projekt auch gedacht, und wer mag, kann mitarbeiten (u. a. Kühe melken, Ölher-stellung). Cristina hat im übrigen langjäh-rige kanadische und spanische Tourismus-erfahrung, also kein reines „Landei". Aus-flüge werden ebenso angeboten. ✆ 829/916-4689, www.ecocampolasangria.com. ■

Essen & Trinken/Nachtleben

Essen & Trinken Am **Strand** gibt es eini-ge **Garküchen** dicht nebeneinander, die einen guten Ruf haben – besonders das Krebs-fleisch wird gelobt. Auch das Kokosbrot und die frittierten Plátanos und natürlich Hühnchen sind zu empfehlen. Bei Fisch vorher fragen, welcher frisch ist. Preiswerte Alternative!

≫ **Mein Tipp:** Restaurant El Taíno, Spei-seterrasse unter Palmendach, einladende gut bestückte Bar, tropische Blumensträuße, Kerzenlicht und angenehme Musik schaffen At-mosphäre. Man sitzt nicht nur gemütlich, son-dern speist auch Bestes herrlich arrangiert: le-ckerer Mero-Fisch in Bananenblättern gegart,

dazu Gemüse und Reis in der Kokosnussscha-le, Zimthuhn oder zartes Rindfleisch; dazu na-türlich eine große Wein- und Cocktailauswahl. An letzter Seitenstraße vor dem Strand. ≪

Restaurant Villa Serena (→ „Übernachten"), hier werden Feinschmecker glücklich: Die täg-lich wechselnde Speisekarte bietet verfeiner-te Kreationen von Fisch und Fleisch, Gemü-seterrinen, zudem feinstes Naschwerk. Zum Trinken ausgewählte Weine und Cocktails.

Restaurant Chez Denise, kleines Lokal mit französischer Küche. Es gibt Crêpes, Salate, Filets, Crevetten, Langusten und gute Drinks.

Restaurant **Michelle**, gutes Restaurant (franz. Ltg.) neben La Isleta, schöner Blick von der Terrasse aufs Meer. Hier werden auch Cabañas vermietet (40 US-$).

Restaurant El Pescador, an der Hauptstraße, hübsch zum Sitzen. Sehr gute spanische Gerichte; es gibt u. a. Camarones, Lambí und Fisch.

Wer Pizzen mag, geht in die **Pizzeria Aventura** an der Hauptstraße.

Reposteria Francesa, die Bäckerei verkauft Brot, Pizzen und süße Teilchen.

Nachtleben   Es gibt zwei **Terrassen-Diskotheken** entlang der Hauptstraße, die vor allem am Wochenende immer gut besucht sind. Gespielt wird hautsächlich Merengue, Bachata, Reggeaton; Salsa ist hier rar.

Las Terrenas

Das Fischerdorf an der Nordküste der Halbinsel Samaná hat sich zu einem lebendigen Touristenort entwickelt. Es locken zahlreiche Restaurants, Hotels und Pensionen und natürlich die herrlichen, riffgeschützten Badestrände, die sich kilometerlang nach Ost und West ziehen.

Ungehindert kann man am weißsandigen Strand entlanglaufen, vorbei an dem breiten Streifen Kokospalmenwald und den Meertraubenbäumen mit ihren großen, Schatten spendenden Blättern. Um Las Terrenas wird und wurde fleißig gebaut, neben edlen Wohnhäusern auch Umgehungsstraßen und die breite Straße entlang der Nordküste, die eine Anreise schneller macht. Die meisten Bauten fügen sich gut in die Landschaft ein, zum Teil sind sie mit ihren palmwedelgedeckten Dächern sogar ein Augenschmaus und die Küste ist fast allerorts noch zugänglich. So findet man Ruhe ebenso wie eine große Auswahl guter Lokale und Nightlife, das sich im Wesentlichen im kleinen Zentrum abspielt. Jogger können hier ihr Marathontraining absolvieren, Pferdeliebhaber genießen herrliche Ausritte entlang der Küste: nach Westen sind es vom Hauptstrand *Playa Las Terrenas* über die *Playa Bonita* bis zur großen Bucht *Playa Cosón* mindestens 7 km einfach, desgleichen in Richtung Osten bis zum Strand von *El Portillo* und weiter. Zudem bietet das Meer traumhafte Tauch- und Schnorchelreviere.

Die alte Fischerhauszeile, ein Kulturgut, noch vor dem Großbrand im August 2012

Halbinsel Samaná → Karte S. 289

Das Ortszentrum zieht sich mit seinen bunten Holzhäusern, in denen auch alle wichtigen Läden untergebracht sind, die Hauptstraße (Calle Principal, in der Verlängerung dann Av. oder Calle Duarte) entlang, verfügt über kleine Shoppingcenter mittendrin und lichtet sich dann kurz vor dem Strand in beide Richtungen – nach Westen heißt das Sträßchen Calle Libertad (früher *Paseo de la Costanera)*, weiter westlich im Anschluss folgt die Fischerhauszeile *El Pueblo de los Pescadores* und nach Osten *Carretera Portillo* (bzw. auch Calle Francisco oder Calle 27 de Febrero). Die Fischerhauszeile, das älteste Viertel des Ortes und Wahrzeichen der Stadt, fiel am 7. Mai 2012 einem Großbrand zum Opfer, der u. a. 15 Lokale komplett zerstörte, staatliche Hilfe wurde sofort zugesichert. Bereits im August 2012 wurden nach dem Neuaufbau der nun hübschen bonbonfarbenen Holzhäuser die ersten Lokale wieder eröffnet.

Neu ist auch die breite Zufahrt und Umgehungsstaße, der *Boulevar del Atlántico* nach Las Terrenas, von Sánchez kommend, bzw. stadtauswärts Richtung El Limón. Durch Straßenneubauten gab es insgesamt in ganz Las Terrenas viele neue Straßennamen, die jedoch teils nicht benutzt werden, sondern nur Verwirrung stiften.

Um das Zentrum nahe beim Meer befinden sich die meisten Pensionen, Hotels und Restaurants, viele unter deutscher, italienischer, französischer und Schweizer Leitung, teils versteckt hinter üppigem Grün. Am Wochenende und an Feiertagen füllt sich der Ort mit Einheimischen, die den Strand und die Lokale bevölkern, Rum trinken, tanzen und karibisch-lächelnde Laune verbreiten. Vom *Cabo de Las Ballenas* wie auch vom Strand Playa de Cosón kann man auf die *Cayo Ballena* (Wal-

Ecotopía: Der schön gestaltete, 30 ha große Ökopark des deutschen Prof. Dr. Colmar-Andreas Serrra (kurz nur Andrés genannt), der den Park mit großem Einsatz zu Forschungszwecken und für Schulungen von Agrar-Studenten anlegte, liegt rund 3 km ortsauswärts am Berghang, beim Weiler Ojo de Cacao. Auf Pfaden kann man in rund 1 Std. (oder auch mit einer Führung) durch das bisher auf 10 ha angelegte große Regenwaldgebiet mit Bachlauf und zu seiner Quelle spazieren. Unterwegs trifft man auf über 1000 Pflanzenarten und genießt vom obersten Punkt einen herrlichen Weitblick auf die Küste von Las Terrenas. Üppig ist die tropische Blumenpracht mit verschiedensten Heliconien, Ingwergewächsen, Orchideen und riesigen Kakteen, daneben gedeihen mächtige Bäume wie ein Ceiba-Baum (damit erbauten die Taínos ihre Boote), Bambus, auch Nutz-, Zier- und Heilpflanzen und es wächst Kaffee, der zum Kauf angeboten wird. Natürlich tummeln sich hier auch die verschiedensten Tiere, wie u. a. zahlreiche Vögel, Frösche, Echsen, Schmetterlinge und leider auch viele Moskitos (an ein Spray denken!). Zum besseren Verständnis gibt es eine kleine Flora-Broschüre (auch in Deutsch). Wer mag, kann hier einen ganzen Tag in der ruhigen Naturidylle verbringen oder sogar in Hütten nächtigen. Nur ein Teil dieses großen Geländes wurde bisher erschlossen, viele Ideen hat Andrés, der promovierte Agraringenieur, Forscher, Dozent und Berater in biologischer und integrierter Schädlingsbekämpfung noch. Praktikanten oder Hospitanten für Forschungszwecke sind willkommen.

Finca Ecotopía, Ojo de Cacao (3 km in Richtung Sánchez, Abzweig bei Policía Turistica nach rechts und weitere 300 m auf Makadam), ℡ 809/299-4820, 350-4820 u. 844-4820 (mobil), www.ecotopia-dr.com. Tägl. 11–17 Uhr (für Führungen etc. anfragen), Eintritt 7 US-$/Pers., Kinder bis 12 Jahre 50 %. Gutes Schuhwerk sinnvoll.

Morgenstimmung an der Playa Ballenas

fischklippe) blicken und zwischen Dezember und März die Buckelwale beobachten. Mit Auto oder Motorrad bieten sich Ausflüge in die herrliche Umgebung an, wie z. B. zu den Wasserfällen von El Limón (→ Seite 293).

Strände: *Playa Las Terrenas*, der Hauptstrand (wird eigentlich nochmals unterteilt in Playa Cacao und Playa Las Ballenas), zieht sich nach Westen bis zum *Cabo de Las Ballenas* und nach Osten über *Cabo Bermudéz* mit der *Playa de Popy* in Richtung El Portillo. Ab dem Cabo de Las Ballenas, inzwischen mit Villen bebaut, buchtet sich die versteckter liegende *Playa Escondido* und nach dem kleinen Felsvorsprung die herrliche, von Palmen gesäumte *Playa Bonita,* wo sich nachmittags die Surfer tummeln (leider kann man inzwischen nicht mehr zu Fuß von der Playa Ballenas zur Playa Bonita gelangen, da Privatbesitz, man muss der Straße folgen). Von der Playa Bonita gelangt man, geht man westwärts am Meer über das Cap Bonita, zur langen und fast noch unverbauten großen, einsamen *Playa Cosón* (per Auto fährt man die neu ausgebaute Straße westwärts und zweigt dann, der Beschilderung folgend, ab).

Weitere Strände folgen im Osten von El Portillo, bei El Limón, wie u. a. die schöne *Playa Moron* (→ El Limón).

Basis-Infos

Informationen/Ausflüge Bahia Tours, neben guter Information Vermittlung von Unterkünften, Ausflügen, Flügen, Autovermietung etc. N.P. Haitises ca. 60 US-$, Walbeobachtung und Stopp auf Cayo Levantado ca. 70 US-$, Wasserfall von Limón ca. 20–25 US-$. 9–13/15.30–19 Uhr. Calle Princi-

pal 237 (kurz vor dem Meer), ☎ 809/240-6088, www.bahia-tours.com.

Carib-Tour, Flug- und Busverbindungen. El Paseo (Einkaufszentrum), ☎ 809/240-6429.

Flora Tours, Botaniker und Spezialisten (Henry Rodríguez & Pierre Fayet) leiten die

Halbinsel Samaná → Karte S. 289

Touren u. a. zum N.P. Haitises, zu den Wasserfällen Limón – mit Augenmerk auf die Pflanzenwelt. Calle Principal 262, ℘ 809/240-5482, 809/360-2793 (mobil), www.flora-tours.net.

DomRepWorld, wer Ausflüge (u. a. Trekkingtouren zum Pico Duarte und in den Südwesten des Landes) und gute Infos benötigt, wendet sich an das deutschsprechende Team (landesweit mit DomRepTours tätig). Auch E-books gibt es zu erwerben. Frank Marenbach (bei Pino de Austria), ℘ 829/801-3679 (mobil), wwwdomrepworld.com oder auch www.mipueblo.cc.

Verbindungen　Zahlreiche **Motoconchos** im Ort. **Guaguas** nach Sánchez (60 RD-$) und Sta. Bárbara de Samaná. Mehrmals tägl. Busse von Sánchez (Kreuzung) nach Sto. Domingo für ca. 350 RD-$.

Flüge: Flughafen El Portillo (℘ 809/240-6094), mit DominicanShuttles (www.domincanshuttles.com) oder Aero Domca zum Flughafen Higuero oder Las Américas (Sto. Domingo) oder nach Pta. Cana (→ „Unterwegs/Mit dem Flugzeug").

Aero Domca, Calle Principal (El Paseo), ℘ 809/240-6571, 809/567-1195 (Reservierung), www.aerodomca.com. Flüge nach Sto. Domingo (Las Américas), 2-mal tägl. 30 Min., 100 US-$; 1-mal tägl. Punta Cana, 150 US-$.

Entfernungen　Sánchez 16 km.

Apotheken　U. a. **Farmacia de El Paseo**, ℘ 809/240-6497.

Ärzte　**Krankenhaus**, Calle Hospital, ℘ 809/240-6474.

Auto- und Motorradvermietung　**Amy-Rent a Car**, Calle 27 de Febrero (Beginn der Straße Richtung El Portillo), ℘ 809/723-0775. Kleine Vermietung für Motorräder, Roller, Quads und Jeeps (ca. 60 US-$/Tag).

Jessie Car Rental, Pueblo de Los Pescadores (Beginn), ℘ 809/240-6415, www.jessiecar.com. Jeeps, Motorräder und Quads.

Figuera Rent a Car, Calle Carmen (Einbahnstraße ortsauswärts); kleiner Verleiher.

Banken　**Banco Reserva** und **Banco Popular**, Calle Principal; im El Paseo **Banco Progresso**; alle mit Geldautomaten.

Einkaufen　Etliche kleine **Einkaufszentren** im Ort: **El Paseo**, nett gestaltet und kurz vor dem Hauptstrand mit allem Wichtigem (Post, Bank, Apotheke, Läden und Reisebüro). Auf der gegenüberliegenden Straßenseite **Casa Linda** mit Café, Läden, Bar Bodega und Disco und kurz danach **Plaza Taina**.

Sehr viele **Supermärkte** und **Colmados** entlang der Calle Principal. Wer Bilder kaufen möchte, geht am besten zu Claude Lechamp, einem Kenner der haitianischen Kunst, und seiner **Haitian Caribes Art Gallery**, Calle Principal 156.

Telefon　Mehrere Gesellschaften in der Hauptstraße Calle del Carmen (Achtung Einbahnstraße nach Norden): **Claro** südlich der Plaza Taina und **Orange** (nahe dem Kanesh Business Center).

⦿ Übernachten

Das Übernachtungsangebot in Las Terrenas ist sehr groß und bietet Unterkünfte in allen Kategorien.

Playa Las Terrenas in Richtung El Portillo (Av. 27 de Febrero oder auch Av. Portillo)　Hotel Los Pinos **24**, gegenüber dem Strand an der Straße und zentrumsnah, mit gutem Restaurant und Bar am Strand; nette DZ mit Balkon und Frühstück 60 US-$/2 Pers.; es kann etwas laut werden. Av. Portillo, ℘ 809/240-6168, 809/707-2871 (mobil), hotelrestaurantlospinos@gmail.com.

≫≫ **Mein Tipp:** *** Hotel Casa Robinson **10**, kleines familiär geführtes, farbenfrohes 19-Zimmer-Hotel (ital. Ltg.) mit Frühstücksrestaurant in ruhiger Seitenstraße (nach Pino). Zimmer mit Balkon und Küche ab 38 US-$ (mit 2 Betten 44 US-$). Calle Emilio Prud'homme 2, ℘ 809/240 6496, www.casarobinson.it. ≪≪

*** Hotel Club Aligió Beach **16**, die kleine Al-Anlage im karibischen Stil liegt nahe dem Ortszentrum und gegenüber dem Strand mit 80 Zimmern im Bungalowstil. Schöner Pool, exzellente ital. Küche, 2 Bars – eine davon am Strand und guter Service; Wassersportgeräte, zudem Tauchschule Profundo Blue. 80–85 US-$/Pers. im DZ. Calle 27 de Febrero No 25, ℘ 809/240-6255 und +1/888/790-5264 (Gratis-Reserv.).

≫≫ **Mein Tipp:** **** Residence Las Palmas **20**, hübsche Bungalowanlage (dtsch. Ltg., Verwaltung u. a. Doris) in tropischem Garten, in ruhiger Seitenstraße. Die Bungalows mit insg. 18 Wohnungen verfügen meist über 2 Parzellen und auf 2 Ebenen. Sie sind alle je nach Ge-

schmack des Eigentümers individuell ausgestattet, haben 2 Schlafzimmer (d. h. für 4 Pers. mögl.), Esszimmer, Küche, Terrasse und Wifi. Bungalowparzelle 97 US-$. ☎ 809/240-6436, www.vamosalaspalmas.com. «

** Hotel Casa Nina 5, kleine, familiäre Anlage (franz. Ltg.) schräg gegenüber der Playa Popy. 15 Bungalows gruppieren sich um den Pool im hübschen Garten. Einfache, aber ordentliche Zimmer für 2–4 Pers. (mit Fan 2000 RD-$/2 Pers., mit AC 2800 RD-$). An der Bar gibt es Tapas und morgens, wer mag gutes Frühstück (175 RD-$). Av. 27 de Febrero, ☎ 809/240-5490, www.hotel-casanina.com.

**** Palapa Hotel 15, schöne, komplett modernisierte Anlage (franz. Ltg.) gegenüber Punta Popy. 16 Bungalows (Fan oder AC) in einem tropischen Garten mit hübschem Pool und Insel mittendrin; Ausschmückung durch dominikanische Künstler. Großzügig, freundlich und komfortabel ausgestattet. Die Bungalows verfügen über 1–2 Schlafräume und Essraum mit Küche sowie Terrasse. Es gibt Familienzimmer und wer sparen möchte, teilt sich einen Bungalow (gemeinsames Bad). Am Eingang Restaurant/ Bar, zudem Beachbar und großes Wassersportprogramm. Ab 70 (Fan) bzw. 90 US-$ (AC), 4 Pers. zahlen 100 bzw. 120 US-$; Mehrbettbungalow 20 US-$/Pers. ☎ 829/466-4848, www.hotelpalapa.com.

***** Hotel Gran Bahía Príncipe El Portillo 8, beliebtes Al-Resort, ca. 6 km von Las Terrenas entfernt. Alleinlage am weißsandigen Strand und türkis leuchtenden Meer, umgeben von Kokospalmenwald und tropischem Garten. Pools, Disco. Großes Animations-

(auch Miniclub) und Sportprogramm (u. a. Tennis, Reiten), zudem Tauchclub und Verleih von Wassersportgeräten (Surfbretter, Kajaks) und Spa-Bereich. Ab 120 US-$/Pers. ℡ 809/240-6100, www.bahia-principe.com.

Playa Las Terrenas in Richtung Westen (Calle de la Playa) * Casa Delphin , in der Seitenstraße beim Hotel Coco Plaza (s. u.). Ganz einfache, aber saubere 2-stöckige Pension im karibischen Stil mit Bar und kleinem Restaurant, die an die Anfänge des hiesigen Tourismus erinnert (österr.-dom. Ltg. Erwin Brunner & Carlixta Carcarno). Verschieden große Zimmer (2- bis 3-Bettzimmer mit meist eigener DU/WC), 2 Pers. inkl. Frühstück 26 US-$, die Dachwohnung mit Whirlpool, Terrasse u. kl. Küche 50 US-$. Tauchpakete, Infos etc. Calle Chicago Boss 5, ℡ 809/240-6504, 809/848-6292 (mobil), www.diving.at/casadelfin/index_h.html.

*** Hotel Coco Plaza , Anlage gegenüber dem Strand (schweiz.-ital. Ltg.). 20 geschmackvoll eingerichtete große Apartments mit Küche und Terrasse/Balkon zu 50–60 US-$. Calle Francisco Bono 2, ℡ 809/240-6516, www.hotelcocoplaza.com.

*** Hotel-Residence Playa Colibri , sehr gut ausgestattete Anlage (dtsch.-schweiz. Ltg.) im einstöckigen, charmevollen kolonialen Reihenhausstil um großen Pool, Jacuzzi gegenüber der Playa Ballenas; hier ist die hauseigene Bar, wo es auch Frühstück gibt, auch Strandliegestühle. Nebenan ein kleines Restaurant. Verschieden große in türkis gehaltene Apartments (für 2–6 Pers.) mit sehr gut ausgestatteter Küche, Sat.-TV, DSL-Internet, Terrasse oder Balkon. 2 Pers. 113 und 143 US-$. ℡ 809/240-6434, www.playacolibri.com.

*** Hotel Eva Luna , idyllische, kleine Anlage (franz. Ltg. Aude & Oliver) in einem üppig wuchernden tropischen Park rund um einen hübschen Pool. Die stilvollen, mit Liebe zum Detail ausgestatteten Villenhäuschen besitzen einen Schlafraum, offene Küche und überdachte Veranda, zu der morgens das „Petit Déjeuner" gebracht wird. 120–150 US-$. Calle Maricó (hinter Colibri), ℡ 809/543-5704, 809/978-5611 (mobil), www.villa-evaluna.com.

Playa Bonita Zufahrt von der Hauptstraße ortseinwärts, bei der Post in Richtung Westen (ausgeschildert), ca. 4 km. Alle folgenden Hotels liegen kurz vor und gegenüber dem Strand. Von der Playa Ballena kann man weder mit dem Auto direkt und inzwischen auch nicht mehr zu Fuß zur Playa Bonita gelangen.

** Casa Los Holandeses , kleine Anlage (Yudith & Tochter Pascal) auf großem Grundstück. Es gibt 8 einfache, aber nette Apartments in palmwedelgedeckten Häuschen für 1 bis 4 Pers. (50 US-$/2 Pers.). Auf Wunsch wird Frühstück serviert, das Restaurant bietet asiatische Thai-Küche. ℡ 809/240-6473, 809/855-3663, www.casalosholandeses.com.

** Appartements Pino de Austria , 7 Bungalows, 13 Apartments und 5 Zimmer (inkl. Casa Bonita nebenan) auf einem 20.000-qm-Areal mit riesigem Naturbadesee. Urige, lockere Atmosphäre, zudem kennt jeder jeden, daher auch viele Langzeiturlauber; abends geselliges Beisammensein am langen Tisch, ab und an auch zum Fondue. Auch gibt es den Pino-Fan-Club. Preise zwischen 10 und 25 US-$. ℡ 809/805-1960, www.domrepworld.com.

*** Hotel Coyamar , kleine, geschmackvolle und gut geführte 2-geschossige Anlage (dtsch. Ltg. Peter Müller), eingehüllt in Tropenpracht und mit kleinem Pool. Das luftige Restaurant mit Bar bietet gute Küche und Blick aufs Meer, u. a. leckere Hühnchen oder Cordon Bleu; großzügige,

Die fast unbebaute Playa Cosón – hoffentlich noch lange …

nette Zimmer mit Terrasse/Balkon. Zimmer mit Frühstück 65 US-$. Playa Bonita, ℡ 809/240-5130, www.coyamar.com.

*** Hotel Acaya **33**, Anlage (franz. Ltg. Jean Marc Nicolas Gerente) im viktorianischen Stil, luftige Terrasse mit Rattanmöbeln, alle Zimmer mit Balkon, Blick aufs Meer und Kühlschrank. Das Restaurant bietet als Spezialität Hummer und andere Köstlichkeiten, an der Bar eine reichliche Auswahl an Cocktails. Zimmer mit Frühstück 95 US-$ (angeschlossen Surfschule). Playa Bonita, ℡ 809/240-6161, www.acaya-hotel-fr.com.

**** Hotel Bahía Las Ballenas **31**, farbenfrohe, ruhige Anlage (franz. Ltg.) mit 8 palmwedelgedeckten Bungalows (zu je 4 Zimmern, fächerförmig angeordnet) im karibisch-maurischen Stilmix, großzügig im tropischen Park mit Pool. Ideenreiche und stilvolle Ausstattung der Räumlichkeiten (mit Miniküche), u. a. uneinsehbare Open-Air-Dusche, hübsche Kacheln und gemauerte Bänke auf der Veranda, zudem kein störendes TV/Tel. Tauchclub. Freiluftrestaurant bietet exzellente Küche. Zimmer mit Frühstück 130 US-$. Playa Bonita, ℡ 809/240-6066, www.bahia-las-ballenas.net.

*** Hotel Casa Grande **30**, in ruhiger Lage gegenüber dem Strand, kleine Anlage (franz. Ltg.) mit viel Charme. Angenehme, 10 verschiedenartige und -farbige Zimmer zum Relaxen. Das Gourmetrestaurant mit Blick aufs Meer bietet kreative feine Küchenkunst. Zimmer mit Frühstück ab 110 US-$. Playa Bonita, ℡ 809/240-6349, www.casagrande beachhotel.com.

**** Hotel Atlantis **28**, am ruhigen Ende der Playa Bonita, klein und versteckt im Palmenwald, umgeben von tropischen Gewächsen. Interessante, fast kubische Bauweise, abgerundete Ecken, schön versetzt mit Balkonen und Arkaden. Geräumige Zimmer mit Namen statt Nummern, teils mit Balkon oder Terrasse. Das Restaurant hat einen sehr guten Ruf, hier kreiert Monsieur Gérard Prystasz, Ex-Chefkoch von François Mitterrand, Köstlichkeiten. Zimmer mit Frühstück 100–150 US-$ (je nach Lage und Größe). Playa Bonita, ℡ 809/240-6111, www.atlantis-hotel.com.do.

Playa Cosón 7 km gen Westen, über die neu erbaute Straße in Richtung Flughafen

Hotel Casa Cosón **41** (franz. Ltg. Yvan & Marzia Magnien), kleines komfortables in Weiß gehaltenes 4-Zimmer-Hotel (2–5 Pers.) im Kolonialstil und fast in Alleinlage an der Playa Cosón; auch Pool. Gut ausgestattete Zimmer (180 US-$ mit Frühstück für 2 Pers.), für die Gäste wird abends ein leckeres Dinner gekocht. ℡ 809/853-8470, www.casacoson.com.

Nördlich der Playa Cosón nur noch eine Al-Anlage (Wyndham).

Essen & Trinken → Karte S. 309

Paseo de la Constanero – Calle Libertad u. Carret. Portillo

La Yuca Caliente **13**, interessant gestaltetes, großzügiges Lokal mit offener palmwedelgedeckter Terrasse, zum Meer gewandt – die vorhandenen Palmen wurden einfach integriert. Spanische Küche, Tapa-Buffet, fangfrischer Fisch, Fleisch, Paella. Calle Libertad 6, ℡ 809/240-6634.

Barrio Latino **21**, zum Frühstücken, aber auch für eine Kleinigkeit mittags und abends. Salate, frische Säfte, leckeres Eis. Preiswert. 7.30–24 Uhr. El Paseo.

Crêperie **28**, Crêpes, Galettes und Eis; beim Einkaufszentrum El Paseo.

Comedor Llave del Mar **14**, direkt am Meer gegenüber Einkaufsmeile El Paseo; der kleine, nette und einfach ausgestattete Familienbetrieb brät auch nachts noch für Hungrige einen frischen Fisch mit Tostones. Hier gibt es auch Zigarren zu kaufen.

Restaurant Lo Tre Caravelle **19**, nettes und gutes Restaurant mit hübschem Ambiente; italienisch-dominikanische Küche, Risotto- und Pastagerichte, Fisch, Langusten. Carret. Portillo, ℡ 809/917-6639.

Plaza Gelato **11**, am Beginn des El Paseo; hier lässt man sich zu leckeren Eiscups nieder, sehr beliebt das Eis mit Früchten oder mit Schoko, zum Mitnehmen gibt es die Kugeln in der Waffeltüte (wie zuhause ... und für 1 €).

Helado Bon **6**, an dem neu gestalteten Platz kurz vor dem Ende des El Paseo und Kreuzung; hier ist neben normaler Eiscreme auch Jogurteis (yogen fruz) erhältlich: dazu wählt man die Früchte und diese werden dann mit Jogurt in der Eismaschine zubereitet – frischer geht's nicht.

Pueblo de los Pescadores (Fischerhauszeile)

Restaurant Casa Salsa **2**, palmwedelgedecktes, von Pflanzen umgebenes offenes Lokal mit lauschigen Nischen und Terrasse nahe am Meer, eines der ältesten am Ort, beliebt bei Einheimischen und

Touristen. Franz.-kreol. Küche, u. a. frische Fische, Langusten, Garnelen und Fleischgerichte wie Ziege, auch T-Bone-Steak. ☎ 809/240-6805.

Restaurant-Pizzeria El Pescador 18, hier gibt es bei freundlichem Service und nettem Sitzen u. a. Pizzen, Fisch und Fleischgerichte, Hühnchen zu moderaten Preisen. Auch Lieferservice wird angeboten. Mi Ruhetag. ☎ 809/240-6202.

Restaurant La Terrasse 1, klein aber fein direkt am Meer im weißen Häuschen und auf weißer Terrasse. Serviert wird feine mediterrane Küche mit Frischegarantie. ☎ 809/240-6730.

Playa Bonita   **Restaurant Atlantis** 28, hübsche, lauschige Terrasse, umgeben von üppigem Grün. Hier kocht der Ex-Koch des französischen Präsidenten. Leckere Gerichte, Spezialität Meeresgetier. Dem gleichnamigen Hotel angeschlossen. ☎ 809/240-6111.

Hotelrestaurants **Acaya**, **Coyamar** und **Casa** Grande (→ „Übernachten").

Ortszentrum **Restaurant-Bar La Pergola** 29, bei der Plaza Kanesh, beliebtes Lokal unter der Pergola, das vor allem gute Tapas und Weine bietet. Calle El Carmen No 80, ☎ 829/898-4142.

Restaurant Paco Fisch 36, südöstlich am Bach Cano Secco. Hier gibt es im offenen Restaurantbereich und in netter, freundli-

cher Atmosphäre beste dominikanische Küche. Ganztägig geöffnet (So nur bis 15 Uhr). Cano Secco No 37, ☎ 829/568-7666 (mobil).

Restaurant-Bar-Patisserie Mi Corazón 35, der Gourmettempel (schweiz. Ltg. Lilo & Daniel; Floh, der dtsch. Küchenchef) des herzigen Männerteams ist edel und stilvoll auf 3 Ebenen untergebracht und zählt mit zu den besten Lokalen der Stadt: im Erdgeschoss die hauseigene Patisserie, die natürlich auch Süßes zur Nachspeise serviert, im 1. Stock werden im Atrium mit Brunnen beste Gerichte serviert, die an Kunstwerke erinnern, zudem ein tägl. wechselndes 5-Gänge-Menü, natürlich eingedeckt mit weißen Tischdecken und Kerzen; die Dachterrasse mit der Loungebar lädt unter den funkelnden Sternen zu Cocktails oder guten Weinen ein. Gehobenes Preisniveau. Geöffnet ab 19.30 Uhr (Bar ab 19 Uhr), Mo Ruhetag (im Sommer auch So). Calle Duarte 7/Esqu. Luperón (Kreuzung zur Playa Cosón), ☎ 809/240-5329.

Restaurant Naña 38, auf dem Weg zur Playa Cosón hat der deutsche Metzger Florian sein Lokal, wo es deutsche Gerichte wie Schweinebraten, Schnitzel und auch Nudelgerichte gibt. Calle Luperón.

Playa Cosón ≫ **Mein Tipp:** **Restaurant The Beach** 40, hübsches Kolonialstilhaus inmitten eines Palmenhains. Auf der Terrasse mit Blick auf den hier kilometerlangen fast unberührten Strand speist man leckere

Playa Punta Popy – auf einen kühlen Drink in die Beachbar

frische Fische, Sushi, Garnelen, Langusten etc. Alles bestens zubereitet und zu moderaten Preisen. Auch Liegestühle für die Siesta vorhanden. Geöffnet mittags bis früher Abend von Di bis So (Mo und Mi Ruhetag). Anfahrt: über die neue Straße Richtung Flughafen, dann der Ausschilderung Playa Cosón folgen. ℡ 809/962-7447, 809/847-3288 (mobil). «

Strandrestaurant Chez Luís 🟥39, hinter obigem Restaurant am Ende der Straße (Makadam) direkt am Meer und kurz vor der Flussmündung. Hier ist alles einfacher und auch preiswerter, das Essen bestens: die Platten biegen sich mit Hummer und Langusten, es gibt Cocktails wie Piña Colada und der Service ist flink und freundlich. Nach dem Essen kann man sich auf den Liegestühlen niederlassen oder ausgiebig schwimmen gehen. Ganztägig geöffnet, abends nach Reservierung, ℡ 829/962-601-8772.

⌒ Nachtleben → Karte S. 309

Vor allem die Fischerhauszeile (Pueblo de los Pescadores), die auch gute Restaurants bietet, hat sich zu einer Nachtmeile entwickelt. Ausgehtage sind Freitag, Samstag Feiertage, ansonsten oft gähnende Leere – viele Touristen suchen inzwischen nur Ruhe.

Gaia – Dance Club, Bar & Lounge 🟥9, der neueste Club mit drei Bereichen zum Abfeiern. Im Innern mit Aircondition, zudem Open-Air-Terrasse. Es gibt Themenabende und Modeschauen. Vor allem Fr und Sa gut gefüllt. Fischerhauszeile. ℡ 829/638-0000.

Club Paco Cabana 🟥12, mit zwei Lounge-Bars, Restaurant und Terrasse direkt am Meer und Sandstrand unter Palmen; hier kann man fast ganztägig seinen Aperitif nehmen. Tagsüber Beachclub, abends zum Essen oder auf einen Cocktail. Gegenüber El Paseo. ℡ 809/602-0406 (mobil).

Terraza Mamá 🟥4, wer dominikanische Musik und eine Open-Air-Terrasse am Strand mag, ist hier richtig. Tägl. geöffnet, aber nur Fr/Sa belebt.

Café Atlántico 🟥25, Restaurant und Lounge-Bar, großzügig und hell gehalten. Bei guten Cocktails und guter Musik den Tag ausklingen lassen. Fischerhauszeile.

Mosquito Art Bar 🟥3, kleine Lokalität am Meer; gute Weine und jede Menge Cocktails. Fischerhauszeile. Ab 18 Uhr.

Bar und Diskothek Bodega 🟥22, im offenen Innenhof des kleinen Einkaufszentrums Casa Linda, mit langer Bar und Tanzfläche. Mi und Sa Liveauftritte und Konzerte. Es gibt auch Salsa-Kurse.

⌒ Sport

Wassersportcenter Playa Las Terrenas, bei Paco Cabana. Kajaks, Surfbretter etc.

Punta Popy, beim Palapa-Beach-Hotel, u. a. Hochseefischen mit 12-m-Chris-Craft-Katamaran (Tagesfahrten), Kajaks, Surfen, Kitesurfen, Wasserski, Tauchen. ℡ 809/240-6191, www.palapabeach.com.

Surfen & Kiten Sehr beliebt zum **Surfen** ist nachmittags inzwischen die Playa Bonita, Surfbrettverleih beim Hotel Acaya. Um die Playa Popy ist das Kiten wegen des ausgedehnten Riffs für Anfänger weniger geeignet. Gute Winde herrschen hier von Juni bis Aug.

Las Terrenas Kitesurf Club – Loco Kite Club mit Beach Bar, an der Punta Popy. ℡ 809/801-5671, www.lasterrenas-kitesurf.com. Die Kitesurf- und Surfschule bietet Kurse für Anfänger und Fortgeschrittene; Materialverleih.

Tauchen Las Terrenas Divers (dtsch. Ltg. Hanjo), Basis an der Playa Bonita, Hotel Bahia Las Ballenas, www.lt-divers.com.

Diveacademy, verschiedene Tauchbasen (auch in Las Galeras), am besten anrufen: ℡ 829/577-5548, 925-3327; www.dive academy.org.

Diving Center Profundo Blue (ital. Ltg.), Calle 27 de Febrero No 25 (beim Hotel Club Aligió), ℡ 829/349-1913 (Daria), ℡ 809/861-5114 (Paolo), www.profundoblue.com.

Turtle Dive Center (frz. Ltg. Philippe & Corinne), beim Plaza El Paseo, Calle de Libertad, ℡ 829/903-0659, www.turtledivecenter.com.

Diving Center, im Resort Gran Bahía Príncipe, ℡ 809/240-6100.

Palapa Dive Center, im gleichnamigen Hotel. ℡ 809/240-6797, www.palapabeach.com.

Halbinsel Samaná → Karte S. 289

Nördlich der Playa Grande,
eine beliebte Bucht zum Kiten und Surfen

Etwas Spanisch

Wer sich in der Dominikanischen Republik außerhalb von Metropolen und Provinzhauptstädten bewegt, kommt ohne ein bisschen Spanisch nicht sehr weit. Die Landbevölkerung spricht kaum Englisch – von Deutsch ganz zu schweigen. Dieser kleine Sprachführer soll Ihnen die wichtigsten spanischen Grundbegriffe vermitteln.

Aussprache

c	vor a, o, u und Konsonanten wie k (caliente = kaliente), vor e und i wie engl. th (cero = thero)
ch	wie tsch (mucho = mutscho)
h	ist stumm (helado = elado)
j	wie ch (rojo = rocho)
ll	wie j (calle = caje), manchmal auch wie lj
ñ	wie nj (año = anjo)
qu	wie k (queso = keso)
v	wie leichtes b (vaso = baso), manchmal wie leichtes süddeutsches w (vino = wino)
y	wie j (yo = jo)
z	wie engl. th (zona = thona)

Zahlen

¼	un cuarto	13	trece	50	cincuenta
½	un medio	14	catorce	60	sesenta
0	cero	15	quince	70	setenta
1	un/una	16	dieciséis	80	ochenta
2	dos	17	diecisiete	90	noventa
3	tres	18	dieciocho	100	ciento, cien
4	cuatro	19	diecinueve	200	doscientos
5	cinco	20	veinte	300	trescientos
6	seis	21	veintiuno (-ún)	500	quinientos
7	siete	22	veintidós	1000	mil
8	ocho	23	veintitrés	2000	dos mil
9	nueve	30	treinta	5000	cinco mil
10	diez	31	treinta y uno	10.000	diez mil
11	once	32	treinta y dos	100.000	cien mil
12	doce	40	cuarenta	1.000.000	un millón

Basics

Grüße

Guten Morgen	*Buenos días*	Tschüss (= bis dann)	*Hasta luego*
Guten Tag (bis zum Abend)	*Buenas tardes*	Wir sehen uns	*Nos vemos*
		Auf Wiedersehen	*Adiós*
Guten Abend/ gute Nacht	*Buenas noches*	Alles Gute!	*¡Que le vaya bien!*
		Gute Reise	*Buen viaje*
Hallo	*Hola (sehr gebräuchlich)*		

Small Talk

Wie heißt Du?	*¿Cómo te llamas?*	Ich spreche kein Spanisch	*No hablo español*
Ich heiße ...	*Me llamo …*	Verstehst du?	*¿Comprendes/entiendes?*
Angenehm/ sehr erfreut (bei Vorstellung)	*Encantada/ encantado, mucho gusto*	Ich verstehe (nicht)	*(No) comprendo/ entiendo*
Woher kommst du?	*¿De dónde eres?*	Langsamer, bitte	*Despacio, por favor*
Ich komme aus ...	*Soy de ...*	Wie geht's?/ Wie geht es Ihnen (dir)?	*¿Qué tal? (bei Freunden), ¿Cómo está (estas)?*
... Deutschland	*Alemania*		
... Österreich	*Austria*	(Sehr) gut und Dir?	*(Muy) bién ¿y tú?*
... Schweiz	*Suiza*	In Ordnung/ passt so/ o.k. (auch als Frage sehr gebräuchlich)	*¿Vale?, ¡vale!, bueno*
Sprechen Sie/ sprichst du ... ?	*¿Habla/ hablas ...?*		
... Deutsch Englisch Französisch Italienisch	*... alemán inglés francés italiano*	Wie schön!	*¡Qué bueno!*
		Das gefällt mir	*Me gusta esto*
		logisch	*claro*

Minimal-Wortschatz

Können Sie (du) mir sagen, wo ...	*¿Podría (podrías) decirme dónde está ...?*	Ich	*yo*
		Du	*tú*
Ja	*sí*	Sie	*usted*
Nein	*no*	Mädchen	*chica/niña*
Bitte	*por favor*	Junge	*chico/niño*
Vielen Dank	*muchas gracias*	Frau	*señora*
Entschuldigung	*perdón*	junge Frau	*señorita*
Verzeihung	*disculpa*	Herr	*señor*
groß/klein	*grande/pequeño*	blau	*azul*
gut/schlecht	*bueno/malo*	grün	*verde*
erlaubt/verboten	*permitido/prohibido*	rot	*rojo*
heiß/kalt	*caliente/frío*	gelb	*amarillo*
oben/unten	*arriba/abajo*	schwarz	*negro*
viel/wenig	*mucho/poco*	weiß	*blanco*

Fragen & Antworten

Gibt es ...	*¿Hay?*	Was kostet das?	*¿Cuánto cuesta esto?*
Haben Sie/du ...?	*¿Tiene/tienes ...?*	weil	*porque*
Ich möchte ...	*Quisiera ...*	Wie/wie bitte?	*¿Cómo?*
Ich weiß nicht ...	*Yo no sé*	Wissen Sie...?	*¿Sabe usted ...?*
Ist es möglich/ kann ich?	*¿Es posible/ puedo?*	Wo ist/sind ... ?	*¿Dónde está/están ...?*
Um wie viel Uhr?	*¿A qué hora?*	Wo?	*¿Dónde?*
Warum?	*¿Por qué?*	Woher?	*¿De dónde?*
		Wohin?	*¿Ádonde?*

Orientierung

Wo ist ...?	*Donde está ...?*	geradeaus	*todo recto/todo derecho*
Ist es weit?	*¿Está lejos?*	hier	*aquí*
die nächste Straße	*la próxima calle*	dort	*allí, ahí*
links	*izquierda*	Adresse	*dirección*
rechts	*derecha*	Stadtplan	*mapa de la ciudad*

Zeit

vormittag(s)	*(por la) mañana*	Tag	*día*
nachmittag(s)	*(por la) tarde*	jeden Tag	*todos los días*
abend(s)	*(por la) noche*	Woche	*semana*
heute	*hoy*	Monat	*mes*
morgen	*mañana*	Jahr	*año*
übermorgen	*pasado mañana*	stündlich	*cada hora*
gestern	*ayer*	Wann?	*¿Cuándo?*
vorgestern	*anteayer*		

Jahreszeiten

Frühling	*primavera*	Herbst	*otoño*
Sommer	*verano*	Winter	*invierno*

Monate

Januar	*enero*	Juli	*julio*
Februar	*febrero*	August	*agosto*
März	*marzo*	September	*septiembre*
April	*abril*	Oktober	*octubre*
Mai	*mayo*	November	*noviembre*
Juni	*junio*	Dezember	*diciembre*

Wochen-/Feiertag

Montag	*lunes*	Sonntag	*domingo*
Dienstag	*martes*	Nationaler Feiertag	*fiesta nacional*
Mittwoch	*miércoles*	Weihnachten	*Las Navidades*
Donnerstag	*jueves*	Neujahr	*Año Nuevo*
Freitag	*viernes*	Ostern	*Pasqua*
Samstag	*sábado*	Osterwoche	*Semana Santa*

Uhr- und Öffnungszeit

Stunde	*hora*	geöffnet/geschlossen	*abierto/cerrado*
Um wie viel Uhr?	*¿A qué hora?*	stündlich	*cada hora*
Wie viel Uhr ist es?	*¿Qué hora es?*		

Unterwegs

Wie viel Kilometer sind es von hier bis ...?	*¿Cuántos kilómetros son de aquí a ...?*	Entfernung	*distancia*
		Fähre/Schiff	*barco*
Ich möchte bitte aussteigen!	*¡Quisiera salir, por favor!*	Fahrkarte	*tarjeta/pasaje (Schiff)*
		Flughafen	*aeropuerto*
Abfahrt	*salida*	Hafen	*puerto*
Ankunft	*llegada*	Haltestelle (Bus)	*parada*
Autobus	*autobús/guagua*	hin und zurück	*ida y vuelta*
Bahnhof	*estación (de autobús)*	Information	*información*
das (nächste) Flugzeug/Bus	*el (próximo) avión/autobús*	Kilometer	*kilómetro*
		Reisebüro	*agencia de viajes*

Farbenfrohe Gemälde werden überall verkauft

Reservierung	*reservación*	Autobahn	*autopista*
Telefon	*teléfono*	Weg	*camino*
Straße/Landstraße	*calle/carretera*	Fahrplan	*horario*

Auto/Zweirad

Ich möchte ...	*quisiera ...*	kleben	*pegar*
Wo ist ... ?	*¿dónde está …?*	kontrollieren	*controlar*
... die nächste Tankstelle	*..el próximo puesto de gasolina/bomba*	Kühler	*radiador*
		Kupplung	*embrague*
Bitte prüfen Sie, ob ...	*Por favor, controla si ...*	Licht	*luces*
		Motor	*motor*
Ich möchte mieten (für einen Tag)	*Quisiera alquilar (para un día)*	Öl	*aceite*
		Reifen	*neumático*
(Die Bremse) ist kaputt	*(Los frenos) está(n) roto(s)*	Reparatur	*reparación*
		Stoßdämpfer	*amortiguador*
Wie viel kostet es (am Tag)?	*¿Cuánto cuesta (un día)?*	Werkstatt	*taller*
		Ampel	*semáforo*
Kann ich hier parken?	*¿Puedo aparcar aquí?*	Autobahn	*autopista*
		Baustelle	*obras*
Normal-Benzin	*(gasolina) regular*	Einbahnstraße	*dirección única/ una vía*
Super-Benzin	*(gasolina) especial*		
Diesel	*gasóleo/gasoil*	Kreuzung	*crucero*
1 Liter/Gallone	*(un) litro/galón*	Motorrad	*moto*
Auto	*coche/carro/*	Parken	*aparcar*
Anlasser	*starter*	Straße gesperrt	*carretera cortada*
Auspuff	*escape*	Umleitung	*desvío*
Batterie	*batería*	Taxi	*taxi*
Bremse	*frenos*	Motorradtaxi	*motoconcho*
Ersatzteil	*pieza de recambio*	Fahrrad	*bicicleta*
Keilriemen	*correa*		

Bank/Post/Telefon

Ich möchte Geld tauschen	*Quisiera cambiar dinero*	per Luftpost	*por avión*
		Postamt	*oficina de correos*
Bank	*banco*	Postkarten	*postales*
Brief	*carta*	Reiseschecks	*cheques de viaje*
Briefkasten	*buzón*	Telefon/Mobiltelefon	*teléfono/celular*
Briefmarke	*estampilla*	Telefonkarte/ SIM-Karte	*tarjeta telefónica/ SIM*
E-Mail	*correo electrónico*		
Geld	*dinero*	Telefon/Mobiltelefon	*teléfono/celular*
Paket	*paquete*		

Übernachten

Haben Sie ...?	¿Tiene usted ...?
Gibt es ...?	¿Hay ...?
Wie viel kostet es (das Zimmer)?	¿Cuánto cuesta (la habitación)?
Ich möchte mieten (...)	Quisiera alquilar (...)
für 5 Tage	para cinco días
Kann ich sehen ...?	¿Puedo ver ...?
Kann ich haben ...?	¿Puedo tener ...?
ein (billiges/ gutes) Hotel	un hotel (barato/bueno)
Haben Sie nichts billigeres?	¿No tienes algo más barato?
Bett/franz. Bett	cama/matrimonio
Campingplatz	campismo
Doppelzimmer	habitación doble
Einzelzimmer	habitación sencilla
Handtuch	toalla
Haus	casa
Hoch-/ Nebensaison	temporada alta/ baja
Klimaanlage/ Ventilator	aire acondicionado/ Fan
Küche	cocina
reinigen	limpiar
Privatquartier	casa particular
Reservierung	reservación
Toilette	baño/servicios
Wasser (heiß/kalt)	agua (caliente/fría)
Zimmer	habitación
mit ...	con ...
ohne ...	sin ...
... Dusche/Bad	... ducha/baño
... Frühstück	... desayuno

Im Restaurant/In der Bar

Haben Sie ... ?	¿Tiene usted/hay ... ?
Ich möchte ...	Quisiera ...
Wie viel kostet ... ?	¿Cuánto cuesta ... ?
Die Rechnung (bitte)	La cuenta (por favor)
Speisekarte	listade comidas (platos); minuta; menú
zum Mitnehmen	para llevar
Aschenbecher	cenicero
Huhn	pollo
Eiscreme	helado
Eiswürfel	cubito de hielo
Erdbeere	fresa
Erdnuss	maní
fett/mager	graso/magro
Fisch	pescado
Fleisch	carne
Gabel	tenedor
gebraten	asado
geräuchert/gepökelt	ahumado
Grill/Grillplatte	parilla
Hähnchen	pollo
Hase/Ziege	conejo/chiva
Kartoffel	papa
Kotelett	chuleta
Krebs	cangrejo
Kuh	vaca
Lamm	cordero
Languste	langosta
Likör	licor
Löffel	cuchara
Mandel	almendra
Messer	cuchillo
Muschel	concha
Nachtisch	postre
Obst	frutas
Omelett	tortilla
Pommes frites	papas fritas
Pudding	flan
Reis	arroz
Rindfleisch	carne de res
Rührei	huevo revuelto
Salat	ensalada

Schinken	*jamón*	Teelöffel	*cucharilla*
Schweinefleisch	*carne de cerdo*	Thunfisch	*atún*
Seehecht	*merluza*	Tisch	*mesa*
Senf	*mostaza*	Torte	*tarta*
Serviette	*servilleta*	Trinkhalm	*pajilla*
Shrimps	*camarones*	Truthahn	*pavo*
Soße	*salsa*	Vorspeise	*entremés*
Spanferkel	*lechón*	Wildschwein	*jabalí*
Spiegelei	*huevo frito*	Zahnstocher	*palillo*
Steak	*bistec*	Zwiebel	*cebolla*
Suppe	*sopa*	Tagesgericht	*plato del día*

Getränke

Bier	*cerveza*	Rotwein	*vino tinto*
Glas/Flasche	*vaso/botella*	Rum	*ron*
Hauswein	*vino de la casa*	Saft	*jugo*
Kaffee	*café*	süß/trocken	*dulce/seco*
koffeinfrei	*descafeinado*	Tee	*té*
Limonade	*refresco*	Wasser	*agua*
Milch	*leche*	Weißwein	*vino blanco*
Milchkaffee	*café con leche*	Zucker	*azúcar*
Mineralwasser (mit/ohne Kohlensäure)	*agua con/ sin gas*		

Shopping

Was kostet ...?	*¿Cuánto cuesta ...?*	Brille	*gafas*
Haben Sie ...?	*¿Tiene usted ...?*	Brot	*pan*
Geben Sie mir bitte ...	*Dame ... por favor*	Brötchen	*bollo*
		Buchhandlung	*librería*
Wo ist die ... Abteilung?	*¿Dónde está la sección de ... ?*	Butter	*mantequilla*
Kann ich probieren?	*¿Puedo probar?*	Ei(er)	*huevo(s)*
Es gefällt/schmeckt mir	*Me gusta*	Essig	*vinagre*
Ich nehme es	*Me lo llevo*	geöffnet	*abierto*
1 Pfund (= 1/2 Kilo)	*medio kilo*	Geschäft	*tienda*
1 Kilo/Liter	*un kilo/litro*	geschlossen	*cerrado*
100 Gramm	*cien gramos*	Hemd	*camisa*
(Damen-)Friseur	*peluquería*	Honig	*miél*
Bäckerei	*panadería*	Hose	*pantalones*
Bluse	*blusa*	Jacke	*chaqueta*

Joghurt	*yogur*	Rock	*falda*
Käse	*queso*	Salz	*sal*
Kleidung	*vestidos*	Schuhe	*zapatas*
klein/groß	*pequeño/grande*	Seife	*jabón*
Klopapier	*papel higiénico*	Shampoo	*champú*
Knoblauch	*ajo*	Sonnenöl	*bronceador*
Konditorei	*pastelería*	Streichhölzer	*fósforos*
Kuchen	*dulces*	Supermarkt	*supermercado*
Marmelade	*mermelada*	Tomaten	*tomates*
Metzgerei	*carnicería*	T-Shirt	*pulover*
Milch	*leche*	Wurst	*salchicha*
Öl	*aceite*	Zeitschrift	*periódico*
Orange	*naranja*	Zeitung	*diario*
Pfeffer	*pepe*	Zucker	*azúcar*
Pullover	*jersey*		

Hilfe & Krankheiten

Hilfe!	*¡Ayuda!*	Ich habe ...	*Yo tengo ...*
Helfen Sie mir bitte	*Ayúdame por favor*	Ich möchte ein ...	*Quiero una ...*
Ich habe Schmerzen (hier)	*Me duele (aquí)*	Medikament gegen ...	*medicina contra ...*
		... Durchfall	*diarrea*
Gibt es hier ...?	*¿Hay aquí ...?*	... Fieber	*fiebre*
Ich habe verloren ...	*He perdido ...*	... Grippe	*catarro*
Haben Sie ... ?	*¿Tiene usted ... ?*	... Halsschmerzen	*dolor de garganta*
Wo ist (eine Apotheke)?	*¿Dónde está (una farmacia)?*	... Kopfschmerzen	*dolor de cabeza*
		... Magenschmerzen	*dolor de estómago*
Wann hat der Arzt Sprechstunde?	*¿A qué hora está la consulta?*	... Schnupfen	*catarro, resfriado*
		... Sonnenbrand	*quemadura del sol*
Ich bin allergisch gegen ...	*Soy alérgico a...*	... Verstopfung	*estreñimiento*
Ich möchte (ein) ...	*Quisiera (un/una) ...*	... Zahnschmerzen	*dolor de dientes*
... Abführmittel	*laxante*	Arzt	*médico*
... Aspirin	*aspirina*	Deutsche Botschaft	*embajada alemana*
... die Pille	*la píldora*		
... Kondome	*preservativos*	Krankenhaus	*hospital*
... Penicillin	*penicilina*	Polizei	*policía*
... Salbe	*pomada*	Tourist-Information	*oficina de turismo*
... Tabletten	*pastillas*	Unfall	*accidente*
... Watte	*algodón*	Zahnarzt	*dentista*

CASA FERIA
Land- und Ferienhäuser

Nette Unterkünfte bei netten Leuten

CASA FERIA
die Ferienhausvermittlung
von Michael Müller

Im Programm sind ausschließlich persönlich ausgewählte Unterkünfte abseits der großen Touristenzentren.

Ideale Standorte für Wanderungen, Strandausflüge und Kulturtrips.

Einfach www.casa-feria.de anwählen, Unterkunft auswählen, Unterkunft buchen.

Casa Feria wünscht
Schöne Ferien

www.casa-feria.de

MM-Wandern

Die Wanderführer-Reihe aus dem Michael Müller Verlag

Lieferbare Titel (Stand 2012)

MM-Wandern
gibt es auch als App für
iPhone + iPad
und für
Windows Phone
(Android in Vorbereitung)

Abruzzen • Ägypten • Algarve • Allgäu • Allgäuer Alpen • Altmühltal & Fränk. Seenland • Amsterdam • Andalusien • Andalusien • Apulien • Athen & Attika • Australien – der Osten • Azoren • Bali & Lombok • Baltische Länder • Bamberg • Barcelona • Bayerischer Wald • Bayerischer Wald • Berlin • Berlin & Umgebung • Bodensee • Bretagne • Brüssel • Budapest • Bulgarien – Schwarzmeerküste • Chalkidiki • Chiemgau • Cilento • Cornwall & Devon • Dresden • Dublin • Comer See • Costa Brava • Costa de la Luz • Côte d'Azur • Cuba • Dolomiten – Südtirol Ost • Dominikanische Republik • Ecuador • Eifel • Elba • Elsass • Elsass • England • Fehmarn • Franken • Fränkische Schweiz • Fränkische Schweiz • Friaul-Julisch Venetien • Gardasee • Gardasee • Genferseeregion • Golf von Neapel • Gomera • Gomera • Gran Canaria • Graubünden • Griechenland • Griechische Inseln • Hamburg • Harz • Haute-Provence • Havanna • Ibiza • Irland • Island • Istanbul • Istrien • Italien • Italienische Adriaküste • Kalabrien & Basilikata • Kanada – Atlantische Provinzen • Kanada – der Westen • Karpathos • Kärnten • Katalonien • Kefalonia & Ithaka • Köln • Kopenhagen • Korfu • Korsika • Korsika Fernwanderwege • Korsika • Kos • Krakau • Kreta • Kreta • Kroatische Inseln & Küstenstädte • Kykladen • Lago Maggiore • La Palma • La Palma • Languedoc-Roussillon • Lanzarote • Lesbos • Ligurien – Italienische Riviera, Genua, Cinque Terre • Ligurien & Cinque Terre • Liparische Inseln • Lissabon & Umgebung • Lissabon • London • Lübeck • Madeira • Madeira • Madrid • Mainfranken • Mainz • Mallorca • Mallorca • Malta, Gozo, Comino • Marken • Mecklenburgische Seenplatte • Mecklenburg-Vorpommern • Menorca • Midi-Pyrénées • Mittel- und Süddalmatien • Mittelitalien • Montenegro • Moskau • München • Münchner Ausflugsberge • Naxos • Neuseeland • New York • Niederlande • Niltal • Norddalmatien • Norderney • Nord- u. Mittelgriechenland • Nordkroatien – Zagreb & Kvarner Bucht • Nördliche Sporaden – Skiathos, Skopelos, Alonnisos, Skyros • Nordportugal • Nordspanien • Normandie • Norwegen • Nürnberg, Fürth, Erlangen • Oberbayerische Seen • Oberitalien • Oberitalienische Seen • Odenwald • Ostfriesland & Ostfriesische Inseln • Ostseeküste – Mecklenburg-Vorpommern • Ostseeküste – von Lübeck bis Kiel • Östliche Allgäuer Alpen • Paris • Peloponnes • Pfalz • Pfälzer Wald • Piemont & Aostatal • Piemont • Polnische Ostseeküste • Portugal • Prag • Provence & Côte d'Azur • Provence • Rhodos • Rom & Latium • Rom • Rügen, Stralsund, Hiddensee • Rumänien • Rund um Meran • Sächsische Schweiz • Salzburg & Salzkammergut • Samos • Santorini • Sardinien • Sardinien • Schleswig-Holstein – Nordseeküste • Schottland • Schwarzwald Mitte/Nord • Schwarzwald Süd • Schwäbische Alb • Shanghai • Sinai & Rotes Meer • Sizilien • Sizilien • Slowakei • Slowenien • Spanien • Span. Jakobsweg • St. Petersburg • Südböhmen • Südengland • Südfrankreich • Südmarokko • Südnorwegen • Südschwarzwald • Südschweden • Südtirol • Südtoscana • Südwestfrankreich • Sylt • Teneriffa • Teneriffa • Thassos & Samothraki • Toscana • Toscana • Tschechien • Tunesien • Türkei • Türkei – Lykische Küste • Türkei – Mittelmeerküste • Türkei – Südägäis • Türkische Riviera – Kappadokien • Umbrien • Usedom • Venedig • Venetien • Wachau, Wald- u. Weinviertel • Westböhmen & Bäderdreieck • Wales • Warschau • Westliche Allgäuer Alpen und Kleinwalsertal • Westungarn, Budapest, Pécs, Plattensee • Wien • Zakynthos • Zentrale Allgäuer Alpen • Zypern

Reisehandbuch   MM-City   MM-Wandern

NOTIZEN

NOTIZEN

Las Galeras (El Cabito) –
Nächtigen bei lauer Nacht und Sternenhimmel

Register

Dorfleben in El Convento (bei Constanza) - hier gibt's sogar Wäscheleinen

Vitaminreiches wie Bananen und frisch gepresste Säfte sind überall erhältlich

Die in diesem Reisebuch enthaltenen Informationen wurden von der Autorin nach bestem Wissen erstellt und von ihr und dem Verlag mit größtmöglicher Sorgfalt überprüft. Dennoch sind, wie wir im Sinne des Produkthaftungsrechts betonen müssen, inhaltliche Fehler nicht mit letzter Gewissheit auszuschließen. Daher erfolgen die Angaben ohne jegliche Verpflichtung oder Garantie der Autorin bzw. des Verlags. Autorin und Verlag übernehmen keinerlei Verantwortung bzw. Haftung für mögliche Unstimmigkeiten. Wir bitten um Verständnis und sind jederzeit für Anregungen und Verbesserungsvorschläge dankbar.

ISBN 978-3-89953-764-2

© Copyright Michael Müller Verlag GmbH, Erlangen 2000, 2002, 2006, 2009, 2013. Alle Rechte vorbehalten. Alle Angaben ohne Gewähr. Druck: Wilhelm & Adam, Heusenstamm.

Aktuelle Infos zu unseren Titeln, Hintergrundgeschichten zu unseren Reisezielen sowie brandneue Tipps erhalten Sie in unserem regelmäßig erscheinenden Newsletter, den Sie im Internet unter www.michael-mueller-verlag.de kostenlos abonnieren können.